한글 세대도 쉽게
볼 수 있는

격암유록

천상의 풍경소리

한글 세대도 쉽게 볼 수 있는

격암유록

原題：格菴遺録　南師古 著 / 姜德泳 譯

머 리 말

사람은 누구나 삶의 여정에 있어서 자신만이 느낄 수 있는 소중한 만남이 있다.

분명 그러한 만남은 그 사람의 생애에 중요한 영향을 미치며, 때에 따라서는 평생토록 그 사람의 가슴속에 지워지지 않고, 그 사람의 가치관이나 행동에 결정적인 영향력을 미치기도 한다.

짤막한 인생 여정이지만 필자에게도 그와 같은 만남이 있다. 초야에 묻혀 깨끗한 삶을 살아온 황(黃) 선생님과의 만남이 바로 그와 같은 만남이다.

그분과의 만남에서 필자는 다른 무엇보다도 신(神)에 대한 인식을 새롭게 할 수 있었고, 그에 대한 이해의 폭을 좀더 넓힐 수 있었다.

지금까지 수많은 선배들의 형이상학적인 신(神)에 대한 문제나 진리에 대한 접근 방법을 돌이켜 볼 때, 그분과의 만남은 필자가 중도에 하차하거나 미로에 빠질 수 있는 가능성을 대폭 줄인 매우 소중한 만남이었다.

돌이켜보건대 그와 같은 만남이 없었다면 지금도 안개 속을 헤매고 있는 어리석은 존재로 머물러 있지 않을까 생각된다.

참된 가르침을 전하는 올바른 스승을 만남을 지금도 진심으로 감사드린다.

또다른 인상적인 만남은 조선 중기 남사고(南師古, 1509-1571) 선생님이 지은 격암유록(格菴遺錄)과의 만남이다.

만약 누군가 필자에게 지금까지 보아온 책 중에 가장 가치 있고 소중한 책으로 평가하고 있는 책이 있느냐고 묻는다면 바로 이 책을 말하겠다.

왜냐하면 이 책은 다른 어떤 경전보다도 신(神)에 대한 인식의 폭을 크게 넓혀주고 있기 때문이며, 삶에 대한 이정표를 명확히 제시해 주고 있기 때문이다.

말하자면 삼라만상의 생명의 모체가 어떠한 존재인지 그 모습을 구체적으로 알 수 있도록 해주며, 어떻게 사는 것이 바람직한 삶인지 깨우쳐 줌으로써, 필자 자신(自身)의 존재 의미와 삶의 방향성을 돌이켜볼 수 있도록 했기 때문이다.

비록 신유승이나 구성모 · 김은태 · 금홍수 · 유경환 등과 같은 훌륭한 선배님들이 이미 필자에 앞서 격암유록에 대해 논했지만, 필자 마음에 비친 남사고(南師古) 선생님의 격암유록(格菴遺錄)에 대한 견해는 매우 다르다.

필자는 격암유록의 가장 핵심적인 메시지인 진인(眞人)의 출현 문제에 있어 유경환 선배 필자를 제외한 다른 선배 필자들은 분명 잘못된 메시지를 전달하고 있다고 생각한다.

예를 들어 "진인(眞人)은 누구인가?"의 문제에 있어서 구성모 선배 필자의 경우 진인(眞人)을 문(文)씨로 보고 있는 경우라든지, 금홍수의 경우 진인(眞人)을 ○○씨로 표현한 경우라든지, 김은태의 경우 진인(眞人)을 조(曺)씨로 주장하고 있는 경우라든지, 신유승의 경우 진인(眞人)이 박(朴)씨가 아니라고 주장한 경우라든지 모두가 잘못된 메시지를 전달하고 있는 것임을 분명하게 주장한다.

이에 대한 좀더 구체적인 논증은 다음에 출간되는 책을 통해 하겠다.

그러면 왜 선배 필자들은 격암유록의 가장 핵심적인 진인(眞人)의 출현 문제에 있어서 오류를 범하고 있는 것일까?

선배 필자들이 과연 실력이 부족해서 그랬던 것일까?

아니면 혼탁한 마음으로 인해 참된 실상을 보지 못해서 그랬을까?

분명히 격암유록(格菴遺録) 전체를 자세히 맑은 마음으로 공부하면 남사고(南師古) 선생이 전달하고자 했던 메시지를 정확히 알 수 있는데 왜 중대한 오류를 범하고 있는 것일까?

참으로 안타까운 일이요, 가슴 아픈 일이라 생각한다. 최고의 지성의 위치에 있는 분이 그러하니 글을 모르는 백성은 누구를 스승으로 삼아 밝은 광명(光明)의 세계로 나아갈 수 있단 말인가?

필자 역시 배워야 할 것이 많고 부족하지만, 이 세상에서 가장 소중한 책 중의 하나라고 여기는 격암유록(格菴遺録)의 중요한 메시지가 잘못 전달되고 있는 것이 마음에 용납되지 않고, 가짜가 진짜인 양 행동하는 것을 더이상 볼 수 없는 관계로 펜을 들어 올바로 그 메시지를 전달하고자 한다.

남사고(南師古) 선생님의 맑고 맑은 마음속에 비친 하늘의 모습과 그 분이 전하고자 했던 메시지(Message)가 진정으로 무엇인지, 그리고 그분의 정신적 세계가 진실로 어떤 영역에 있었는지 헤아려보고 싶어 그분의 글을 옮긴 것이며, 그와 같은 배경 아래 부제목을 "천상의 풍경소리"라고 지었다.

푸르른 하늘의 사사로움이 없는 소리라는 의미에서, 초야(草野)에 거하는 선비의 사심(私心) 없는 깨끗한 마음의 소리라는 의미에서 그와 같이 붙인 것이다.

마음의 풍경(風磬) 소리를 찾고자 하는 모든 사람들이 진정으로 그 소리를 들을 수 있기를 바라는 뜻에서 최선을 다했다.

아기의 순진한 마음을 간직한 분들에게, 소녀의 무지갯빛 마음을 간직한 분들에게, 그리고 고된 생활 속에서도 아름다움을 잃지 않고 진실된 삶을 살아온 분들에게 천상의 맑고 고운 소리가 전해지길 기원한다.

본문의 내용에 대해 간단히 설명하고자 한다.

"천상의 풍경소리"는 조선 중기 남사고(南師古) 선생님의 격암유록(格菴遺録)을 번역한 것이다.

번역에 사용된 격암유록 원문은 해방되기 일 년 전인 1944년 6월 1일 충남 서산군 지곡면 도성리 전성후인 이도은(李桃隱) 선생이 필사한 영인본이다.

국립중앙도서관에 "古 第1496-4號"로 소장되어 있다.

남사고(南師古) 선생은 조선 중종 4년(1509년)에 경상도 울진현에서 태어나 선조 4년(1571년)에 63세로 생애를 마친 천문학자(天文學者)요, 역학자(易學者)요, 예언가(預言家)로 알려져 있는 분이다.

금강산(金剛山)에서 신인(神人)을 만나 비결(秘訣)을 전해 받았다고 하나, 자신은 그 신인(神人)이 상제(上帝)였음을 본문 가운데 분명하게 말하고 있다.

격암유록(格菴遺錄)에서 전달하고자 하는 메시지는 상당히 많지만 그 가운데 중요한 메시지를 요약해보면 다음과 같다.

첫째, 생명의 존귀성에 대한 메시지를 전달하고 있다. 왜 사람의 생명이 우주보다 존귀한지 알 수 있다.

둘째, 소〔牛〕 울음 소리의 의미와 우성인(牛性人)에 대한 메시지를 전달한다. 우성인(牛性人)이 바로 태초에 존재했던 최초의 존재이자 인류의 시조임을 알 수 있고, 그가 곧 소〔牛〕 울음 소리의 주인공임을 알 수 있다.

셋째, 인류 문명의 시원지(始原地)에 대한 메시지를 전달하고 있다. 인류 문명의 시원지에 대한 고고학적 논쟁은 분분하지만 우리 나라 소사(素

沙) 부근이나 그 주변에서 처음으로 인류 문명이 시작되었음을 알 수 있고, 그와 관련하여 단군왕검(檀君王儉)이 단기 51년인 B.C. 2283년에 강화도의 마니산(摩璃山)에 참성단을 쌓아 천제(天祭)를 지낸 이유를 분명하게 추론할 수 있다.

넷째, 천신(天神)과 지귀(地鬼)의 투쟁에 대한 메시지를 전달하고 있다. 성경에도 하나님과 뱀과의 관계에 대해 언급하고 있지만, 좀더 명확하게 그들 상호간의 관련성에 대해 논하고 있다.

천지(天地)가 서로 싸우는 혼돈스런 때에 천신(天神)과 지귀(地鬼)의 싸움으로 천신이 지고 지귀가 승리하여, 천신이 지상권을 잃어버림으로 이 세상이 마귀의 지배하에 놓이게 되었음을 분명하게 지적하나, 성경의 창세기에는 하나님이 뱀으로부터 자신의 창조물인 아담(Adam)과 하와(Hawwāh)를 보호하지 못한 것으로 완곡하게 표현되고 있음을 알 수 있다.

다섯째, 천신(天神)이 다시 지귀(地鬼)에게 빼앗긴 하늘과 땅의 권세를 회복하는 메시지를 전달하고 있다. 이러한 이치는 주역(周易)의 하도(河圖)와 낙서(洛書) 뿐만 아니라 모든 경전에서도 공통적으로 표현되고 있음을 알 수 있다.

여섯째, 천신(天神)의 출현 시기와 시대적 상황, 그리고 그가 새로운 세계를 건설하는 과정에 대한 메시지를 다른 어떤 경전보다도 정확하고 명료하게 전달한다.

천신(天神)이 20세기 전후에 어떤 모습으로 출현하며, 어떠한 모습으로 변화하여 어떠한 여정을 통해 모든 종교를 하나로 통합하며, 세계를 한 가족으로 통합하는지 구체적으로 엿볼 수 있고, 다른 경전 속에 그와 같은 메시지가 어떠한 형태로 숨어 있고 그것을 어떻게 해석해야 옳은지도 알려 준다.

이와 관련하여 왜 우리 나라의 금강산(金剛山)이 명산인지 그 의미를 알 수 있고, 왜 우리 나라가 세계의 종주국으로 발돋음하는지도 명확하게 알 수 있다.

일곱째, 불화나 경전 등에 표현된 천수천안 관세음보살의 좌우로 그려져 있는 일정마니주(日精摩尼珠) 속에 계수나무 아래 약(藥) 방아 찧는 토끼의 모습과 월정마니주(月精摩尼珠) 속에 세 발 달린 까마귀가 무엇을 상징하고 있는지 분명하게 알 수 있다.

또한 아리랑이나 도라지 타령 등에 숨겨진 메시지도 읽을 수 있고, 춘향전이나 흥부전 등에 나타난 메시지도 읽을 수 있다.

여덟째, 옛 선각자들의 정신적 결정체인 정감록(鄭鑑録) 계통의 진정한 메시지가 무엇인지 명확하게 해석할 수 있는 방법이나 단서를 제공할 뿐만 아니라, 민족 종교 중의 하나인 동학 최제우(崔濟愚)나 증산교의 강일순(姜一淳)의 위치도 재조명할 수 있는 단서를 제공한다.

격암유록의 메시지 전달 및 표현 방법에 고도의 상징적인 표현 기법,

역학(易學)의 음양사상(陰陽思想)과 하도낙서(河圖洛書)의 원리, 천간지지(天干地支)와 파자법(破字法) 등을 사용함으로 식자(識者)들도 함부로 손대기 어려웠던 점은 누구나 알고 있다.

그러나 본서는 역(易)에 대한 기초적인 상식이나 한글만 알더라도 남사고(南師古) 선생님의 메시지를 전달받을 수 있게 배려하였다.

다소 어려운 점이 있더라도 끝까지 정독하면 분명히 큰 깨달음을 얻을 수 있을 것이다.

끝으로 본 글이 출간될 수 있도록 도움을 주신 동반인 출판사 사장님 이하 임직원들을 비롯한 목아 박물관 식구들, 그리고 주변의 친구들과 선배들에게 진심으로 두손 모아 감사드린다.

檀紀 4327年 甲戌年

三月 十八日

姜德泳 合掌.

격암유록 차례

第 一 部

● 격암유록(格菴遺録)

기초공부

기초 공부

본 장은 독자들이 좀더 본문을 쉽게 이해할 수 있도록 하기위하여 역(易)에 대한 기본적 사항만을 간추린 장이다.

"격암유록" 본문 자체가 역(易)에 대한 기초적 지식 없이는 이해하기 어렵기 때문에, 역에 대한 기초적 지식이 없는 사람에게 최소한의 기본적 원리를 이해시키는데 목적이 있다.

독자 중에 역(易)에 대한 상세한 원리와 깊은 의미를 탐구하고자 하는 분이 있다면 좀더 전문적인 서적을 참고하기 바란다.

1. 팔괘의 종류와 그 의미는 무엇인가?

1) 팔괘의 종류

팔괘(八卦)란 건괘(乾卦), 태괘(兌卦), 리괘(離卦), 진괘(震卦), 손괘(巽卦), 감괘(坎卦), 간괘(艮卦), 곤괘(坤卦)를 의미한다.

팔괘의 종류와 그 의미를 이해해야만 본문을 읽는 데 어려움이 없으므로, 다소 어렵더라도 꼭 숙지하기 바란다.

2) 팔괘는 어떻게 생겨 났는가?

주역의 계사전에 이르기를, 역(易)에 태극(太極)이 있으니 이것이 양의(兩儀)를 낳고, 양의(兩儀)가 사상(四象)을 낳고, 사상(四象)이 팔괘(八卦)를 낳았다고 설명한다.

태극(太極)이란 만물의 근원인 일(一)을 뜻하고, 양의(兩儀)란 일의 동정(動靜)인 음양(陰陽)을 뜻하고, 사상(四象)이란 음(陰)의 동정인 노음(老陰)과 소양(少陽), 양(陽)의 동정인 노양(老陽)과 소음(少陰)을 뜻한다.

팔괘(八卦)란 노음(老陰)의 동정(動靜)인 곤괘(坤卦)와 간괘(艮卦), 소양

(少陽)의 동정인 감괘(坎卦)와 손괘(巽卦), 소음(少陰)의 동정인 진괘(震卦)와 리괘(離卦), 노양(老陽)의 동정인 태괘(兌卦)와 건괘(乾卦)를 의미한다.

〈팔괘생성도〉

太極	太 極							
兩儀	陽				陰			
四象	老陽		少陰		少陽		老陰	
八卦	乾	兌	離	震	巽	坎	艮	坤
次例	一	二	三	四	五	六	七	八

3) 팔괘의 의미

팔괘(八卦)의 의미를 자연과 인간, 그리고 동물과 오행 등과 관련하여 좀더 자세히 살펴보자.

괘상	괘명	자연	인간	신체	동물	성질	오행
☰	乾(건)	天(천)	父(부)	首(수)	馬(마)	健(건)	陽金(양금)
☱	兌(태)	澤(택)	少女(소녀)	口(구)	羊(양)	說(열)	陰金(음금)
☲	離(리)	火(화)	中女(중녀)	目(목)	雉(치)	麗(리)	火(화)
☳	震(진)	雷(뢰)	長男(장남)	足(족)	龍(용)	動(동)	陽木(양목)
☴	巽(손)	風(풍)	長女(장녀)	股(고)	鷄(계)	入(입)	陰木(음목)
☵	坎(감)	水(수)	中男(중남)	耳(이)	豕(시)	陷(함)	水(수)
☶	艮(간)	山(산)	少男(소남)	手(수)	狗(구)	止(지)	陽土(양토)
☷	坤(곤)	地(지)	母(모)	腹(복)	牛(우)	順(순)	陰土(음토)

4) 팔괘의 의미 해석

(1) 건괘(乾卦—☰) : 세 획이 모두 양(陽)이므로 굳셈을 의미한다. 자연에 있어서는 하늘을 나타내고, 인간에 있어서는 아버지를 나타낸다. 신체에 있어서는 머리를 나타내고, 동물에 있어서는 말을 나타낸다.

(2) 태괘(兌卦—☱) : 일음(一陰)이 이양(二陽) 위에 걸려 있으므로 기뻐하는 상이다. 자연에 있어서는 못〔池〕을 나타내고, 인간에 있어서는 막내딸을 나타낸다. 신체에 있어서는 입을 나타내고, 동물에 있어서는 양을 나타낸다.

(3) 리괘(離卦—☲) : 일음(一陰)이 이양(二陽) 사이에 걸려 있으므로 밖은 밝고 속은 어두운 상이다. 자연에 있어서는 불을 나타내고, 인간에 있어서는 둘째 딸을 나타낸다. 신체에 있어서는 눈을 나타내고, 동물에 있어서는 꿩을 나타낸다.

(4) 진괘(震卦—☳) : 일양(一陽)이 이음(二陰)을 뚫고 나가는 상이다. 자연에 있어서는 우뢰를 나타내고, 인간에 있어서는 맏아들을 나타낸다. 신체에 있어서는 발을 나타내고, 동물에 있어서는 용을 나타낸다.

(5) 손괘(巽卦—☴) : 일음(一陰)이 이양(二陽) 아래 엎드려 있는 상이다. 자연에 있어서는 바람을 나타내고, 인간에 있어서는 맏딸을 나타낸다. 신체에 있어서는 넓적다리를 나타내고, 동물에 있어서는 닭을 나타낸다.

(6) 감괘(坎卦—☵) : 일양(一陽)이 이음(二陰) 사이에 빠져 있으므로 험

난한 상이다. 자연에 있어서는 물을 나타내고, 인간에 있어서는 둘째 아들을 나타낸다. 신체에 있어서는 귀를 나타내고, 동물에 있어서는 돼지를 나타낸다.

(7) 간괘(艮卦－☶) : 일양(一陽)이 이음(二陰) 위에 위치하여 전진하지 못하고 그쳐 있는 상이다. 자연에 있어서는 산을 나타내고, 인간에 있어서는 막내아들을 나타낸다. 신체에 있어서는 손을 나타내고, 동물에 있어서는 개를 나타낸다.

(8) 곤괘(坤卦－☷) : 세 획이 모두 음(陰)이므로 유순함을 의미한다. 자연에 있어서는 땅을 나타내고, 인간에 있어서는 어머니를 나타낸다. 신체에 있어서는 배를 나타내고, 동물에 있어서는 소를 나타낸다.

2. 하도와 낙서란 무엇인가?

1) 하도란 무엇인가?

하도(河圖)는 복희(伏羲)가 천하를 통치할 때에 하수(河水-黃河)에서 머리는 용의 형상을 하고 몸은 말의 형상을 한 용마(龍馬)의 등에 나타난 나선형의 55점으로부터 사물에 대한 이치를 깨닫고, 그 문양을 상징화하여 표현한 것이다.

일반적으로 상생의 순환원리와 통일운동의 이치를 표현한 천지창조의 원리가 담겨 있는 설계도라 한다.

하도(河圖)는 열 개의 숫자인 일(一)·이(二)·삼(三)·사(四)·오(五)·육(六)·칠(七)·팔(八)·구(九)·십(十)을 사용하여 사물에 대한 이치를 표현하고 있다.

이 숫자 중에 홀수인 일(一)·삼(三)·오(五)·칠(七)·구(九)는 천수(天數) 또는 양수(陽數)라 하고, 짝수인 이(二)·사(四)·육(六)·팔(八)·십(十)은 지수(地數) 또는 음수(陰數)라 한다.

또한 일(一)·이(二)·삼(三)·사(四)·오(五)는 생수(生數)라 하고, 육

(六)·칠(七)·팔(八)·구(九)·십(十)은 성수(成數)라 한다.

이들의 배열상태를 살펴보자.

〈용마하도(龍馬河圖)〉

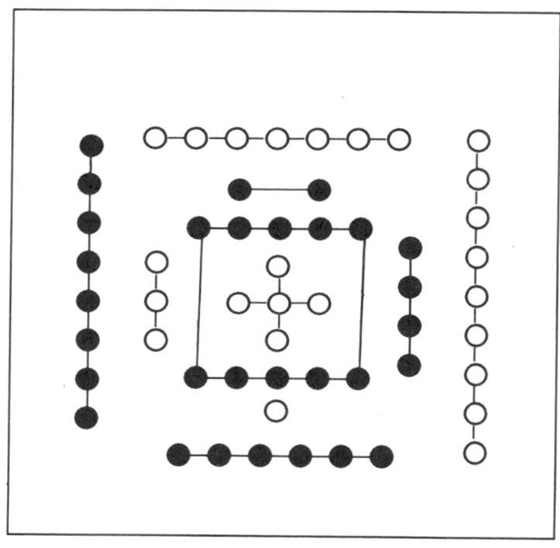

2) 방위상으로 다음과 같이 배열되어 있다.

삼팔(三八)은 동방에, 이칠(二七)은 남방에, 사구(四九)는 서방에, 일육(一六)은 북방에, 오십(五十)은 중앙에 배열되어 있다.

생수(生數)는 안쪽에 배열되어 있고, 성수(成數)는 바깥쪽에 배열되어 있다. 음수(陰數)는 아래쪽이나 왼쪽에 배열되어 있고, 양수(陽數)는 윗쪽이나 오른쪽에 배열되어 있다.

3) 오행상으로 다음과 같이 표현된다.

삼팔(三八)은 목(木)에, 이칠(二七)은 화(火)에, 사구(四九)는 금(金)에, 일육(一六)은 수(水)에, 오십(五十)은 토(土)에 속한다.

좀더 세분하면 삼(三)은 양목(陽木)에, 팔(八)은 음목(陰木)에 속하고, 이(二)는 음화(陰火)에, 칠(七)은 양화(陽火)에 속한다. 그리고 사(四)는 음금(陰金)에, 구(九)는 양금(陽金)에 속하고, 일(一)은 양수(陽水)에, 육(六)은 음수(陰水)에 속한다. 마지막으로 오(五)는 양토(陽土)에, 십(十)은 음토(陰土)에 속한다.

4) 낙서란 무엇인가?

낙서(洛書)는 하(夏)나라 우(禹) 임금이 낙수(洛水-黃河의 지류)에서 9 년간 치수공사를 할 때, 신령스런 거북이 등에 나타난 신묘한 45점의 무늬에서 사물에 대한 신묘한 이치를 깨닫고 그 문양을 상징화하여 표현한 것이다.

일반적으로 상극의 순환이치와 분열성장의 이치를 아홉 개의 숫자인 일(一)·이(二)·삼(三)·사(四)·오(五)·육(六)·칠(七)·팔(八)·구(九)를 사용하여 표현하고 있다. 이들의 배열상태를 살펴보자.

〈신귀낙서(神龜洛書)〉

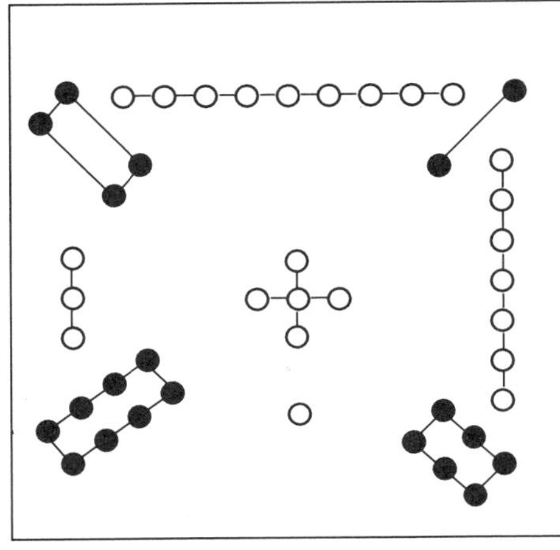

5) 방위상으로 다음과 같이 배열되어 있다.

삼(三)은 동방에, 칠(七)은 서방에, 구(九)는 남방에, 일(一)은 북방에, 오(五)는 중앙에 배열되어 있다.

팔(八)은 동북방에, 사(四)는 동남방에, 이(二)는 서남방에, 육(六)은 서북방에 배열되어 있다.

중앙의 오(五)를 기준으로 홀수인 양수(陽數)는 상하좌우에 바로 배열되어 있으나, 짝수인 음수(陰數)는 아래쪽이나 위쪽의 좌우에 배열되어 있다.

낙서의 배열상태를 거북이의 모습으로 살펴보면 중앙의 오(五)를 기준으로 머리 부분에 구(九)가 배열되어 있고, 꼬리 부분에 일(一)이 배열되어 있다.

어깨 부분의 좌우로는 사(四)와 이(二)가 배열되어 있고, 다리 부분의 좌우로는 팔(八)과 육(六)이 배열되어 있다.

3. 복희 선천팔괘도와 문왕 후천팔괘도란 무엇인가?

복희(伏羲) 씨가 그린 선천팔괘(先天八卦)의 배열관계를 나타낸 것이 복희 선천팔괘도이고, 문왕(文王) 씨가 그린 후천팔괘(後天八卦)의 배열관계를 나타낸 것이 문왕 후천팔괘도이다.

1) 복희 선천팔괘도

복희(伏羲)의 선천팔괘도(先天八卦圖)를 살펴보자.

남북에 건(乾)과 곤(坤), 동서에 리(離)와 감(坎), 동북과 동남에 진(震)과 태(兌), 서남과 서북에 손(巽)과 간(艮)이 배열되어 있다.

2) 문왕 후천팔괘도

문왕(文王)의 후천팔괘도(後天八卦圖)를 살펴보자.

동서에 진(震)과 태(兌), 남북에 리(離)와 감(坎), 동북과 동남에 간(艮)과 손(巽), 서남과 서북에 곤(坤)과 건(乾)이 배열되어 있다.

〈복희 선천팔괘도〉

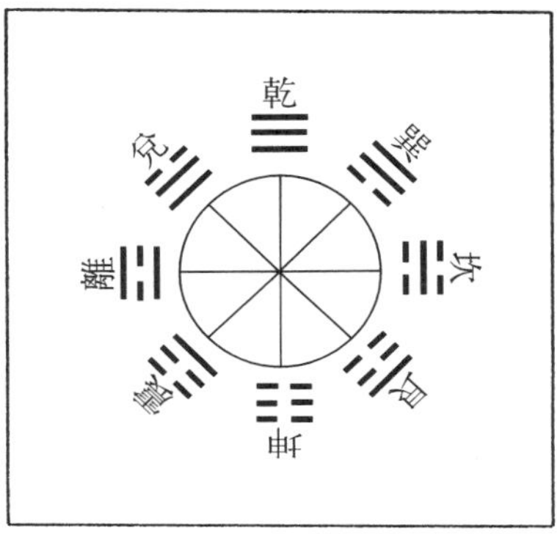

〈문왕 후천팔괘도〉

4. 십간과 십이지란 무엇인가?

1) 십간이란?

십간(十干)이란 갑(甲)·을(乙)·병(丙)·정(丁)·무(戊)·기(己)·경(庚)·신(辛)·임(壬)·계(癸)를 말한다.

간(干)은 줄기〔幹〕를 뜻하며 하늘을 뜻하고 천간(天干)이라고도 한다.

갑(甲)은 오행으로 양목(陽木)에 속하고, 숫자로는 삼(三)에 속한다. 을(乙)은 오행으로 음목(陰木)에 속하고, 숫자로는 팔(八)에 속한다. 갑을(甲乙)은 계절로는 봄이요, 인생으로는 소년 시절을 뜻한다.

병(丙)은 오행으로 양화(陽火)에 속하고, 숫자로는 칠(七)에 속한다. 정(丁)은 오행으로 음화(陰火)에 속하고, 숫자로는 이(二)에 속한다. 병정(丙丁)은 계절로는 여름이요, 인생으로는 청년 시절을 뜻한다.

무(戊)는 오행으로 양토(陽土)에 속하고, 숫자로는 오(五)에 속한다. 기(己)는 오행으로 음토(陰土)에 속하고, 숫자로는 십(十)에 속한다. 무기(戊己)는 사계절을 조화시키며, 생명을 잉태시키는 땅을 뜻한다.

경(庚)은 오행으로 양금(陽金)에 속하고, 숫자로는 구(九)에 속한다. 신(辛)은 오행으로 음금(陰金)에 속하고, 숫자로는 사(四)에 속한다. 경신(庚辛)은 계절로는 가을이요, 인생으로는 장년 시절을 뜻한다.

임(壬)은 오행으로 양수(陽水)에 속하고, 숫자로는 일(一)에 속한다. 계(癸)는 오행으로 음수(陰水)에 속하고, 숫자로는 육(六)에 속한다. 임계(壬癸)는 계절로는 겨울이요, 인생으로는 노년 시절을 뜻한다.

2) 십간의 배열상태

갑을(甲乙)은 동방에, 병정(丙丁)은 남방에, 경신(庚辛)은 서방에, 임계(壬癸)는 북방에, 무기(戊己)는 중앙에 위치하여 조화를 담당한다 (33페이지 참조).

3) 십이지란?

십이지(十二支)란 자(子)·축(丑)·인(寅)·묘(卯)·진(辰)·사(巳)·오(午)·미(未)·신(申)·유(酉)·술(戌)·해(亥)를 말한다.
지(支)는 가지〔枝〕를 뜻하며 땅을 뜻하고 지지(地支)라고도 한다.

축(丑)은 오행으로 음토(陰土)에 속하고, 숫자로는 십(十)에 속한다. 인(寅)은 오행으로 양목(陽木)에 속하고, 숫자로는 삼(三)에 속한다. 묘(卯)

는 오행으로 음목(陰木)에 속하고, 숫자로는 팔(八)에 속한다.

인묘(寅卯)는 방위상으로 동방에 해당하고, 계절로는 봄에 해당된다.

진(辰)은 오행으로 양토(陽土)에 속하고, 숫자로는 오(五)에 속한다. 사(巳)는 오행으로 음화(陰火)에 속하고, 숫자로는 이(二)에 속한다. 오(午)는 오행으로 양화(陽火)에 속하고, 숫자로는 칠(七)에 속한다.

사오(巳午)는 방위상으로 남방에 해당하고, 계절로는 여름에 해당된다.

미(未)는 오행으로 음토(陰土)에 속하고, 숫자로는 십(十)에 속한다. 신(申)은 오행으로 양금(陽金)에 속하고, 숫자로는 구(九)에 속한다. 유(酉)는 오행으로 음금(陰金)에 속하고, 숫자로는 사(四)에 속한다.

신유(申酉)는 방위상으로 서방에 해당하고, 계절로는 가을에 해당된다.

술(戌)은 오행으로 양토(陽土)에 속하고, 숫자로는 오(五)에 속한다. 해(亥)는 오행으로 음수(陰水)에 속하고, 숫자로는 육(六)에 속한다. 자(子)는 오행으로 양수(陽水)에 속하고, 숫자로는 일(一)에 속한다.

해자(亥子)는 방위상으로 북방에 해당하고, 계절로는 겨울에 해당된다.

4) 십이지의 배열상태

인묘(寅卯)는 동방에, 사오(巳午)는 남방에, 유신(酉申)은 서방에, 해자(亥子)는 북방에 배열되어 있다. 진술축미(辰戌丑未)는 중앙에 위치하여 조화를 담당한다 (33 페이지 참조).

〈십간 배열표〉

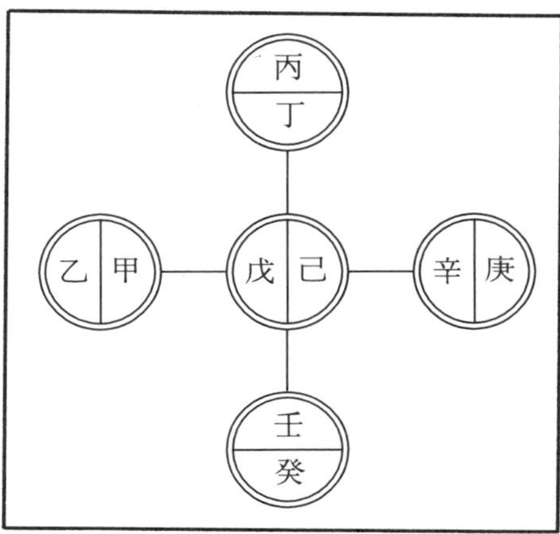

〈십이지 배열표〉

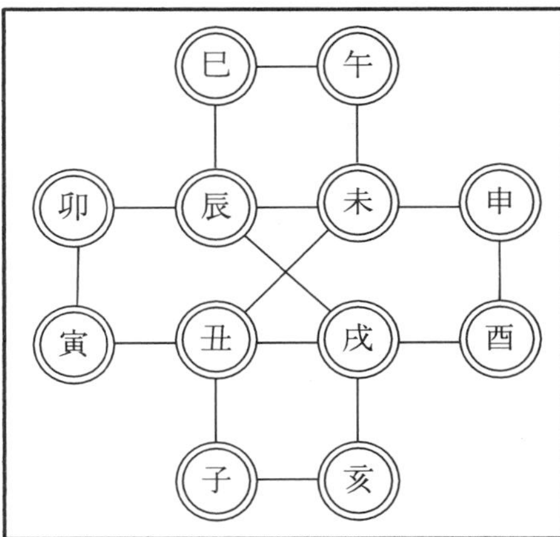

5. 오행이란 무엇인가?

1) 오행이란?

오행(五行)이란 목(木)·화(火)·토(土)·금(金)·수(水)를 말한다. 오행의 성질에 대해 살펴보자.

목(木)은 나무요, 나무에 새싹이 움트는 상이다. 계절로는 봄이요, 색깔로는 청색이요, 오상으로는 인(仁)이요, 인생으로는 소년이다.

천간으로는 갑을(甲乙)이요, 지지로는 인묘(寅卯)요, 숫자로는 삼팔(三八)이다. 신장으로는 청제장군(青帝將軍)이요, 신명으로는 청룡(青龍)이다.

화(火)는 불이요, 나무에 화려한 꽃이 만발한 상이다. 계절로는 여름이요, 색깔로는 적색이요, 오상으로는 예(禮)요, 인생으로는 청년이다.

천간으로는 병정(丙丁)이요, 지지로는 사오(巳午)요, 숫자로는 이칠(二七)이다. 신장으로는 적제장군(赤帝將軍)이요, 신명으로는 주작(朱雀)이다.

토(土)는 흙이요, 나무에 생명력을 지탱하게 해주는 영양분이다. 색깔로는 황색이요, 오상으로는 신(信)이요, 사계를 조화시킨다.

천간으로는 무기(戊己)요, 지지로는 진술축미(辰戌丑未)요, 숫자로는 오십(五十)이다. 신장으로는 황제장군(黃帝將軍)이요, 신명으로는 구진등사(句陳螣蛇)이다.

금(金)은 쇠요, 나무에 열매가 열린 상이다. 계절로는 가을이요, 색깔로는 백색이요, 오상으로는 의(義)요, 인생으로는 장년이다.

천간으로는 경신(庚辛)이요, 지지로는 신유(申酉)요, 숫자로는 사구(四九)이다. 신장으로는 백제장군(白帝將軍)이요, 신명으로는 백호(白虎)이다.

수(水)는 물이요, 나무의 열매가 땅에 떨어져 새로운 생명을 잉태하기 위해 휴면하는 상이다. 계절로는 겨울이요, 색깔로는 흑색이요, 오상으로는 지(智)요, 인생으로는 노년이다.

천간으로는 임계(壬癸)요, 지지로는 자해(子亥)요, 숫자로는 일육(一六)이다. 신장으로는 흑제장군(黑帝將軍)이요, 신명으로는 현무(玄武)이다.

2) 오행의 배열상태

목(木)은 동방에, 화(火)는 남방에, 토(土)는 중앙에, 금(金)은 서방에, 수(水)는 북방에 위치한다.

오행의 배열상태는 다음 페이지를 참조하기 바란다.

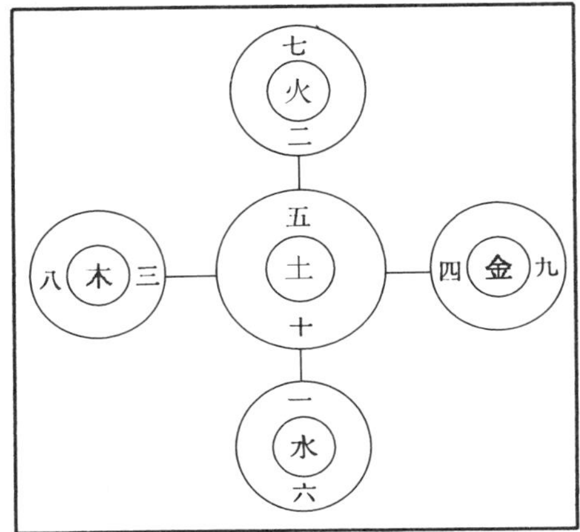

3) 오행의 상생과 상극

상생(相生)이란 서로 도와준다는 뜻이고, 상극(相克)이란 서로 제압한다는 뜻이다.

(1) 오행 상생법

목생화(木生火), 목은 화를 낳고,

화생토(火生土), 화는 토를 낳고,

토생금(土生金), 토는 금을 낳고,

금생수(金生水), 금은 수를 낳고,

수생목(水生木), 수는 목을 낳는다.

(2) 오행 상극법

목극토(木克土), 목은 토를 제압하고,

화극금(火克金), 화는 금을 제압하고,

토극수(土克水), 토는 수를 제압하고,

금극목(金克木), 금은 목을 제압하고,

수극화(水克火), 수는 화를 제압한다.

6. 삼재란 무엇인가?

삼재(三才)란 천 · 지 · 인(天 · 地 · 人)을 의미한다.

음(陰)과 양(陽), 곧 천(天)과 지(地)가 화합하여 사람〔人〕이 탄생하는 이치를 말한다.

이와 같은 삼재(三才)의 유형을 살펴보자.

인간에게는 부(父)와 모(母), 자(子)가 있고, 도(道)에는 천도(天道)와 지도(地道), 인도(人道)가 있고, 교(敎)에는 선교(仙敎)와 불교(佛敎), 유교(儒敎)가 있다.

천(天)에는 선천(先天)과 후천(后天), 중천(中天)이 있고, 부(符)에는 하도(河圖)와 낙서(洛書), 영부(靈符)가 있고, 극(極)에는 무극(無極)과 태극(太極), 황극(皇極)이 있고, 인(印)에는 화인(火印)과 우인(雨印), 로인(露印)이 있다.

황(皇)에는 천황(天皇)과 지황(地皇), 인황(人皇)이 있고, 선인(仙人)에는 수운(水雲)과 화운(火雲), 목운(木運)이 있다.

7. 삼역대경에서 제시한 삼역이란 무엇인가?

삼역대경(三易大經)은 동학(東學) 경전의 하나로 최제우(崔濟愚, 1824-1864) 선생의 말씀을 제자들이 정리한 것이다.

삼역대경에서 제시한 육도삼략(六韜三略)의 원리는 격암유록의 원리나 사상을 이해하는 데 매우 중요한 역할을 한다.

구체적인 원리를 좀더 심도 깊게 탐구하고자 하는 분은 삼역대경(三易大經)을 참고하기 바란다.

1) 육도삼략(六韜三略)에서 삼략(三略)이란 무엇인가?

삼략(三略)이란 선천(先天)·후천(后天), 중천(中天)을 의미한다. 우주가 완성되어 나가는 변환 과정의 이치를 세 단계로 분류한 것이다.

一略(일략)이란 先天河洛龍龜之圖(선천하락용귀지도)를 말한다. 一韜(일도)와 二韜(이도)를 포함한다.

二略(이략)이란 后天河洛陰符圖章(후천하락음부도장)을 말한다. 三韜(삼도)와 四韜(사도)를 포함한다.

三略(삼략)이란 中天河洛陽符圖章(중천하락양부도장)을 말한다. 五韜(오도)와 六韜(육도)를 포함한다.

2) 육도삼략(六韜三略)에서 육도(六韜)란 무엇인가?

육도(六韜)란 선천(先天)·후천(后天)·중천(中天-正易) 시대를 이끌어 갈 대표적인 여섯 명의 인물이 출현하는 이치를 표현한 것이다.

一韜(일도)란 甲子(갑자)요, 先天之先天龍馬河圖(선천지선천용마하도)이다. 삼십육궁(三十六宮)의 주인공이 복희(伏羲)임을 나타낸 것이다.

二韜(이도)란 甲戌(갑술)이요, 先天之后天靈龜洛書(선천지후천영귀낙서)이다. 사십오궁(四十五宮)의 주인공이 문왕(文王)임을 나타낸 것이다.

三韜(삼도)란 甲申(갑신)이요, 后天之先天神仙河圖(후천지선천신선하도)이다. 오십사궁(五十四宮)의 주인공이 수운(水雲)임을 나타낸 것이다.

四韜(사도)란 甲午(갑오)요, 后天之后天神仙洛書(후천지후천신선낙서)이다. 육십삼궁(六十三宮)의 주인공이 화운(火雲)임을 나타낸 것이다.

五韜(오도)란 甲辰(갑진)이요, 中天之男子仙神靈河符(중천지남자선신영하부)이다. 칠십이궁(七十二宮)의 주인공이 목운(木運)임을 나타낸 것이다.

六韜(육도)란 甲寅(갑인)이요, 中天之女子仙神靈洛符(중천지여자선신영낙부)이다. 팔십일궁(八十一宮)의 주인공이 금운(金運)임을 나타낸 것이다.

(1) 一韜(일도) : 先天之先天龍馬河圖(선천지선천용마하도)

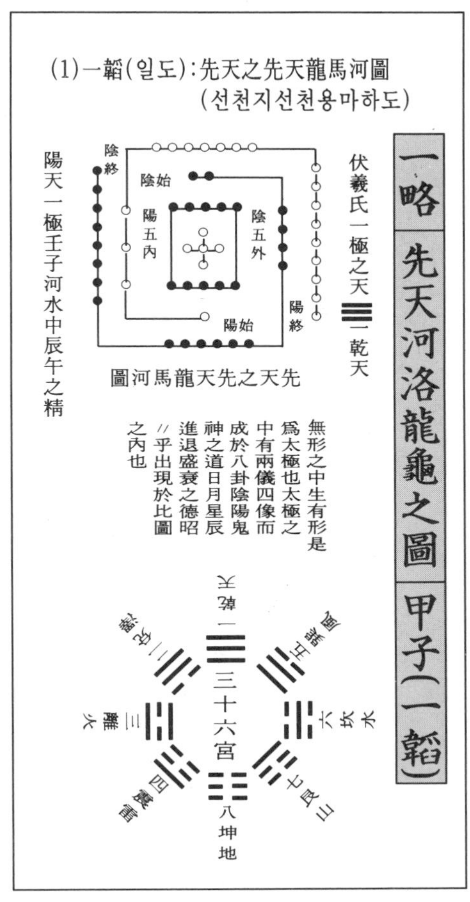

(2) 二韜(이도): 先天之后天靈龜洛書(선천지후천영귀낙서)

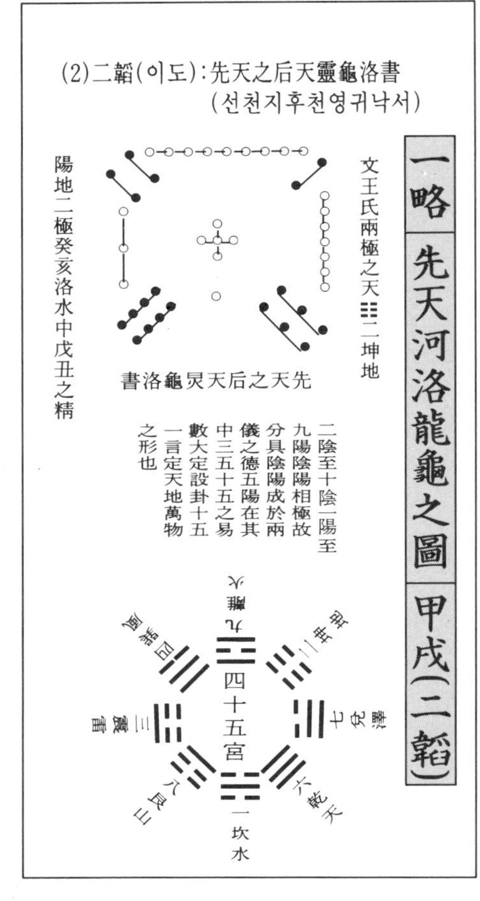

⑶ 三韜(삼도): 后天之先天神仙河圖(후천지선천신선하도)

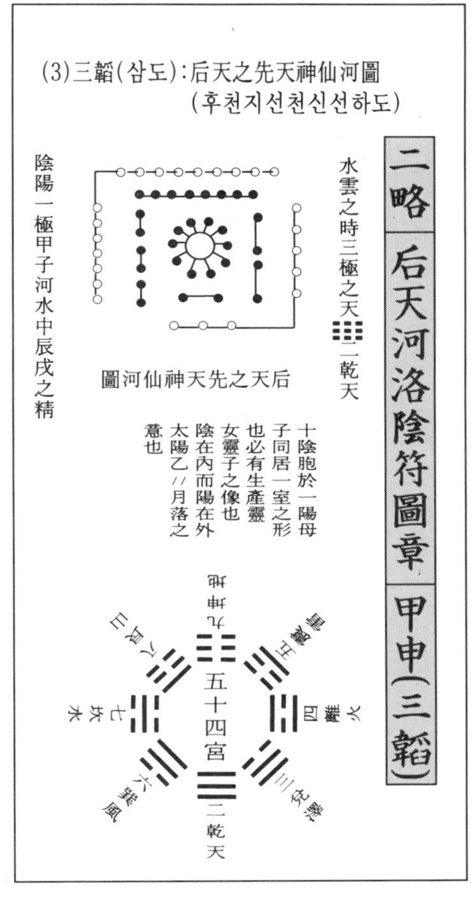

(4) 四韜(사도): 后天之后天神仙洛書(후천지후천신선낙서)

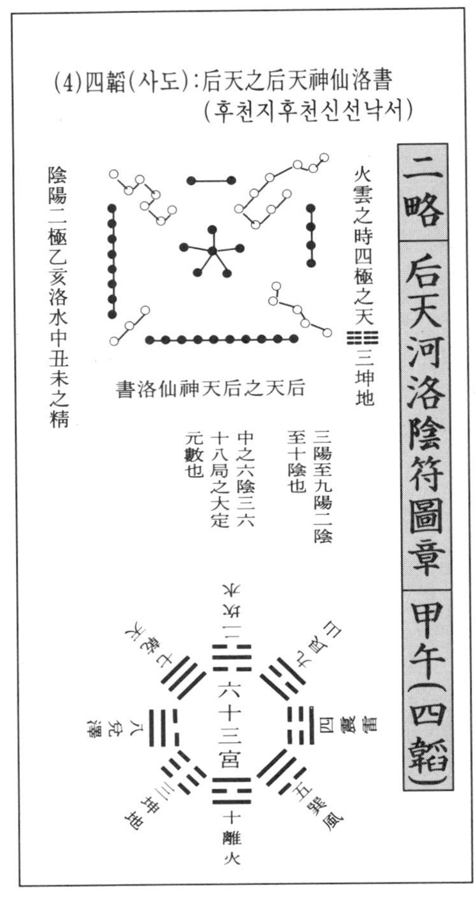

(5) 五韜(오도) : 中天之男子仙神靈河符(중천지남자선신영하부)

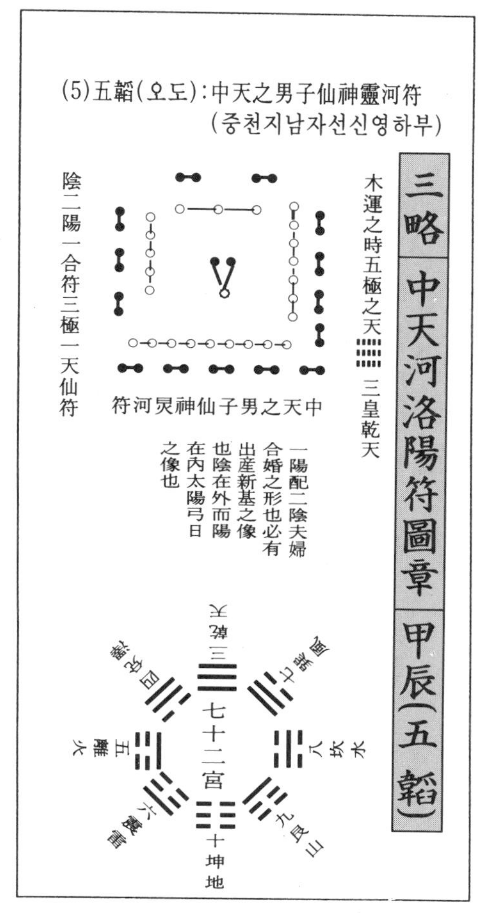

(6) 六韜(육도)：中天之女子仙神靈洛符(중천지여자선신영낙부)

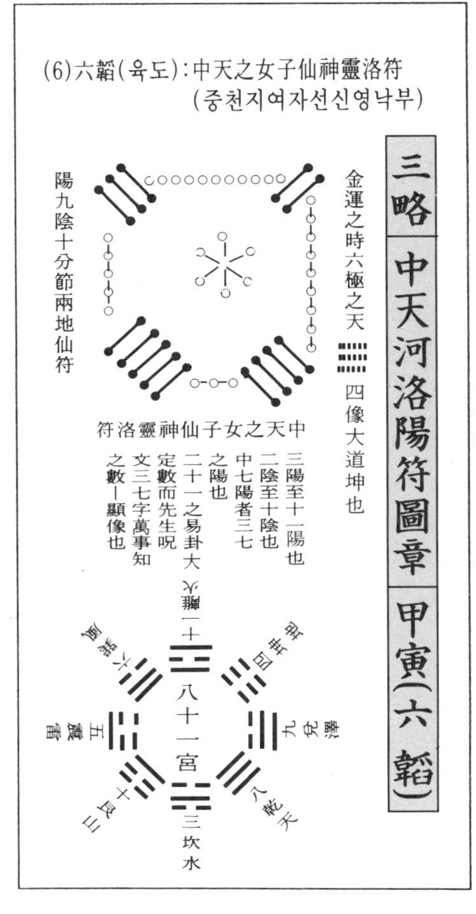

8. 파자법이란 무엇인가?

파자법(破字法)이란 본래 글자의 모양이나 뜻을 쉽게 알 수 없도록 표면적으로 그 모양을 다른 방식으로 변형하거나 풀어서 표기하는 방법이다.

비결에서 흔히 중요한 메시지를 전달할 때나 그 메시지를 특정한 계층이나 소수의 몇몇 사람에게 전달하고자 할 때 사용되는 방법이다. 일반인이 알기 어렵도록 변형되어 있는 것이 특징이다.

예를 들어 밭 전(田)자를 사구합체(四口合體)라고 표현한 경우를 살펴보자.

네 개의 입 구(口)자를 합하면 밭 전(田)자가 나온다.

그러나 본문에서는 밭 전(田)자를 그대로 쓰지 않고 사구합체(四口合體)라고 표기하여, 그 본래의 글자인 밭 전(田)자를 다른 표현 방법을 사용하여 표기함을 찾아 볼 수 있다.

이와 같은 예는 십(十)자를 일자종횡(一字縱橫), 일립일와(一立一臥), 낙반사유(落盤四乳)라고 표현한 경우에서도 찾아 볼 수 있다.

또는 직접적으로 십승(十勝)을 팔력십월이인(八力十月二人)으로 표현한 경우와 닦을 수(修)자를 삼인일석(三人一夕)으로 표현한 경우를 비롯하여 마음 심(心)자를 일조삼이좌우중(一釣三餌左右中)으로 표현한 경우에서도 찾아 볼 수 있다.

第 二 部

● 격암유록(格菴遺録) 본문해설

通
道
符
弓
弓
乙
乙

도통부 해설

도통부(道通符)는 격암유록의 핵심적인 내용을 상징화한 것이다.

궁을(弓乙)에서 활 궁(弓)자는 하늘을 의미하며, 새 을(乙)자는 땅을 의미한다.

궁을(弓乙)이 곧 천지(天地)인 것이다.

또한 궁궁(弓弓)에서 궁(弓)과 궁(弓)의 등을 맞대어 합하면 십(十)자 모양의 아(亞)자나 불(亞)자가 나온다.

을을(乙乙)에서도 을(乙)과 을(乙)을 종횡으로 합하면 십(十)자 모양의 만(卍)자가 나온다.

전전(田田)에서도 그 가운데 십(十)자 모양이 나온다.

궁궁을을전전(弓弓乙乙田田)의 이치에서 공통적으로 십(十)자 모양이 나온다.

그러면 십(十)자 모양은 무엇을 상징하고 있는가?

선지자들은 그 십(十)자 모양을 천상에서 모든 신들 가운데 가장 높은 위치에 있는 존재인 상제(上帝), 미륵불(彌勒佛), 정도령(鄭道令)을 의미하는 것으로 해석하고 그 의미를 다시 십승도령(十勝道靈)으로 통합하여 표현했다.

말하자면 궁궁(弓弓) 을을(乙乙)의 이치로써 생명의 근원이 되는 무량수불(無量壽佛)과 빛의 근원인 무량광불(無量光佛)로 상징되어온 아미타불(阿彌陀佛)을 만날 수 있는 의미로 십승도령(十勝道靈)을 상징화하여 그 존재가 유불선(儒佛仙)의 주인공임을 표현한 것이다.

그 존재는 평범한 사람도 찾을 수 있을까?

분명 찾을 수 있다.

백합화 같은 마음으로 덕을 베풀고 깨끗한 생활을 하며 열심히 공부하여 사물에 대한 분별력을 키워 참된 이치를 깨달으면, 천지(天地)의 주인공인 십승도령(十勝道靈)을 만날 수 있다고 본다.

수많은 시행착오를 겪지 않고 가장 빨리 진리(眞理)를 깨달을 수 있는 방법론을 논한 안내서나 스승이 있다면 무엇인가?

선지자(先知者)들은 그와 같은 안내서가 바로 격암유록(格菴遺録)이라고 한다.

모든 존재의 근원인 십승도령(十勝道靈)을 만나 볼 수 있는 이치를 가장 명료하게 기록하고 있는 참된 경전이라고 말한다.

1 남사고 비결(南師古秘訣)

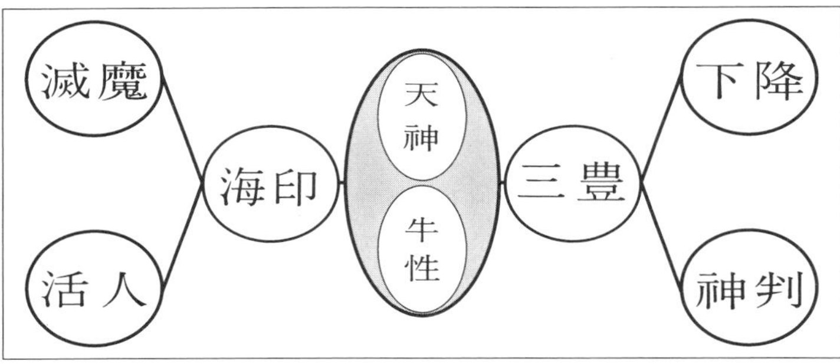

남사고(南師古) 선생의 호는 격암(格菴) 또는 경암(敬菴)으로 영양(英陽) 남씨이다. 명종 때 사직서(社稷署)의 참봉(參奉)을 지냈으나 선조 때는 천문학(天文學) 교수를 지냈다.

소시(少時)에 신인(神人)을 만나 비결(秘訣)을 받았고 풍수(風水)·지리(地理)·천문(天文)에 능통하여 샛별(曉星)과 같았다.

정덕(正德) 4년(중종 4년인 1509년) 기사(己巳)년에 태어나 융경(隆慶) 5년(선조 4년인 1571년) 신미(辛未)년에 63세로 생애를 마쳤다.

양궁(兩弓)이란 궁궁(弓弓)이요, 쌍을(雙乙)은 을을(乙乙)이네. 궁궁(弓弓)과 을을(乙乙)은 천(天)과 지(地), 부(父)와 모(母), 양(陽)과 음(陰), 무극(無極)과 태극(太極), 천신(天神)과 지신(地神)의 의미를 담고 있네.

우마(牛馬)는 땅의 하느님인 지신(地神)과 하늘의 하느님인 천신(天神)을 상징하네.

궁궁(弓弓) 을을(乙乙)의 이치로써 천신(天神)의 상징인 마(馬)와 지신(地神)의 상징인 우(牛)가 만물의 근원인 하늘의 상제(上帝)를 상징하며, 그가 실존하는 사람의 모습으로 이 땅에 태어남을 알 수 있다는 의미이네.

그 깊은 뜻을 알아보소. 하늘의 말〔馬〕이 이 땅에서 소〔牛〕를 상징하여 나타나네.

하느님이 무궁화 동산의 조선(朝鮮)으로 서방의 십(十)자 운수인 금운(金運)을 타고 오시네.

밭 전(田)자에 들어 있는 십(十)자가 대인(大人)이요, 성인(聖人)이요, 지상에 오신 하느님을 상징하네.

천지운행 도수인 용마하도(龍馬河圖)를 잘 살펴보면 밭 전(田)자를 볼 수 있네.

금운(金運)의 운수는 인생의 추수기에 심판의 사명을 띠고 온 팔십일궁(八十一宮)에 해당하는 마지막 하느님의 운수이네.

목운(木運)의 인물이 서방의 기운을 타고 남자(男子) 신선으로 일하다가 하느님으로 승격되어 삼위성신(三位聖神)의 사명을 완수하는 여자(女子) 신선의 운수로 강림함을 의미하네.

금운(金運)의 운수를 받은 목인(木人)을 따르는 자가 최고로 복 있는 사람이네.

무궁화(無窮花) 꽃을 상징으로 하는 조선(朝鮮)이 우주의 중심이 되네.

무궁화(無窮花)를 이상화로 하는 영원 무궁한 하느님의 세계가 조선(朝鮮)에 건설됨을 뜻하네.

정미할 정(精)자에서 그 오른편의 푸를 청(靑)자를 없애면 쌀 미(米)자만 남네. 쌀 미(米)자는 옛날 밥상 모양이네. 밥상 모양에서 4개의 젓꼭지가 떨어져 나가면 십(十)자 모양이 나오네.

십(十)자에는 깊은 뜻이 숨어 있네. 아주 오랜 옛날 천지(天地)가 혼돈하고, 천신(天神)과 지귀(地鬼)가 싸울 때 천신(天神)인 하느님이 지귀(地鬼)인 마귀에게 패하여 십(十)자의 권세를 빼앗겨 버렸네.

천신은 마귀에게 빼앗긴 십(十)자의 운수를 다시 되찾아 아름다운 세계를 이룩하려고 하였지만 마귀의 권세가 매우 강하여 그를 이기지 못했네.

음(陰)수에 속한 십(十)자를 어떻게 마귀한테서 빼앗아 올 수 있을까? 수천 년 동안 쉬지 않고 연구하였네.

마침내 그 비밀을 탐지하여 다시는 죽음이 없는 지상선국(地上仙國)을 건설하게 되었네. 참으로 기쁜 일이네.

팔력십월이인심(八力十月二人尋)은 십승(十勝)을 찾아야 산다는 뜻이네.

십승(十勝)이 머무는 곳이 신천촌(信天村)이네. 죽음의 권세를 가진 마귀로부터 보호받을 수 있는 곳이네.

십승(十勝)의 신천촌(信天村)은 모든 사람이 고대하던 불로불사(不老不死)의 극락과 천국의 세계가 펼쳐지는 곳이네.

옥등(玉灯)이 가을밤 삼팔일(三八日)에 빛을 발하니 남(南)과 북(北)이 서로 화합하여 태평가(太平歌)를 부르네. 남(南)과 북(北)이 평화통일(平和統一)이 되어 서로 반갑게 화합함을 의미하네.

뭇백성들이여! 생명을 보전하고 싶거든 길성(吉星)이 비추는 십승(十勝)을 찾아보소.

양백(兩白)과 삼풍(三豊)의 참된 진리(眞理)는 화폐에 혈안이 된 사람은 찾기 어렵지만 마음이 가난한 자는 쉽게 찾을 수 있네.

하도(河圖)의 중앙수 오(五)와 낙서(洛書)의 중앙수 오(五)가 각각 태백(太白)과 소백(小白)이니 소위 양백(兩白)이네. 양백(兩白) 성인으로 출현하는 하느님을 상징하네.

하늘 나라의 생명 양식인 삼풍(三豊)은 인간의 육체적 구조를 썩지 않는 금강석(金剛石)과 같은 구조로 변화시켜주는 화우로(火雨露)를 말하네.

일감(一坎), 이곤(二坤), 삼진(三震), 사손(四巽), 육건(六乾), 칠태(七兌), 팔간(八艮), 구리(九離)의 팔괘에 중앙수 오중(五中)을 더 넣은 구괘가 구궁(九宮)이네.

구궁(九宮)에 하나를 더하면 십승(十勝)의 이치가 나오네. 하느님이 마귀에게 빼앗긴 음(陰)의 십자를 양(陽)의 십자로 변화시켜 완전한 승리자가 되네.

봄 기운이 천지에 가득차고 집안에 축복이 충만하네. 어두운 세상이 물러가고 정도령의 새로운 세상이 펼쳐지는 은혜롭고 화평한 세상이네.

용마하도(龍馬河圖)와 영귀낙서(靈龜洛書)의 중앙수 오(五)가 각각 태백(太白)과 소백(小白)이요, 양백(兩白)의 이치이네.

마음을 깨끗하게 하고 몸을 편안하게 하며 사람을 새롭게 변화시키는 사람이 양백(兩白) 성인이네. 마음이 깨끗한 사람으로 변화되어야 복을 받고 구원을 받네.

세상 사람들이 궁궁(弓弓)의 이치를 모르네. 궁궁(弓弓)이 화합치 못하고 등진 모양에서 백십자(白十字)의 모양이 나오네.

백십자(白十字)는 하느님을 상징하네. 마귀의 권세를 쳐서 승리한 이긴 자의 권세를 말하며, 인간의 더러운 피 속의 마귀를 소멸시킨 하느님의 권능을 말하네.

하느님이 천하만민(天下萬民)의 원통함을 해결하고 원죄(原罪)와 유전죄(遺傳罪)와 자범죄(自犯罪)를 완전히 해결하여 새로운 세상을 건설하네.

바다 위를 걷도록 하며, 태산도 옮길 수 있는 해인(海印)의 이치가 화우로(火雨露)의 삼풍(三豊)의 이치이네.

해인(海印)의 이치에는 천하만민(天下萬民)을 심판하는 권세가 있네. 죄지은 분량대로 심판하는 하느님의 인(印)을 치는 사명과 심판의 사명이 있네.

입 구(口)자 4개를 합하면 밭 전(田)자의 이치가 나오네. 밭 전(田)자 가운데 십승(十勝)의 이치가 들어 있네. 그것이 곧 십승도령(十勝道靈)인 정도령(正道令)이요, 참된 구세주이네.

도교(道敎)의 황정경(黃庭經)을 정성껏 읽어보면 밭 전(田)자에 묘한 이치가 숨어 있음을 알 수 있네.

마음을 올바르게 편협되지 않게 하여 서방 십자도의 운을 타고 오는 금운(金運)의 이치를 깨닫고 따르라는 이치이네.

해와 달이 광휘를 발하지 않으나 불야성(不夜城)을 이룸은 정도령(鄭道令)의 몸에서 나는 빛의 광채로 인함이네. 십승(十勝)의 조화로 건설되는 밤이 없는 세계요, 하느님의 빛으로 충만된 광명(光明)의 세계이네.

낙반사유(落盤四乳)는 옛날 밥상 네 모퉁이에 장식한 4개의 젖꼭지가 떨어져 나가 생긴 십(十)자, 곧 십승도령(十勝道靈)의 이치를 표현한 것이네.

십(十)자의 이치를 완전히 깨달아야 죽음 가운데서도 삶을 얻을 수 있네.

물이 올라가고 불이 내려오는 수승화강(水昇火降)의 이치 속에 모든 질병이 물러가는 이치가 숨어 있네. 물이 아래로 흐르고 불이 위로 올라 가는 세상의 이치와는 정반대의 이치이네.

성신(聖神)의 불이 몸 속에 들어와 그 몸의 모든 죄를 소멸시키면 생명수(生命水)가 마음에서 끊임없이 솟아나 모든 질병이 없어지고 새 사람으로 거듭나네.

정도령(鄭道令)의 권세인 해인(海印)이 향기로운 감로(甘露)이며, 불로불사(不老不死)의 약이네.

삼인일석(三人一夕)은 닦을 수(修)자를 말하네. 마음을 닦고, 몸을 닦고, 도(道)를 닦아야 불로불사의 감로(甘露)를 마실 수 있네.

진실된 마음으로 하느님 말씀을 독실히 믿고 따라야 하네.

육각(六角)은 하늘 천(天)자요, 팔인(八人)은 불 화(火)자이네. 천화(天火)는 마귀를 멸하는 불이요, 마귀를 소멸시키며 인생을 살리는 불이네.

아미타불(阿彌陀佛)의 몸에서 나오는 불이네. 그의 손을 통하여, 입을 통하여, 눈을 통하여 나오는 불의 성신(聖神)이네.

인간을 살리고 마귀를 멸하는 하느님의 심판의 권세를 받은 자는 사람 비슷하나 사람이 아니네.

육체적 구조는 사람의 모습이나 그의 능력과 은총은 하느님만이 할 수 있네.

푸른 하늘이란 텅빈 하늘이요, 이치가 없는 것 같으나 무궁한 조화가 있네.

천신(天神)이 하강함을 분명히 알아야 하네. 그가 세상의 마귀를 소탕하여 천하의 모든 인생을 구제하는 진정한 주인공임을 깨달아야 하네.

팔왕(八王)은 양(羊)자요, 거기에 팔구(八口)를 합치면 착할 선(善)자의 이치이네. 항상 착한 마음과 행실을 가져야 복을 받네. 하느님의 마음과 같이 착하고 아름다운 마음으로 화한 사람이라야 구원받는다는 의미이네.

하늘에선 말〔馬〕의 성질이요, 땅에서는 소〔牛〕의 성질이 우성(牛性)이네. 천상(天上)의 하느님이 마성(馬性)으로 상징되나, 지상(地上)의 하느님으로 강림하여 나타나면 우성(牛性)으로 변화되네.

그와 같은 이치로 천상의 정(鄭)씨가 지상의 박(朴)씨로 변하여, 천신(天神)이 지상(地上)에 출현하는 것이네.

온화한 기운이 동풍(東風)을 타고 진인(眞人)이 출현하네. 참으로 좋은 시절이요, 다시 오지 않는 좋은 시절이네.

복 있는 자는 눈과 귀를 열어 진인(眞人)이 있는 도하지(道下止)로 발걸음을 재촉하네.

선입자(先入者)는 마귀의 기운을 받아 음십자(陰十字)의 도를 따르는 사람이나, 복 있는 중입자(中入者)는 하느님의 기운을 받아 양십자(陽十字)의 도를 따르는 사람이네.

지금이 중입(中入) 시기며 가장 좋은 때이네. 서방의 기운을 벗어버리고 새로운 도를 펼칠 때가 참으로 복된 운수임을 모르는 선입자(先入者)는 그 도(道)를 배신하고 나가 결국 죽게 되나, 인내하여 참는 자와 중입(中入) 시기에 들어간 사람은 영원한 복을 받네.

엄마 소가 아기 소를 찾는 소〔牛〕 울음 소리가 화기애애하게 울려 퍼지네. 땅의 하느님인 엄마 소가 길 잃은 아기 소를 찾는 마음의 소리이네.

화기(和氣)는 봄 기운이요, 동풍(東風)은 봄바람이네. 꽁꽁 얼어붙은 대지 위에 모든 삼라만상을 소생시키며, 고목에 새싹을 돋게 하는 생명의 봄 기운이네.

봄바람이 세계 만방으로 퍼져가니, 악(惡)이 숨고 선(善)이 드러나는 군자(君子)의 세계가 다가 오네.

춘일(春日)이란 뜻을 알지 못하고 어찌 살기를 바라는가? 춘(春)이란 삼인일(三人日)을 파자한 것으로, 성삼위(聖三位)가 한 몸으로 합쳐 오는 날이 봄 춘(春)자의 진정한 의미이네.

삼인동행(三人同行) 칠십이(七十二)란 뜻이네. 사십오궁(四十五宮)의 수운(水雲)과 육십삼궁(六十三宮)의 화운(火雲)이 칠십이궁(七十二宮)의 목운(木運)으로 세 성인(聖人)이 삼위성신(三位聖神)으로 동행한다는 뜻이네.

그들의 영광의 빛이 드러나는 날이 춘일(春日)이요, 삼인일(三人日)의 진정한 뜻이네.

일조삼이(一釣三餌) 좌우중(左右中)에서 일조(一釣)는 낚싯바늘이 하나,

삼이(三餌) 좌우중(左右中)은 낚싯밥 셋이 왼쪽, 오른쪽, 중간에 있다는 말이네. 곧 마음 심(心)자를 표현한 것이네.

말세(末世)의 환란이 있을 때에 피난처의 근본은 모두 마음(心)에 있네.

마음의 깨끗한 정도에 따라 살고 죽는 것이 결정되는 것이네.

마음이 어두운 자는 구름과 안개로 뒤덮인 하늘에서 햇빛을 보는 것과 같고, 어둡고 두려운 가운데 등불을 보는 것과 같으니, 마음이 맑지 않으면 진인(眞人)을 만나 보거나 영원한 영생을 얻기가 극히 어렵다는 의미이네.

전에도 없었고 후에도 없는 처음으로 맛보는 즐거운 도(道)이네. 불가사의한 도(道)인 봄 춘(春)자를 잊지 않아야 하네.

천근월굴(天根月窟)은 하느님의 음양(陰陽)의 이치요, 한왕래(寒往來)는 추위가 가고 오는 이치를 의미하네.

삼십육궁(三十六宮) 도시춘(都是春)이란 삼십육궁(三十六宮)의 조화로 말미암아 봄 · 여름 · 가을 · 겨울이 없어지고 늘 봄과 같은 세계가 된다는 것이네.

늙음이 없는 불로불사(不老不死)의 봄의 세계가 도래함을 의미하네.

천지운행 도수가 가고 오는 이치 속에 선천(先天) 세계와 후천(後天) 세계가 이미 지나고 중천(中天) 세계가 다가오네.

하느님(아미타불)이 사람으로 나타나 이 세상의 모든 괴로움과 탄식과 눈물과 죽음과 이별이 없는 지상천국(地上天國)을 건설한다는 의미이네.

구름과 비가 없는데 향기로운 감로(甘露)가 창공에 휘날리네. 은혜의 이슬이네.

향기로운 이슬을 내리는 자가 감람나무요, 하느님이네. 하늘에서 내리는 향취는 밭 전(田)자의 이치에서 얻을 수 있네.

12대문이 활짝 열리니 화평의 문이네. 해와 달이 밝고 명랑하고 찬란한 빛을 발하네.

아름답도다! 이 운수가 궁을(弓乙)의 세계요, 아미타불(阿彌陀佛)의 극락 세계이네.

찬란한 햇빛이 하늘 높이 솟아오르는 아름답고 아름다운 세계이네. 맑고 고운 노랫소리가 들리는 가운데 십승(十勝)과 더불어 생활하니 즐겁네.

아름답고 평화로운 이상향이 어느 세월, 어느 갑자(甲子)에 이뤄지는 것인지 궁금하기 그지 없네.

쌍궁(雙弓)은 궁궁(弓弓)이요, 궁궁(弓弓)은 십승(十勝)이네.

탈겁리(脫劫理)란 인간의 육체적 구조가 죽음을 벗어난 불로불사(不老不死)의 구조로 변화되는 이치이네.

영생의 구조로 변화되려면 궁궁(弓弓)을 깨달아 그로부터 생명 양식을 받아 먹어야 하네.

생명 양식인 감로(甘露)가 혈맥을 관통시켜주니 즐겁게 노래를 부르네.

감로(甘露)를 창조하여 주는 존재가 동방 의인이요, 보혜사(保惠師) 성신이 임한 감나무와 감람나무의 주인공이네.

뭇창생들이 안심하고 살 수 있는 곳을 알고자 하네. 삼풍(三豊)과 양백(兩白)이 있는 곳이 바로 안심처이네. 삼풍(三豊)이 생명 양식인 화우로(火雨露)이며, 아미타불의 감로(甘露)이네.

삼풍(三豊) 곡식은 지상(地上)의 곡식이 아닌 천상(天上)의 곡식으로 한 달에 아홉 번 먹어도 살 수 있는 영생의 양식이네.

양백(兩白)은 하도(河圖)와 낙서(洛書)의 이치로 마음을 백합화처럼 희게 하는 하느님을 의미하네.

금성(錦城)은 어디인가? 금성(錦城)은 영적인 의미로는 비단처럼 아름다운 도성이요, 현실적으로는 한강변에 자리잡고 있는 초라한 토성(土城)이네.

닭이 울고 용이 울부짖는 땅은 어느 곳인가? 동방 의인이 시냇물이 흐르는 변두리의 고을에서 나오네. 그곳이 곧 금성(錦城)이네.

계룡(鷄龍)이란 무슨 뜻인가? 계룡이란 계룡산(鷄龍山)이 아닌 자하선경(紫霞仙境)의 금계룡(金鷄龍)이네.

그곳이 비산비야(非山非野)로 길성(吉星)이 비추는 곳이네. 계룡(鷄龍)의 백석(白石)이 진짜 계룡(鷄龍)이네.

십승(十勝)은 무엇인가? 마귀와의 싸움에서 승리하여 높은 단상에 올라간 사람이 곧 참된 십승(十勝)이네. 하느님(상제 · 아미타불)을 상징한 말이네.

양백(兩白)은 무엇인가? 선천(先天) 용마하도(龍馬河圖)의 중앙수 오(五)와 후천(後天) 영귀낙서(靈龜洛書)의 중앙수 오(五)가 양백(兩白)이네.

하도(河圖)와 낙서(洛書)가 곧 양백(兩白)이네. 심령에 흰 옷을 입혀 마음을 맑게 하는 것이 진정한 양백(兩白)이네.

삼풍(三豊)은 무엇인가? 산도 아니고 들도 아닌 비산비야(非山非野)가 곧 삼풍(三豊)이네.

세상 사람들은 화우로(火雨露)가 무엇인지 모르네. 화우로(火雨露)는 죽을 수밖에 없는 인생을 영원토록 살게 해주는 하느님의 성신(聖神)으로, 불〔火〕의 성신과 물〔水〕의 성신과 이슬〔露〕 성신을 의미하네.

세상의 곡식이 아닌 천곡(天穀)으로 말세에 천하만민을 구제하는 영생의 곡식이네.

궁을(弓乙)은 무엇인가? 하늘〔天〕과 땅〔地〕이 궁을(弓乙)이며, 하나의 양(陽)과 하나의 음(陰)이 궁을(弓乙)이네.

자하선인(紫霞仙人)이 참된 궁을(弓乙)이네. 천지부모(天地父母)가 곧 궁을(弓乙)이네.

우성(牛性)은 무엇인가? 하늘의 도(道)로 마음 밭을 일구는 존재가 곧 우성(牛性)이네. 우성(牛性)이 들에 있으니 소〔牛〕 우는 소리가 들리네. 하늘의 말이 땅에서 소로 나타나 존재하는 것이 참된 우성(牛性)이네.

천상(天上)의 하느님이 지상(地上)으로, 무형(無形)의 하느님이 유형(有

形)의 하느님으로 변화되어 나타난 것이 우성(牛性)이네.

정씨(鄭氏)는 무엇인가? 칠(七)에다 삼(三)을 더한 십(十)자이네. 십(十)자가 곧 정(鄭)씨이네. 어떤 성씨(姓氏)인가? 후손이 없는 존재요, 세상의 정(鄭)씨를 의미함이 아니네.

한 일(一)자를 가로와 세로로 그어보면 십(十)자가 나오네. 그것이 참된 정(鄭)씨이네. 천상의 미륵불(彌勒佛)의 성씨(姓氏)가 정씨(鄭氏)이네. 상제(上帝)의 칭호이네.

해인(海印)은 무엇인가? 인간이 눈으로 보고도 모르는 화우로(火雨露)이네.

될 화(化)자는 무슨 화인(化印)인가? 무궁한 조화를 부리는 것이 곧 해인(海印)이네. 마귀의 목과 다리에 족쇄를 채워 감옥에 보내는 물건이요, 선한 자를 살리고 악한 자를 죽이는 심판의 권능이 있는 하느님의 성신이네.

전(田)자의 뜻은 무엇인가? 사면이 모두 바른 것이 전(田)자의 뜻이네. 전(田)자 이것이 또 전(田)자로 변화하여 백십승(白十勝)의 전(田)자가 되네. 오묘한 술수가 무궁한 것이 참된 전(田)자의 뜻이네.

금(金)의 운수를 따르는데 금(金)을 따르는 것이 무엇인가? 광채가 영롱한 금운(金運)을 따르는 것이 곧 금(金)이네.

십삼(十三)자의 목운(木運)의 운수를 받은 사람이 십사(十四)자의 찬란한 금운(金運)으로 변화되는 운수를 의미하네.

남자(男子) 신선으로 지상(地上)에서 일하다가 세상과 이별한 후 천상(天上)에 올라가 여자(女子) 신선으로 강림하는 운수이네.

그때 광채가 영롱한 비로자나불(毘盧遮那佛), 무량광불(無量光佛)의 모습으로 변화되어 강림함으로 온 우주가 찬란한 광명의 세계가 되는 것이요, 인류 가운데 처음으로 사망을 극복한 최초의 인간이 나오게 되는 것이네.

참된 부활(復活)의 의미가 성취되는 것이니 참으로 기쁜 일이네.

사악한 죄를 범하지 않고 바르게 사는 것이 참된 금(金)을 따르는 것이네.

진경(眞經)은 무엇인가? 요사스런 마귀가 침범하지 못한 경전이 진경(眞經)이네. 천상의 상제(上帝)가 예언한 거룩한 말씀으로 터럭의 100분의 1만큼도 틀림이 없는 참되고 참된 경전이 곧 진경(眞經)이네.

경전(經典) 중에는 분명 마귀의 경전도 있고 하느님의 경전도 있다는 의미이네. 마귀의 경전이 무엇이고, 어떠한 글귀가 마귀의 글인지 또는 상제(上帝)의 글인지 분별할 수 있어야 지혜롭다는 말이네.

길지(吉地)는 어느 곳인가? 많은 신선들이 모인 곳이 곧 길지(吉地)이네. 삼신산(三神山) 아래 소〔牛〕 울음 소리가 나는 곳으로 계수(桂樹)와 범박(範朴)이 곧 길지이네.

그곳이 무릉도원이며 우주를 다스리는 하느님이 이상향 건설의 전초기지로 터를 잡은 복된 땅이란 뜻이네.

강화의 마니산에 왜 참성단(塹城壇)이 있는지 한번쯤 돌이켜 보아야 하네. 왜 그곳에 천신(天神)에게 제사지내는 단을 쌓아야 했을까?

그것은 최초의 인간 곧 인류의 시조가 되는 우성인(牛性人) 또는 마고(麻姑)라는 존재가 태어난 곳이기 때문이요, 인류의 문명이 처음으로 시작된 곳이기 때문이네. 강화 · 인천 · 시흥 · 서울 부근에서 인류의 역사가 시작되었다는 비밀이 숨어 있는 것이네.

어떤 분이 진인(眞人)인가? 참된 나무의 기운을 타고 태어난 사람이 곧 진인(眞人)이네. 이상적인 인간(人間)이요, 의인(義人)이요, 군자(君子)요, 사람 비슷하나 사람이 아닌 신인(神人)이네.

천하의 일기(一氣)가 다시 사람으로 태어난 것이요, 음양(陰陽)의 기운이 하나로 합하여 태어난 하느님의 아들이네.

해인(海印)을 마음대로 사용할 수 있는 분이 진인(眞人)이네. 해인(海印)의 권세를 갖고 있는 존재는 하늘의 정(鄭)씨임으로 진인(眞人)이 곧 정도령(鄭道令)이란 말이네.

진인(眞人)을 구별할 수 있으려면 무엇보다도 맑은 마음을 유지하는 것이 가장 빠른 첩경이요, 다음은 남에게 은혜를 베푸는 어진 마음을 유지하는 것이요, 그 다음은 지혜롭고 총명한 눈으로 예리한 판단을 하는 것이네.

진인(眞人)의 여정을 살펴보세. 천상(天上)에서는 정(鄭)씨요, 상제(上帝)요, 미륵불(彌勒佛)이네. 땅에 출현할 때 20세기 후 삼팔선(三八線) 북쪽에서 금강산(金剛山) 정기 받아 태어나고, 동쪽의 섬나라에 머물다 남조선(南朝鮮)의 소래산(蘇萊山)과 노고산(老姑山)이 마주보고 있는 곳으로 이동하여 자리 를 잡은 후 세 번 자리를 옮겨 최종적으로 신천촌(信天村)이란 마을로 이동하네.

그 후 갑자기 세상과 이별하게 되나 다시 백마(白馬) 타고 강림하여 만백성을 심판하고 구원하네.

먼저 사람으로 와서 일하다가 나중에 신선(神仙)으로 변화되어 비로자나불(毘盧遮那佛)과 아미타불(阿彌陀佛)의 운수로 강림하는 것이네.

그분을 따르다 따르지 못한 선입자(先入者)는 복이 없으나 끝까지 세인의 조소를 참아가며 따르는 중입자(中入者)는 복이 있네. 나중에 끝까지 따르지 못함을 뼈저리게 느끼는 날이 오네.

춘향(春香)이가 변 사또의 수청을 뿌리치는 일편단심의 절개가 없었다면 어찌 이(李) 도령이 암행어사의 신분으로 그를 죽음 가운데서 구원하여 백년해로(百年偕老)를 하였겠는가?

암행어사인 이(李) 도령이 춘향(春香)이의 절개를 높이 산 것이네. 이와 같은 뜻을 마음에 깨닫지 못하는 선입자(先入者)는 분명 후회하네.

참된 나무의 기운을 타고 태어난 사람이 하늘의 왕이네. 그와 같은 이치는 변함이 없네. 하늘의 왕이 나무의 기운을 타고 태어난다는 의미이네.

하늘의 정도령(鄭道令)이 땅에서 세 사람으로 변화되어 태어나네. 수운

(水雲) · 화운(火雲) · 목운(木運)이네.

동학 경전의 수운(水雲) 선생의 말씀과 대순 전경의 화운(火雲) 천사의 말씀과 행적을 자세히 살펴보면 그 사람이 누구인지 분명하게 알 수 있네.

진실된 마음으로 정성껏 공부하면 분명 신(神)의 도움이 있네.

향기로운 바람이 콧가를 스치며 책장을 스쳐 갈 것이네. 신령스런 감로(甘露)의 향기로움이 임한 것이며, 보혜사의 성령(聖靈)이 임한 것이네.

동방에 봄이 돌아와 금빛의 아름다운 꽃이 피네. 조선(朝鮮)에 하느님의 영광이 찬란하게 빛난다는 의미이네.

세계 각국의 백성들이 나비와 같이 노래하며 춤추며 오네. 하느님이 계신 신천촌(信天村)을 향해 오는 것이네.

안찰을 통하여 죄를 소멸시키고, 심령을 변화시켜 새로운 사람으로 만드네. 세계의 모든 백성들이 하느님에게 큰 소리로 영광을 돌리네.

미친 듯이 술에 취한 듯이 기뻐 뛰며 노래하네. 새로운 세상이 시작됨을 의미하네.

세상 사람들이 알지 못하고 조롱하고 비웃는 때 마음 가운데 하느님을 모시지 않고 어떻게 살겠는가? 소〔牛〕 울음 소리가 나는 십승지(十勝地)를 찾아야 하네. 그곳이 복된 땅이네.

선각자(先覺者)가 예언한 길지(吉地)를 찾는 사람이 누구인가?

어둡고 두려운 세상에 세인의 눈은 재물만을 탐하고 사람들이 모두 참과 거짓을 생각지 않네.

도(道)를 찾는 진실된 사람이 적음을 한탄한 말이네. 호사다마(好事多魔)란 뜻이네.

쌍견언(雙犬言)은 파자법으로 감옥 옥(獄)자요, 초십구(艸十口)는 괴로울 고(苦)자이네. 의인(義人)을 알아보지 못하고 감옥에 집어넣어 옥중 고난을 당하게 하네. 잠시 잠깐 액을 당하네.

구궁(九宮)에 하나를 더하면 십승(十勝)의 이치가 나오네. 십승(十勝)과 양백(兩白)의 이치를 아는 사람은 좌우를 돌아보지 말고 오직 앞으로앞으로 전진하소.

사망 가운데 영생하는 으뜸되는 진리가 있네. 나가면 죽고 들어가면 사는 신천촌(信天村)이 있네.

점차 차원을 높여 가며 징검다리와 사닥다리를 만들어 올라가도 떠나면 아니 되네. 탄탄대로이니 영원히 변함이 없네.

도(道)가 천지에 충만하나 그 형체는 보이지 않네. 무형(無形)의 하느님을 유형(有形)으로 찾는 것이 도통하는 것이네.

조을시구(鳥乙矢口), 곧 궁을(弓乙) 진인(眞人)을 아는 자가 참된 선각자이네.

천신(天神)에게 쉬지 말고 기도하소. 죄악(罪惡)이 넘쳐 흘러 천신(아미타불)이 심판하는 날이요, 동방에 음도(陰道)가 물러가고 양도(陽道)가 돌아와 집안이 화평하게 되는 날이네.

푸른 회화나무가 뜰에 가득찬 달이요, 흰 버드나무가 싹이 없는 날이네.

서여은일(鼠女隱日) 삼상후와(三床後臥)이네. 호운(好運)이 되면 목인(木人)이 지상의 왕이 되는 운이 사라지네.

십승(十勝)과 십처(十處)가 논란의 대상이 되네. 십승지(十勝地)가 어디인지 분별하지 못하면 살 수 없네.

땅과 하늘의 이치인 십승(十勝)과 궁궁지(弓弓地)가 가장 복된 곳이네. 그곳에 들어가는 자는 살 수 있네.

슬기로운 자와 슬기롭지 못한 자를 분별할 때 악을 많이 쌓은 사람은 지옥(地獄)을 면할 수 없네. 사람과 짐승을 분별하는 날이 오네.

하늘에서 머리가 짧고 다리가 없는 소두무족(小頭無足)이 날아와 땅에 떨어지니 세상이 혼돈되네.

서방경신(西方庚辛) 사구금(四九金)의 오묘한 금(金)의 운수를 따르는 것이 가장 복된 운수이네. 서방의 운수며, 가을 하늘의 운수인 팔십일궁(八十一宮)의 십사(十四)자의 운수이네.

여자(女子) 신선으로 오시는 진인(眞人)이 어떠한 변환 과정을 통해 천하만민을 심판하는 신인(神人)이 되어 다시 우리들 앞에 나타나는지, 그 비밀을 깨닫는 자가 가장 복이 있는 자로 친히 하느님을 보게 된다는 의미이네.

누가 가을 하늘 감나무에 매달린 홍시(紅柿)를 따게 되는 영광을 차지하게 될까? 초롱초롱한 별빛처럼 깨끗한 심령의 소유자, 곧 무지갯빛과 같은 아름답고 순수한 마음의 소유자이네.

2
●
세론시(世論視)

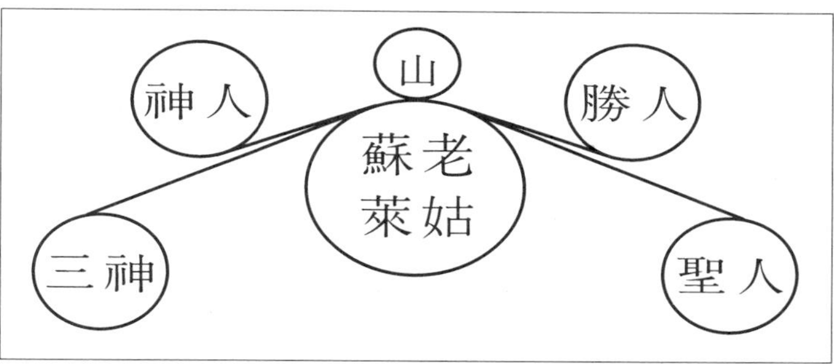

서양 학문이 크게 융성함은 하늘의 뜻이네. 하늘의 도(道)를 간직한 자는 살고 도가 없는 자는 죽네.

그 이치를 헤아리는 자는 누구며 듣는 자는 누구인가?

세인(世人)이 어찌 알 수 있겠는가? 지혜로운 자라야 능히 알 수 있네.

덕(德)을 쌓는 사람은 이와 같이 스스로 올바르게 도(道)를 닦아 사람을 살리고 재물 쌓기를 바라지 않네.

아! 슬프도다. 나의 후생들이여. 피의 유전됨을 잊지 마소. 슬기롭게 묵묵히 천운(天運)을 따르소. 세상은 조석(朝夕)으로 달라지네.

다른 나라의 종교를 믿고, 다른 나라의 법관(法官)이 행사하고, 거짓 오랑캐가 벼슬을 팔고 사고, 소인배들이 능히 대인 노릇하고, 소인배들에게 한없는 왕운이 트이네.

좋은 운수가 다가오나 유교(儒敎)의 글을 생각지 않네. 모든 것이 생각 밖으로 나가네. 옛날 백이(伯夷)와 숙제(叔齊)는 고사리를 뜯고 허유(許由)와 소부(巢父)는 귀를 씻었네.

부귀를 탐내지 마소.

자기의 천명(天命)을 다하지 못하고 비명횡사(非命橫死)하게 되네.

오랫동안 흐리고 맑지 않으니 아랫사람이 반드시 윗사람을 모략하네. 누가 부모를 위하여 효도를 다하며 생사를 판단하겠는가?

용(龍)이 구슬을 희롱하며 날아 오르네. 세상 만물을 공의롭게 두루 살피고 그 진리를 밝히는 사람이 있으나, 그분의 성씨(姓氏)가 무엇인지 세상 사람은 알지 못하네.

이(二)를 세로로 세워 기둥을 만들고 좌우에 삼(三)을 쌍으로 놓고 그 운수를 한탄하지 마소. 재물과 옷치레를 따르지 마소. 길고도 짧은 것이 인생이네.

십오진주(十五眞主)인 하느님이 오랫동안 연구하여 마귀를 죽이는 활을 만들었네.

대소백(大小白)이란 무엇인가? 하도(河圖)와 낙서(洛書)의 운수이네. 흰 백(白)자는 산을 구부림이니 양산(兩山) 사이에서 장인 공(工)자가 나오네.

십자에서 흠을 없애니 양백(兩白)이 나오네. 사람의 씨앗은 양백에서 구해야 되네. 백목(白木)의 쌍사인(雙絲人)이 한가롭게 산사(山寺)에 거하네. 백목이 신령스런 나무 사람이요, 쌍사인이네.

궁궁인(弓弓人)이 진사(辰巳)년에 태어나 천하를 통일하네. 다시 어느 강이나 주에 있는가? 한 일(一)자가 일어서고 누워 있으니 합하면 십승(十勝)이 나오네.

세상 일이 왜 그러한가? 선원(仙源)이 변치 아니했으니 비의(非衣)는 만 명을 살리고 궁장(弓長)은 천 명을 살리네. 여러 성씨(姓氏) 즉 서(徐)씨, 조(曺)씨, 여(呂)씨, 김(金)씨가 영웅으로 나와 외치나 애국할 운수가 되지 못하네.

천운을 거역하면 반드시 망하나 성인의 말씀을 따르며 지키는 자는 소원을 이루네.

영웅이라도 이 글을 믿지 않는 자는 망하네. 조(趙)씨와 신(申)씨는 난세의 영웅이나 항우처럼 죽음을 면치 못하네. 천운(天運)이 그러하니 어찌 하겠는가?

육안(肉眼)으로 헤아릴 수 없는 속세를 떠난 곳, 속세를 떠난 그곳을 떠나지 마소. 덕을 쌓은 사람은 속세를 떠난 그곳을 잃지 말며, 속리산(俗離山)을 찾지 마소. 도탄을 면하기 어렵네.

황금에 눈이 먼 어리석은 자가 어떻게 분별하겠는가? 속리산(俗離山)에 들어가고 지리산(智異山)을 찾고 계룡산(鷄龍山)을 찾네.

그와 같은 말을 하는 자는 참으로 어리석은 사람이네. 산에 들어가면 반드시 죽게 되는 이치를 깊이 헤아려보소.

힘을 다하여 그 사람을 따르고 또 따라 가소. 그는 누구인가? 궁궁(弓弓)으로 오신 박(朴)씨이네.

박(朴)씨가 거하는 마을마다 상서로운 빛이 넘치네.

그 사람을 만나지 못하면 영생의 문인 생문(生門)을 구하기 어렵네.

영생의 문인 생문(生門)이 어디에 있는가? 백석(白石)의 샘물에 있네. 백석이 어디에 있는가? 계룡(鷄龍)에서 찾아 보소. 계룡은 어디에 있는가? 산도 아니고 들도 아닌 인천(仁川)의 동남쪽이네.

작은 돌이 박(朴)씨로 나오네. 요(堯)임금보다 큰 성인이네. 그 아래가 또한 생명수가 있는 석정(石井)이네. 그 샘물을 마시는 자는 영생의 소원을 성취하네.

위로는 검과 깃발을 사모하고 아래로는 말을 달려 살펴보소. 상서로운 길운이 떠나지 아니하니 그 땅을 깊이 찾아보소. 천왕(天旺) 마을 가까이 연못이 있는 광야이네.

계룡(鷄龍)에서 일을 시작하니 샛별〔曉星〕이 임하네.

소래산(蘇萊山)은 천하의 명산이네. 노고산(老姑山)과 서로 마주보며 있고 삼신대왕(三神大王)이 인생을 구제하기 위해 역사하는 곳이네.

산도 아니고 들도 아닌 비산비야(非山非野)가 십승도령(十勝道靈)이 거하는 곳이요, 소〔牛〕 울음 소리가 들리는 궁궁인(弓弓人)이 거하는 곳이네.

삼풍(三豊)을 내리는 양백(兩白) 성인이 거하는 곳이네. 그분이 승인(勝人)이요, 신인(神人)이네. 그곳이 무릉도원이며 신선이 사는 별천지이네.

세상 사람이 원하던 십승(十勝)을 만나 볼 수 있는 성산(聖山) 성지(聖地)이네.

후손들이여! 무엇을 탄식하는가? 궁궁(弓弓) 사이를 떠나지 마소. 하늘의 향기를 헤아려 얻을 수 있는 곳은 삼신산(三神山) 아래 소〔牛〕 울음 소리가 낭랑하게 들리는 곳이네.

처음으로 하늘 나라 백성이 나오는 곳이요, 사람마다 모두 소원을 이루는 곳이네.

궁궁(弓弓)의 이치를 알면 극락(極樂)에 들어가고, 을을(乙乙)의 이치를 알면 글없이 도(道)를 통할 수 있네.

어진 사람은 그 땅에 들어갈 수 있으나 짐승 같은 사람은 들어가지 못하네.

그 창고가 어느 곳에 있는가? 자줏빛 노을이 비치는 남조선(南朝鮮)이네. 비문(秘文)에 정(鄭)씨가 남쪽에서 나온다고 하네.

비문(秘文)에 이르기를 해도(海島)의 진인(眞人)이 자하도(紫霞島)에서 진주(眞主)로 나온다고 하네.

붉고 누런 말이요, 용과 뱀의 사람이 병진(丙辰), 정사(丁巳)년에 태어나네.

시목(柿木)이 사람을 돕네. 감나무를 따르는 모든 사람이 감나무 숲을 형성하네.

어느 높은 곳에 서 있는가? 많은 사람이 오가는 주변에 물이 휘감아 도는 궁벽한 곳이네.

계룡(鷄龍)의 의인(義人)이 그곳에서 일을 시작하나 우매한 사람들은 찾지 못하네. 그 땅에 들어가지 못한 사람은 죽게 되네.

슬프도다, 후세 사람들이여! 세상 일에 얽매여 떠돌지 마소. 그 사이를 떠나지 말고 천신(天神)에게 기도하소.

생명을 보존하는 곳이 어디인가? 동쪽도 아니고 서쪽도 아니네. 남조선을 떠나지 마소. 남과 북이 서로 마주보고 있는 모습이 가련하고 한심하네.

땅인즉 십처(十處)가 길지(吉地)이네. 어느 곳을 복된 땅이라 일컫는가? 아직 혈을 정하지 못하였네.

각각의 장소가 이롭지 못하네. 십승지(十勝地)를 생각하지 말고 다만 목인(木人)의 새로운 장막을 찾아보소.

육안(肉眼)이 열리지 못하니 이 구절의 의미를 깨닫지 못하네. 만약 그 뜻을 풀지 못하면 계룡(鷄龍)의 의인(義人)이 나라를 여는 날에도 그 시세를 분별하지 못하네.

진사(辰巳) 성인(聖人)은 이 시대의 의로운 병사이네. 괴로움이 다하면 기쁨이 오듯이 하늘에서 구세주가 강림하네. 말의 머리와 소의 뿔로 상징된 주인이 감나무이네.

감나무가 문득 영화 영(榮)자의 영광으로 빛남은 무슨 뜻이 있는가? 세상 사람의 원한이 봄바람에 눈 녹듯이 풀어지는 세계며, 하늘에서 큰 복이 내려오는 영원 무궁한 세계이네.

도(道)를 찾는 군자여! 중입(中入) 시기를 놓치지 마소. 정도령(鄭道令)이 진사(辰巳)에 땅에 떨어져 진사에 출세하며, 진사에 요(堯)임금의 선법을 계승하여 상진사(上辰巳)에 자수성가하고 중진사(中辰巳)에 혼인하고 거듭 혼인한 지 10년 만인 하진사(下辰巳)에 덕을 이뤄 손을 잡으니, 동방에 촛불이 밝게 빛나고 금슬(琴瑟)의 즐거움이 넘치네.

천지(天地)가 짝을 이뤄 합하니 산〔山〕과 연못〔澤〕이 기(氣)를 통하고, 나무〔木〕와 불〔火〕이 밝음을 통하네.

곤상건하(坤上乾下) 지천태(地天泰)의 괘상을 형성하니 역(易)의 이치와 은혜를 알아보소.

선천(先天) 세계에서 후천(後天), 중천(中天) 세계로 세 번 변하여 도(道)가 이뤄지니 의로움이 올바로 크게 펼쳐지네.

목인(木人)이 날아가고 뒤를 이어 산조(山鳥)가 날아오네. 지상에 나무의 기운으로 태어난 성인(聖人)이 하늘로 화천한 후 봉황(鳳凰)이 되어 무량광불(無量光佛)로 강림하는 운수이네.

하늘의 뜻을 거역하는 자는 망하나 하늘의 뜻을 순종하는 자는 흥하네. 하늘의 명을 어기지 말고 무궁한 대복을 받아보소.

3
계룡론(鷄龍論)

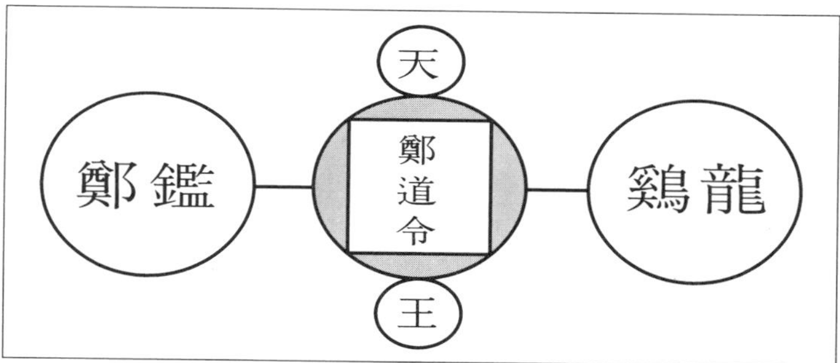

전세계(全世界)의 좋은 운수가 무궁화 꽃이 피는 조선 땅의 계룡(鷄龍)으로 돌아오네.

하늘이 세운 성인(聖人)은 세상의 모든 덕(德)을 합한 분이네. 궁궁(弓弓)의 원리로 출현하는 양백(兩白) 선인(仙人)이네.

단일민족의 피로 형성된 조선(朝鮮)이 사해(四海)로 통하네. 후예가 없는 정(鄭)씨가 어떻게 오는가?

정(鄭)씨는 본래 천상의 왕중왕(王中王)이나, 금일(今日) 다시 정(鄭)씨로 출현하여 지상에 왕이 되네.

정도령(鄭道令)이 어떤 성씨(姓氏)로 지상에 오는지 알지 못하네. 계룡(鷄龍)의 돌이 빛을 발하네. 정(鄭)씨의 운수로 오는 존재가 인간 세계의 왕이 되네.

정(鄭)씨와 조(趙)씨가 천 년간 왕노릇 한다는 정감록(鄭鑑録)의 이야기가 전해오나 세상 사람들은 그 뜻을 알지 못하네. 신인(神人)만이 아네.

좋은 일에 마귀가 방해하여 성인(聖人)이라 할지라도 감옥에 들어가네. 만약 성인이 이를 참지 못하고 감옥을 깨뜨리고 나오면 백 명의 조상 가운데 한 자손이 살아남는 환란이 일어나네.

삼 년간의 옥고를 마치고 나오면 십승(十勝)에서 불사영생함이 나오네. 감옥에 들어가지 않으면 안되고, 죽는다 해도 다음 운수는 이와 같이 십승(十勝)으로 출현하네. 백 명의 조상 가운데 열 명의 자손이 살아남는 좋은 운수이네.

남쪽으로 오는 정(鄭)씨를 누가 알겠는가? 궁(弓)과 을(乙)의 덕을 합한 진인(眞人)이 오네. 남북으로 분단된 나라의 북녘땅에서 출생한 사람이 바다를 건너와 남쪽에 거하네.

모름지기 백구(白鳩)를 좇아 청림도사(青林道士)인 정도령(鄭道令)에게 달려가소. 정(鄭)씨와 조(趙)씨는 한 사람의 정(鄭)씨를 말함이요, 아버지가 없는 정도령(正道令)이네.

천지(天地)의 운수를 합하여 감나무 사람이 나오니 궁을(弓乙)이요, 양백(兩白)이요, 십승(十勝)이네.

십팔성인(十八姓人), 나무의 기운을 타고난 사람이 정(鄭)씨요, 진인(眞人)이네. 하늘의 정(鄭)씨가 땅에서 목인(木人)으로 출현하니 천지가 진동하고 아침 저녁으로 꽃이 피어나듯 아름다워지네.

강산(江山)이 뜨겁게 들끓으니 귀신도 모르네.

계룡(鷄龍)의 돌이 빛을 발하네. 정도령(鄭道令)이 인간(人間)으로 존재하다 신(神)으로 화하여 찬란한 빛을 발하는 때를 알아야 하네.

하느님의 아름다운 신명(神明) 세계가 건설되네. 장안대도(長安大道)의 가장 바르고 커다란 도(道)를 펼치는 존재가 정도령(正道令)이네.

밭 전(田)자의 십승도령(十勝道靈)이 마귀를 멸하는 채찍을 휘두르니 사해(四海)가 태평하고 기쁨이 넘치네.

4
내패예언육십재(來貝豫言六十才)

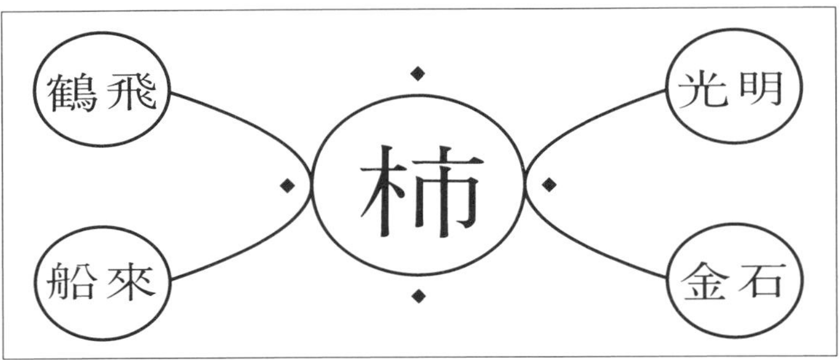

열방(列邦) 가운데 조선(朝鮮)이 가장 높은 위치에 놓이게 되네.

나비가 꽃을 찾아 날아오듯이 모든 나라의 백성들이 기쁜 마음과 즐거운 마음으로 노래하고 춤추네.

바다를 통해 많은 재물을 싣고 찾아오네.

육대구월(六大九月)의 운수로 해운이 열리니, 옛 시대가 지나가고 새로운 시대를 맞이하는 호시절(好時節)이네.

구름과 비 속에서 학(鶴)이 날아 오네.

모든 나라와 섬들의 왕이 조선(朝鮮)의 정도령(正道令)에게 굴복하네.

크고 작은 여러 나라 배들이 성산(聖山)과 성지(聖地)를 바라보며 먼 곳에서 찾아오네.

여러 나라 백성들을 인솔하여 돌아오네. 계룡(鷄龍)의 도성(都城)에 있는 본토 백성들을 찾아오네.

죄가 없는 사람은 금석(金石)으로 된 담장과 진주문이 영롱한 궁전에 영원히 살 수 있으나 죄가 많은 사람은 그 아름답고 거룩한 성에 들어가지 못하네.

하느님을 배반하는 나라는 영원히 파멸되네. 부귀와 빈천이 뒤바뀌는 날이네.

궁을(弓乙) 신선이 머무는 성산(聖山)은 기도 없이는 통할 수 없네. 금은과 보화가 쓰고 남을 정도로 풍성하네. 화평스러운 나라며 정의로움이 넘치는 사회이네.

다시는 낮에 햇빛이 강하게 비치지 않아도 밤에 달빛이 없어도 그 밝음은 한이 없네.

태양 빛의 일곱 배나 되는 영광의 밝은 보석이 열방(列邦)을 비추니, 그 빛을 바라보고 열방의 백성들이 복된 땅을 찾아오네.

다시는 달이 이지러지지 않고 어두운 밤이 없는 광명한 세계가 당대 천년간이나 지속됨을 사람마다 깨달으소.

감나무〔柿〕 사람을 도모하는 자는 살지만 세상의 부귀영화를 도모하는 자는 죽게 되네.

하나가 마땅히 천을 이겨야 하고, 천은 마땅히 만을 이겨야 하네. 사람이 약하나 마땅히 한결같이 강건해야 하네.

한 번의 기쁨과 한 번의 슬픔이 있으니, 흥함이 다하면 슬픔이 오고 고생이 다하면 즐거움이 오네.

사람들 사이의 원한이 풀어지는 호시절이네. 영원한 봄의 세계이며 무궁한 복락(福樂)의 세상이네.

신천촌(信天村)에 들어가는 자는 살고 그곳을 떠나는 자는 죽게 되네. 박(朴)씨가 출현하여 세상의 뭇사람을 살리게 되는 날이 돌아오네.

갑자(甲子)의 좋은 세월이 어느 때에 펼쳐지는지 모르네. 연월일시(年月日時) 갑자(甲子)의 운수이네.

음양(陰陽)이 합하는 날이 춘삼월(春三月)이네. 곧 십승(十勝)의 지상선국이 정해지는 날이네.

밭을 갈지 않고도 먹고, 제사 때 절하지 않고도 제사하며, 베를 짜지 않고도 옷을 입고, 땅에 매장하지 않고도 장례하네.

눈으로 볼 수 있는 유형(有形)의 형체가 눈으로 볼 수 없는 무형(無形)의 형체로 변화되고, 신(神)으로 변화되는 날이네.

사람은 양백(兩白)에서 구하고, 곡식은 삼풍(三豊)에서 구해야 되네. 세인(世人)들이 알지 못하니 슬프고 슬픈 일이네.

마음속으로 깊이 깨달으소. 마음에 깨달음이 있으면 몸을 삼가고 삼가야 하네.

5 말운론(末運論)

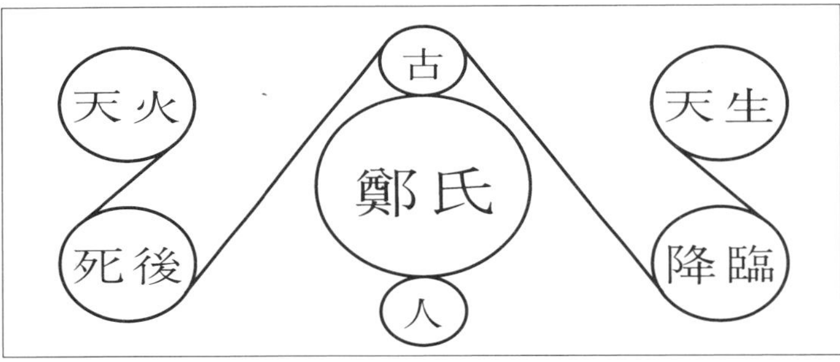

오호라, 슬프도다. 성인(聖人)의 수명이 어찌 이리도 짧은가? 감람나무, 감나무로 나온 성인이 죽네.

소두무족(小頭無足)이 날아와 땅에 떨어져 불바다가 되고 혼돈스런 세상이 되네. 천하(天下)가 다 모여 혼돈하니 천 명의 조상 중에 한 자손만 살아남네.

슬픈 일이네.

감나무를 도모하는 자는 살고 넓고 평탄한 중생의 길을 도모하는 자는 죽게 되네.

악조건일 때는 밀실에 은거하여 생활을 도모해야 하며 궁궁을을(弓弓乙乙)의 피난처가 있는 나라에 가야 사네.

시기에 따라 크게 변하네.

저 나무의 가지와 이 나무의 가지에 앉았다가 떠나는 새처럼 감나무 사람에게서 떠나면 아니 되네.

옛 용과 뱀인 마귀가 발동하네.

하나의 조선이 삼팔선(三八線)의 남과 북으로 갈라지고, 검은 연기가 하늘로 치솟는 전쟁을 하네. 가을 바람에 떨어지는 낙엽처럼 수많은 사람이 죽어가네.

저들이 이기고 이쪽이 지니 십승지(十勝地)의 집안 식구들이 혼돈되네. 사 년간 어찌 살겠는가?

전쟁으로 병화(兵火)가 왕래하니 어느 날 평화가 찾아 오겠는가? 사람을 겁탈하고 자유를 구속하는 자들이 오리니 자세히 풀어 알으소. 산제사를 드리는 제단을 저들이 빼앗네. 이쪽에서는 모든 거리와 길 위에 흩어져 은거하네.

성인(聖人)의 수명이 어찌 이리 짧은가? 불쌍한 인생들이여! 말세(末世) 성군인 박(朴)씨가 하늘로 승천하네. 하느님을 모르는 짐승의 무리 속에서 나온 사람이네.

새 마음으로 변화되어야 하네. 옥중의 괴로움을 참지 못하면 하늘의 뜻을 거역함이네.

착한 자는 살고 악한 자는 죽게 되는 심판일에 사망 가운데 영생을 구하는 자가 복된 사람이네.

이것 또한 어떤 운수인가? 동방의 성인(聖人)이 임장군(林將軍)으로 출현하는 운수이네.

이와 같은 운수는 하느님이 예정한 운수이나 슬픈 운수요, 악조건에 해당하는 운수이네.

12명의 신인(神人)이 각기 신병(神兵)을 거느리네. 마땅히 12수를 미리 정하였으니 그 수는 144의 십승(十勝)의 운수이네.

새 하늘과 새 땅이 건설되는 별천지이네.

먼저 택함 받은 사람은 모두 복을 받지 못하나, 중간에 택함 받은 사람은 복 있는 사람이네. 맨 마지막에 들어간 사람은 복을 받지 못하고 죽게 되네.

하느님의 은혜 가운데 살아가는 삶이란 어떠한가? 하늘 나라의 악기인 거문고를 연주하니 맑고 아름다운 노랫소리가 마음과 정신을 깨끗이 씻어 주네.

땅의 십승지(十勝地)를 생각하지 마소. 이로움은 오직 하늘 나라 십승지인 궁궁(弓弓) 사이에 있네.

신유(申酉)년에 군대가 사방에서 일어나니, 술해(戌亥)년에 많은 사람이 죽게 되네. 인묘(寅卯)년에 일을 알 수 있네. 진사(辰巳)년에 성인(聖人)이 나오네. 오미(午未)년에 즐거움이 집에 넘치네.

머리는 작고 발이 없는 소두무족(小頭無足)이 날아와 땅에 떨어져 불바다를 이루네. 밀실에 몰래 숨어 있어야 하네. 하느님의 군대에 의지하여 하늘의 권세를 뒤흔드는 마귀의 세력을 쳐부수세.

마귀가 스스로 망설이고 주저하네. 죽으려고 달음질치니 영생을 얻을 수 없네. 수운(水雲) · 화운(火雲) · 목운(木運)의 삼성(三聖)을 몰라 복 받을 수 없음이 한탄스럽네.

이 운수는 서교(西敎)의 마음이네. 저 도적의 세력은 슬프고 처량하네. 산과 바위에 숨어 그·몸을 가리워 달라고 하네. 수많은 무리들은 하느님의 찬란한 영광의 빛에 눈을 감지 못하네.

사구(四九)의 운수에는 백 명의 조상 가운데 한 자손 정도 살아남네. 동방 의인이 일어나 활동하는 이 년간 죄가 없으나 세상이 죄를 정하여 감옥에 갇히게 하네. 성인(聖人)이 참지 못하고 출옥하면 악조건의 슬픈 운수인 14수가 되네.

불에 던져 멸망시켜도 부족하네. 미래의 생명들을 살리기 위해 운수를 채워야만 하네. 정(鄭)씨는 무리의 백성을 다소라도 남길 계획이 없네. 참고 이김으로 호조건이 되네.

복 있는 세상 사람들이여! 일육(一六)은 북방임계일육수(北方壬癸一六

水)의 임(壬)자를 말한 것이고, 삼(三)은 지지수 세 번째 인(寅)자를 말한 것이네. 임인(壬寅)년이네. 임인(壬寅)년이 되어야 세상은 좋은 운수로 안정되네.

혹은 악조건이 되며 혹은 호조건이 되네. 인부(仁富) 사이에 수천 척의 배들이 한밤중에 정박하네.

화평한 기운이 동방 조선에서 일어나 이로 말미암아 세계 여러 나라가 화평해지네. 백 명의 조상 가운데 열 명의 자손이 살아남는 임인(壬寅)년의 호조건을 맞이하네.

산이 무너지고 바다가 마르니 금석(金石)이 나오네. 세계 여러 나라에서 나비가 꽃을 찾아 날아오듯이 하느님의 영광된 밝은 빛을 보기 위해 모여드네.

천하 만방에 하느님의 영광이 두루 비칠 때 천지(天地)가 완전히 반복되네.

하느님이 강림하여 인간의 몸을 입고 계시는 시대이네. 어찌 삼인일(三人日)을 모르는가?

삼인일(三人日)은 봄 춘(春)자이니 봄의 운수는 목운(木運)이요, 동방의 갑나무 운수이네.

동반도에 상제(上帝)가 목운(木運)으로 강림함을 말함이네.

동양과 서양이 합치는 운수요, 금목(金木)이 합치는 운수며, 나뭇가지나 잎사귀처럼 부분적으로 온전치 못한 모든 학문과 도(道)가 하나로 합치는 운수이네.

호(好)조건의 운수가 되면 한 조상이 열 명의 자손으로 번창하여 모든 사람이 살 수 있네.

모든 도(道)와 교(敎)가 십승(十勝)으로 합하네.

세계 각국의 지도자와 높은 지위에 있는 자가 세상을 지휘하나 상중하(上中下)의 다른 운수가 올 때는 한 가지 도(道)에 합하여 사람과 사람이 덕을 합하고 마음을 합해야 하네.

도(道)가 없으면 멸망하네.

궁을촌(弓乙村)에 들어가는 자는 살 수 있으나 그 밖으로 나간 자는 죽게 되네.

하느님이 예정하여 사람의 마음을 하느님 앞으로 인도하기 위한 예언의 노래이네.

귀신과 도깨비들이 발동하나 인간의 마음을 빼앗지 못하네.

하느님을 믿는 사람이 하느님께 죄를 지으면 기도할 곳이 없네. 공허하고 헛된 일을 하는 인간이 되네.

마귀가 발동하니 싸워 이기고 들어가기 어렵네. 하느님은 살리기도 하고 죽이기도 하네. 참된 도리이네.

천 가지 만 가지 이치로 변화되는 해인(海印)의 권세를 가진 하느님을 택하소. 스스로 민첩하게 허물을 책망하소.

해인(海印)을 호흡하면 하느님의 뜻과 이치를 통달하여 모르는 것이 없네. 먼 곳에 있는 하느님이 낮고 천한 이 땅에 온 이치이네.

정(鄭)씨가 고인(古人)이 되네. 땅의 하느님인 우성(牛性)으로 출현하였으나 요사(夭死)하네. 사람들이 스스로 화를 초래하여 재앙을 만든 것이네. 탄식해도 소용없으니 어찌할 것인가?

또한 역(易)에 이르기를 선천(先天)의 하느님은 후천(後天)의 하느님을 거스르지 못한다고 했네. 땅의 하느님인 우성(牛性)을 받들어 모시게 되네.

우성(牛性)이 석정수(石井水)로 하늘 나라 농사짓는 농부이네. 동방 사람들은 땅의 하느님인 우성을 모르고 그 하느님을 믿지 않네.

창생들이여! 무릉도원경을 알려면 효성(曉星)이 비치는 평천(平川) 사이를 찾으소. 산도 들도 아닌 십승지(十勝地)가 바로 그곳이네.

한밤중에 천 척의 배들이 정박하는 곳이요, 우성(牛性)이 거하는 예정된 곳이네. 인간의 마음이 그곳에서 변화되니 그 마을이 십승촌(十勝村)이요, 신천촌(信天村)이네.

산도 아니고 들도 아닌 우복동(牛腹洞)은 등을 맞댄 활 궁(弓)자에서 나오네. 뫼 산(山)자 둘을 화합해보소. 선천하도(先天河圖)와 후천낙서(後天洛書)의 조화로 된 불아(弜亞)자는 양백(兩白) 사이에 있네.

뫼 산(山)자가 서로 등지고 있는 것이 십승(十勝)과 양백(兩白)의 도(道)이므로 뫼 산(山)자가 서로 배를 맞대고 있는 것을 공부하면 도통하네.

세상 사람들은 새로운 세계의 씨〔種〕를 선별하는 하느님(아미타불)을 알지 못하네.

신선(神仙) 세계에 살 수 있는 씨앗을 고르는 복숭아 나무의 주인공이 궁궁(弓弓)의 이치 속에 있네.

십처(十處) · 십승(十勝) · 십자(十字)가 하나의 같은 이치이네.

하늘 나라를 완성시키는 상중하(上中下)의 세 가지 운수가 있네. 중간 운수는 일이삼(一二三)에 밝아지는 환란이네.

성인(聖人)의 수명이 십승설(十勝說)에 있는 것처럼 어찌 이리 짧은가? 세 때에 들어감을 말하는 십승설이 쓸모가 없어지네. 생명을 다하여 충성하나 희생당하는 비참한 운명이네.

일이구(一二九)의 악조건 속에서 고생을 하네. 해와 달이 빛을 잃은 오구(五九)는 하늘의 환란이네. 이와 같이 일이삼오(一二三五)는 예정된 운수이네.

세계 여러 나라가 혼란할 때 사람들은 마귀를 이기기 어렵네. 사 년간 도망을 다녀야 생명을 건지고 후일에 빛을 볼 수 있네.

머리는 작고 발이 없는 소두무족(小頭無足)이 하늘에서 내려 와 온 세상을 불바다로 만드네.

살아남는 자가 얼마나 되겠는가? 144명 가운데도 반 정도는 죽게 되는 조건이네.

양손을 높이 들어 하느님께 영광을 돌리고 옛 것을 버리고 새로운 세계를 맞이하네. 수천 명의 하늘나라 백성들이 하느님께 영광을 돌리네.

백마(白馬)가 천마(天馬)이네. 미륵불(彌勒佛)이 백마 타고 지상에 내려와 죄악을 심판하고 인생을 구원하네.

백마(白馬) 타고 오는 신장이 세상에 나오는 때이네. 동방 의인이 정사(丁巳)년에 나무의 기운으로 출세하네.

정감선사의 십처(十處)와 십승(十勝)은 비길지로 궁궁촌(弓弓村)보다 좋은 곳이 아니네.

이긴 자가 나오니 사람마다 그를 따라야 하네. 지혜 있는 자는 세상 생각을 하지 마소.

중입자(中入者)는 사는 데 중입(中入)의 시기는 어느 때인가? 오미신유(午未申酉)년이네.

선입(先入)의 시기란 어느 때인가? 진사오미(辰巳午未)년이네. 말입(末入)의 시기란 어느 때인가? 신유술해(申酉戌亥)년 이후이네. 이때에 들어가는 자는 죽게 되네.

좋은 운수의 십승지(十勝地)는 어느 땅인가? 남조선의 어느 곳이나 십승지가 되네. 이와 같은 공부는 삼 년만 하면 글을 배우지 않아도 도통하네.

조을시구(肇乙矢口), 천지음양이 조화를 이루어 자비로운 기운이 충만하네.

동방 조선에 용과 뱀띠 해에 출생한 사람이 진인(眞人)이네. 동방의 목인(木人)이요, 십오(十五)의 진정한 주인이네. 감나무의 영광을 나타내는 임금으로 변화하네.

감나무 기운을 타고 나온 사람이 궁을(弓乙) 선인이며 정(鄭)씨이네. 그 앞날의 무한한 영광이 멀지 않은 장래에 전개되네.

유교의 정도령(鄭道令)과 불교의 미륵불(彌勒佛)의 운수를 타고 나온 사람이 바로 감나무 사람이네.

동서양의 말세 예언서에 기록된 선지자의 예언(預言)을 세상 사람들은 깨닫지 못하네.

이 운수를 논하건대 지상의 십처(十處)와 십승지(十勝地)는 십승(十勝)이 출현하지 않으므로 아무런 소용이 없네.

다만 궁궁을을(弓弓乙乙)의 십(十)자 사이에 존재함을 깨달으소.

세상 사람들이여! 낙반사유(落盤四乳)를 찾고 깨달으소. 밭 전(田)자를 이용할 때 밭 전(田)자의 네 모퉁이가 퇴각하면 십(十)자가 나오네. 매우 찾기 어렵고 어려운 궁궁지(弓弓地)이네.

슬프도다. 비극의 운수가 어느 때에 있는가? 푸른 회화나무가 뜰에 가득한 달이요, 흰 버드나무가 싹이 없는 날이네. 이 슬픈 운수가 변한 다음 감나무〔柿〕 사람이 홀로 세상에 나타나네.

사람의 마음이 하느님의 마음이네. 궁궁(弓弓) 사이의 십승(十勝)에서 마음을 바로 잡으니 그 삶이 왕성해지네.

산도 아니고 들도 아닌 비산비야(非山非野)의 인부(仁富) 사이에 많은 사람이 모여 산과 바다를 이루네. 감나무〔柿〕를 따르는 소목(小木)들이 많이 모여 있는 곳이네.

삼신산(三神山)의 주인인 삼신대왕(三神大王)이 출현하는 땅이며 삼신산의 불사약(不死藥)이 있는 곳이네.

노고산(老姑山)과 소래산(蘇萊山)이 서로 바라보는 땅에서 삼신제왕(三神帝王), 곧 천상(天上)의 왕이 출현하네.

착한 사람은 많이 살고 악한 사람은 죽게 되네. 가히 웃을 수밖에 없고 탄식할 수밖에 없으니 어찌하면 좋은가?

슬프도다. 삼재(三災)가 멀지 않아 다가오네. 죽차신(竹車身)은 범(範)자요, 십팔복(十八卜)은 박(朴)자요, 중토십인(重土十人)은 계(桂)자며, 연수처(延壽處)의 연(延)자는 수(壽)자의 조사이니 합하면 범박계수(範朴桂壽)가 되네. 이를 깨달은 사람이 그 동안 몇몇이나 되리오?

요(堯) 임금의 태평성대가 전개되는 곳이며 세상 사람들의 원한이 해결되는 땅이네. 사람의 마음이 하느님의 마음이 되는 때가 바로 금일(今日)이네.

천지(天地)가 사람의 마음속에 있네. 하늘에서 내려온 대도(大道)는 사해(四海)의 모든 사람에게 통하네.

사람과 만물이 다시 새로워지는 날이요, 동서(東西)의 대도(大道)가 합치는 때이네. 사람들의 마음이 화평스러워지고 전쟁이 없어지네.

악한 사람은 도(道)를 통하지 못하고 생명의 길을 알지 못함으로 도가 없는 사람은 모두 병에 걸려 죽게 되네. 독한 질병에 걸려 세상이 버린 사람이더라도 봄 기운과 같이 장생할 수 있도록 해주는 영원한 약(藥)이 있네. 천신(天神)이 주는 해인(海印)이 틀림없네.

고관대작이 깨달을 수 없는 지혜요, 영웅호걸과 문장가라도 능히 선비가 될 수 없는 이치이네. 자하달상(自下達上)의 이치로 어리석은 자가 낮은 차원에서 높은 차원으로 높아지네.

선지자는 해인(海印)의 은총이 진인(眞人)을 통하여 내림을 알았네. 수천 년 전에 예정된 운수이네. 그 운수가 동방 조선에 돌아와 세계의 중심국가로 발전하는 것이네.

일월(日月)과 산천(山川)도 이와 같은 좋은 운수를 만나네. 영적 임금이 시조로 출현하는 운수가 돌아옴이며, 도(道)를 찾는 군자들이 해원하는 날이네.

궁을(弓乙)의 이치 속에 감나무 사람을 따르는 자는 살게 되네. 석가(釋迦)의 운수가 삼천 년 후에 미륵불(彌勒佛)로 출세하여 정(鄭)씨의 운수로 온 것이네. 유교를 배척하고 불교를 숭상하는 서방의 운수로 온 것이네.

누가 천지의 해인(海印)의 이치를 말하였는가? 불도대사의 보혜인(保惠

印)은 천지인(天地人)의 삼인(三印)이네.

그것이 화인(火印)·우인(雨印)·로인(露印)이며 삼풍(三豊) 삼인(三印)이네. 하늘 나라 백성들이 택한 땅에는 삼풍의 곡식이 있으니 곡식의 종자는 삼풍에서 구해보소.

진사성인(辰巳聖人)은 감옥을 면치 못하네. 참지 못하고 감옥을 부수고 나올 때는 천지가 혼돈하고 불덩어리가 땅에 떨어지네.

서여은일(鼠女隱日) 삼상후와(三床後臥)이네. 호운(好運)이면 목인(木人)이 지상의 왕이 되는 운이 사라지네.

먼저 택한 자는 잃어 버리고 흩어지네. 이 운수가 되면 정감(鄭堪) 선사가 예언한 지리 십처(十處)가 가장 복된 땅이네. 십처(十處) 이외는 소길지(小吉地)이네.

방방곡곡에 결정한 땅이 있네. 올바른 곳에 들어가지 못하면 죽게 되네. 복이 있는 사람은 혹 살게 되네.

혈하궁신(穴下弓身)의 하느님이 손문(巽門)에 거하네. 하도(河圖)와 낙서(洛書)의 궁을(弓乙) 이치를 사용함이 필요하네. 하늘이 선택한 궁궁(弓弓)이 십승지(十勝地)에 있네.

이로움이 궁궁(弓弓)의 십승촌(十勝村)에 있네.

이로움이 산에 있지 않으니 천민(天民)들은 산에 가까이 가지 말고 산에 십승지(十勝地)가 있다고 듣지도 마소.

붉은 기운이 해를 덮고 불과 연기가 달을 가리우네. 도적이 들어오지 않는 안심할 수 있는 땅이네. 그곳에서 벗어나면 죽게 되나 들어가면 살게 되네.

옛날부터 예언서는 오묘하게 문장의 뜻을 숨겨 놓았네. 머리를 숨기고 꼬리를 감추어 깨닫지 못하게 했네.

옛날부터 십승(十勝)에 궁을(弓乙)의 이치가 있고 도하지(道下止)를 경유하여 금운(金運)을 따르라는 뜻이 숨어 있었네.

먹지 못할 물건이 없다고 사람들은 알고 있네. 그러나 어떤 음식이 생명을 보존하는 음식이며, 어떤 음식이 생명을 죽게 하는 음식인가?

초조(艸早)는 곧 담배〔草〕요, 삼계(三鷄)는 곧 술〔酒〕이네. 담배와 술을 좋아하는 사람은 본래의 마음을 잃어 버려 모두 원통하게 죽게 되네.

음양의 과일과 돼지고기와 쥐고기를 먹는 자는 비록 도(道)를 찾는 군자(君子)라 할지라도 죽게 되네.

이로움이 밭 전(田)자의 십승(十勝)에 있네. 상제(上帝)께서 예언한 진경(眞經)으로 일점일획도 틀림이 없네.

1차, 2차, 3차의 환란이 일어날 때 송가전(松家田)이 목숨을 보전할 수 있는 곳이네. 제1차 환란은 1592년 4월 13일 임진(壬辰)년의 임진왜란이며, 이때는 소나무 송(松)자에 가야 하네.

제2차 환란은 1636년 12월 9일 병자(丙子)년의 병자호란이며, 이때는 집가(家)자에 머물러야 하네.

마지막 제3차 환란은 계묘(癸卯)운으로 밭 전(田)자에 가야 하네.

상중하(上中下)의 세 가지 운수가 송가도(松家道)이네. 제1차는 송하지(松下止), 제2차는 가하지(家下止), 제3차는 도하지(道下止)에 가야 산다는 것이네. 엄택곡부(奄宅曲阜)가 도하지(道下止)로 성산(聖山) 성지(聖地)이네.

불이 날아 올 때 들어갈 수 없는 곳으로 도인(道人)이 찾아야 할 곳이네.

그때는 해와 달이 빛을 잃고 별들이 우박처럼 떨어지네. 산과 바위에게 몸을 보호해 달라고 울부짖네.

사람 비슷하나 사람이 아닌 천신(天神)이 강림하네. 하늘에서 불이 내려옴을 아는 사람은 사네.

마귀가 발동할 때 그 마귀를 따르는 자는 죽네. 도(道)가 없어 생긴 질병과 마귀를 모르니 죽게 되네.

만약 참고 참을 수 없다면 해인(海印)을 깨달아야 하네. 뽕나무 밭이 푸른 바다로 변하는 천지개벽이 일어나네.

계룡산(鷄龍山) 아래 도읍지가 정해지네. 백석(白石)으로 변화한 태양과 같은 임금이 있네. 그분이 곧 삼신(三神) 구세주이네. 소〔牛〕 울음 소리가 궁을(弓乙) 신선에 있음을 알아야 하네.

땅이 산천을 물리쳐 버리니 피할 곳이 없네. 하늘이 무너지고 혼돈스러운 가운데도 소사(素沙)는 서 있네. 그곳이 궁을(弓乙) 선경이요, 복숭아

씨가 있는 땅이네.

뭇백성들이 어떻게 해야 살 수 있을까? 전전긍긍하는 모습이 처량하네.

처음으로 즐거운 대도(大道)가 하늘에서 내려오는 때이네. 전에도 없었고 후에도 없는 세계의 중심이 되는 화평한 땅이 되네.

맑고 아름다운 청양궁전(淸陽宮殿)과 대화문(大和門)은 햇빛이 없어도 구슬과 보석처럼 빛나네.

계룡의 돌이 빛을 발함은 십승(十勝)의 이치로 되는 것이네. 아침 해가 찬란히 솟아오르며 무궁화 꽃이 활짝 핀 조선 땅에 영광의 광채로 빛나는 백발군왕(白髮君王)이 있네. 돌이 빛을 발하는 이치이네.

도(道)를 깨닫지 못한 지혜롭지 못한 자는 죽게 되네. 도를 닦는 사람들은 세상의 원한을 풀어버려야 하네.

비와 같이 내리는 감로(甘露)가 해인(海印)이요, 천인(天印)과 지인(地印), 인인(人印)이 삼풍(三豊)이네.

해인(海印)이 비와 같이 내려 세 번 피어나고 피어나네. 불의 인〔火印〕, 물의 인〔雨印〕, 이슬의 인〔露印〕, 변화의 인〔化印〕이 하나의 이치로 합하네.

구름은 아니고 참된 비가 내리니, 곧 불로초(不老草)이네. 구름 가운데 참된 이슬이 내리니, 곧 불사약(不死藥)이네. 하늘에서 내리는 화인(火印)이 불의 성신이네.

비와 같이 내리는 향기로운 감로(甘露)가 궁궁인(弓弓印)이네. 궁궁(弓

弓)의 이치에서 십승(十勝)이 나옴은 무슨 말인가? 을을(乙乙)의 이치에서 학문을 닦지 않아도 도통함은 무슨 말인가?

선천하도(先天河圖)와 후천낙서(後天洛書)의 양백(兩白)에서 진인(眞人)이 나오네. 삼풍(三豊)을 호흡하는 자는 늙지 않고 죽지 않네.

석정(石井)의 물이 어떻게 생명을 연장시키는가? 계룡(鷄龍)의 사람이 어떻게 온 세상을 변하게 하는가? 해인(海印)이 어떻게 산과 바다를 이롭게 할 수 있는가?

돌이 빛을 발하여 어떻게 태양과 같은 임금이 될 수 있는가? 삶이 왕성한 십승지(十勝地)에 궁궁(弓弓)과 양백(兩白)과 삼풍(三豊)이 있네. 십오진주(十五眞主)인 하느님이 선택하여 출현한 땅이네.

말세의 거룩한 성군(聖君)은 하늘의 권세를 마음대로 용납하는 박(朴)씨로 출현하네.

그가 하늘에서 정(鄭)씨이네.

계유사각(鷄有四角)에서 계(鷄)자는 유(酉)자로 일유(一酉)에 사각(四角)을 합하면 제사지낼 전(奠)자가 되네. 방무수(邦無手)에서 방(邦)에 수(手)를 없애면 고을 읍(邑)자만 남고, 전(奠)과 읍(邑)을 합하면 나라이름 정(鄭)자가 되네.

현무(玄武)와 청룡(靑龍)과 주작(朱雀)이 나타날 때 동쪽에서 해가 떠오르네.

동방 의인이 수운(水雲)에서 화운(火雲)으로, 화운(火雲)이 병진(丙辰) 정사(丁巳)년에 목운(木運)으로 출현하고, 목운(木運)이 다시 백마(白馬) 타고 돌아오니 백성들이 환호하네.

동방 의인이 간야(艮野), 곧 동북방 들판인 소사(素沙)에서 처음으로 인류의 문명을 시작하고 그곳에서 모든 것을 완성시키네. 짐승 같은 생활을 하는 자는 죽게 되네.

소사(素沙)가 남조선 가운데 제일가는 복된 땅이 되네. 아름다운 달빛 아래 청아한 거문고 소리가 울려 퍼지네. 소[牛] 울음 소리가 나는 곳이며 옛 생명의 구조가 새로운 생명의 구조로 변화되는 곳이네. 심령이 안찰(按擦)을 받음으로 새로운 생명으로 변화되네.

선입자(先入者)는 인내하지 못하여 죽게 되고 어리석은 자는 눈 앞의 이익을 탐하여 화를 받네.

어찌하여 세상 사람들은 승리자를 싫어하는 것일까? 천신(天神)의 뜻을 거역하면 낭패하네.

은혜 안에 있는 사람이 나가네. 가슴치며 슬퍼할 일이요, 불길한 징조며 안타까운 일이네. 하늘이 이미 정한바 되었어도 살기 어렵네.

하늘에서 불이 내려와 인생을 멸하네. 하느님을 믿는 마음이 부족하니 한탄하며 죽게 되네. 사람들의 마음이 하느님의 마음으로 돌아오지 않음으로 스스로 재앙을 자초한 것이네.

삼인(三人)이 합하여 출현하는 날이 영원한 영생이 시작되는 날이네. 도(道)를 깨닫지 못하면 죽게 되네.

조선의 태조 이성계의 운수가 임신(壬申)년에 등극하여 을사(乙巳)년에 마치니 조선 왕조의 운이 574년만에 끝나네.

말세(末世)를 당하여 윤리를 잃어버린 자는 반드시 먼저 죽게 되네. 도둑질하는 자도 먼저 흉하고 반쯤 죽어 숟가락과 사귀네.

목숨을 구하는 것은 삼각산하(三角山下) 반월형(半月形)인 마음 심(心)자에 있고 몸을 구하는 것은 밭 전(田)자인 십승(十勝)에 있네.

관리로 있는 자가 맑고 곧고 근면하지 않으면 죽게 되고 나라를 해롭게 하는 자 또한 죽게 되네. 음지가 양지가 되듯이 강한 자가 망하고 부드러운 자가 살게 되네.

여색에 빠진 자는 누구며, 여색에 빠지지 않은 자는 누구인가? 살고 죽고 흥하고 패하는 것은 이 여색에 달려 있네. 검은 것을 흰 것으로 바꾸기는 참으로 어렵네. 마음이 위험으로 가득 찼고, 안일함과 죄악으로 가득 찼으니 하느님은 반드시 죽여버리네.

나를 살리는 자는 무엇인가? 몸과 마음을 닦는 것이네.

나를 죽이는 것은 무엇인가? 작은 머리에 다리가 없는 소두무족(小頭無足)이 나를 죽이는 것이네.

나를 해롭게 하는 것은 무엇인가? 짐승과 비슷하나 짐승이 아닌 존재요, 하늘 나라를 어지럽히는 마귀의 노예이네.

짐승의 무리에서 빨리 벗어나는 자는 살게 되나 짐승의 무리에서 지체하다가 벗어나지 못하는 자는 위험과 재앙이 더해지네.

만물의 영장이 윤리를 저버리고 짐승을 따르면 반드시 죽게 되네. 자신이 노력하지 않고 남을 의지하거나 은혜를 배반하는 자는 반드시 죽게 되네. 하늘의 현묘하고 정통한 이치를 누가 알겠는가?

일곱 가지 중요하게 지켜야 할 것이 있네. 하느님의 마음을 간직하고, 검소한 생활을 하고, 세속적인 욕망을 버리고, 아름다운 마음을 먹고, 힘써 농사를 짓고, 새사람으로 변화되어야 하고, 경거망동하지 않는 것이네. 이 모든 것을 잠시라도 잊지 마소.

또 조심하고 꺼려야 할 것이 열 가지 있네. 자존심을 조심하고, 빨갱이를 조심하고, 욕심에 마음을 팔지 말고, 지나치게 욕심을 부리지 말고, 이익을 탐하지 말고, 싸우지 말고, 게으르지 말고, 경거망동하지 말고, 산 속에 숨어 살지 말고, 고리대금하지 않는 것이네.

이와 같은 자는 모두 죽게 되네. 어찌 확실하지 않은가?

뜻 있는 군자들아! 깊이 깨닫고 조심하여 행동하소. 어두운 세상은 깨닫지 못하고 알지 못하네.

말세(末世)에는 재앙이 있네. 처음으로 그 일이 어느 때에 있을까 물어보니 오미신(午未申)의 삼 년이네. 동방 조선이 다시 살아나 온 세상에 기초가 세워지네. 그때가 어느 때인가 물으니 서우호(鼠牛虎)의 삼 년이네.

이씨 조선은 어느 때에 망하는가? 28대 군왕으로 마치네.

조선 왕조의 운수가 다시 피어나는 해는 황서지년(黃鼠之年), 무자(戊子)년이네. 환란이 처음 일어나는 것은 어느 때인가? 현사(玄蛇), 곧 계사(癸巳)년의 삼 년 전이네.

환란이 다시 일어나는 때는 어느 때인가? 우호(牛虎) 양단이네. 눈이 장안에 내리고 제비와 기러기가 날아가는 달이네. 세 번째 일어나는 세계대전은 어느 때인가? 자세한 말이 없네.

또 말하되 진인(眞人)의 세계는 어느 해에 이뤄지는가? 화양가춘(和陽嘉春)이네. 사시장춘이요, 영원 무궁한 진인(眞人)의 세계가 건설되는 날이네.

진인(眞人)이 나오는 땅이 어느 곳인가? 닭이 울고 용이 울부짖는 명사십리(溟沙十里) 위에 있는 용산(龍山) 아래이네.

하늘이 단서(丹書)를 주는 것은 어느 해인가? 신묘하기 그지없는 무궁한 조화를 부리니 측량할 수 없네.

계룡(鷄龍)에 하느님의 역사를 기초하는 해는 어느 해인가? 불구자년(不具者年)이요, 병신(丙申)년이네. 병신육갑(病身六甲)이란 뜻으로 세상에 전하네.

조선이 분열되는 때는 어느 해인가? 세 마리 닭이 울부짖는 계유(癸酉)·

을유(乙酉) · 정유(丁酉)년 중에 청계지년(青鷄之年)이라 했으니 곧 을유년이네. 을유년에 일제로부터 해방이 되며 하나의 조선이 둘로 분단되네.

또 어느 해에 분열되는가? 호토(虎兎), 곧 인묘(寅卯)년이네. 인묘년은 을유년 후에 처음 오는 호토인 까닭에 천간으로도 경인(庚寅)년과 신묘(辛卯)년이네.

수화(水火)는 남북이므로 경인(庚寅)년과 신묘(辛卯)년에 남북이 서로 싸워 2차로 분열되네.

어느 때에 휴전을 하는가? 임진(壬辰)년과 계사(癸巳)년이네. 황양(黃羊) 곧 기미(己未)월이네.

조선이 다시 통합되는 때는 어느 때인가? 용사적구(龍巳赤狗)의 기쁜 달이네. 백의민족이 살아나는 해이네. 돼지와 개가 분쟁하는 듯 하다가 마음이 하나로 통하네.

선동(先動)하는 때는 어느 때인가? 백호(白虎)가 날뛰는 경인(庚寅)년이네. 많은 사람이 죽게 되네. 정도령(鄭道令)이 나타나 구원에 대한 말씀을 하니 예전엔 없던 일이네.

중동(中動)함은 무슨 뜻인가? 허(虛)한 가운데 실(實)이 있듯이 없고 없는 가운데 신(神)의 이치가 분명 존재한다는 유신론자(有神論者)들이 크게 일어나는 때이네.

말동(末動)함은 또 어떤 때인가? 야귀(夜鬼)가 발동하는 때이네. 자기를 이기는 가운데 마귀가 크게 일어나는 것을 모르네. 천하의 피난처를 지시하고 말하네.

십승(十勝)은 어느 곳인가? 허(虛)한 가운데 실(實)이 있네. 우성인(牛性人)의 화평스러운 기운이 있는 곳이네.

양백(兩白)과 삼풍(三豊)은 무엇인가? 십승(十勝)과 양백(兩白)과 삼풍(三豊)이 합하여 한 곳에 있네.

불로불사(不老不死)할 수 있고, 신선이 될 수 있는 약(藥)이 물이 올라가고 불이 내려오는 마을에 있네. 그것을 이른바 양백(兩白)과 삼풍(三豊)이라 하네.

어찌 지혜 있는 군자(君子)가 근신하지 않는가? 헤아리기 어려우니 잘 살피고 살펴야 하네.

슬프고 슬프도다! 사람들이 근신하고 독실하게 행동하지 않으려 하네. 예로부터 국가는 흥하고 망했네. 가만히 앉아서 하느님을 돌아보고 얻으려 하지 마소.

무궁화 꽃이 피는 조선 땅에 상서로운 빛이 감도니 모든 백성들이 구원받게 되고, 영웅과 군자들이 동양과 서양의 각처에서 신선(神仙) 세계인 조선에 모이게 되네.

죄악에 빠져 고생하는 백성들이여! 큰 꿈에서 급히 깨어나소. 멀지 않은 장래에 눈 앞에 큰 재앙이 있네. 슬프고 슬픈 일이네.

6
성산심로(聖山尋路)

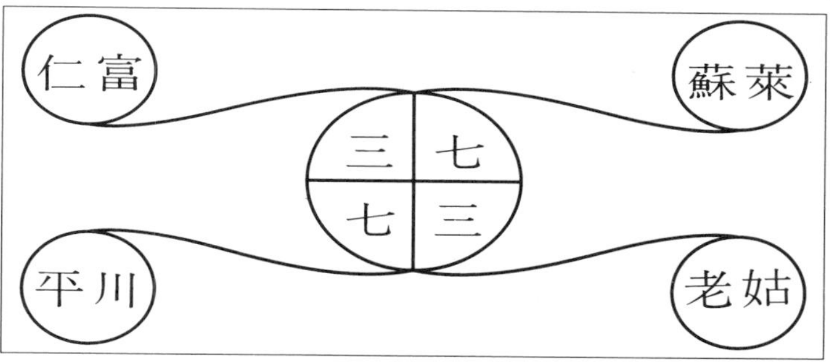

윤리를 잃어버린 자는 죽게 되며 도둑질하는 자는 반드시 먼저 흉하네.

몸을 보호하고자 하는 자는 을을(乙乙)이요, 생명을 보존하고자 하는 자는 궁궁인(弓弓人)이 거처하는 곳이네. 궁궁을을(弓弓乙乙)의 십승인(十勝人)이 거처하는 곳이네.

나라를 해롭게 하는 자는 어둡게 되나 나라를 위해 일하는 자는 밝게 빛나네. 강한 자는 죽고 부드러운 자는 사네.

마음을 새롭게 하여야 하네. 옛 것에 물들어 벗어나지 못하면 죽게 되네. 새로운 것을 따라야 살게 되네.

나를 죽이는 것은 무엇인가? 작은 머리에 발이 없는 소두무족(小頭無足)이네.

나를 살리는 것은 무엇인가? 도(道)를 닦는 것이네.

나를 영원히 살 수 있도록 돕는 자는 누구인가? 사람 비슷하면서 사람이 아닌 사람이네.

나를 해롭게 하여 영원히 죽게 하는 자는 누구인가? 짐승 비슷하면서 짐승이 아닌 마귀이네.

세상 사람들은 하도(河圖)와 낙서(洛書)의 원리로 출현하는 양백인(兩白人)을 알기 어렵네.

하늘이 택한 착한 백성은 삼풍(三豊)의 생명 양식을 먹을 수 있으나, 세상 사람은 볼 수도 없고 먹지도 못하네.

지상의 곡식은 하루에 세 끼씩 먹어도 굶어 죽지만, 하느님이 주시는 생명 양식은 한 달에 아홉 번 먹어도 굶주리지 않고 오래 살 수 있네.

십승지(十勝地)는 고해의 세상에서 죄로 말미암아 죽을 수밖에 없는 인생들을 건져내어 생명선에 태우는 방주이네.

이 방주의 주인공인 우성(牛性)이 산도 들도 아닌 비산비야(非山非野)의 소[牛] 울음 소리가 나는 곳에 거하네. 학문으로 배우지 않고 마음으로 통하는 도(道)이네. 기쁜 마음으로 노래하며 춤추게 되네.

혈맥을 관통시켜 주는 진인(眞人)을 받들고 모셔야 사네. 세상 사람들이 비웃고 조롱하지만 무릎꿇고 앉아 경전을 읽고 육신의 마귀를 박살시키는 하느님 말씀을 외워야 하네.

사람이 자기 힘으로 살고자 하느님 말씀을 외우는 것을 중단하면 만 명에 하나 정도 살기도 어렵네.

생사(生死)의 판단이 모두 마음에 달려 있네. 죽음의 종말에 살아남는 사람이 그 얼마나 되겠는가? 중입(中入) 시기를 놓치지 않으면 소원이 이뤄지네.

중동(中動)할 때 들어가지 않으면 영원히 세상 사람들이 사는 곳에 나가 살게 되네. 사람들은 각기 다르게 생각하고 행동하나 반드시 경사스러운 일이 있네.

빨리 짐승의 무리에서 벗어나오면 죄인(罪人)이라도 살 수 있으나 짐승의 무리에서 더디 벗어나오면 선인(善人)이라도 살 수 없네.

만물(萬物)의 영장이 마귀를 따르며 마귀가 어떤 것인지 모르네. 어찌 살기를 바라는가?

세상에서 죄를 짓지 마소. 야귀(夜鬼)가 발동하고 죄악이 온 천하에 가득하네. 착한 자는 살 수 있으나 악한 자는 영원히 멸망하네.

말세(末世)에 착한 사람이 얼마나 되겠는가? 세상 사람이 깨닫지 못하니, 아! 슬프도다.

남을 의지하고 한결 같은 마음을 두지 않고 배반하는 자는 죽게 되네.

하느님의 현묘하고 정통한 이치를 누가 알겠는가?

양백(兩白)을 잘못 구하면 장작을 지고 불 속에 들어가는 것과 같으나 십승(十勝)에서 삼풍(三豊)을 구하면 굶주리지 않고 영생하네.

땅에서 삼풍(三豊)을 구하여 먹는 자는 죽고, 땅에서 정(鄭)씨를 구하는 자는 평생 구할 수 없네.

하늘에서 정(鄭)씨를 구하소. 삼칠(三七)의 이치에서 얻을 수 있네.

한마음으로 하늘에 기도하면 응답이 있으나, 정성됨이 없고 지혜가 없는 자는 십승지(十勝地)를 얻지 못하네.

땅에서 정도령(鄭道令)을 구해도 만날 수 없네. 세상에서 해인(海印)은 그림자도 볼 수 없으나, 하늘에서 해인을 구하면 모두 극락(極樂)에 들어가네.

땅에서 전전(田田)을 구하나 평생토록 얻기 어렵네. 도(道)에서 전전을 구하면 어렵지 않네.

땅에서 십승(十勝)을 구하는 것은 이단의 말이네. 땅에서 궁궁(弓弓)을 구하면 한 사람도 얻지 못하나, 신령스런 하늘에서 궁궁을 구하면 참으로 쉽네.

한 일(一)자를 가로와 세로로 그어 십승(十勝)의 이치를 깨달아보소. 궁을(弓乙)에서 십(十)자를 구하면 수명이 길어지며 오래 살 수 있네.

십승(十勝)에 거주하는 사람들은 영원한 즐거움을 누리네. 만분의 일이라도 잃음이 없네. 마음에 깊이 깨달으소.

마음이 가난한 자는 삶을 얻으나 마음이 탐욕스런 자는 죽게 되네. 공허한 가운데 결실이 있네.

성산(聖山)의 샘물은 약수(藥水) 가운데 약수이네. 한 모금 마셔도 오래 살며, 또 한 모금 마시면 죽지 않고 영생하네.

성천(聖泉)은 어느 곳에 있는가? 남조선의 평천(平川) 사이네. 신선들이 사는 자하도(紫霞島)이며 여러 성씨(姓氏)가 사는 곳이네.

그 복된 땅이 무릉도원으로 복숭아가 많이 나는 곳이네. 인부(仁富) 근처에서 찾으소서.

산에 들어가면 좋을 것 같으나 서쪽의 호숫가에 가는 것만 못하네. 동산(東山)은 어디가 좋은가? 길 근처만 못하네. 많은 사람이 왕래하는 큰 길가가 좋은 곳이네.

하늘이 감추고 땅이 숨긴 땅이 바로 길성(吉星)이 비추는 곳이네. 계수(桂樹)와 범박(範朴)이란 동네요, 소래산(蘇萊山)과 노고산(老姑山)이 서로 마주보고 있는 곳이네.

돌이 찬란하게 빛을 발하네. 천하의 모든 나라가 그 빛을 바라보네. 밤에 수천 척의 배들이 깃발을 휘날리며 도착하네. 눈깜짝할 사이에 해안가에 도착하네.

삼도(三都)에서 쓰이던 창고가 편안하고 한가한 날이네.

천지일월(天地日月)의 주인공이 다시 인간(人間)으로 재생하네. 사람들이 땅에서 죽지 않고 영생하네.

정감(鄭堪) 선사의 예언이네. 지혜로운 자는 살 수 있으나 지혜롭지 못한 자는 죽게 되네. 마음이 가난한 자는 살고 부유한 자는 죽으리니 이 또한 진리이네.

7

사답칠두(寺畓七斗)

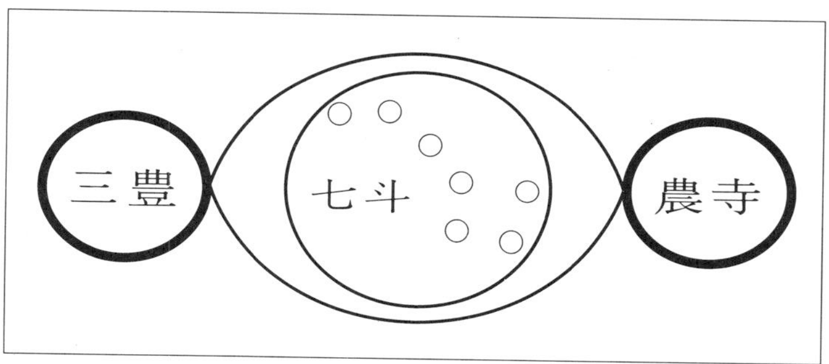

사답(寺畓)에서 사(寺)는 도를 닦는 집이요, 답(畓)은 벼농사 짓는 논이네. 곧 천일생수(天一生水)를 말한 것이네.

칠두(七斗)는 북두칠성이네. 곧 탐랑성(貪狼星)·거문성(巨門星)·녹존성(祿存星)·문곡성(文曲星)·염정성(廉貞星)·무곡성(武曲星)·파군성(破軍星)이네.

곡토진촌(曲土辰寸)이란 농사(農寺)의 파자로, 생명수가 흐르는 십승(十勝) 마을에 가서 생명수 샘물을 구하는 농사가 진실된 농사라는 말이네.

문무성(文武星)이 거하는 십승지를 백성들이 어찌 알겠는가? 하늘 나라의 소〔牛〕가 마음의 밭을 가네. 하늘의 정(鄭)씨가 땅의 소로 변하여 하늘 나라의 농사를 짓는 것이네.

생명수(生命水)의 근원은 멀고 길어 흉년 없이 풍년만 드니 그 양식을 먹는 자는 영생하네.

삼풍(三豊) 곡식을 허망한 말로 여기는 세상 사람들은 알기 어렵네. 지혜로운 자는 배불리 먹지만 지혜롭지 못한 자는 굶주리네.

사람들이여! 마음으로 하늘 나라의 곡식을 깨달으소. 주야로 쉬지 말고 부지런히 일하소.

땅의 곡식은 하루 세 끼를 먹어도 굶주려 죽으나, 하늘의 곡식은 한 달에 아홉 번 먹어도 굶주리지 않고 살 수 있네.

천하의 호흡하는 모든 생명들이 비록 움직이고 머물러 앉아 누워 있지만 천신(天神)을 향해 만세를 부르네.

8

석정수(石井水)

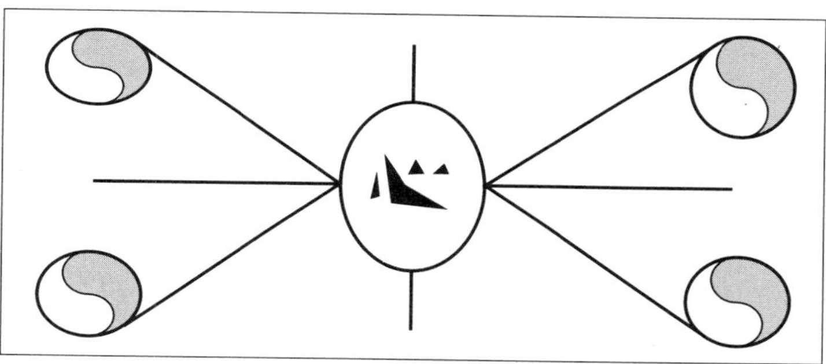

해 돋는 땅 모퉁이의 동방에 하늘 나라 우물의 생명수(生命水)가 있으니, 세상의 모든 죄악을 쳐부수어 깨끗이 소멸시키는 천신검(天神劍)이네.

천신검(天神劍)이 번쩍 빛날 때 마귀가 소멸되어 사라지네. 하늘 나라의 기운과 광채로 모든 어둠의 세력을 쫓아버리네.

하늘의 운수가 정말로 돌아옴이니 어떠한 미래가 장차 전개될 것인가?

이로움이 석정(石井)에 있으니 곧 생명선(生命線)이네.

사지(四肢)에서 한없이 솟아나오는 것이 심천수(心泉水)이네. 세상 사람이 어찌 이런 일을 깨달아 그 마음을 돌이키겠는가?

처량하고 슬프도다. 천신(天神)에게 기도하고 마음의 문을 열어보세.

생명수(生命水)의 근원이 길고도 머니 하늘 나라의 농사짓는 밭이네. 하늘 나라 농사짓는 사답칠두(寺畓七斗)의 주인공이 땅에 내려옴이네.

우성(牛性)이 소(牛) 울음 소리가 나는 들에 거하네. 인생을 추수하는 심판일에 해인(海印)을 가지고 역사하니 능치 못함이 없네.

옛 생명의 구조가 새로운 생명의 구조로 변화되네. 낮은 차원의 육체적 구조가 높은 차원의 금강석과 같은 구조로 변화되는 것이네.

하늘 나라의 성(姓)이 정도령(鄭道令)이네. 인간 세상에 다시 태어난 정(鄭)씨는 한 일(一)자를 종횡으로 하여, 십승도령(十勝道靈)인 목인(木人)의 성씨로 태어나네.

이와 같은 이치를 마음의 문을 닫고 영원히 깨닫지 못하네.

9

생초지락(生初之樂)

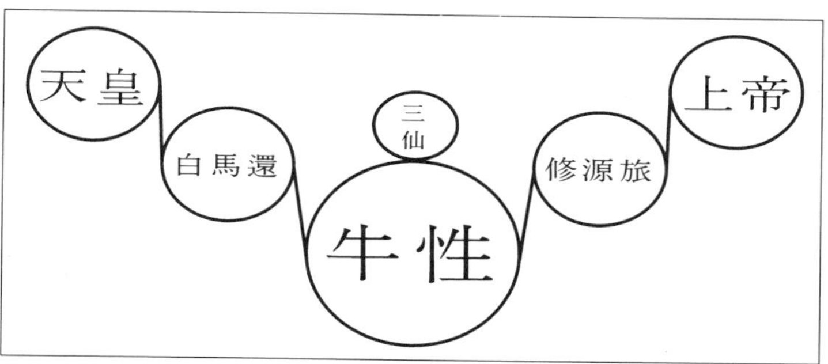

삼조(三鳥)는 세 마리 닭을 의미하네. 계유(癸酉) · 을유(乙酉) · 정유(丁酉)년을 말함이네.

세 마리 닭의 울음 소리가 자주 급하게 들려오네. 정신이 혼미하고 황홀한 느낌이 일어나네.

자주 울려오는 소리를 들어보니 정유(丁酉)년에 일어난 소리이네. 어느새 닭 우는 소리에 동방이 밝아오니 어둡고 괴로운 밤은 물러가네.

밝은 해가 솟아올라 봄빛을 재촉하네. 중입(中入) 시기를 사람들은 깨달아야 하네.

신선들이 사는 무릉도원이 어느 곳에 있는가? 신선들이 많이 모여 있는 궁을(弓乙) 사이네. 죄를 씻어주는 보배로운 하느님의 생명이 사해(四海)에 흘러 넘치네.

도(道)를 찾아 마음에 깊이 깨달으면 모두가 사는 때이네. 죄와 악이 땅에서 서로 해롭게 하네.

상제(上帝)의 아들이 두우성(斗牛星)이네. 서양(西洋)에서 원한을 맺고 떠나간 후에 높고 높은 하늘 나라에 올라가 멀리 세상을 살피다가, 20세기 후 금일(今日)에 이르러 동방(東方) 조선에 출현하여 옛날 서방(西方)에서 맺힌 원한을 푸네.

원한이 쌓인 세상의 더러운 흙먼지를 뽑아내어 한 점의 탁함도 없고 질병도 없는, 영원토록 악함이 없는 신(神)의 세계를 건설하네.

불아종불(亞亞宗佛)의 십승인(十勝人)인 미륵왕(彌勒王)이 금일(今日) 이 땅에 출현하여 인간의 모든 원한을 풀어주네.

봄바람에 쌓인 눈이 녹아 없어지듯이 겨울의 눈과 얼음처럼 차가운 걱정과 근심이 사라지네.

용솟음치는 마음의 샘물은 하느님의 공로로 얻어지는 생명수요, 한 모금 마시면 생명이 연장되는 석정곤(石井崑)이네. 독한 기운을 없애니 질병이 두렵지 않네.

대자대비(大慈大悲)한 궁궁인(弓弓人)은 만물을 널리 사랑하네. 악한 마귀의 대장은 세상을 악독하게 하고 사람을 썩게 하고 병들게 하네.

인간 세상에서 악한 마귀와 싸워 악한 마귀의 씨를 멸종시킬 때, 사람이 죽는 것을 애석하게 여겨 죽음의 땅에서 영원히 살게 하네. 사람을 죽이거나 죽는 것이 없어지네.

복숭아 꽃이 떠내려 오는 무릉촌(武陵村)은 신선들이 모여 충효의 사랑을 베푸는 땅이네.

바다 위에는 만 리까지 곡식을 싣고오는 배로 이어지네. 세계 각국의 충신(忠臣)이 기쁜 마음으로 노래하며 춤추며 동방의 하느님을 찾아오네.

깨끗하고 아름다운 별천지이네. 금으로 사천 리나 되는 보배로운 성을 쌓고 하늘을 향해 길고 높은 대를 쌓네. 12대문이 밤낮으로 항상 열려 통하고, 하늘 나라 선관(仙官)과 선녀(仙女)가 안내하네.

아름다운 금동(金童)과 옥녀(玉女)와 하느님과 선비들이 아름다운 음악을 연주하네. 맑고 우아한 곡조가 울려 퍼지네. 밤낮 없이 하늘의 구름은 높이 떠 있고, 흰 눈송이 같은 하얀 나비는 쌍쌍이 날아다니네.

가는 버드나무 가지 사이에는 꾀꼬리의 아름다운 노랫소리가 울려 퍼지고, 따스한 골짜기 사이에는 백조의 짝을 찾는 소리가 은은하게 들리네.

계수나무가 천상의 달 속 궁궐에 있는 것처럼 그 사랑스러움과 영광스러움이 비교할 데 없는 아름다운 세계이네.

영광의 빛이 두루 비치는 청양궁전(淸陽宮殿)에 태양과 같은 임금이 있네. 수정으로 만든 맑고 깨끗한 유리국(琉璃國)이네.

황금길 위에서 사람들이 노래하며 영원 무궁한 세월을 찬양하며 맑고 고운 거문고를 연주하네.

갑자(甲子)가 무슨 세월을 의미하는지 모르네. 해가 지날수록 나이를 더하는 초생법(初生法)이 있네.

집에 계시는 부모가 천수(千壽)를 누리며 슬하의 자손이 만세(萬歲)의 영광을 누리겠네. 하늘이 세월을 더할수록 사람들의 나이도 더해가네.

따스한 봄 기운이 하늘과 집안에 가득하네. 삼신산(三神山) 불로초를 얻어다 높은 집의 부모님에게 드려보세. 천신(天神)에게 기도하여 향기로운 감로(甘露)를 받아보세. 그것이 영생복락의 불사약(不死藥)이네.

삼인(三人)이 봄과 같은 영원한 세계를 세우니 말할 수 없이 좋네. 입춘대길(立春大吉)의 의미이네.

정도령(鄭道令)인 미륵불(彌勒佛)이 마귀를 이겨 새로운 세계를 건설하니 경사스러운 일이네. 건양다경(建陽多慶)의 의미이네.

금일(今日)에야 천지(天地)가 반복되네.

보배로운 성에서 밝은 빛이 온 하늘에 빛나네. 사람의 몸이 맑고 맑은 유리와 같이 변화되네. 밝은 해가 서산에 떨어짐이 없고 달도 이지러짐이 없네. 밤과 낮의 구분 없이 항상 해와 달이 밝게 빛나네.

햇빛은 직선과 곡선으로 교차되어 서로 빛나네. 꾸불꾸불한 굴 속에 광명이 두루 비치며, 어둠과 그림자가 없는 영원 무궁한 세계요, 눈물과 근심이 없고 수고스러움이 없는 세계이네.

매일매일 불로초(不老草)를 먹게 되네. 창자가 없어도 불사약(不死藥)을 복용하네. 이곳에 사는 사람들은 근심과 걱정이 없네. 늙지 않고 죽지 않는 불로불사(不老不死)의 영원한 봄과 같은 계절 속에 살게 되네.

삼십육궁(三十六宮)이 모두 이 봄을 맞이하네. 천근월굴(天根月窟)의 음양의 이치로 추위가 오가네.

평화의 글을 말하면 천성(天性)이 사람의 마음이요, 인성(人性)이 하느님의 마음이네. 본성이 화평하면 마음이 화평하고, 하느님과 인간이 화평하네.

세 번 변하여 도(道)를 이룩하는 천인(天人)인가? 아홉 번 변하고 아홉 번 회복하는 천인(天人)인가? 남자와 여자가 근본인가? 사람이 근본인가? 하늘이 근본인가?

인간의 근본은 음도(陰道)의 판이요, 기운을 모아 환생하면 양도(陽道)의 판이네. 모으고 합하여 태어나니 반드시 변화되어 사람이 반드시 화평하게 되네.

천지인(天地人)의 시운이 하룻밤 사이에 화평한 기운으로 새로워지네. 서로 화평한 날이 되니 모두 다 평화롭게 되네. 평화가 안되어 어지러운 마음이 생기면 평화가 마음속에서 떠나니 어찌 하겠는가?

그것을 얻어서 알고 읽어 능히 깨달아야 세상에서 어리석은 사람이 됨을 면하네. 하느님의 뜻이 인간의 마음과 같음을 깨닫지 못하네.

선비란 같은 도(道)를 닦는 사람이 되어야 하네. 사람의 도가 평화스러우니 어찌 온 세상이 따르지 않겠는가? 천도(天道)가 끊이지 않고 오네.

온화한 기운을 마음에 얻으니 마음이 평화롭네. 하늘을 우러러 기도하니 성인(聖人)이 펼치는 아름다운 세상을 보게 되네.

깊은 생명의 원천을 보존하는 반석이며 처음과 시작이 되는 천하의 일기(一氣)가 돌아오네. 으뜸되는 영(靈)이 수신(水神)과 화신(火神)으로 돌아와 정해지네.

크고 새로운 세상이 되었으니 어찌 내 마음뿐이랴? 다 스스로 한마음이 되어 따르니 해와 달이 밝게 빛나네.

이 세상의 으뜸되는 기운이 합쳐 돌아와 봄이 되니 너무나 좋네. 사방이 고르게 화평하며 밝아지네.

비결(秘訣)에 말한 호랑이 성질은 변화가 없는 단순한 성질의 짐승이요, 개의 성질도 또한 변화가 없는 단순한 성질의 짐승이네.

그러나 소〔牛〕의 성질은 변화난측함이 있네. 샛별〔曉星〕·천군(天君)·천사(天使)·천민(天民)을 합하여 칭한 것이 우성(牛性)이네.

어찌 호랑이와 개의 성질과 같이 정해진 운수대로 되겠는가?

정미할 정(精)에서 오른쪽 푸를 청(青)자가 떨어져 나가면 쌀 미(米)자만 남고, 밥상에 젓꼭지 4개가 떨어져 나가면 십(十)자만 남네.

이로움이 십승(十勝)에 있다고 예언서에 전하나 세인들이 알지 못하네. 가히 한탄할 일이네.

동북 아시아의 한복판의 조선 주변에는 여러 강대국이 있고, 남쪽 중앙의 동쪽에도 청의(青衣)를 입은 도적이 있네. 종골(種骨) · 종인(種仁) · 종망(種芒)이네.

만인(萬人)이 죽게 되는 가운데 몇 사람이 햇볕을 바라 보겠는가? 하루 아침에 뽕나무 밭이 푸른 바다로 변하는 혼돈스런 세상이네.

양백(兩白)과 삼풍(三豊)과 십승(十勝)은 안심하고 살 수 있는 땅이네. 동방에서 용마하도(龍馬河圖)와 영귀낙서(靈龜洛書)의 이치로 참된 성인(聖人)이 나오네.

모름지기 청림도사(青林道士)가 만드는 생명의 양식이 생산되는 성산(聖山)으로 달려가 따라야 하네.

삼재와 팔난이 들어오지 못하는 땅이요, 28개의 하늘의 별자리가 모두 모이는 곳이 남조선의 자하(紫霞) 선경이네.

북쪽에서 남쪽으로 내려온 정(鄭)씨가 음양의 덕을 합한 진인(眞人)이네.

정(鄭)씨가 계룡에 천 년의 도읍을 정하고, 조(趙)씨가 가야에 또한 천 년 시대를 정하고, 범(范)씨가 완산에 칠백 년을 정하고, 왕(王)씨가 송악에 오백 년의 도읍을 정하네.

정(鄭)씨가 아닌 사람이 정씨가 되고, 범(范)씨와 조(趙)씨가 아닌 사람이 조씨가 되고, 왕(王)씨가 아닌 사람이 왕씨가 되네.

선천(先天) 태백(太白)의 운수를 다시 정하니 후천(後天) 소백(小白)의 운수이네. 궁을(弓乙)과 양백(兩白) 사이에 있는 하도(河圖)의 그림과 낙서(洛書)의 글이 분명하게 그 이치를 말했네.

요순(堯舜) 이후 공자와 맹자의 문구 하나하나가 창생(蒼生)들의 삶에 선(善)을 권유한 것이네. 전해오는 소식을 망령되게 하는 자는 스스로 재앙을 짓는 것이네. 이 강산이 끓는 물 같은 지옥임을 귀신도 알지 못하네.

계룡산(鷄龍山)의 백석(白石)이 삼신산(三神山)에 있네. 신령하고 신령한 거룩한 성인(聖人)이 나타나네. 아름다운 이 강산에 하느님의 크나큰 운수가 돌아오네. 길고 안전한 도를 가지고 정도령(正道令)이 나타나네.

땅 값이 똥 값이 되다니 이 어찌된 말인가? 곡식이 돈과 같이 귀하니 이 또한 무슨 일인가? 낙반사유(落盤四乳)의 십(十)자가 궁을(弓乙)의 이치이네.

엽전 세계가 지폐의 운수로 돌아오네.

작은 머리에 발이 없는 소두무족(小頭無足)이 나를 죽이는 이치이네. 누가 궁궁(弓弓)의 이치를 깨달아 지키겠는가? 세인(世人)은 스스로 말하기를 금전운(金錢運)이라 하네.

천하의 장사라도 하느님이 사해(四海)에 채찍을 던져 마귀를 멸하고 싸우는 것을 깨닫지 못하네.

지극한 하느님의 기운인 지기(至氣)가 순환하니 만사(萬事)를 다 알게 되네. 가을 비가 청산에 내리니 하늘에서 꽃잎이 휘날리네.

봄바람이 불고 따사로운 햇볕이 내려 쪼이는 호시절이네.

오랜 세월 동안 바람과 서리를 맞은 나그네이네. 천하의 모든 일을 다 겪고 신선이 된 분이네. 춘하추동 사계절의 송백(松柏)과 같이 모든 어려움을 이긴 군자(君子)의 절개가 돋보이네.

만학천봉(萬壑千峯)에 궁궁(弓弓)의 선비가 있네. 천지(天地)가 그 선비의 한 손바닥 안에 있네. 사방의 어진 선비들이 돌아오는 곳이 성산(聖山) 성지(聖地)이네.

해와 달이 밝게 빛나고 신령스런 바람으로 윤택하게 되니 하느님의 근본(天根)을 보게 되네. 하느님의 마음과 얼굴(月窟)이 문득 달 속에 보이네.

무기(戊己)에 나뉘어졌던 것이 일기(一氣)로 합하여 돌아오네.

수운(水雲)과 화운(火雲)이 목운(木運)으로 변하여 궁을(弓乙)의 주인공으로 돌아올 때 좋은 일이 생기네.

중천(中天)의 목운(木運)으로 오신 성인(聖人)이 모든 사람이 고대하던 정도령(正道令)이며 신령한 사람이네.

병진(丙辰)년과 정사(丁巳)년에 탄생하네. 부모(父母)의 기운이 돌아와 정해지니 경신(庚辛)년에 중생을 제도하네. 천지대도(天地大道)의 기운이 돌아와 정해지네.

해마다 나이를 더해 가는 강남(江南)의 신선이네. 영생의 도(道)를 통하는 글이 옥갑기(玉甲記)이네.

하늘의 도(道)가 크게 강림하여 일기(一氣)로 도가 나오네. 방방곡곡의 온갖 삼라만상이 즐거워하네. 세상 사람들은 천상의 신선임을 모르네.

일월(日月)이 어찌 산에 비치지 않겠는가? 구름과 안개가 높이 떠 있어도 밝게 비추네.

곳곳에 천도(天道)가 돌아왔으나 산과 물이 그 앞 길에 있네. 하늘은 높고 땅은 낮으나 누가 그를 알겠는가?

24방위가 8방위로 돌아오네. 춘추필법(春秋筆法)이 유래된 자취이네.

삼황오제(三皇五帝)의 덕이 한없이 꽃피고 삼강오륜(三綱五倫)의 덕이 세상에 빛나네.

팔조목(八條目)의 지극한 덕이 밝아지고 하느님의 도(道)인 신도(神道)가 인생을 거듭나게 재창조하는 귀중함을 보여주네. 십만대병을 호령하네.

저 푸른 하늘은 공(空)하고 공하나 공하지 않고, 허(虛)하고 허하나 허하지 않고, 무(無)하고 무하나 무하지 않네.

동방 조선에 하느님의 영광스런 화촉(花燭)이 다시 빛나네.

자하도(紫霞島) 가운데 신천촌(信天村)을 깊이 찾으소. 목운(木運)이 인생을 심판하는 금운(金運)의 운수로 활을 들고 백마(白馬) 탄 미륵불로 돌아오네.

다시 온다는 굳은 언약을 믿고 정성을 다하니 밝은 도(道)가 돌아오네.

삼십육궁(三十六宮)이 모두 봄의 운수이네. 모든 나무에 봄빛이 비치며 봉황(鳳凰)이 날아오네. 조화로운 기운이 하늘을 찌르는 봄의 세계이네.

구궁(九宮)의 운수가 오묘하고 좋은 이치이네. 삼음(三陰)과 삼양(三陽)의 이치로 나오는 일기(一氣)이네.

천천만만(千千萬萬)이 무슨 이치인가? 몇 만리 밖에서 장풍(長風)이 불어오니 구중궁궐(九重宮闕)에 있는 복숭아 나무와 오얏 나무를 누가 알겠는가? 동방 조선의 강산에 일점홍(一点紅)인 성인(聖人)이 있네.

설산(雪山)에는 어찌하여 새들이 날아 다니지 않는가?

다시 천지의 덕으로 대도(大道)가 밝게 빛나네.

바야흐로 대장부되어 하늘 나라 녹을 먹을 사람이네.

십승인(十勝人)인 목운(木運)과 금운(金運)이 합치는 날, 각 면과 마을마다 소〔牛〕 울음 소리가 들리고, 각 도와 군마다 영원 무궁한 봄바람이 불게 되네.

사구금(四九金)의 천신(天神)이 당당하게 길을 가네. 그가 최고의 위치에 있는 신이네.

서리가 얼어붙은 살얼음을 딛고 걸어가는 위험스런 가운데 성인(聖人)의 말씀을 순종해야 하네. 이때가 무슨 때이며 어떠한 운수가 오는지 깨달아 시시각각 애타게 급히급히 참된 복음을 전하소. 인생의 추수기가 얼마 남지 않았음을 밝히 깨달으소.

상남칠월(上南七月) 서남명(西南明)이네.

상극(相克)이 상생(相生)으로 순환하는 시대이네.

수운(水雲)과 화운(火雲)이 이미 세상을 구원시킬 청사진을 짜놓고 서로 바라보며 기뻐하네. 화운(火雲)이 목운(木運)으로 와서 도통(道通)의 연원을 밝혀 말하니, 영원한 봄의 세계가 전개되네.

수운(水雲)과 화운(火雲)이 세상을 구원하지 못하면 혼돈스런 세상이 되어, 동양과 서양이 분명히 큰 전쟁을 일으키네.

운수가 서역(西域)을 두루 돌아 흘러오네.

수운(水雲)·화운(火雲)·목운(木運)의 마음을 가득 담은 춘심(春心)은 세계 만방을 화평케 하네. 구름이 걷히니 천하만리(天下萬里)를 대낮같이 볼 수 있네.

음양(陰陽)이 혼잡하여 세상을 판단하기 어렵네. 천지(天地)의 위치가 똑바로 정해지니 영원 무궁토록 평화가 깃든 신선의 세계가 건설되네.

조두(鳥頭)가 백십승(白十勝)이네. 하얀 빛을 더하고 검은 색깔이 하얗게 눈부셔 아름답네. 집집마다 문 앞에 해와 달이 밝게 빛나네.

29일을 칼로 잘라 세운 15일, 곧 보름달의 상서로운 빛이네.

태상절(兌上絶)은 소녀를 말하고 간상련(艮上連)은 소남(少男)을 말하네.

한 번 번성하고 한 번 패하는 이치며 약했다가 강해지는 운수이네.

사람이 또한 돌고 도는 하늘의 순환 이치를 어떻게 하겠는가? 자연의 도(道)는 어길 수 없는 것이네. 음양(陰陽)이 밀고 당기는 변화의 이치이네. 국가가 크게 흥하면 나의 집도 흥하네.

사람의 목숨이 하늘에 달려 있네. 하늘이 수명을 연장시켜 주네. 삼태성(三台星)이 응하여 태어난 하늘 위에 있던 신선이네. 오복(五福)을 갖추어 아름다운 강산에 좋은 운수를 타고 하늘에서 강림한 사람이네.

하느님(아미타불)의 어짐과 공의로움이 또다시 인간의 몸으로 변화되어 나타난 것이네.

그분의 목소리는 하늘의 우뢰 소리가 진동하는 것 같고, 그분의 몸은 순식간에 번개 같은 광채가 두루 비추는 것 같네.

그분의 입은 바람과 비를 뿜어 물방울을 창조하고, 파도를 다스려 안개와 구름 속으로 쏘아 날게 하네.

참으로 좋은 시절이 돌아오네. 대장부가 이 세상을 호령하네. 대장군이 신검(神劍)으로 세계 만방을 지휘하네.

광부(狂夫)가 어찌 광명(狂名)의 이치로 인함이리오? 천신이 자연스럽게 강림하여 만사를 형통하게 하네. 주먹을 들어 온 세상의 마귀를 쳐서 쫓아버리네. 발뒤꿈치를 들고 도망하네.

신삼(神衫)을 입고 신화검(神化劍)을 들고 춤을 추네. 맑은 노래와 음률로 즐거운 음악의 세계를 이루네. 상서로움이 마음에 가득차니 인의(仁義)가 다시 큰 빛을 발하네.

엄택곡부(奄宅曲阜)의 성산(聖山)에 하느님의 도(道)를 닦는 성전(聖殿)을 지어 하늘 문을 여니, 하늘과 땅이 돕고 많은 사람이 따르네.

하느님의 성전에 봄이 돌아와 영광과 존귀함이 가득하며, 몸을 닦아 덕(德)의 충만함이 둥근 달과 같네.

사해(四海)의 맑은 물을 용이 마시고, 구천(九天)의 높은 하늘에 상서로운 구름이 떠 있고, 신선 세계의 학은 한가로이 노니네.

참된 성인(聖人)이 누구인지 사람들이 알지 못하네.

북녘 땅에서 남녘 땅으로 온 정(鄭)씨가 다시 밝게 빛나네. 길성(吉星)이 중흥국(中興國)으로 돌아와 취합하네. 흉악한 뱀이 거역하니 멸망이 따르네.

새들이 아름다운 노랫소리로 하느님(아미타불)을 찬양하고, 동산의 아름다운 꽃들은 햇빛을 향하여 말없이 향기를 진동하네.

성인(聖人)이 번개처럼 칼을 휘둘러 마귀를 쫓아내네. 그분의 호령 소리는 우뢰가 진동함과 같고 그분의 노랫소리는 맑고 고운 피리 소리와 같네.

몇천 년 만에 이제야 비로소 안정되네. 크게 화평한 길로 통하는 아름다운 문이 열리네.

이 말 모두가 하느님 말씀이 아닌 것이 없네. 도령(道令)을 부정하면 시대의 운수가 열리지 않네. 지금처럼 깨닫지 못하면 궁궁(弓弓)의 십승도령(十勝道靈)은 떠나가 버리네. 어느 때에 그분을 다시 만나며 또 봄을 맞이할 것인가?

모든 신들이 이 남녀의 얼굴을 보호하네. 누가 대도덕(大道德)의 세계를 이룩하는 말을 하며, 여러 나라를 모이게 하는지 깨닫지 못하네.

동방의 조선이 전세계의 중흥국(中興國)이 되네. 크게 평화로운 문을 여니 모든 사람들이 밤낮으로 왕래하네.

춘삼월(春三月)의 꽃이 참으로 아름답네. 하느님을 따르던 사람은 때를 맞이하여 모두 기뻐 춤을 추네.

하늘에서 불이 내려오네. 세상의 뽕나무 밭이 푸른 바다로 변하듯이 혼탁한 인간 세계의 마귀가 박멸되네. 꿈밖의 일이네. 붉은 부채로 지시하여 세상의 기이함을 통하게 하네.

세상의 창생들을 구제하는 주인을 물어보세. 스스로 마음을 주인으로 하는 것이네. 각 개인개인의 마음이 바로 주인이네.

하늘의 한 사람에게 영광을 돌리세. 하늘의 황제인 하느님의 크나큰 도(道)가 무섭게 출현하네. 천신의 큰 채찍과 칼 아래 요사스런 마귀가 물러가네.

소리없고 냄새없는 하느님이 강림하네. 마귀의 악독한 종자를 불로 멸하네. 많은 경전의 말씀이 모두 중천운의 목운(木運)에 해당되는 말씀이네.

수많은 경전의 말씀이 한 사람에게 해당되는 말씀이네.

삼인동(三人同) 칠십이(七十二)란 무슨 뜻인가? 삼인동(三人同)은 수운(水雲)·화운(火雲)·목운(木運)이 동행한다는 뜻이고, 칠십이(七十二)란 칠십이궁(七十二宮)의 운수로 오는 목운(木運)을 의미하는 것이네.

칠십이궁(七十二宮)의 목운(木運)이 십삼(十三)자의 수원 나그네요, 그가 곧 수운(水雲)과 화운(火雲)으로 왔던 분이네.

오로선령(五老仙靈) 일삼선(一三仙)이란 무엇인가?

오로선령(五老仙靈)은 다섯 명의 신령스런 신선이네. 곧 복희(伏羲)·문왕(文王)이요, 수운(水雲)·화운(火雲), 목운(木運)의 운수를 타고난 성인(聖人)이네.

일삼선(一三仙)이란 다섯 신선이 결국은 한 신선이요, 세 신선이란 뜻이네.

목운(木運)이 변하여 금운(金運)으로 강림하네. 목운(木運)은 남자 신선이요, 금운(金運)은 여자 신선으로 만물의 어머니인 미륵불(彌勒佛)이네.

내가 갑자기 신화경(神化經)을 깨닫게 되었네. 주역(周易)에 나오는 음부(陰符)가 그 근본 바탕이네. 북두칠성의 하느님이 곧 가지치는 임금이네.

생명수의 근원이 길게 흐르고 나뉘었다가 합쳐지네. 생명수의 근원이 멀리 흐르고 또 근원이 한없이 길어지네

하늘과 사람을 모르면 신(神)을 알지 못하고, 신과 사람을 모르면 하늘을 알지 못하네. 신 또한 사람이며 하늘 역시 사람이네.

사람 또한 신(神)이며 사람 또한 하늘이네. 사람이 신을 알면 그 하늘을 알 수 있고 신이 사람을 알면 그 땅을 알 수 있네. 해와 달의 운수가 길고 짧음이 정해져 있네.

성인(聖人)이 목숨을 끊어 신선(神仙)으로 빛을 발하며 출현하네. 이별한 지 몇 년 후에 다시 만나게 될 것을 서가(書家)에서 전하네.

누가 금일(今日) 수원 나그네〔修源旅〕를 다시 만날 수 있겠는가?

누가 금일(今日) 수원 나그네〔修源旅〕를 알 수 있겠는가?

선인(善人)과 영웅이 기쁨으로 만나는 때이네.

영웅이 낙반사유(落盤四乳)의 십승(十勝)을 따르는 이치이네.

달빛이 만 리를 비추니 하늘의 황제인 상제(上帝)가 강림하여 춘향(春香)의 소식을 물어보네. 어제 보았던 초라한 산성(山城)이 오늘에 이르러 궁궐로 바뀌네.

이 글을 풀어 알면 복 받은 집안이나 풀지 못하면 복 없는 집안이네. 이 글 모두가 천신의 말씀이네. 누가 감히 이 글을 지어 전한단 말인가?

금빛 거문고 소리에 만국이 동방의 조선과 같이 아름다운 세계로 변화하네.

칠 척이나 되는 무겁고 날카로운 검으로 온 세상의 마귀를 소탕시키네.

신화경(神化經)에 이르기를 하도(河圖)와 낙서(洛書)의 역(易)의 이치로 태초(太初)의 우성인(牛性人)이 인류의 시조(始祖)임을 밝혔네.

우성(牛性)이 북두칠성으로 상제(上帝)의 아들이네. 하늘의 성품이 우성(牛性)이네. 건(乾)이 곤(坤)을 만나 말〔馬〕과 소〔牛〕가 되고, 곤(坤)이 건(乾)을 만나 소와 말이 되네.

소〔牛〕 울음 소리가 들에 있으니 사구금(四九金)의 정도령의 세상이네. 덕(德)이 많은 도(道)는 소와 말의 울음 소리이네.

어떤 사람이 그 사람의 출현을 쉽게 알겠는가? 그 사람은 세인(世人)으로부터 시비(是非)함을 당하는 사람이나 진인(眞人)이네.

선약(仙藥)은 병과 죽음을 없애고 장례하고 매장하는 것을 없애는 신기한 법이네. 죽음을 없애는 약이네. 누가 가히 그와 같은 신묘한 법을 깨달을 수 있으며, 허황된 이치라고 보고 비웃지 않으리오?

사람은 시비(是非)를 많이 받은 연후에 성공할 수 있고, 비와 구름을 얻은 연후에 변화를 이룰 수 있네.

오늘날 선비는 유식하지 못하네. 어찌 이로움을 탐하고 욕심으로 가득찬 사람을 인물이라 하는가? 궁궁(弓弓)의 십승도령(十勝道靈)이 그와 같은 사람에게 떠나지만 착한 사람에게는 살살 다가가네.

출판(出判)되어 세상을 뒤흔드네.

세상의 권세 있는 자에게는 떠나나, 권세와 능력이 없는 자에게는 살살 다가가 온화한 말로 그들의 마음을 위로하네. 하느님의 도(道)는 천지(天地)에 두루 통하나 그 모습은 보이지 않네.

10

새삼십오(賽三五)

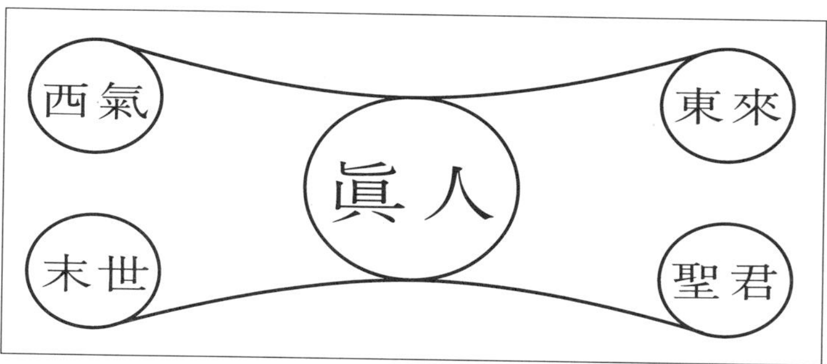

세계 만민들이 천신(天神)의 말씀을 순종하고 따르네. 궁을인(弓乙人)이 출현하여 친절하게 가르치고 교화하네.

힘이 없는 약한 자를 위하여 강한 자를 물리치는 의로운 싸움을 하는 하느님을 만민이 보고 듣네.

서양의 기운을 타고 동방에 와서 세상을 구원하는 진인(眞人)은 하늘이 낳은 감나무요, 말세 성군이네. 천인(天人)이 백성들을 구제하기 위해 예정된 땅에 나오네.

그때에 홀연히 장님이 눈을 뜨고, 귀머거리가 듣고, 벙어리가 말하고,

노래를 부르네.

반신불수가 다리를 펴서 뛰어다니고, 메마른 광야(廣野)에 샘물이 솟아 사막에 흐르네.

악조건일 때는 샘이 옮겨지고 산이 무너지고 바다가 마르네. 산이 온통 불에 타고 대중소(大中小)의 크고 작은 물고기가 모두 죽어버리네.

우매한 사람은 옳지 않은 길로 가네. 이때 하느님의 출현을 깨닫는 사람은 두 손을 높이 들어 하느님께 만세를 부르네. 악한 냄새가 영원히 없어져버리네.

중동(中動)하는 때를 모르고 있다가 말동(末動)하는 때 들어가면 때가 늦어 죽게 되네.

모든 사람들아! 늙지 않고 죽지 않는 불로영생(不老永生)의 도(道)를 마음으로 깨달아 찾아보소.

궁을인(弓乙人)을 따르면 영원히 실패함이 없네.

우리 동방 조선이 전세계의 피난처가 되는 복된 땅이네.

세상 만민이 감나무〔柿〕 성인(聖人)을 보고 따르면 하늘로부터 큰 복을 받게 되네. 그와 같은 축복 받는 시기와 기회를 잃게 되면 후회하게 됨을 명심하소.

11

새사십일(賽四一)

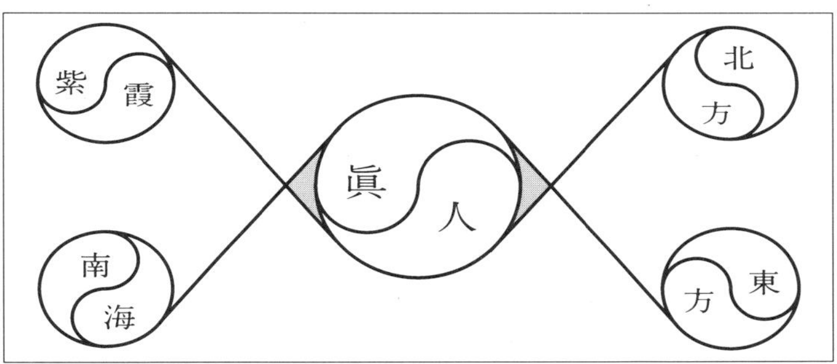

세계 각국의 사람들이 입을 다물고 말이 없네. 화룡(火龍)은 병진(丙辰)이고 적사(赤蛇)는 정사(丁巳)이네. 구세주의 출생년을 말함이네.
대륙의 동방(東邦), 반도 국가에서 정사(丁巳)년에 출생하네. 천하의 일기(一氣)가 다시 인간의 몸으로 재생하네.

의인(義人)이 이가 날카로운 기계로 타작하듯 마귀를 파멸시키네. 인생의 추수기를 맞이하여 쭉정이를 바람에 몰아 날려버리네.
쭉정이를 바람에 나부끼게 하는 사람이 궁을(弓乙)이며 십승인(十勝人)이네.

흰 백(白)자를 왼쪽으로 돌리면 입산(入山)자가 되니, 입산하는 사람은 죽게 되네. 다시 말하면 산 속에 들어가 수도하는 사람은 죽게 되니, 산에서 나와야 산다는 말이네.

누루 황(黃)자 가운데 십(十)자가 들어 있으니, 십승인(十勝人)을 찾아가면 구원을 받네.

삼팔선 북쪽에서 성인(聖人)이 출현하네. 하늘이 커다란 사명을 준 분이네.

인간과 비슷하지만 인간이 아닌 감나무 사람이 진인(眞人)이네. 하느님의 영광이 함께 하는 사람으로 해도(海島)의 진인(眞人)이요, 남조선으로 건너오는 진주(眞主)이네.

남해도(南海島)의 자하선경(紫霞仙境)에 출현하지만 세상 사람이 깨닫지 못하네.

12

새사십삼(賽四三)

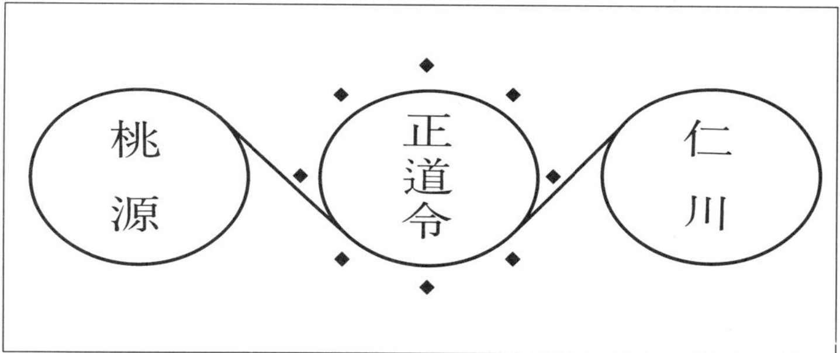

상제(上帝)의 아들이 하늘의 북두칠성이네. 포은(葡隱) 정몽주의 후예인 정도령(正道令)이네.

북방(北方)에서 태어나 남해(南海)로 건너와 길성(吉星)이 비치는 남조선의 자하선경(紫霞仙境)인 궁궁(弓弓) 십승(十勝) 도원지(桃源地)에 정착하네.

인천(仁川) 근처에 신선이 많이 모여 있으니 피난처이네. 많은 사람이 왕래하는 변두리에 물이 한 번 두 번 휘감아 도는 땅이네.

이로움이 석정(石井)에 있네. 영생할 수 있는 물의 근원이네. 그 물을 한 모금 마시면 수명이 연장되고 모든 괴이한 전염병도 물리칠 수 있네.

메마른 사막에 샘물이 용솟음치니 금수강산(錦繡江山)으로 변하네.

한 사람이 나타나 목마른 자들에게 가르침을 베푸니 영원히 목마르지 않네.

13

●

새사십사(賽四四)

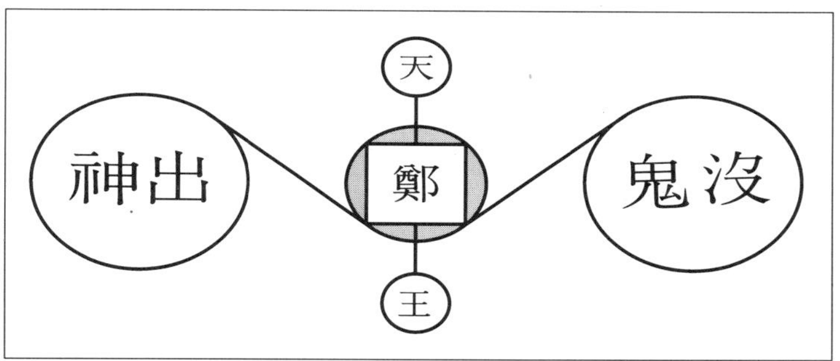

후예가 없는 혈손인 정(鄭)씨가 어떤 성(姓)인지 알지 못하며, 어떻게 정(鄭)씨로 오는지 알지 못하네

정(鄭)씨란 본래 하늘 위의 구름 가운데 있던 왕이네. 오늘 다시 정(鄭)씨 왕이 나오네. 마귀가 멸망하고 천신(天神)이 출현하는 세상이네.

하느님이 선택한 사람이 인산인해(人山人海)를 이루네. 작은 나무가 많이 쌓여 있는 모습과 같네.

많은 사람들이 감나무〔柿〕 성인(聖人)이 나옴을 보고 경배하네.

그 가지와 잎사귀가 무성하여 푸른 녹음이 짙어지니 왕래하는 사람들이 한가하게 앉아 더위를 피할 수 있네.

목마른 자를 해갈시키는 공덕이 영생수(永生水)이네. 그 물을 마시고 또 마시면 영원히 죽지 않네.

대대로 후손에게 그와 같은 이치를 전하며 영원토록 하느님께 만세를 부르네.

14

라마단이(羅馬簞二)

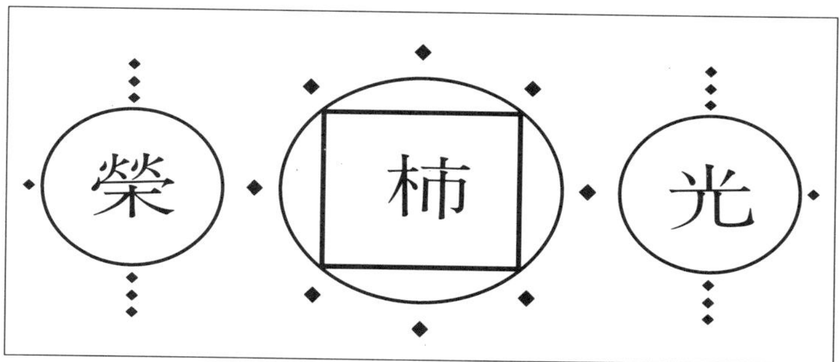

하느님은 각 사람에게 그 행한대로 선과 악을 감찰하여 갚아 주시네.

감나무(柿)를 따르는 사람은 봄에 피어나는 파릇파릇한 풀과 같이 영광과 존귀함을 얻으며, 사시사철 쇠하지 않는 인생이 되네.

당(黨)을 지어 불의를 행하고 악행을 자행하는 사람은 돌에 칼을 갈듯이 지옥에 들어가는 것을 면치 못하네. 중죄(重罪)를 지은 사람들의 악한 마음은 대대로 그 대가를 받게 되네.

은혜를 받아 대대로 지키는 의리를 저버리지 않는 자에게는 영광이 찬란하게 감싸고 떠나지 않네.

십승(十勝)에 거하는 사람은 영원토록 편안하게 살게 되네.

죄를 짓는 무법자는 망하네. 죄가 있는 자는 멸망하네. 마음에 깊이 깨달아 후회함이 없도록 하소.

육육십육(六六-十六)이네. 로마서 2장 6절에서 16절의 말씀이네.

15

라마일 이십삼조(羅馬一 二十三條)

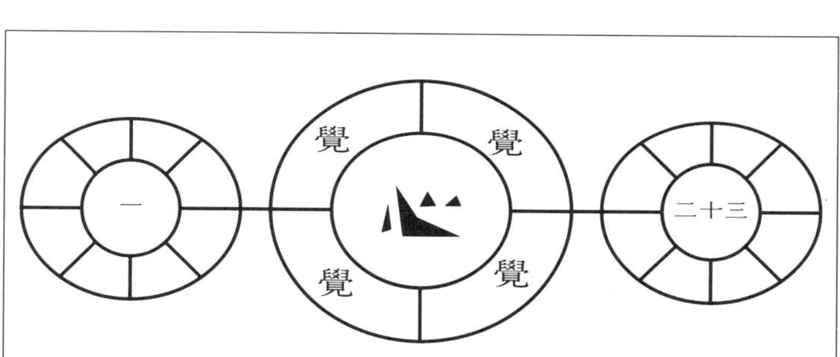

마음의 본심을 잃지 않는 성실한 사람이 되어야 하네.

첫째 불의를 행하지 말고, 둘째 신령스런 영혼을 악한 영(靈)으로 만들지 말고, 셋째 욕심을 내지 말고, 넷째 악의를 두지 말고, 다섯째 시기하지 말고, 여섯째 살인하지 말고, 일곱째 분쟁하지 말고, 여덟째 속이지 말고, 아홉째 악독하지 말고, 열 번째 수군수군대지 마소.

열한 번째 비방하지 말고, 열두 번째 신이 없다 말고, 열세 번째 하느님이 없다 말고, 열네 번째 업신여겨 욕보이지 말고, 열다섯 번째 교만하지 말고, 열여섯 번째 자만하지 말고, 열일곱 번째 모든 악을 꾀하지 말고, 열여덟 번째 부모를 거역하지 말고, 열아홉 번째 어리석지 말고, 스무 번째 약속을 위반하지 말고, 스물한 번째 무정하지 말고, 스물두 번째 무자비하지 말고, 스물세 번째 불의를 인정하지 마소.

이것을 마음으로 뉘우치지 못하고 스스로 꾸짖지 않으면, 하느님의 진노함과 형벌을 면할 수 없네.

로마서 1장 28절에서 32절의 말씀이네.

16

가전(哥前)

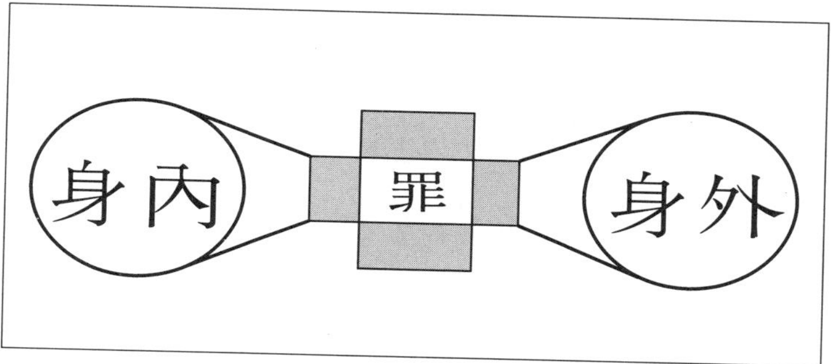

허다한 죄를 범하는 가운데 몸 밖에 죄가 있으나 몸 안에 죄를 짓는 것이 가장 흉악한 죄이네.

몸 안에 죄를 짓는 것을 청춘남녀가 삼가고 또 삼가야 하네.

육육일칠일팔(六六一七一八)이네. 고린도전서 7장 13절에서 18절의 말씀이네. 모든 선남선녀(善男善女)는 삼가 이 말을 지켜야 하네.

여하튼 부부가 이혼하지 않도록 하소. 아내는 남편에게서 갈리지 말고 남편도 아내를 버리지 마소.

어진 남편이여! 짐승 같은 아내가 함께 살기를 좋아 하거든 저를 버리지 마소.

어진 아내여! 짐승 같은 남편이 함께 살기를 좋아 하거든 저를 버리지 마소.

짐승 같은 남편이 어진 아내로 인하여 거룩하게 되고, 짐승 같은 아내가 어진 남편으로 인하여 거룩하게 됨을 어찌 알 수 있으리오.

쑥밭에 돋아나는 삼과 같이 한 기운으로 부드럽고 향기로운 바람이 오가니, 짐승 같은 사람도 삶을 얻네. 하느님의 일을 세상 사람들이 알지 못하네.

세상 사람들이여! 우물 안 개구리처럼 편견된 마음을 버리고 이 말씀을 깨달으소. 천지운행 도수의 때가 멀지 않으니 하느님의 심판을 피하기 어렵네.

천신(天神)이 출현하고 마귀가 사라지네.

진인(眞人)이 나타나 거짓말을 하겠는가? 십삼삼십(十三三十)이네. 고린도전서 13장 3절에서 10절의 말씀이네.

악한 것을 행하는 것만 보아도 모든 선한 것을 더럽히고 행실을 더럽히는 것이네.

항상 마음을 옳게 지키지 못하고 범죄하면 하느님의 채찍을 면할 수 없네.

17

무용출세지장(無用出世智將)

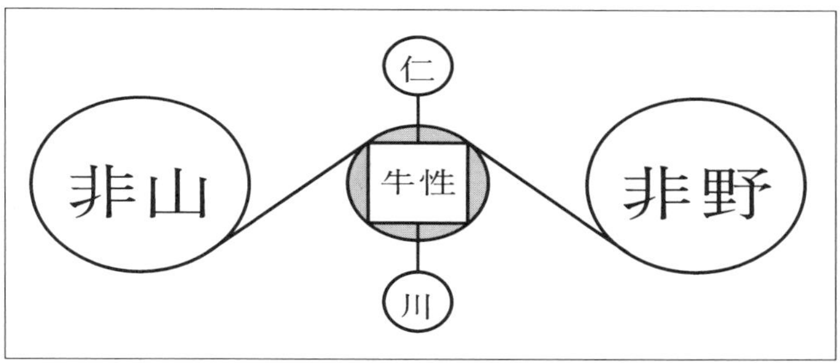

인천(仁川) 근처에 한 사람이 있네. 여성적 역할을 하는 의인이 진인(眞人)이네. 여자가 한 사람을 낳으니, 계룡(鷄龍)에 하느님 나라를 건설하는 공신(功臣)이네.

십인(十人)이 일남일녀(一男一女)를 낳으니 진사(辰巳) 성인(聖人)인 진인(眞人)이네. 남녀의 구별이 안되네.

우성(牛性)이 산도 아니고 들도 아닌 비산비야(非山非野)의 인부(仁富) 사이에 있네. 그곳에서 거룩한 사람이 출현하네.

세 번의 진사(辰巳)가 있으나 그 중 두 번째의 진사를 취하여 십승(十勝)

에 들어가소. 진사오미(辰巳午未)년에 선동하나 돌아서네.

신유술해(申酉戌亥)년에 중동(中動)하면 살 수 있네. 인묘진사(寅卯辰巳)년에 말동(末動)하면 죽게 되네. 사오미(巳午未)년에 즐거움이 집에 있네.

흉함이 다하고 슬픔이 닥치니, 한 번 기쁘고 한 번 슬프네. 고생이 다하고 즐거움이 오네. 하느님께 만세를 부르네.

지상의 곡식은 하루에 세 끼를 먹어도 굶주리고 죽으나, 천상의 삼풍(三豊) 곡식은 한 달에 아홉 번 먹어도 굶주리지 않고 영원히 살 수 있네.

18

새육십오(賽六五)

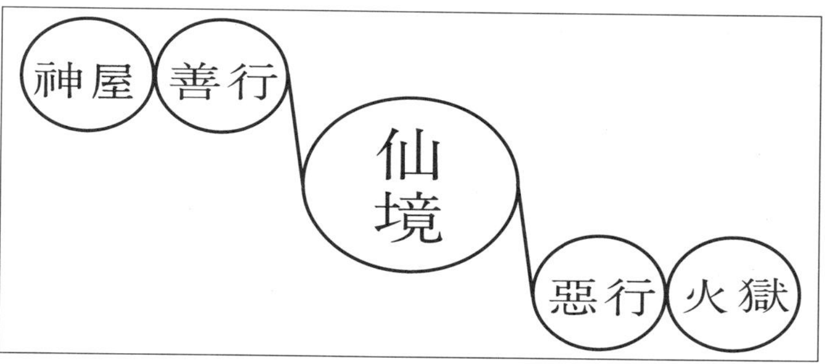

먼저 우성(牛性)을 택하소. 눈이 있어도 보지 못하고 귀가 있어도 듣지 못하네. 탐욕스런 사람은 세상이 변화되는 이치와 십승인(十勝人)을 알지 못하네.

화우로(火雨露)의 삼풍(三豊) 곡식은 삼 년간 항상 먹어도 굶주리지 않고 오래 살 수 있는 생명의 곡식이네.

먼저 우성(牛性)의 글을 택하소. 세상 곡식은 항상 먹어도 배고프고 갈증이 나네. 궁을(弓乙)을 따르는 사람은 근심 없이 항상 즐거움을 누리네. 거짓 목자를 따르는 백성은 수치를 면치 못하네.

양백(兩白)을 따르는 사람은 노래하고 춤을 추네. 짖을 수 없는 개가 이빨이 절단된 것을 통탄하네. 삼풍(三豊) 곡식을 먹는 사람은 선경(仙境)에 들어가네.

짐승을 따르는 자는 지옥불에 떨어지나, 착한 행동을 하는 사람은 영원토록 아름다운 거문고를 연주하네. 악한 일을 행하는 사람은 세세토록 가슴을 치네.

성산(聖山) 성지(聖地)는 인부(仁富) 사이에서 출현하네. 지혜로운 자는 살고 지혜롭지 못한 자는 죽게 되네.

아! 삼재(三災)가 멀지 않은 날에 닥치네. 깨닫는 자가 그 동안 몇몇이며 어떤 사람이란 말인가?

아름다운 신선(神仙) 세계는 죽음을 슬퍼하며 엉엉 울어대는 소리를 영원히 들을 수 없네. 어린 아이가 어머니의 태에서 떨어져 나와 죽는 일이 없고, 죽어도 백 세 이상의 수명을 누리네. 목인(木人)이 건설하는 신선 세계는 별천지이네.

해인(海印)을 사용하여 세상 만사를 자신의 뜻대로 형통하네. 바람은 악한 질병을 구름 사이로 몰아내고, 비는 억울한 영혼을 씻어 바다 밖으로 소멸시키네. 특별한 세상이 있으니 인간 세계가 아닌 복숭아 꽃이 만발한 무릉선경(武陵仙境)이네.

사람의 수명이 계수나무와 같이 영원히 쇠하지 않네. 흰 머리는 갑자기

검은 머리로 변하여 젊음을 되찾고, 빠졌던 이빨이 신(神)의 조화로 다시 나네.

택함 받은 백성이 애써 생산한 물건이 재난을 만나지 않고 헛되게 돌아가지 않네. 산도 아니고 들도 아닌 비산비야(非山非野) 신천촌(信天村)에 거주하는 사람의 자손은 세세토록 영광을 누리네.

짐승 같은 동물의 마음을 궁궁인(弓弓人)이 조화롭게 다스리니 성지(聖地)는 해함도 없고 죽는 일도 없어지네. 거룩한 성인(聖人)이 친절하고 진실되게 가르쳐 교화하네.

햇빛이 온 누리를 두루 비치듯 그 덕은 날짐승과 동물과 온 천하의 초목에 이르기까지 만방에 널리 미치네.

19

● 궁을론(弓乙論)

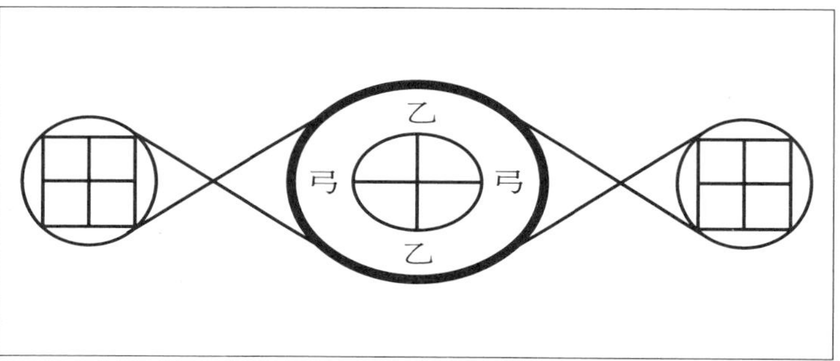

궁궁(弓弓)이 서로 화합치 못하고 동서로 등을 맞댄 사이에 십승(十勝)이 출현하네. 그 이치를 깨달아 따르는 사람은 소원을 이루네.

궁궁(弓弓)이 서로 화합하여 얼굴을 대하고 앉아 있는 활의 등처럼 쑥 들어간 모양에서 장인 공(工)자 · 신(神)의 공(工)이 나오네. 사람들이 읽어 익히면 글 없이 도(道)를 통하네.

오른쪽 새 을(乙)자가 서로 다투어 하나가 이기고 하나가 지네. 이긴 자는 서고 진 자는 누우니 십(十)자가 나오네. 이와 같은 이치를 지혜롭게 깨달은 사람은 영원토록 처자식을 보호하네.

왼쪽 새 을(乙)자가 서로 사귀어 하나가 서고 하나가 눕네. 쌍을(雙乙) 사이에서 십승(十勝)이 나오네. 본성과 이치의 깨달음이 없으면 소원이 이뤄지지 않네.

입 구(口)자 넷을 합하면 밭 전(田)자가 되고 그 속에서 십(十)자의 이치가 나오네. 뼛속의 더러운 때와 몸 안의 더러운 때를 씻어주는 목욕탕의 밭 전(田)자 이네.

입 구(口)자 다섯인 밭 전(田)자의 이치에서도 십승(十勝)이 나오네. 인간의 육체적 구조가 새로운 구조로 변화되어, 새 생명으로 변화됨도 밭 전(田)자의 조화이네.

정미할 정(精)자에서 그 오른쪽을 벗어 버리면 쌀 미(米)자의 밥상 그림이 나오네. 밥상의 모양에서 젖꼭지 네 개가 떨어져 나가면 십(十)자가 나오네. 정감(鄭堪) 선사가 말한 십승(十勝)의 의미이네. 이를 깨닫는 자가 복을 얻네.

한 일(一)자를 사방으로 서로 사귀어 이으면 입 구(口)자가 되고, 네 모퉁이가 이지러지면 십(十)자가 나오네. 오묘하고 심원한 이치를 세상 사람들이 깨닫기 어렵네.

용마(龍馬)는 하도(河圖)요, 태백(太白)은 하도(河圖) 중앙에 백점(白點) 다섯 개와 흑점(黑點) 열 개를 의미하네.

영귀(靈龜)는 낙서(洛書)요, 소백(小白)은 낙서(洛書) 중앙의 백점(白點)

다섯 개를 말하네.

하도(河圖)의 십오(十五)점이 태백(太白)이고, 낙서(洛書)의 오(五)점이 소백(小白)이네.

하도낙서(河圖洛書)의 태백(太白)과 소백(小白)이 양백(兩白)이네.

메 산(山)자의 등진 모습에서 십(十)자가 나오네.

사람을 구원하는 양백(兩白)이 피난처의 근본이네. 누루 황(黃)자의 뱃속에는 재생의 몸이 있네. 옷과 갓과 발을 벗으니 밭 전(田)자 속에 십(十)자가 나오네.

생명을 보존하고 몸을 보호하려면 천신(天神)에게 기도하소. 모름지기 백호(白虎)를 좇아 청림(青林)에게 달려가소. 서양의 기운을 타고 동방으로 건너와 재생한 신인(神人)이네.

지상의 나무〔木〕가 변하여 하늘의 말〔馬〕이 되니, 어떤 성(姓)인지 알지 못하네. 새 을(乙)자와 새 을(乙)자가 몸을 합쳐 서로 얼굴을 대하고 또 좌우로 새 을(乙)이 등진 사이에 장인 공(工)자가 나오네. 세상 사람들은 그것을 과학을 초월한 장인 공(工)자로 깨닫네.

쌍을(雙乙)이 서로 화합하여 대하고, 새 을(乙)자와 새 을(乙)자가 합쳐 서로 돌아보니 무릇 범(凡)자가 나오네. 이(理)와 기(氣) 가운데 가장 으뜸되는 운수이네.

하늘과 땅이 불로 응답하여 모든 죄악을 소멸하네. 마음을 찢어 마음의 문을 열으소. 화인(火印) · 우인(雨印) · 로인(露印) 가운데 화인(火印)으로는 사후에 극락 세계에 갈 수 있네.

심령을 변화시키는 성신(聖神)의 비는 온 세상을 구원하네. 항상 기쁨이 충만하며 불로장춘(不老長春)의 세계가 전개되네.

화인(火印) · 우인(雨印) · 로인(露印) 가운데 해인(海印)의 이치가 있네.

향기로운 감로(甘露)가 안개처럼 임하니 인간을 거듭나게 하는 이치이네. 마음을 백합화같이 피어나게 하고 영원히 죽지 않게 하네.

곡식이 없어도 삼풍(三豊) 곡식이 휘날리네. 화우로(火雨露)의 삼인(三印) 가운데 감로(甘露)가 휘날려 만민(萬民)을 구제하는 양식이 되네.

석정(石井)의 오묘한 이치는 물이 올라가고 불이 내려오는 것이네. 생수(生水)가 마음속에 용솟음치니 독한 기운에 의해 죽음을 당하지 않네. 하늘의 소가 밭을 가니 석정(石井)에 이로움이 있네.

미륵(彌勒)이 출세하여 만법교주(萬法敎主)가 되네. 유불선(儒佛仙)을 합하기 위해 일기(一氣)로 재생하네.

남조선 자하도(紫霞島)에 정포은(鄭圃隱)의 후예가 곧 감나무 사람이며, 동서양의 교주로 출현하는 사람이네.

진사(辰巳) 성인(聖人)이 남조선으로 건너와 복숭아의 원산지인 무릉도원에 해도진인(海島眞人)으로 출현하네.

그가 곧 계유사각(鷄有四角) 방무수(邦無手)의 정(鄭)씨이네. 인간을 초월한 도(道)의 주인이며 정도령(鄭道令)과 미륵불(彌勒佛)과 소신(穌神)이네.

우성인(牛性人)으로 오신 십오진주(十五眞主)인 하느님이네. 오미(午未)년에 즐거움이 집에 가득하네.

청(青)은 천간의 갑(甲)이요 용(龍)은 지지의 진(辰)이니, 갑진(甲辰)년 이후이네. 여상가일(女上加一)은 여자에 또 한 여자를 더하라는 말이네. 여자를 파자로 하면 좌칠(左七) 우칠(右七)로 십사(十四)가 되고, 여자가 또 하나 있으니 이십팔(二十八)이 되네.

지변거토(地邊去土)는 땅 지(地)자의 가변에 토(土)자를 버리라는 뜻이니 야(也)자만 남네. 이 야(也)자가 수로는 삼십(三十)이니 이를 더하면 오십팔(五十八)이 되네.

이 연수는 경술(庚戌)년으로부터 오십팔 년이 되는 해이며, 양희(羊喜)는 정미(丁未)년을 의미함이네.

윷놀이의 뜻을 조목조목 살펴보세. 단군이 동방에 이르러 그 기초를 세우네. 오묘일걸(五卯一乞)이라 함은 경술(庚戌)년 후 을묘(乙卯)·정묘(丁卯)·기묘(己卯)·신묘(辛卯)·계묘(癸卯)의 오묘(五卯)이네. 윷판 쓰는 법에서 묘가 다섯이면 사묘(四卯)를 합하여 일걸로 중앙에 가서 한 묘로 나와서 이기게 마련이네.

일걸(一乞)은 삼수이니 계묘(癸卯)로부터 갑진(甲辰)·을사(乙巳)·병오(丙午)년이 지난 후의 정미(丁未)년이네. 단군이 세운 동방 조선에 미륵불이 출현하네. 말판의 도(道)는 오미(午未)년에 즐거움이 집집마다 넘치네.

이(李)씨 가운데 한 가지가 있는데 누가 그 목숨을 보존하겠는가? 감나무 숲을 돕고 보호하면서 그 말씀을 지키고 따르면 살지만, 성인(聖人)을 돌아보지 않는 사람은 복을 받지 못하네.

가히 탄식할 수밖에 없네.

이(李)씨는 이 태조의 후예 가운데 한 사람이요, 정(鄭)씨는 말세에 출현하는 성인(聖人)이네. 흑후(黑猴)는 임신(壬申)년이요, 녹사(綠蛇)는 을사(乙巳)년을 말함이네. 두미(頭尾)는 시작과 끝이요, 정(鄭)씨는 시작이네. 정(鄭)씨의 운수가 처음으로 시작하는 해는 을사년 9월이네. 이 태조로부터 574년이 되는 해이네.

계룡(鷄龍)의 성인(聖人)이 동방의 태조(太祖)로 등극하여 높은 자리를 양위받는 날이 옥등(玉燈)에 불이 켜지는 가을 밤의 무기(戊己)일이네.

해인(海印)과 금척(金尺)을 가진 하느님께 만세를 부르네.

나라가 간도 · 북조선 · 남조선의 셋으로 나누어진 솥의 이치를 용과 토끼로 논해보세.

이(李)씨와 정(鄭)씨가 싸우고 다투고 각기 지키며 조용해지네. 그때는 죄없는 백성도 살아남기 어렵네.

장궁(長弓)은 화살을 쏘아 만인을 구제하고, 산조(山鳥)는 돼지를 타고 들을 건너 시냇가에 거하네. 서여은일(鼠女隱日) 삼상후와(三床後臥)이네.

호운(好運)이면 동방 의인이 왕이 되는 운수가 사라짐을 의미하네.

조(趙)씨 장군은 제갈공명처럼 뛰어난 장군이네. 메마른 내[川]의 고기 여덟 마리가 정(鄭)씨 품안에 있네.

세 명의 영웅 가운데 한 사람의 뛰어난 장군이 청미대장(青眉大將)이네. 다른 능에서 나온 사람이네. 예전에 임금의 옷을 입지 않았던 비의(非衣)가 인왕사유(人王四維)이며 많은 사람을 살리네.

나라가 나뉘어 세 영웅이 싸우네. 남조선에 백발 노장이 건너와 영적 임금으로 거하네. 일곱 명의 이(李)씨가 서로 싸워 한 사람이 승리하네.

천하를 삼분(三分)하여 가짜 정(鄭)씨가 삼 년간 통치하네. 도하지(道下止)에서 몸을 닦고 있는 하늘의 권세를 쥔 사람이 있네. 입으로 날카로운 칼을 빼어 분연히 일어나 마귀를 멸하네.

무릎을 꿇고 앉아 참된 말씀을 외우니 하나도 다친 곳이 없네.
마귀가 육천 살 된 용임을 알지 못하네. 세상의 모든 권세를 쥐고 용상(龍床)에 앉아 있던 존재이네.

요사스런 마귀가 미친 듯이 들끓고 일어나지만 성신(聖神)의 불이 그들을 멸하네.

20

●

도하지(道下止)

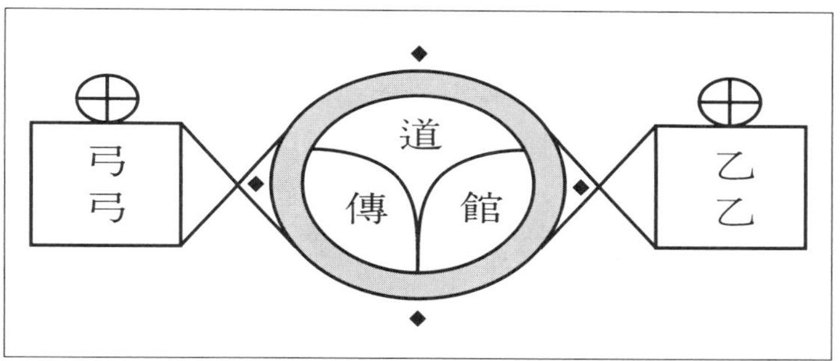

도(道)란 궁궁(弓弓)의 도요, 글을 배우지 않고도 통하네. 악을 행한 사람은 그 뜻을 깨닫지 못하나, 도를 찾고자 하는 사람은 그 뜻을 깨달아 얻을 수 있네.

비결(秘訣)에 말하되 인혜무심촌십팔퇴(人惠無心村十八退)는 전(傳)이요, 정목쌍각삼복인야(丁目雙角三卜人也)는 도(道)자요, 천구인간이착관야(千口人間以着冠也)는 관(舘)자이네. 전도관(傳道舘)이네.

파자법(破字法)의 오묘한 이치로 도하지(道下止)가 나옴을 전했네.

만약 이를 깨닫지 못하면 평생 동안 몸을 닦아도 죽음을 면할 수 없다고 했으니 삼가 깨달아야 하네.

궁궁(弓弓)의 도(道)는 유불선(儒佛仙)을 하나로 합친 도요, 천하의 으뜸가는 옛 신인(神人)의 가르침이네.

비결에 이르되 이로움이 궁궁을을전전(弓弓乙乙田田)에 있고, 하느님을 의지하는 것은 수도(修道)밖에 없고, 감나무를 따르는 자는 산다고 당부했네.

한마디로 말하면 인합천구이착관(人合千口以着冠)이네. 이 말은 하느님 말씀이 아닌 것이 없네.

시운(時運)은 도령(道令)을 부정하면 열리지 않네.

21
은비가(隱秘歌)

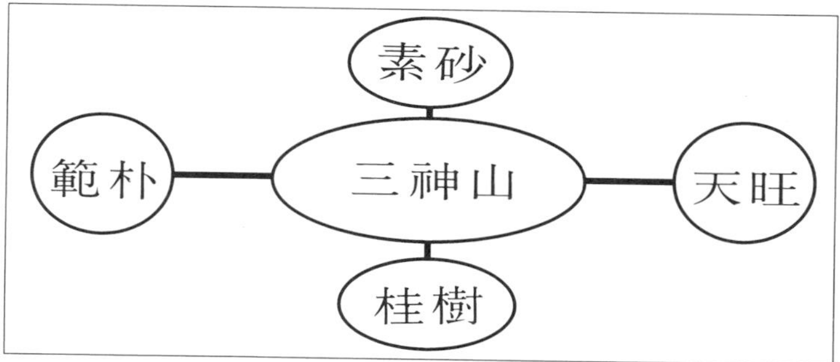

양백(兩白)과 삼풍(三豐)이 명승지(名勝地)이네. 멀리서 보고 귀로 들으나 마음은 불안하네.

때가 오고 운수가 이르렀으니 자세히 미루어 연구해보소. 한 일(一)자를 가로와 세로로 하면 열 십(十)자요, 일월(日月)이 분명하네.

궁궁(弓弓)은 산이나 물에 있지 않고 우성(牛性)의 들에 거하네. 네 개의 새 을(乙)자, 곧 무릉도원과 같은 선경의 땅에 거하네.

한 조각의 복된 땅이요, 성산(聖山) 성지(聖地)이네. 계룡(鷄龍)의 백석(白石)이 평사(平沙) 사이의 삼십 리 내에 있는데 하늘이 감춘 곳이네.

삼신(三神)이 계시는 거룩한 성산(聖山)은 어떠한 곳인가? 동해에 삼신산(三神山) 또한 이 땅을 말하네.

감로(甘露)가 비와 같이 휘날리네. 해인(海印)의 이치이네. 소궁(小弓)과 무궁(武弓)은 죽이고 살리는 권능을 지녔네.

천하의 일기(一氣)가 궁을(弓乙) 십승(十勝)으로 변화되네.

동쪽으로 달려가는 자는 죽고 서쪽으로 들어가는 자는 사네. 청춘남녀 노소 누구나 때를 모르고 헛된 불 같은 욕심을 부리며 난동하네.

천지가 진동하고 춤추고 통곡하네. 살고 죽는 심판의 기준은 하늘을 우러러 비는 것이네. 산과 바다의 마귀는 모두 숨어 버리네. 양(陽)이 오고 음(陰)이 물러가네. 십승(十勝)의 조판으로 되어짐을 알으소.

하늘에서 불이 내려와 선악을 분별하니 자세히 알아보소. 세상 사람들이 고대하던 봄바람이 불어오네. 도(道)를 찾는 군자는 하늘에서 십승도령(十勝道靈)이 옴을 깨달으소.

땅의 앞날을 예언한 비결서에 사을(四乙), 곧 십승(十勝)으로 삼성(三聖)이 출현한다고 했네. 서방(西方)에서 맺힌 원한을 동방(東方)에서 해결하네.

수원 나그네〔修源旅〕인 하느님(천수천안관세음보살) 보기를 원한다면, 모름지기 흰 토끼를 좇아 청림도사(青林道士)에게 달려가야 하네. 세상 사람은 그 청림도사(青林道士)가 누구인 줄 알지 못하네.

천신(天神)에게 기도하고 천신의 가르침을 받아야 하네. 서양의 기운을 타고 동방 조선에 와서 홀로 깨달은 선비가 만인이 고대하던 정(鄭)씨요 진인(眞人)이네.

서방경신(西方庚辛) 사구금(四九金)의 금구(金鳩)에 강림한 성신(聖神)이 동방갑을(東方甲乙) 삼팔목(三八木)의 목인(木人)에 임하네. 목토(木兎)가 보혜사(保惠師) 성신으로 재생하네.

엄택곡부(奄宅曲阜)가 우성(牛性)이 거하는 들이네. 많은 사람이 왕래하는 곳으로 소〔牛〕 울음 소리가 들리는 땅이네. 닭이 울고 용이 울부짖는 도하지(道下止)로 맑은 샘이 솟아나는 산 아래 도읍지이네.

소두무족(小頭無足)의 불이 휘날리네. 그 가운데 변화가 있으니 마귀를 따르는 자는 죽게 되네.

쌍궁(雙弓)의 하느님을 의지하며 을을(乙乙)의 십승지(十勝地)에서 수도해야 살게 되네. 밤에 마귀가 발동하나 마귀인지 모르네.

마귀를 죽이는 천신(天神)이 살아 움직이는 것을 마음속 깊이 새겨 깨달으소. 진인(眞人)이 박(朴)씨로 출세하여 살아 역사하니 궁궁(弓弓)의 덕을 합한 말세 성인(聖人)이네.

삼풍(三豊)의 오묘한 이치를 세인(世人)들이 믿지 않네. 지상의 곡식은 하루 세 끼씩 먹지만 결국 굶주려 죽게 되네.

진리의 삼풍(三豊) 곡식을 사람마다 깨달으면 천하만민이 영원히 굶주리지 않네.

양백(兩白)의 숨은 이치를 사람들이 찾지 않게 되면 천 명의 조상 가운데 한 자손만 살게 되네.

버금 아(亞)자의 십승(十勝)의 마음과 하나가 되어, 세상 사람들이 십승과 양백(兩白)을 깨달으면, 한 조상의 자손이 열 명이 되는 호조건의 운수가 펼쳐지네.

그림 속의 소(牛)가 신선 세계의 생명수 시냇가를 돌아보네. 마음이 불의 성신(聖神)에 의해 백합화같이 깨끗하게 발하면 마음에 생명수가 흐르네.

사답칠두(四畓七斗)의 생명수 샘물이 넘쳐 흐르는 것이 석정곤(石井崑)이요, 하느님이 세운 거룩한 반석정(盤石井)이네.

그 물을 한 모금 마시니 생명을 연장시키는 영생수(永生水)요, 마시고 또 마시니 자하도(紫霞島)의 신선주이네.

부금냉금(浮金冷金) 종금리(從金理)는 인생 추수기에 심판의 사명을 가지고 나온 사람 비슷하나 사람이 아닌 천신(天神)인 정도령(鄭道令)을 따르는 이치이네. 땅에서 박(朴)씨가 죽어 다시 천신으로 강림함을 의미하네.

산과 물이 이롭지 않고 성인(聖人)이 거하는 산이 이롭네. 목운(木運)이 금운(金運)으로 변화하여 가을 하늘에 강림하여 세상을 밝히네.

소두무족(小頭無足)의 불이 떨어지는 운은 어떤 운인가?

토기장이 하느님의 불이 능히 나를 죽이는 것이니, 도(道)를 닦는 것이 이 세상에서 제일이네. 유교를 배척하고 불교를 숭상함이 금운(金運)을 따르는 것이네.

사답칠두(寺畓七斗)의 문무성(文武星)이네. 하늘의 농사(農寺)는 생명수 샘물이 넘쳐 흐르는 단전(丹田)에 있네. 하늘의 농사를 짓는 데 필요한 물의 근원이 멀고 기네. 소풍(小豊)의 이치이네.

어질고 큰 십승인(十勝人)이 짓는 논농사의 곡식이네. 이로움이 전전(田田)에 있으니 전전(田田)은 음양(陰陽)의 밭 전(田)자이네.

밭 전(田)자 가운데 십승(十勝)이 나를 살리는 것이네. 밭 전(田)자 가운데 또 밭 전(田)자의 그림이 있네. 이 밭은 당대 천 년간 지상천국에 살 수 있는 사람을 훈련시키는 밭이네.

궁궁을을(弓弓乙乙)이 나의 마음에 들어오네. 십승(十勝)이 안심처이네. 쌀 미(米)자는 옛날 밥상의 이치이네. 그 밥상의 네 모퉁이에서 젓꼭지 네 개가 떨어져 나가니 십승(十勝)의 이치가 나오네. 선입자(先入者)는 마음을 돌이켜 깨닫지 못하네.

말〔午〕과 양〔未〕은 12지지(地支)로 오미(午未)를 말함이요, 이칠(二七)은 후천수로 정사이(丁巳二)와 병오칠(丙午七)이네. 오미(午未)와 합하면 병오(丙午)와 정미(丁未)년이네. 어떤 재난을 당할 운수이네.

중입자(中入者)가 살 수 있음을 어느 때로 정하였나? 후우육축(猴牛六畜)으로 정하였네. 원숭이〔申〕 해부터 소〔丑〕 해까지 육 년간이네.

말입자(末入者)는 죽게 되네. 호랑이와 토끼가 다투니 천하가 분분하며 큰 난리가 일어나네.

은혜 안에 들어 온 자가 움직이는 이치는 모두 한 가지 이치이네. 도(道)를 찾는 군자(君子)는 우성(牛性)을 찾아야 살 수 있네.

신(申)씨가 출세할 때는 선동(先動)하는 사람이 되돌아가 버리고 다시 들어오지 못하는 때이나, 장(張)씨가 출세할 때는 중동(中動)할 때이니 그 때 중동(中動)하면 살게 되네.

도(道)를 닦는 사람은 깨달으소. 조(趙)씨가 나오나 급히 죽게 되네. 차차 나올 때이네. 말입자(末入者)는 죽게 되어 있네. 선각자(先覺者)는 말세에 정해져 있네.

신유(申酉)년에 전쟁이 일어난다고 하는데 그 신유년이 어느 때인가? 불이 하늘로 올라가는 일이 있을 때이네.

술해(戌亥)년에 사람이 많이 죽는다는 것은 무슨 뜻인가? 동방의 목인(木人)이 나오는데 불리한 시기를 의미하네.

자축(子丑)년은 오히려 정하지 않았으니 무슨 일인가? 금운(金運)이 발동하여 혼돈스런 세상이 되네. 인묘(寅卯)년의 일을 알 수 있는 사람은 깨달으소.

수재・화재・풍재의 삼재(三災)와 배고픔・목마름・추위・더위・물・불・칼・병란의 팔난(八難)이 아울러 일어나는 때가 진사(辰巳) 성인(聖人)이 삼시(三時)로 나오네.

불 속에서 푸른 물이 생산되어 내려오는 오미(午未)년의 즐거움이 바로 그 운세이네.

죽음의 세계가 끝나고 새로운 삶이 시작되는 영생의 세계가 펼쳐지네.

술(戌)년으로부터 미(未)년에 일어나는 일을 알고자 할진대, 한 번 기쁘고 한 번 슬픔이 있으니 선(善)과 악(惡)의 분별함이 있네.

세상 사람들은 마귀의 군대와 진인(眞人)의 군대가 서로 접전하는 때를 알지 못하네. 많고 많은 마귀가 죽게 되네.

혼이 나간 인생들이 한심하네. 갈 바를 정하지 못하고 의심하여 반은 믿고 반은 의심하는 뜻 있는 선비들이 있네.

사해(四海)에 새로운 하늘의 운수가 도래함을 알게 되네.

전쟁하는 때에 인물도 나오고 진인(眞人)도 나오네. 하늘에 때가 세 번 있으니 세 때 나오네. 하느님의 운수를 지닌 예정된 인간이 처음으로 나오네.

불 속에서 용사(龍蛇) 성인(聖人)이 나오나, 차차 진인(眞人)으로 세상에 출세하네.

물 속에서 용사(龍蛇) 성인(聖人)이 하늘의 천사(天使)로 나오네.

세 명의 성인이 정도령(鄭道令)으로 동반도에 강림하네. 동방에 삼성(三聖)이 땅 위의 인간으로 출현하나 세상은 알지 못하네.

성부(聖父) · 성자(聖子) · 성신(聖神)의 삼위일체의 이치로 삼인(三人)이 한 사람으로 출현하네.

세상에 나온 진인(眞人)을 누가 알 수 있겠는가? 삼위일체(三位一體)의 참된 신이 한 사람으로 출현하네.

한반도 곧 동반도에 강림하는 사람은 또한 어떤 사람인가? 삼성(三聖)이 한 몸되어 한 사람으로 나오네.

동방의 세 성인(聖人)이 말세에 한 사람으로 합하여 나오는 이치이네.

팔만대장경을 염불하는 가운데 미륵세존(彌勒世尊)이 해인(海印)을 가지고 출현하네.

다섯 수레에 가득 실은 시경·서경·역경을 읽는 가운데 정도령(鄭道令)이 동방의 자하도(紫霞島)에 출현하네.

유교를 배척하고 불교를 숭상하는 도교의 도덕경(道德經)을 보면 상제(上帝)가 동반도에 강림하네.

미륵(彌勒)·상제(上帝)·정도령(鄭道令)이 말세의 끝에 하나로 합쳐 한 사람으로 출현하네.

유불선(儒佛仙)의 삼도(三道)가 마지막에 가서는 한 신선의 조화로 하나로 합하여 연화(蓮花) 세계를 이루네.

예로부터 유래한 예언서에 옛 것을 고쳐 새 것을 따라 도(道)를 찾고 깨달으라 했네. 말세의 성군은 하느님의 형상을 입은 박(朴)씨이네.

궁을(弓乙) 외에 누가 이 사람을 알겠는가? 영주(瀛州)·봉래(蓬萊)·

방장(方丈)의 삼신산(三神山)이 십승지(十勝地) 가운데 박(朴)씨가 사는 곳이네.

하느님의 성신을 계속 받아 영생하려는 자는 그 곁을 떠나지 않아야 하네. 탈겁중생(脫劫衆生)하여 다시는 변함이 없네.

만약 불사(不死)를 원한다면 신령스런 신(神)이신 목장군(木將軍)에게 물어보소. 하늘에서는 말〔馬〕의 성질이요, 땅에서는 소〔牛〕의 성질임을 세상 사람들은 알지 못하네. 정(鄭)씨가 하늘의 성씨(姓氏)인 것을 누가 알겠는가?

하느님의 형상을 가진 박(朴)씨는 하늘의 일을 조화시키는 최고 어른이네. 그 성씨(姓氏)가 정도령(鄭道令)임을 왜 모르는가? 후예 없는 혈손으로 출현하네. 아버지 없는 자식으로 하늘이 세운 성인(聖人)이네.

서양에서 맺힌 한을 동방에서 푸네. 길고 안전한 큰 도의 정도령(正道令)이네. 정(鄭)씨는 본래 천상의 운중왕(雲中王)이네.

봄에 다시 오는 정(鄭)씨 왕이 마방아지(馬枋兒只)인 줄 누가 알 수 있으리오?

세상 사람들이여! 하늘의 정(鄭)씨 성(姓)이 어떤 성씨로 오는지 잘 살펴보소.

진인(眞人)이 출세함을 분명히 알으소서.

군자(君子)들이여! 삼가고 삼가소. 궁을가(弓乙歌)를 마음에 잊지 말고 명심하소.

앞날의 운이 솔솔 열리리.

소성(蘇城) 안에 흰 새우의 살기가 가득 차니, 사방 백 리 안에 사람의 그림자 또한 찾을 길 없네. 사람이 자신의 생명을 구하려면 안심처를 찾아야 하네.

도(道)를 찾는 군자가 창생을 구제하네.

인천(仁川)과 부평(富平) 사이에 있는 땅이 양백(兩白)과 삼풍(三豊)이 있는 곳이요, 미륵불(彌勒佛)이 출세하는 땅이네.

금빛 비둘기가 성신(聖神)이 머무는 새이며, 붉은 빛깔의 난새[鸞鳥]가 하늘의 신선으로 비와 이슬을 내리는 이적을 행하네.

지상의 목토(木兎)가 천상의 정(鄭)씨로 재생하는 운수이네. 세 때 거듭 태어나는 정(鄭)씨이네.

유교(儒教)·불교(佛教)·선교(仙教)에서 각각 한 사람이 나왔으나 말세(末世)에는 한 성인(聖人)이 나와 모든 교(教)를 하나로 합치네.

무궁(武弓)과 백석(白石)이 삼풍(三豊)의 이치며, 산을 옮기고 바다를 메워 변화를 일으키는 운수이네.

건상곤하(乾上坤下)의 천지가 꽉 막혔으니 희역(羲易)의 이치요, 선천(先天)의 운수이네. 이상감하(離上坎下)의 물과 불이 화합하지 못하니 주역(周易)의 이치요, 후천(後天)의 운수이네.

봄 기운이 도수(度數)대로 싹트는 때이며, 구십팔(九十八)의 금목토(金木土)가 조화를 부리는 운수이네.

여름철의 도수(度數)는 장성하는 기운으로 오십팔(五十八)의 토목토(土木土)가 조화를 부리는 운수이네. 천근월굴(天根月窟)은 하느님의 음양의 이치요, 한래지(寒來地)는 추위가 오가는 곳이네.

삼십육궁(三十六宮)의 봄의 운수가 돌아옴이네.

갑자(甲子)의 연월일시를 정하였고 날짜가 남고 모자람을 정하였네.

삼라만상이 고대하던 새로운 세계의 운수는 불로불사(不老不死)의 영원한 봄의 세계이네. 밭을 갈지 않아도 먹고, 옷을 짜지 않아도 입고, 땅에 묻지 않아도 장례하고, 제사할 때 절하지 않아도 제사하고, 말을 타지 않아도 다닐 수 있네.

곡식을 먹지 않아도 배부르고, 눈물을 흘리지 않아도 살고, 약을 먹지 않아도 오래 살고, 혼인하여 성교(性交)하지 않아도 생산하고, 사계절이 아니어도 농사짓고, 꽃이 피지 않아도 열매를 얻을 수 있는 세계이네.

죽음이 끝나고 새로운 세계가 펼쳐지는 지상선경이네.

말세(末世)의 운을 당하여 천상의 왕이 동반도에 강림하니, 하느님을 거역하는 자는 망하고, 하느님을 따르는 자는 흥하네. 성부(聖父) · 성자(聖子) · 성신(聖神)이 삼위일체가 되는 봄의 세계이네.

임진왜란 때 나를 죽이는 것은 무엇인가? 여인이 머리에 벼(禾)를 이고 있는 글자인 왜국 왜(倭)가 사람임을 몰랐고, 전쟁이 그 가운데 있음을 몰랐네.

병자호란 때 또 나를 죽이는 것은 무엇인가? 비 우(雨)자 아래 뫼 산(山)자를 가로로 놓은 눈 설(雪)자가 하늘임을 몰랐고, 속뜻이 그 가운데 있음을 몰랐네.

말세 때 나를 죽이는 것은 무엇인가? 작은 머리에 발이 없는 소두무족(小頭無足)이 마귀인 줄 몰랐고, 그 가운데 변화가 있음을 몰랐네.

임진왜란 때 나를 살리는 것은 무엇인가? 십팔가공(十八加公)의 소나무 송(松)자니, 깊은 골짜기 소나무 아래 송하지(宋下止)에 머물란 뜻이네

병자호란 때 나를 살리는 것은 무엇인가? 시상가관(豕上加冠)의 집 가(家)자니, 대들보 아래 집 안의 가하지(哥下止)에 머물란 뜻이네.

말세 때 나를 살리는 것은 무엇인가? 삼인일석(三人一夕)의 닦을 수(修)자이니, 하느님(아미타불)이 거하는 도하지(都下止)에 머물란 뜻이네.

호랑이 성질은 산에 있으니 소나무같이 번성하네. 날뛰는 사람을 보면 소나무를 보고 곧 그곳에 머무소. 임진왜란을 말함이네.

개의 성질은 집에 있으니 집을 많은 군인들이 지키고 있는 것과 같네. 미쳐 날뛰는 눈(雪)을 보면 집을 보고 그곳에 머무소. 병자호란을 말함이네.

소의 성질은 들에 있으니 집을 가린 구릉진 언덕이네. 미쳐 날뛰는 마귀를 보면 들을 보고 그곳에 머무소. 마지막 피난처를 말함이네.

송송(宋宋), 소나무 송(松)자에 이로움이 있으니 그림 속의 호랑이가 이름을 돌이켜보네. 물건의 이름이 송아지요, 소리로는 송하지(松下止)이네. 임진왜란 때 피난처를 말함이네.

가가(哥哥), 집 가(家)자에 이로움이 있으니 그림 속의 개가 처마를 돌이켜보네. 물건의 이름이 개요, 소리로는 가하지(家下止)이네. 병자호란 때 피난처를 말함이네.

전전(全全), 밭 전(田)자에 이로움이 있으니 그림 속의 소가 시냇물을 돌이켜보네. 물건의 이름이 암소요, 소리로는 도하지(道下止)이네. 마지막 말세의 피난처를 말함이네.

풀 비슷하나 풀이 아닌 두 개의 재목이 전후로 있는 가운데 들떠 있는 마디 있는 나무[木]를 따르는 자는 사네. 임진왜란 때 명나라 이여송(李如松)이 있는 북쪽으로 피난가야 산다는 말이네.

들판 같으나 들이 아닌 양쪽 위와 좌우가 들떠 있는 흙으로 되어 있는, 따뜻한 흙의 온돌방에 머무는 자는 사네. 병자호란 때는 추운 겨울이라 피난가면 얼어 죽고, 집 안에 있는 사람이 산다는 말이네.

사람 비슷하나 사람이 아닌, 사람이 옥(玉)처럼 생겼으나 옥(玉)이 아닌, 들떠 있는 금(金) · 차가운 금(金)의 운수로 오시는 분을 따라야 하네.

팔십일궁(八十一宮)의 운수로 오는 심판주인 금운(金運)으로 강림하는 미륵불(彌勒佛)을 따라야 살 수 있다는 말이네.

호랑이와 용이 서로 싸운다 한 것은 임진왜란 때를 말함이네. 이때는 집 안에 앉아 있으면 죽는 운수이네. 인구유토(人口有土)는 앉을 좌(坐)자이네. 방부(方夫)는 파자법으로 경(庚)자이며 호(虎)자는 인(寅)자이네. 연결하면 경인(庚寅)이고 용(龍)은 십이지로 진(辰)과 같으니 경인(庚寅)·신묘(辛卯)·임진(壬辰)이네. 팔 년간의 난리가 있어 팔 년간 고생할 것을 말함이네.

개와 쥐가 음식을 갖고 투쟁한다 함은 병자호란 때를 말함이네. 이때 외출하면 불리하여 죽는 운수이네. 유(由)를 거꾸로 놓고 보면 갑(甲)이 나옴이요, 구(狗)는 술(戌)이네. 갑(甲)과 술(戌)을 합하면 갑술(甲戌)이네. 서(鼠)는 십이지(十二支)의 자(子)와 같으니, 갑술(甲戌)·을해(乙亥)·병자(丙子)간에 하룻밤 사이에 끝나는 난리를 말함이네.

육각(六角)은 하늘 천(天)자요, 팔인(八人)은 불 화(火)자요, 합하면 천화(天火)이네. 하늘에서 불이 내려와 죽게 되는 운수이네. 입십(立十)은 신(辛)자이네. 소와 토끼가 서로 싸운다고 했으니 신(辛)에 우(牛)를 합치면 신축(辛丑)이네. 신축으로 시작하여 신축(辛丑)·임인(壬寅)·계묘(癸卯)간에 십일(十日)만에 끝나는 최종적인 난리를 말함이네.

송(宋)자가 십팔가공(十八加公)이며 목공(木公)이네. 소나무 송(松)이네. 송(松)이라야 살 수 있는데 송(松)이라는 사람을 택한 것만 같지 못하네. 깊은 골짜기의 지명이네. 이 말은 명나라 이여송(李如松)이 원병으로 오는

압록강 근처로 피난가야 됨을 뜻하네.

가(可)자가 시착관(豕着冠)이며 집 가(家)자이네. 불 입구에 가야 산다는 것은 누워 자는 것만 같지 못하네. 처마 아래를 순례하라 함이니, 처마가 있는 집을 말함이네. 병자호란 때는 집 안에 들어가 앉아 있는 것이 살 수 있는 길임을 뜻하네.

전(全)자가 십구입(十口入)이며 밭 전(田)자이네. 양궁(兩弓)이라야 살 수 있다는 것은 몸을 바르게 수도하는 것만 못하네. 삼수의 원리와 궁을(弓乙)의 밭 전(田)자의 이치를 하나로 관통한 오묘한 십승(十勝)을 찾아야 살 수 있다는 뜻이네.

전전(全全)은 전전(田田)이네. 밭 전(田)자의 이치는 음양(陰陽)의 사이에서 나오는 밭 전(田)자이네.

궁궁(弓弓)도 십승, 쌍궁(雙弓)도 십승, 좌우(左右)의 배궁(背弓) 사이에서도 십승(十勝)이 나오네.

을을(乙乙)도 십승, 사을(四乙)이 서로 등을 돌린 사방 사이에서도 십승(十勝)이 나오네.

단궁(單弓)과 무궁(武弓)이 천상의 신령한 물건으로 비와 같이 내리는 향기로운 감로(甘露)이네.

마음의 죄악을 씻어 정결하게 만드는 영생의 물건이네. 말하자면 삼풍(三豊)곡식이네.

백석(白石)이 곧 무궁(武弓)이네. 밤에 마귀가 발동하나 마귀인지 모르네. 그 마귀의 목과 다리를 큰 자물쇠로 채워 옥에 보내는 물건이며 일명 해인(海印)이네.

착한 사람을 영생하도록 하는 물건이나, 악한 사람은 죽여 지옥에 보내는 물건이네. 곧 세 가지 물건이나 한 가지 물건이요, 죽이고 살리는 특별한 권능이 있는 물건이네.

단을(單乙)을 말한다면 죽지 않는 곳으로 소〔牛〕 울음 소리가 충만한 땅이네. 착한 사람이 많이 사는 땅으로, 소는 보이지 않고 소 울음 소리만 나는 곳이네.

즉, 산도 아니고 들도 아닌 비산비야(非山非野)의 양백(兩白) 사이네.

즉, 궁을(弓乙)과 삼풍(三豊)의 주인공이 해인(海印)을 사용하는 하늘의 권세를 쥔 정(鄭)씨이네.

그가 곧 궁을(弓乙)의 덕을 합한 진인(眞人)이네.

양백(兩白) 삼풍(三豊)의 사이에서 영생을 얻은 사람은 이른바 무리의 우두머리 백성이 되네. 이 뜻은 무슨 뜻인가? 말세(末世)의 명승지(名勝地)는 진인(眞人)이 거주하는 땅을 말함이네. 이른바 십승(十勝)이네.

세상 사람들이여! 마음을 깨달아 알으소서. 감나무를 도모하는 자는 살고 중생의 길로 가는 자는 죽게 되네. 말세 성군은 목인(木人)이네.

위에서 언급된 나무 목(木)자가 무슨 의미인지 살펴보소.

마음에 생명처를 깨달아 알고자 하면 금빛 비둘기가 나무 토끼에 임함을 깨달으소. 동방의 목인(木人)이 있는 마을은 세상 사람이 금하고 세상 사람이 버린 땅이요, 홀로 거할 수 있는 곳이네.

박(朴)씨의 고향 땅에 상서로운 빛이 감도니 이 또한 십승지(十勝地)이네.

두 영웅 장(張)씨와 조(趙)씨가 일어나 다투나 조(趙)씨는 하늘을 우러러 통곡하며 죽게 되네. 또한 이르기를 말세의 운수로 장(張)씨와 조(趙)씨가 출마하나 자중지란(自中之亂)이 일어나네.

경자(庚子)년과 신축(辛丑)년의 여름과 가을에 괴변이 거듭 생기며, 감옥에 들어가는 사람이 계속 늘어나네.

임인(壬寅)년과 계묘(癸卯)년에 북방과 전쟁을 하게 되면 천 명의 조상 가운데 한 자손이 살아남네. 두 마리 소가 서로 다투면 백 명의 조상 가운데 한 자손만이 살게 되네. 호랑이와 용이 서로 상극으로 싸우면 백 명의 조상 가운데 세 명의 자손이 살게 되네.

토끼와 뱀이 불을 뿜으면 백 명의 조상 가운데 열 명의 자손이 살게 되네. 동방의 정(鄭)씨를 섬기면 한 조상이 열 명의 자손으로 번창하네.

이 글을 보고 깨달으소. 마음에 깨닫지 못한 사람은 아주 어리석은 사람으로 사망에서 벗어나지 못하네.

상하(上下)가 갈라져 멸망하네. 상(上)이라는 뜻은 탐관오리와 부귀한 사람이네. 부자는 몸을 도모하지 않으므로 돈 우물에 빠져 죽게 되네. 공자 · 맹자 · 시경 · 서경만을 주장하며 옛 것에 물든 양반이네.

하(下)라는 뜻은 소〔牛〕 갈 데 말〔馬〕 갈 데 다 다니는 일자무식(一字無識)을 말함이네. 높은 사람을 우러러 보나 또한 기회를 놓치는 사람이네. 나가고 들어와 섬기고 따르면서도 깨닫지 못하는 자이네.

상하(上下)의 모든 사람들이 또한 아주 어리석은 사람이네. 말세(末世)에 지혜롭지 못해 죽게 되네.

아, 슬프도다! 사람들이여 깨달으소. 말세에 다섯 가지 운수가 있네.

첫째, 붉은 피가 천 리에 사 년간 흐르는 운수요,

둘째, 붉은 피가 천 리에 이 년간 흐르는 운수이네.

셋째, 붉은 피가 천 리에 일 년간 흐르는 운수요,

넷째, 붉은 피가 천 리에 한 달간 흐르는 운수요,

다섯째, 붉은 피가 천 리에 하룻동안 흐르는 운수이네.

두 글자로 된 하느님(아미타불)이 있는 면(面)과 마을이 있네. 한양(漢陽) 도읍지는 중앙이니, 그를 기준으로 동쪽으로 달려가는 자는 죽고 서쪽으로 들어가는 자는 사네.

위 두 글자의 면소재지에 두 마을이 들어 있네. 길성(吉星)이 지시하는 면과 마을이 밝게 빛나네. 남동쪽으로 면이 있는데 소가 누워 있는 장수하는 땅이네.

소사(素砂) · 범박(範朴) · 천왕(天旺) 마을이네. 부평(富平) 내에 샛별이 비추며 장수하는 땅이 있네.

동쪽으로 새로운 대지에 집을 지으니 소래(蘇萊) · 백석(白石) · 계수(桂樹) 마을이요, 계수(桂樹)의 양지바른 박촌(朴村)이 신선이 거주하는 땅이네. 그 땅에 길성(吉星)이 통합하여 비추네.

해인(海印)을 사용하는 성인(聖人)이 용궁(龍宮)에 거하고 해와 달이 한가로이 비추네. 목인(木人)이 새로운 장막을 세워 별천지를 만드네.

악한 것과 질병을 구름 사이로 몰아내고, 원한 맺힌 혼을 바다 밖으로 소멸시키니 인간 세계가 아니네.

무릉도원인 궁궁지(弓弓地)요, 성스러운 산과 땅이요, 샛별이 밝게 빛나는 땅이네.

양백(兩白)과 삼풍(三豊)이 있는 곳이네.

산도 아니고 들도 아닌 비산비야(非山非野)는 어느 곳인가? 자하도(紫霞島) 가운데 영주(瀛州) · 방장(方丈) · 봉래산(蓬萊山)이 바로 그곳이네.

성인(聖人)이 성주산(聖住山) · 소래산(蘇萊山) · 노고산(老姑山) 사이에 머무네. 인생과 삼라만상의 조물주인 삼신주(三神主)가 거하는 동해의 삼신산(三神山)이 바로 이 산을 말함이네.

22

농궁가(弄弓歌)

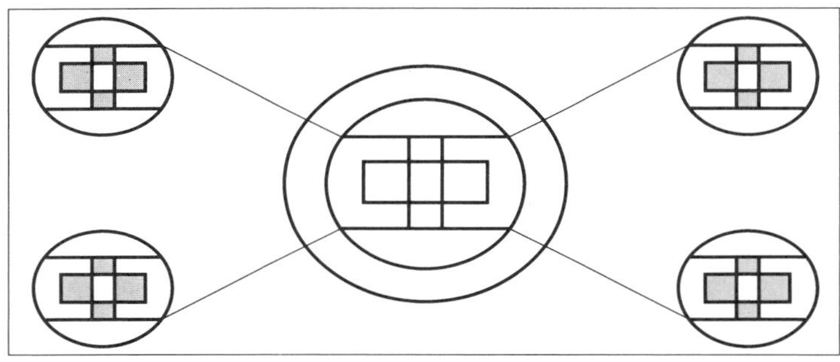

수많은 중생들아! 농궁가(弄弓歌)를 불러보소.

구절마다 뜻이 있는 농궁가를 남자와 여자·늙은이·젊은이들아! 마음에 깨달으소.

귀여운 우리 아기의 수명복록(壽命福祿)을 기원하세. 불아(弗亞) 불아(弗亞) 불불(弗弗)이요, 양궁(兩弓)의 활 궁(弓)자인 불불아(弗弗亞)이네. 십승(十勝)의 이치가 나오네.

달궁(達穹) 달궁이요, 삼인일석(三人一夕) 달궁이네. 엄마(唵嘛), 엄마, 아부(阿父), 엄마! 천하제일 우리 엄마가 영생할 수 있는 도(道)의 젖을 먹여 영생의 자격을 주니, 이내 몸이 엄마 없이 어이 살리오?

도리(道理) 도리 진도리(眞道理)요, 간사함이 침범하지 못하는 바르고 바른 정도(正道)이네. 주앙(主仰) 주앙 주앙시(主仰時)에 하늘을 향하고 땅을 향하여 주를 찬양하세.

바른 길을 가르키고, 올바른 세계를 향한 길을 가르키네. 쉬지 않고 밤낮으로 손바닥을 가리키고, 바른 길을 가리키고, 손바닥을 쳐서 혈맥을 관통시키네. 손바닥을 치고 섬마 섬마하고 도(道)의 길에 들어서라 들어서라 하네.

도(道)가 날아오르고 도가 날아오르네. 살아서 도가 날아오르네. 스스로 길게 멀리멀리 날아오르네. 깊고 오묘한 영생의 이치를 가진 이상향인 월남궁(月南宮), 곧 하늘 나라에 오르네.

천상의 영광스러움과 화려함을 잠깐 보고 돌아가신 선조선영(先祖先塋)과 상봉하여, 온갖 정다운 이야기를 나누다 신령한 닭 소리에 놀라 깨어나니 어느덧 해가 중천에 떴네.

혼미한 정신을 가다듬어 만백성을 죄에서 건져내고 구원시키고자 밝은 빛을 손에 들고, 죄악의 바다와 같은 험한 장애물을 돌파하며, 효도를 다하고 충성을 다하며 사명을 다하는 우리 아기가 영광스럽고 귀하네.

입춘대길(立春大吉) 건양다경(建陽多慶)의 좋은 운수가 왔음이여! 어두운 세력이 물러가고 밝은 세력이 돌아왔네. 좋은 세상이네.

하늘이 세월을 더하니 인간의 나이도 끝없이 먹어가네. 삼천(三千) 갑자(甲子), 일만팔천 년의 나이를 먹은 동방삭(東方朔)의 수명이요, 천지에 봄 기운이 가득하며 하느님의 축복이 가정마다 가득한 석숭공(石崇公)의 부귀이네.

부모님의 수명이 천 년 세월이 되는 선천(先天)과 후천(後天)의 운수가 합하는 때요, 슬하의 자손이 만세의 영광을 누리며 영원토록 악취가 없는 말세의 신선 세계이네.

삼신산(三神山)의 불로초를 원하여 얻으니 구름이 있는 가운데 참된 비가 내리는 변화된 세계이네. 높은 집에 계신 백발 부모님에게 절을 하니 자하도(紫霞島)의 궁을(弓乙) 선인이네.

삼팔목(三八木)과 진청(震青)으로 상징되는 동방에 한 일(一)자가 세로로 가서 기둥을 이루고, 사구금(四九金)과 태서(兌西)로 상징되는 서방에 한 일(一)자가 가로로 가서 대들보가 되네. 십(十)자의 이치가 나오네.

서방의 기운이 십(十)자의 이치로 동방에 돌아오네. 소남(少男)과 소녀가 기운을 통하여 배합하여 음(陰)과 양(陽)이 상친하니 십오진주(十五眞主)인 하느님이네. 참으로 좋은 세상이 전개되네.

불아종불(弗亞倧佛)은 십(十)의 숫자로 상징되는 사람이며, 만인이 고대하던 진인(眞人)이네. 후손이 없는 정도령(鄭道令)이 어떤 성씨(姓氏)로 오는지 알 수 없으나 정도(正道)를 갖고 오네.

무극(無極) 세계인 천상의 구름 가운데 왕 중의 왕이 태극(太極) 세계인 지상의 정씨(鄭氏) 왕으로 다시 오네. 사주팔자를 하늘로부터 받고 태어나 몸을 닦고 집을 다스리네.

깊은 잠에서 깨어나 깊고 오묘한 이치를 깨달은 후 석숭공(石崇公)처럼 큰 복을 받은 사람이네.

만인(萬人)을 먼저 구제하고 동방삭(東方朔)의 나이처럼 천 년 만 년 살게 되네.

하늘과 땅의 두 신인(神人)이 다시 동방에 출현하네. 선천(先天) · 후천(後天) · 중천(中天)의 주인공으로 변하여 영생불사의 대도(大道)를 세우네.

조선의 산과 강이 궁을(弓乙) 선인의 십승(十勝) 세계의 터전이 되네. 십승(十勝) 세계에 수많은 별들이 일시에 모이네.

사상(四象)과 팔괘(八卦)의 운수로 백십승(白十勝)의 십극(十極) 세계인 연화(蓮花) 세계가 펼쳐지네.

사람과 비슷하나 사람이 아닌 금구조(金鳩鳥)가 하느님을 상징하네.

사람들이 보고도 모르는 목토인(木兎人)이 동방의 의인이네.

칠십이궁(七十二宮) 십삼(十三)자의 목운(木運)에 조화의 이치가 있네.

지상선국이 조선에 건설되네. 천 년간의 크나큰 운수가 동방의 조선에 돌아옴이네.

춘하추동의 사계절이 변치않는 영원히 봄과 같은 세계이네. 우주 천지가 개벽된 이래 처음으로 맞이하는 운수이네.

동방의 목운(木運)이 황제(皇帝)로 출현하네. 지난 허물을 고치고 선(善)을 이루는 영생의 운수가 돌아온 것이나 세인(世人)들이 알지 못하니 한심스러운 일이네.

정(鄭)씨가 계룡(鷄龍)에 도읍한다는 말은 산명(山名)이 아니네. 동방에 청림도사(靑林道士)인 정도사(正道士)가 탄생하네.

사람들은 말세의 성군(聖君)을 보고도 알지 못하네. 그 성군은 천지(天地)의 덕을 합한 분이네.

천상 가운데 신령한 신(神)이 정도령(正道令)이네. 천하를 두루 다니다 조선에 온 것이네. 궁을(弓乙) 선인의 대도(大道)는 천하를 불로장생(不老長生)의 신선 세계로 변화시키네.

하늘에서 내려온 궁부(弓符)에 하늘의 뜻이 있고 온 세계의 창생을 구제하는 권능과 사명이 있음을 누가 알겠는가?

옛 것에 물들은 선비는 그 이치를 깨닫지 못하네. 공자·맹자 이후 정신이 혼미하네. 그 정신이 물이 흐르듯 쉬지 않고 흘러 말세를 당했네.

머리를 흔들고 눈을 돌려도 진실되지 못한 자는 볼 수 없네. 천 가지 만 가지로 끊임없이 변화하는 것이 궁을(弓乙)의 도(道)이네.

불아종불(亞亞倧仸)의 신인(神人)은 천하의 이치를 통한 분이네. 정도령(鄭道令)이 박(朴)씨로 나옴을 세상에 이르네.

밖에는 팔괘(八卦)와 구궁(九宮)의 이치가 있고 안에는 십승(十勝)과 양백(兩白)의 이치가 있네. 천지의 운수가 모두 그의 한 손바닥 안에 있네.

안찰을 통하여 심령을 변화시키고 해인(海印)의 법을 사용하는 진인(眞人)이네.

천지인(天地人) 3재와 선천(先天) · 후천(後天) · 중천(中天)의 하늘 운수 세 개와 유불선(儒佛仙) 삼도(三道)의 운수가 돌고 도는 법이 구변구복(九變九復)이네.

하늘과 땅의 운수를 타고 나온 구변천사(九變天使) 수운(水雲)과 구복천사(九復天使) 화운(火雲)이 천지의 권세를 담당한 사람이네.

궁을(弓乙)이 덕을 합하여 사람을 구제하는 박(朴)씨로 나타나네. 먼저 도(道)를 닦고 하늘을 용납하는 박(朴)씨는 동방의 장남 운수와 한 가지 이치이네.

하늘이 무너지고 땅이 갈라져도 소사(素沙)는 서 있네. 화우로(火雨露)가 삼풍(三豊)의 이치이네. 천주(天主)를 모신 성전을 높은 산에 세우네.

모든 일이 한 가지 이치로 도(道)를 이루는 때이네.

성신(聖神)을 거역하고 조소하는 때가 되면 천재지변이 아울러 일어나네.

죽고 사는 문이 있고 살고 죽는 길이 있네. 만에 하나 생문(生門)으로 들어가지 못하면 사문(死門)으로 들어가게 되네.

마왕(魔王) 앞에 굴복하고 마귀를 따르는 것이니 멸망하게 되네. 무릇 맛이 없는 것으로 보면 진리(眞理)를 알지 못하는 사람이네. 천지개벽(天地開闢)이 일어날 때 재앙을 면할 수 없네.

성산(聖山)·성지(聖地)는 소〔牛〕 울음 소리가 울려 퍼지는 곳이네. 영원토록 변하지 않는 안심처이네.

말세에 두 감나무〔柿〕는 곧 한 사람을 말하는 것이네. 영원토록 봄빛이 비치니 하나의 감나무에 꽃이 피네. 감나무〔柿〕의 기운을 타고 온 동방 의인의 영광을 의미하네.

23

가사요(歌辭謠)

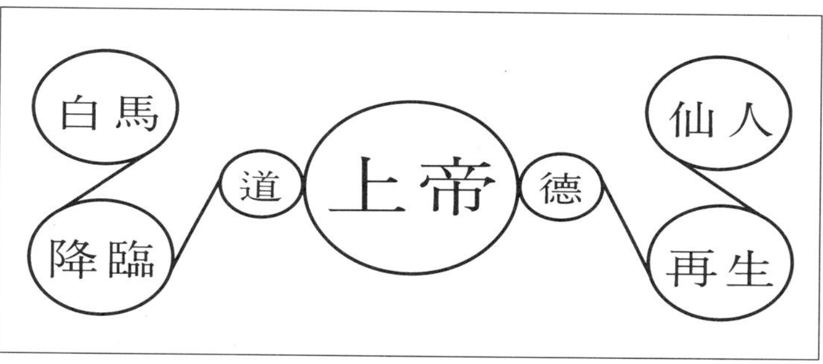

조선 말기에 어리석은 백성이 선조의 덕택으로 문자를 배우나, 마음은 유도(儒道)의 정신에서 벗어나지 못하네. 사서삼경(四書三經)을 잘못 배우고 익힌 것이네.

궁을(弓乙)의 도덕을 깨닫지 못한 사람은 사망에서 벗어나 영생으로 들어가는 것을 깨닫지 못하네. 그 길은 멀고 혼미한 길이 되네.

어느 때에 도(道)가 이뤄지고 덕이 세워짐을 알겠는가? 말세(末世)에 다시 하나로 합하는 이치이네.

동양과 서양의 도(道)와 교(敎)가 합하여 하나가 되는 이치임을 정신이 혼미하여 영원히 깨닫지 못하네.

도(道)와 교(敎)를 통솔하는 보혜대사(保惠大師)가 강림하는 때임을 알지 못하네. 어리석은 백성이 크게 깨닫는 자하달상(自下達上)의 이치이네.

평범한 지아비와 선비들과 여자들이 중입(中入) 시기를 깨달으니 십승(十勝)의 세계로 화평해지네.

예언의 글이 있으나 세인(世人)은 모르네. 기회가 늦었음을 스스로 한탄하네. 궁을(弓乙)을 깨닫고 생각하고 알아보소. 십승(十勝)을 잊지 마소.

마음과 생각이 문득 새로운 정신으로 변화되고 눈과 귀가 열려 바라보니 향기로운 바람이 콧가에 스치네.

천신(天神)이 세상에 출현하니 마귀는 몰락하며 환상이 나타나네. 일기(一氣)가 변화하여 다시 인간으로 재생하네.

고해(苦海)에 빠진 중생을 바른 길로 인도할 때 마귀가 사람의 올바른 마음을 빼앗으며 방해하네. 도(道)를 잃어 버리고 병이 드네. 보혜사(保惠師) 성인(聖人)이 해인(海印)을 가지고 출현하네.

상제(上帝)가 도덕을 가지고 신선으로 강림하네. 지극한 하느님의 기운이 오늘에 이르러 강림하네. 서양의 기운이 동방의 소〔牛〕 울음 소리가 들리는 곳에 임하네.

상제(上帝)의 은혜로운 달콤한 이슬과 비가 동방(東方)의 사월천(四月天)의 성군을 통해 한없이 내리네.

봄이 옴을 깨닫지 못하는 군자여! 춘말하초(春末夏初)임을 깨달으소. 소〔牛〕 울음 소리가 들리는 날이 이르러도 그때를 알지 못하니 그대들은 철부지이네.

세계 만방의 충신 · 효자 · 열녀들이 신선 세계에 모이네. 공정하게 일을 처리하고 맡은바 임무를 다한 사람들이네. 듣지 않고 깨닫지 못하다가 홀연히 그 심사를 금할 길 없네.

용사마양(龍巳馬羊) 무기궁(戊己宮)이네. 하느님이 백마(白馬) 타고 강림하는 기쁜 소식을 듣게 되네. 집집마다 해와 달이 영원토록 밝게 빛나네.

상제(上帝)가 강림할 때 아름다운 음악 소리가 울려 퍼지네. 하느님의 도(道)가 천지에 두루 퍼지나 그 모습은 보이지 않네.

산과 바다의 마귀들이 주저주저하네. 금수강산(錦繡江山)에 황금길이 찬란하게 빛남이며, 서양의 기운이 동방에 금운(金運)으로 돌아옴이네.

태고(太古) 이후에 처음으로 전개되는 신선의 세계요, 과거에도 없었고 미래에도 없는 세계의 중심 국가가 건설되는 조선의 큰 운수이네. 마귀를 따르는 세상 사람들의 비웃음이 다하네.

우연히 귀로 듣고 눈으로 보게 되나, 하느님의 예정된 운수는 자연스럽게 펼쳐지네. 수천 리나 되는 멀고 먼 세계 각국에서 양식과 보화와 만물을 싣고 찾아오네.

예언의 말씀이 멀지 않은 장래 조선 땅에 이뤄지네. 기쁘고 기쁜 일이네.

24

조소가(嘲笑歌)

북두칠성에 의지해 있는 저 사람은 천신(天神)이 돕네. 세상 사람들이 나를 보고 얼마나 많은 복을 받았느냐 조소하며, 허망하기 짝이 없는 도(道)를 닦는 사람이라고 조롱하네. 세상 사람들이 어떻게 보고 비웃든 염려 마소.

하늘의 도리(道理)를 통달하고 땅의 도리를 통달하였다고 하나 헛된 도를 통함이네. 지금까지 전해 오는 성경에 기록된바를 말하지 않고 전혀 다른 것을 말하니 맹랑한 도를 통달했구나 하고 조롱하네.

자신과 다른 사람들이 헛된 도(道)를 통했다는 사실을 깨달은 사람이 진정한 도인(道人)이네. 소리도 없고 냄새도 없고 나타난 자취도 없으니 그것이 무슨 이치인가? 그것을 믿는 자를 광신도(狂信徒)라고 조소하네.

어리석은 자가 믿고 가나 천당(天堂)은 만원이라 들어가지 못하네. 어리석은 사람은 마침내 지옥(地獄)에 가네.

믿음이 없는 지식인은 하늘에 올라가면 좋아하는 기호물을 끊고 금욕생활을 해야 하는데 무슨 재미가 있겠는가 말하네.

풀잎의 아침 이슬과 같은 불쌍한 인생이네.

자고로 역대 사실을 자세히 살펴보소. 예로부터 인간이 칠십 세를 넘어 장수하는 일은 드물었네. 놀기 좋은 세월이 이 세상이네.

술집을 떠나지 말고 놀아보소. 어제의 인생이 오늘 죽게 되고 오늘의 인생이 내일 죽게 되네.

지식인이 술집에 출입하며 변소에만 들락날락하네. 도인(道人)에게 가정 일을 돌보지 않으니 미친 사람이라 하고, 하루에 세 끼를 먹지 않고 어찌 살겠는가 하네.

저 사람은 나를 비웃고 나는 저를 비웃네. 끝에 가서 승리하는 사람은 누구란 말인가?

항상 천당(天堂)에 대한 말을 하나 지옥(地獄)을 아는 것이 지혜로운 깨달음이네.

한평생 도(道)를 닦은 사람도 북망산천(北邙山川)을 면하지 못하네. 때

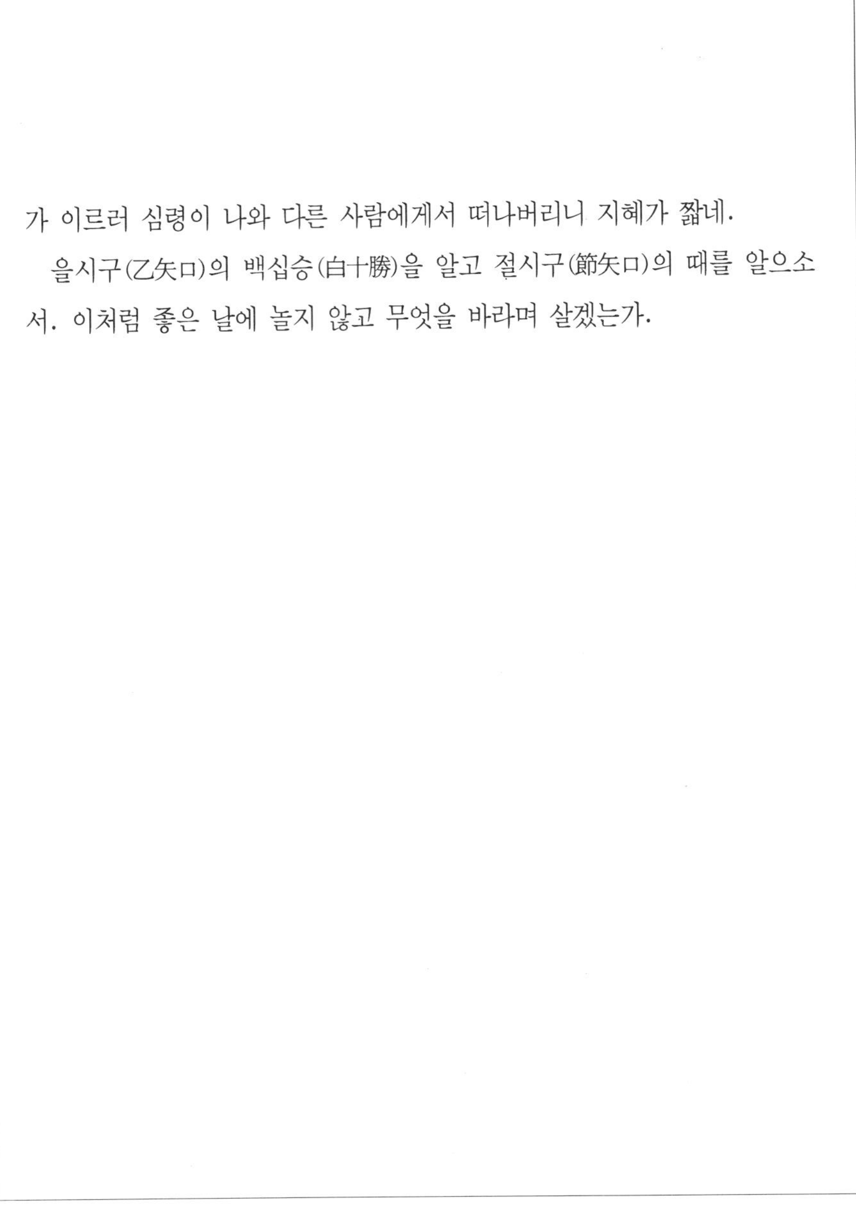

가 이르러 심령이 나와 다른 사람에게서 떠나버리니 지혜가 짧네.

을시구(乙矢口)의 백십승(白十勝)을 알고 절시구(節矢口)의 때를 알으소서. 이처럼 좋은 날에 놀지 않고 무엇을 바라며 살겠는가.

25

말운가(末運歌)

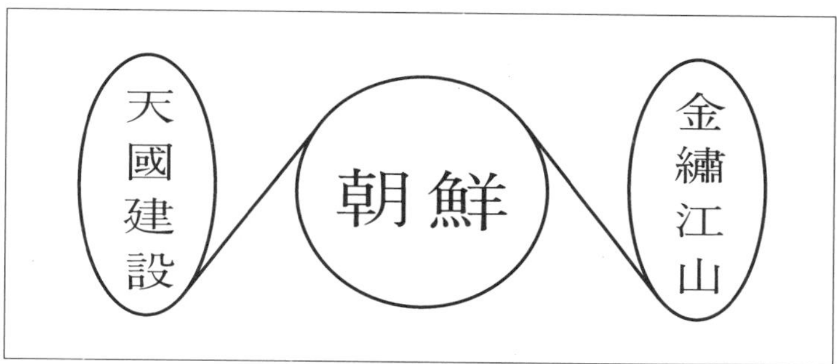

동방 조선에 크나큰 운수가 돌아오네. 동서남북으로 돌고 도는 운수가 어기지 않고 돌아오네. 요사스러운 마귀와 원수 같은 사람이 시비(是非)로써 막으려 하네.

금수강산(錦繡江山) 우리 동방에 천하의 새로운 기운이 모여 돌아오네. 태고(太古) 이후에 처음 있는 즐거운 도(道)이네.

무궁화 동산 조선이 처음으로 세계의 중심이 되네. 세계 모든 백성들이 부모의 나라로 섬기네. 만승천자(萬乘天子)가 나와 왕 중의 왕이 되네.

천지(天地)에 죄를 지은 요사스런 마귀가 사람이 우물에 앉아 하늘을 보듯 좁은 견해로 하느님을 시비(是非)하며 멋대로 판단하네.

복이 없는 사람이네. 가소로운 일이네.

자연스럽게 앞길의 운수가 트임을 귀로 듣고 눈으로 보겠네. 해운(海運)이 열리니, 멀리서 비단과 금은과 곡식을 싣고 와 계룡(鷄龍)에 천국을 건설하는 운이네.

천 리 만 리나 되는 먼 곳에서 세계 여러 나라 사람들이 하느님 나라에 봉사하러 오네.

고생이 다하고 즐거움이 돌아오니 모든 비웃음이 사라지네.

이방인(異方人)에게는 좋은 시절이 다 지나고 슬픔이 날아드네.

새와 같이 날고, 천둥 소리와 같이 아주 빠르게 천사(天使)들이 날아다니는 기계를 타고 왕래하네. 상서로운 기운이 우리 나라에 가득 차네. 구름이 하늘에 높이 올라가듯 출세하네.

긴 것을 꺾고 짧은 것으로 갚는 하늘의 은혜와 덕을 값없이 배급하는 날이네. 밤낮으로 잠만 자는 사람들은 복을 받지 못하네. 집집마다 복 받은 사람이 가득하네.

먼저 괴로우나 참고 자기를 이겨 나가면, 조소(嘲笑)받던 입장에서 조소하던 사람을 조소하는 운수로 변하네.

26

극락가(極樂歌)

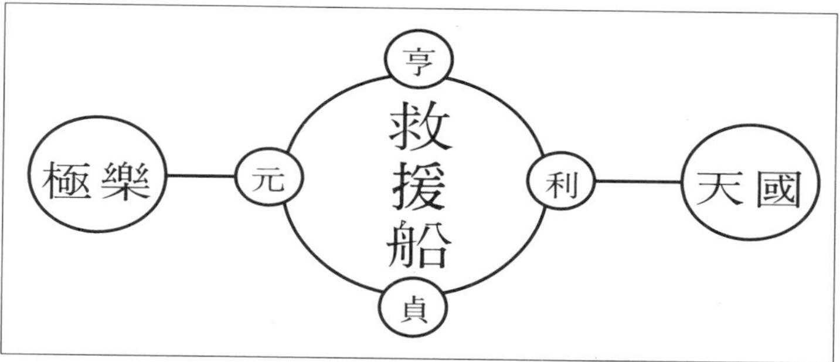

가까이가까이 다가오네. 극락(極樂) 세계와 십승(十勝) 세계가 가까이 다가오네. 극락 소식이 가까이 다가오네.

앉아 듣고 먼 곳을 바라보며 고대하던 극락(極樂) 소식이 갑자기 먼 곳에서 들려오네. 스스로 오묘한 진리의 세계, 극락 세계가 멀리서 이곳을 향하여 오는 때이네.

십승(十勝)의 구원선이 출범하니 한 개의 새로운 신앙지침이네. 원형이정(元亨利貞)의 구원선으로 열녀와 효자와 충신이 탑승하네.

끝없는 하늘 세계에 둥둥 떠서 흐를 때 풍랑과 파도와 요사스런 마귀가 발동하나, 하느님을 독실히 믿고 공부하는 사람은 물러나지 않네.

도덕이 부패한 어지러운 세상이네. 바람불고 물결치는 세상이네. 자기를 이기고 또 세상을 이겨보소. 제사가 끝나고 새 하늘의 해와 달이 다시 밝아지네. 산과 냇가 앞의 소나무는 그 절개를 꽃피우네.

구궁(九宮)에 하나를 더하니 불아인(弫亞人) 곧 십승인(十勝人)이네. 그를 명심하여 잊지 않고 따라야 하네. 말세의 거룩한 군자는 하늘의 권세를 마음대로 용납하는 박(朴)씨이네.

우리 나라 인생들은 그 성인(聖人)을 돌아보지 않네. 하느님을 믿는 지혜로운 사람은 살 수 있네. 세상의 욕심을 따르는 자는 죽게 되니 지혜롭지 못한 사람이네.

하늘을 믿는 자는 목인(木人)을 따라야 하네. 세상을 믿는 자는 우상을 숭배하는 것이네. 다시 살지 못하고 죽게 되네.

그것이 하늘 문 가운데 있으니 그 곳을 드나드는 자는 마음이 밝아지고 눈이 밝아지고 아름다운 마음의 꽃을 피우게 되네.

마음에 생수(生水)가 솟구치고, 궁상각치우(宮商角徵羽)의 아름다운 거문고 소리가 청아하게 하늘 높이 울려 퍼지네.

온화한 봄바람이 불어오니 근심과 걱정으로 닫혔던 마음의 문이 열리게 되네.

마음이 화평해지며 유리같이 맑고 아름다운 천국 세계가 펼쳐지네. 천주(天主)를 모시고 금석(金石)으로 된 집에 살게 되네.

동방삭(東方朔)의 수명과 석숭공(石崇公)의 부유함이 높다 하나 어찌 극락(極樂) 세계의 수명복록(壽命福祿)과 비교할 수 있겠는가?

하늘에서 비와 이슬이 내리니 삼풍(三豊)의 곡식이네. 진인(眞人)이 양백(兩白)에 거주하네.

양백(兩白)과 삼풍(三豊)은 어떠한 이치인가? 곡식이 없는데 대풍(大豊)이 드는 이치이네.

입산(入山)하면 죽는다는 뜻이 무엇인지 귀담아 듣지 않고 도(道)를 찾는 군자(君子)여! 그 뜻을 마음에 깊이 깨달으소.

27

정각가(精覺歌)

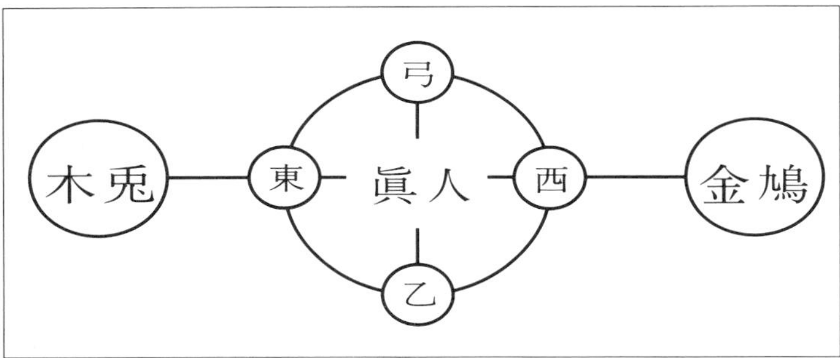

정신을 차리지 못하면 죽게 되네. 하느님이 금시(今時)에 다시 돌아오니 마음이 화평해 지네.

하늘이 말한 도덕을 세상 사람들이 잊어버렸네. 동양과 서양의 도(道)와 교(敎)가 선경에 모이네.

말세에 유불선(儒佛仙)이 타락했네. 도(道)가 없는 문장이니 세상에 쓸모가 없네.

공자·맹자를 읽는 사람을 선비라 칭하지만, 보고 깨닫지 못하니 쓸모 없는 사람이네.

아미타불(阿彌陀佛)의 도(道)를 따르는 승려들도 말세에 참된 도를 잃었으니, 염불을 많이 외워도 소용없는 날이네.

미륵불(彌勒佛)로 출세하는 사람이 어떤 사람인가? 깨달으소.

하상공(河上公)의 도덕경(道德經)을 이단(異端)이라 주장하니 장차 망할 징조이네. 자칭 선도(仙道)를 한다며 주문을 외우는 자도 때가 이른 것을 알지 못하니 한탄스럽네.

서학(西學)의 도(道)를 세우고 찬미하는 사람들과, 국내 동학(東學)을 따르는 사람들도 옛 것에 물들어 도를 잃었으니 쓸모없는 사람이 되네.

나무의 가지와 잎과 같이 동학(東學)과 서학(西學)이 분화되어 정도(正道)를 모르니, 어찌 도를 닦아 살 수 있으리오?

하느님의 재생(再生) 소식이 봄바람을 타고 오네. 팔만대장경 안에 극락(極樂)에 관한 말이 있고, 팔십일 장의 도덕경(道德經)을 해석한 하상공(河上公)도 장생불사(長生不死)를 주장했네.

죽었다 다시 사는 일기(一氣)를 도덕경에 논했네. 상제(上帝)께서 예언한 거룩한 진경(眞經)으로 삶과 죽음의 이치를 분명한 말로 판단하여 놓았네.

소리없고 냄새없고 별로 맛이 없으나 대자대비(大慈大悲)한 상제는 만물을 널리 사랑하네. 한 사람의 생명을 우주(宇宙)보다 귀하게 여기네. 지혜있고 먼저 깨달은 자는 합하소서.

사람들아! 돌아와 근본되는 도(道)를 이루고 덕(德)을 세우세. 사람들이 깨닫지 못하니 한심하네.

공자・맹자를 믿는 선비들은 우물에 앉아서 하늘을 바라보는 좁은 편견을 갖고 있고, 염불하는 승려들은 세속에 물들지 않았다고 장담하며 각기 삶과 죽음을 믿고 따르나, 진정한 도(道)를 모르며 허송세월하고 지내니 한탄스럽네.

해외(海外)에서 오직 자기들만이 하느님을 믿으며 선택받은 사람들이라고 독실히 주장하는 민족이 있으나, 하늘이 내려주는 큰 복을 받지 못하네.

우리 나라의 동도(東道) 주문자는 무문도통(無文道通)을 주장하나, 삶과 죽음의 이치를 깨닫지 못하고 해원(解冤)을 모르니 쓸모가 없네.

여러 도(道)와 교(教)들이 각기 홀로 제일이라고 주장하나 신앙(信仰)혁명을 모르네.

어찌하여 천상의 하느님이 지상의 하느님으로 강림하여 대도(大道)를 펼치고 있음을 알지 못하고 세상을 어지럽게 하는가? 모든 도를 하나로 합하여 해원(解冤)시킴을 알으소서.

하늘이 감춰두고 땅이 숨겨둔 십승지(十勝地)가 있네. 그곳이 바로 궁을촌(弓乙村)이네. 그곳을 벗어나면 죽고 들어가면 살 수 있네.

복숭아 꽃이 활짝 핀 선경(仙境) 자하도(紫霞島)를 매일같이 연구하나 깨닫지 못하네. 궁궁(弓弓) 을을(乙乙)이 거하는 곳을 알고자 하면 금빛 비둘기의 성신(聖神)이 임한 동방의 목토(木兎)를 찾으소서.

경신(庚辛)과 금구(金鳩)가 사구(四九)의 이치이며, 갑을(甲乙)과 목토(木兎)가 삼팔(三八)의 이치이네.

서방의 비둘기에 임한 성령이 동방의 토끼에 임함을 의미하네.

한 일(一)자가 이기고 지니, 가로와 세로의 십(十)자이네. 사구(四九) 사이가 십승(十勝)이 거하는 곳이네.

금구(金鳩)와 목토(木兎)의 이치를 알고자 하면, 세상 가요로 유행하는 을시구(乙矢口)의 이치가 무엇인지, 그리고 절시구(節矢口)의 뜻이 무엇인지 마음에 깨달으소.

기화자(氣和者) 조을시구(肇乙矢口)이네.

해 속에 새가 있고 달 속에 옥(玉)으로 된 짐승이 어찌 짐승이겠는가?

금빛 비둘기인 금구(金鳩)와 옥토끼인 목토(木兎)가 동서양의 운수를 합한 진인(眞人)이네.

그분이 세인(世人)이 고대하던 정도령(鄭道令)이네. 무슨 뜻인지 영원토록 깨닫지 못하네.

28

길지가(吉地歌)

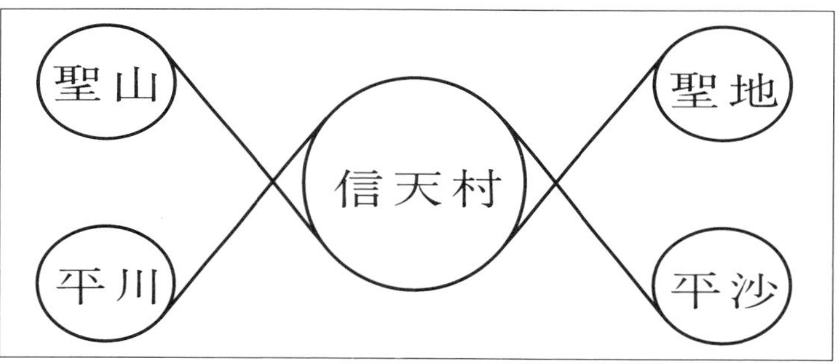

단기 4300년이 가까이 다가왔네, 1968년이 이르렀네.

고해(苦海)에 빠져 있는 중생들 모두 오소. 구원의 방주가 높이 떴네. 풍랑 파도가 흉흉하고 파도가 산같이 밀려오나 두려워 마소.

하느님의 장막에 특별한 새 하늘과 새 땅을 건설하는 해인(海印)의 조화가 나타나네.

평사(平沙) 사이의 세 마을이 십승(十勝)의 좋은 땅이네. 우성(牛性)이 소〔牛〕 울음 소리가 나는 들판인 신천촌(信天村)에 거함을 모르고, 중동(中動)할 때를 모르고 있으니 가련하네.

복숭아 꽃이 물 위에 떠서 흐르는 무릉촌(武陵村)이 남쪽 바다 조선에 세워지네.

그때 마귀는 발동하고 짝을 맺네. 삶의 길을 모르고 멸망하는 길로 들어가는 것을 어찌 하랴?

계수(桂樹) 나무가 있는 궁전에 샛별이 비치고, 자하도(紫霞島) 가운데 삼위성신(三位聖神)이 성산(聖山) · 성지(聖地)의 평천(平川) 사이에 머무르네.

비와 같은 향기로운 감로(甘露)가 마음의 꽃을 피우네. 말이 울어도 이 언덕을 모르고, 새가 울어도 남으로 갈지 북으로 갈지 모르네.

소(牛) 울음 소리가 나는 곳에 하늘의 하느님이 땅의 하느님으로 거함을 알지 못하고, 소(牛) 갈 데 말(馬) 갈 데 온갖 군데를 다 쫓아 다니는 모습이 참으로 안타깝네.

29

궁궁가(弓弓歌)

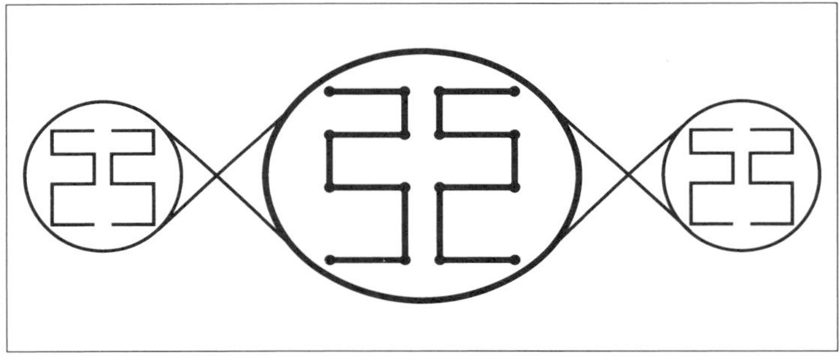

세상 사람들이 궁궁(弓弓)의 이치를 알기 어려운 것인가? 궁궁(弓弓)의 뜻을 알면 살 수 있네.

양궁(兩弓)이 서로 화합하지 못하고 등지고 있는 활 궁(弓)자이니, 불(弗)자요 쌍궁(雙弓)이 서로 화합하는 굽어 있는 궁(弓)이니, 장인 공(工)자이네.

이로움이 궁궁(弓弓)의 비결문에 있네. 사궁(四弓) 사이가 신(神)이 되는 공부임을 알아보세.

늙은이·젊은이·남자·여자·유식한 자·무식한 자 모두 학문을 많이 배우지 않아도 도통(道通)함을 세상 사람은 알지 못하네.

30

을을가(乙乙歌)

큰 것 · 작은 것 · 높은 것 · 낮은 것은 물론, 만에 하나라도 잃어버림 없이 모두가 십승(十勝) 공부이네.

을을(乙乙)을 가로와 세로로 합하면 십(十)자의 모양이 나옴을 알고, 을을(乙乙)이 서로 화합하여 기대면 으뜸되는 숫자인 만자 만(卍)이 나오고, 을을(乙乙)이 등을 맞댄 사이에 공부 공(工)자가 나옴을 살펴보소.

이로움이 을을(乙乙)에 있으니 도통(道通)의 이치가 들어 있네. 낮은 차원에서 높은 차원으로 발전하는 자하달상(自下達上)의 이치를 세상 사람은 모르네.

31

전전가(田田歌)

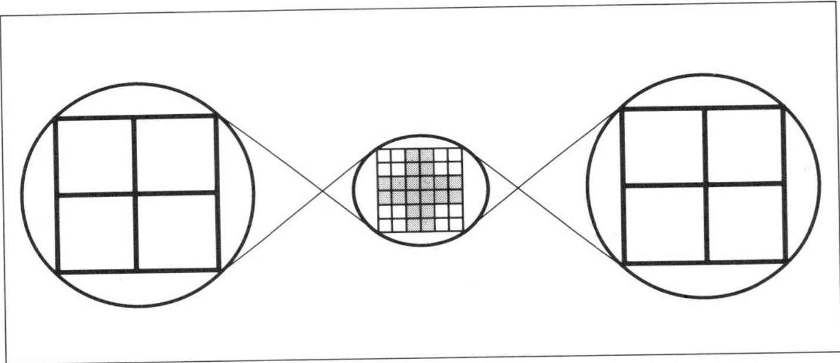

네 개의 입 구(口)자가 합쳐 한 몸이 되니 밭 전(田)자 이네. 밭 전(田)자 속에는 다섯 개의 입 구(口)자가 있으니 극락(極樂) 세계의 밭 전(田)자가 분명하네.

세상 사람들이 깨닫지 못하니 한탄할 일이네.

큰 전쟁이 일어나 전세계 사람들의 마음이 흉흉하니 입전권(入田券) 얻기가 극히 어렵네.

이재전전(利在田田) 심전(心田)인가?

이로움이 마음의 밭 전(田)자에 있네. 무릎을 꿇고 앉아 경전을 외우는 단전(丹田)이네.

밭 전(田)자 가운데 밭 전(田)자는 거문고 타는 밭 전(田)자이네. 거문고 소리가 청아하게 하늘 높이 울려 퍼지네.

32

반사유가(盤四乳歌)

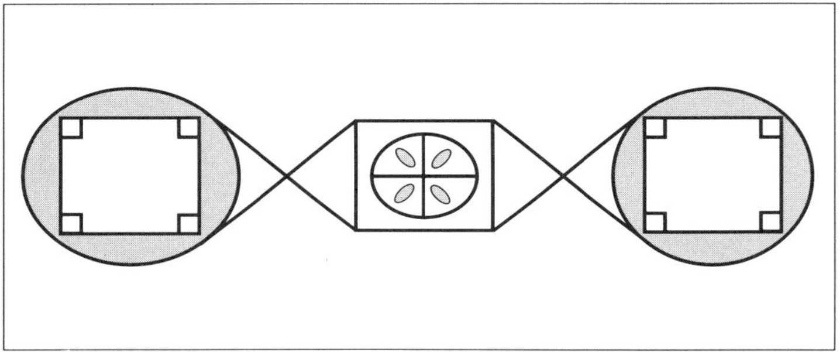

낙반사유(落盤四乳)가 궁궁을을(弓弓乙乙)이요, 그것을 풀어 알면 피난처이네. 낙반사유가 십(十)자요, 새 을(乙)자를 네 번 돌려 써도 십승(十勝)이 나오네.

쌀 미(米)자의 모양이 밥상의 이치 속에 있네. 밥상 네 모퉁이의 사각(四角)이 이지러져 생긴 것이 십(十)자의 형상이네.

쌀 미(米)자 모양에서 네 점이 떨어지는 가운데 세상 사람들이 몹시 기다리던 십승(十勝)이 출현하네.

33

십승가(十勝歌)

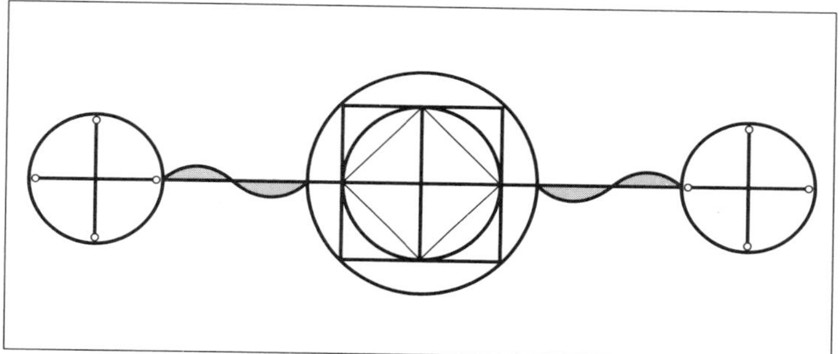

팔만대장경 안의 보혜대사(普惠大師)인 미륵불(彌勒佛)이 십승(十勝)이며, 의상조사(義相祖師)의 삼매해인(三昧海印)의 정도령(鄭道令)도 십승(十勝)이네.

해외 도덕의 보혜사(保惠師)인 상제(上帝)가 다시 십승(十勝)으로 임하네.

유교(儒教)·불교(佛教)·선교(仙教)가 지칭하는 절대자의 칭호는 다르지만 말세에 다시 십승(十勝)의 이치로 합한 것이네.

34

해인가(海印歌)

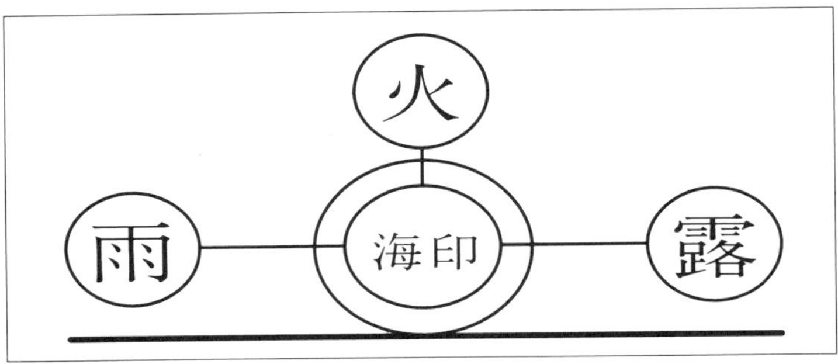

진시황(秦始皇)과 한무제(漢武帝)가 구하려던 불로초(不老草)와 불사약(不死藥)이 어디 있소?

일곱 무지개 빛깔의 구름과 안개 속에 비와 같이 휘날리는 향기로운 감로(甘露)와 해인(海印)이 불로초·불사약이네.

화우로(火雨露)가 삼풍(三豊) 해인(海印)이며, 극락(極樂)에 들어가는 입장권을 발행하는 것이네.

될 화(化)자의 인(印)을 치는 해인(海印)은 능치 못함이 없네.

35

양백가(兩白歌)

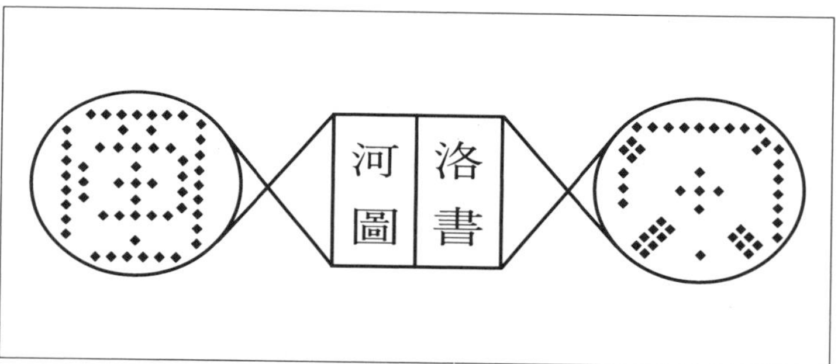

마귀가 발동하는 어지러운 세상에 도(道)를 찾는 군자(君子)는 누구이며 어떤 사람인가?

하도(河圖)와 낙서(洛書)·주역(周易)의 이치에서 양쪽 산의 그림을 자세히 살펴보소.

인생을 구원하는 것이 양백(兩白)이네. 이로움이 그곳에 있네. 마음을 유리같이 맑게 씻어주는 영생수가 용출하는 샘이네.

향기로운 바람이 코를 찌르니 마음이 아름다운 꽃처럼 피어나네. 옷이 희어지고 마음이 희어지니, 이 또한 양백(兩白)이네.

화우로(火雨露) 삼풍(三豊)의 하느님을 믿는 사람은 마음이 백합화처럼 활짝 피어나네.

36
삼풍가(三豊歌)

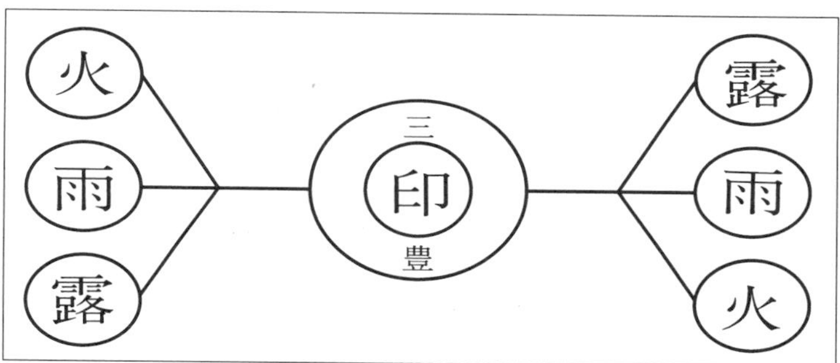

눈물과 생명의 피를 뿌려 종자를 파종하고 의(義)를 위해 일하지만 비웃고 조롱함이 많네.

천신(天神)에게 기도하여 추수하니, 화우로(火雨露)의 인(印)을 치는 삼풍(三豊)이네.

지상의 일 년간 지은 농사는 썩는 곡식으로 하루 세 끼 먹어도 굶주려 죽는 것이지만, 천상(天上)의 십 년간 지은 농사는 영생(永生)의 곡식이네.

한 달에 아홉 번 먹어도 굶주리지 않고 영생함을 모르네.

37
칠두가(七斗歌)

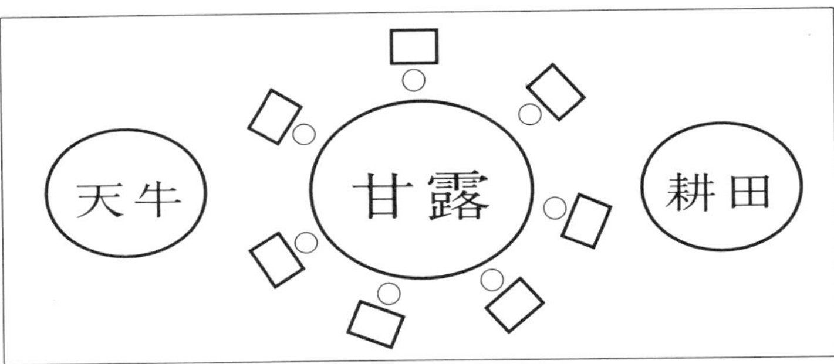

천우(天牛)가 밭을 갈아 영생(永生)의 곡식을 심어놓고, 우명성(牛鳴聲)이 들리는 가운데 김을 매네.

비와 같이 내리는 향기로운 감로(甘露)를 호흡하는 때에 나날이 새롭게 스스로 자라나네.

사답칠두(寺畓七斗)의 이 농사는 밭이 없으나 얻을 수 있네.

오래지 않은 세월 속에 십 년 농사로 만 년 먹을 농사를 짓고, 또한 천만 년 먹을 농사를 지어보세.

38 석정가(石井歌)

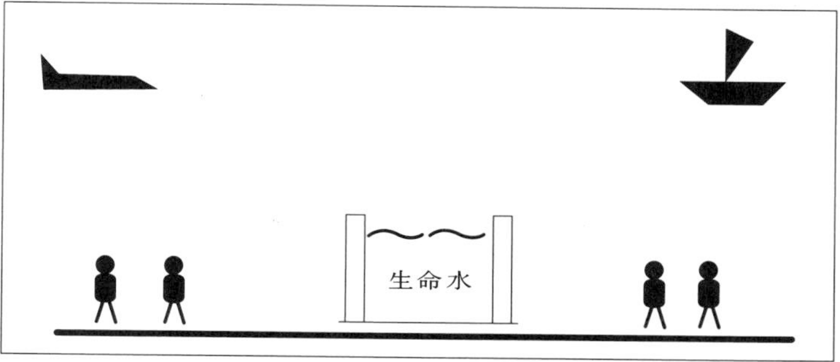

생명수(生命水) 샘물이 출렁출렁 거리네. 천하만국(天下萬國)에 두루 통하니 악독한 기운을 마신 자라도 이 샘에 오면 상을 당하지 않네.

이로움이 석정수(石井水)에 있으니 곧 하늘의 우물물이네. 그 샘물을 한 번 마시면 생명이 연장되고, 마시고 또 마시는 자는 불사영생(不死永生)하네.

39

십성가(十姓歌)

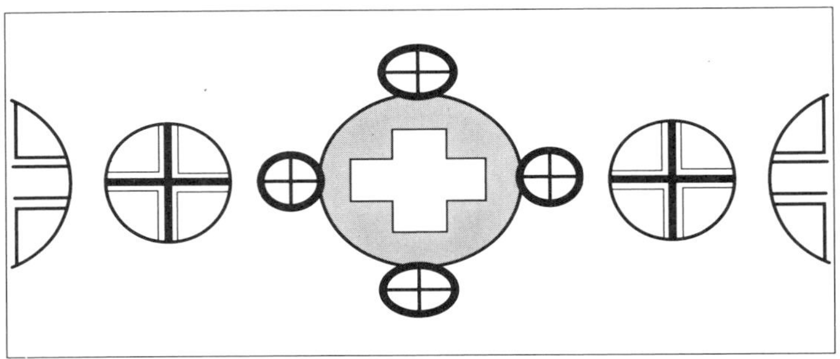

십성(十姓)의 이치는 무슨 뜻과 같은가? 십처(十處)와 십승(十勝)이 십성이네.

사방 중앙이 새 을(乙)자요, 오른쪽 새 을(乙)자 사이가 십(十)자요, 왼쪽 새 을(乙)자 중앙이 십승(十勝)이네.

밥상 네 모퉁이가 이지러진 모양에서 십(十)자의 이치가 나오네. 칠(七)에 삼(三)을 더하니 십성(十姓)이요, 지리 십처(十處)가 십성이네. 하늘의 이치인 궁궁(弓弓)이 십승(十勝)이네.

도(道)를 닦는 군자(君子)여! 행실을 삼가소. 십승(十勝)에 잘못 들어가지 마소. 후회하며 통탄하리.

40

삼팔가(三八歌)

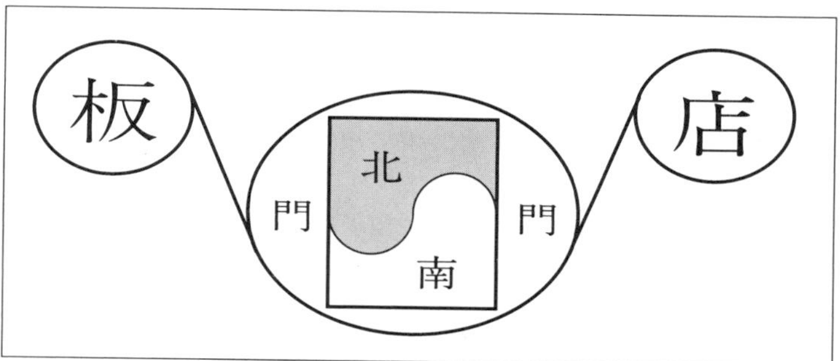

십(十)자에 반(反)자와 팔(八)자를 합하니 널빤지 판(板)이네. 호(戶)자 둘을 좌우로 합하니 문 문(門)이요, 주점(酒店)에서 주(酒)를 없애니 가게 점(店)이네.

파자(破字)의 이치 속에 판문점(板門店)이란 세 글자가 나오며, 세 글자가 각각 8획이니 삼팔(三八)이네.

동방 조선이 삼팔(三八)을 사이에 두고 좌우로 서로 바라보니 한심한 일이네.

양호(兩虎)는 남북을 가리킨 말이고 우인(牛人)은 붉을 주(朱)를 말하네.

공산당이네. 공산당이 들고 일어나 삼팔(三八)을 파괴하며 역사할 때 용사(龍蛇), 곧 남북이 서로 싸우네.

용(龍)이 패하여 밑에 내려가 신음하다 다시 한번 일어나니 삼팔선(三八線)이 없어지네. 옥등(玉燈)이 가을밤 삼팔일(三八日)에 빛나네.

41
해운개가(海運開歌)

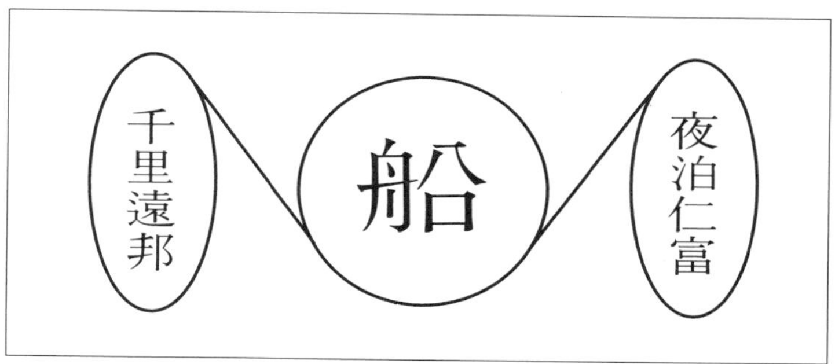

점차로 해운(海運)이 열리니, 고생이 다하고 즐거움이 돌아오네. 해양(海洋)의 풍부함이 가까이 다가오네.

천 리 만 리 먼 나라에서 수천 척의 배들이 밤에 인부(仁富) 사이에 정박하네.

청백상격(青白相隔) 구사(狗蛇)간에 추탁오육(推度五六) 분명하고 무기사서(戊己蛇鼠) 분명하네.

육대구월(六大九月)의 운수로 해운(海運)이 열리는 것을 세상 사람들은 모르네. 삼육(三六)의 운수이네.

42
백석가(白石歌)

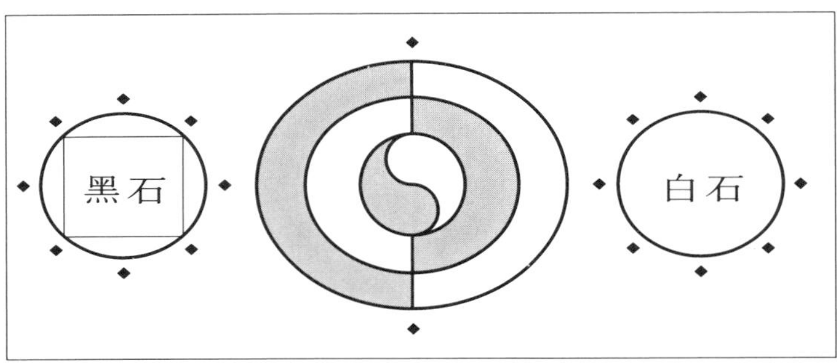

계룡산(鷄龍山)의 흑석(黑石)이 백석(白石)으로 빛나네. 어느 해 어느 때 계룡산의 흑석(黑石)이 빛나는가?

흑석(黑石)이 빛난다 함은 무슨 뜻인가? 흑석(黑石)이 어느 때에 빛을 발하게 되는가?

흑석(黑石)은 하도(河圖)와 낙서(洛書)의 흑점(黑點) 운수인 마귀를 상징하며, 백석(白石)은 하도(河圖)와 낙서(洛書)의 백점(白點) 운수인 천신(天神)을 상징하네.

백석(白石)이란 계룡산의 흰 돌을 의미함이 아니라, 마귀를 이기고, 인간을 사망에서 영생으로 구원하는 하느님의 찬란한 몸과 권세를 의미함이네.
혹세무민(惑世誣民)하는 백석(白石)이 아니네. 백석이 노석(老石)이네.
노석(老石)은 비록 장인(匠人)이 버린 돌이나 모퉁이의 머릿돌이 되네.

43 ● 격암가사(格菴歌辭)

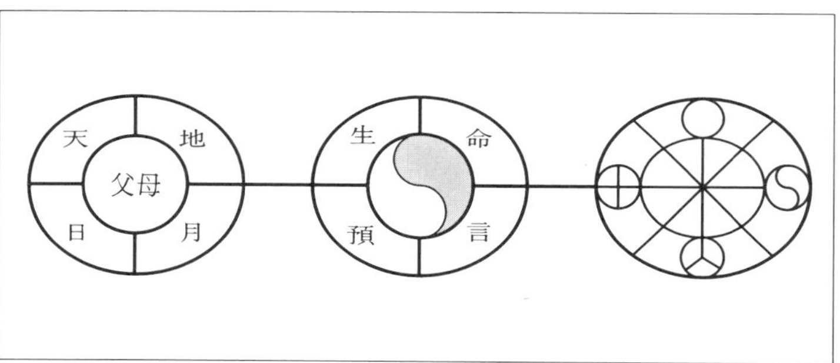

어화, 세상 사람들아! 생명예언(生命預言) 들어보소. 세상 만사가 허무한 가운데 깨달을 일 많이 있네. 문장·호걸·영웅·재사들이여! 불우한 세월 속에 잠깰 때이네.

산 속에 들어가 도(道)를 찾는 저 군자들아! 산문(山門)을 열 때가 어느 세월인가? 아미타불(阿彌陀佛) 염불 외우는 불도인이여! 재앙을 피하려면 산에서 내려올 때임을 깨달으소.

시대와 만물의 이치를 잘 살펴서 생사(生死)보아 가고 오소. 의심없이 믿을 수 있는 통쾌한 일을 사월천(四月天) 중에 일렀다네.

인간의 몸으로 왔던 신인(神人)의 변화가 무궁(無窮)하고 무궁하네. 하늘로 올라갈 때는 언제이며 다시 강림하는 시대는 어느 때인가?

하느님의 출입함이 무궁(無窮)함을 세상 사람은 모르네. 헤아리기 어려우나 일기(一氣)가 다시 인간으로 재생하여 세상에 나오네.

사해(四海)의 일기(一氣)가 만국을 돕고, 산수의 정기(精氣)가 곳곳을 돕고, 일월(日月)의 정신이 별과 같이 반짝이네.

갈까 올까 망설이면 자세하게 보여주네. 온화한 기운을 들어보소. 한 번 듣고 한 번 보고 생각하소. 창생을 구제하는 십승(十勝)이네.

놀라지 말고 두루 생각해보소. 홀연히 푸른 하늘에 구름이 많네. 천지의 도(道)를 합치려고 천도(天道)가 내려오네.

덕(德)을 합하여 오늘 대도(大道)가 출현하네. 유명한 사람, 학식 있는 사람, 영웅들이 과학을 열어 기계문명이 발달되지만, 그와 같은 대도(大道)가 출현하는 때를 모르니 천문지리 달사(達士)도 달사가 아니요, 각국을 유람하여 학식이 풍부한 철학자도 때가 이른 것을 모르니 철학자가 아니네.

영웅호걸의 자기 자랑도 바야흐로 농사지을 때를 모르면 농사짓는 힘이 부족한 것이네. 어리석은 지아비와 지어미, 벌레 같은 인생도 때가 옴을 알면 영웅이요, 고관대작 호걸들도 때가 옴을 알면 참된 선비이네.

봄빛의 따스함에 잠이 들었다가 한 꿈을 꾸고 깨어나니 소〔牛〕울음 소리가 요란하네.

예로부터 지금에 이르기까지 살펴보니 자세히 들어보소. 도(道)를 닦는 성인(聖人)의 마음이 한 일(一)자이네. 틀림없으니 자세히 들어보소.

처음부터 그때그때 피는 법이 저절로 고요한 가운데 나온 것이 진동(震動)이요, 고요함이 없는 가운데 나온 것이 망동(妄動)이네.

때를 따라서 수시로 변화되니 이러한 도(道)를 따라 가야 할 것을 누구도 몰랐고, 그 도를 따르지 못했네.

한 글자 한 글자의 일(一)이 변화된 말이니 때를 따라서 하는 말씀이 아니던가? 때가 이름을 틀림없이 일러주네. 때를 따라 분명하게 들려주는 말씀을 들어보소.

대도(大道)가 나와야 밝혀지는 법이네. 때를 따라 오는 운수로 이미 그 때를 정한 것이네.

대도(大道)의 봄바람이 부는 기세가 아주 장관이 아니더냐? 때를 따라 하는 말씀이 하늘의 운명임을 자세하게 일러주네. 홀연히 깨닫고 그 정신을 잊지 마소.

때가 이르러 운수가 열리니 때를 보아 중입(中入) 시기에 십승(十勝)을 찾아가소. 하늘의 뜻에 순종하고 찾아가소. 양백(兩白)을 아는 것이 으뜸되는 지혜이네.

천하의 제일 가는 중원국(中原國)이 하나로 화합되지 아니하고 된단 말인가? 무지하다, 비웃는 자들아! 무엇을 안다고 비웃느냐?

지극히 공평하고 사사로움이 없는 하느님은 부자나 가난한 자나 다 오라 하네. 성취근본(成就根本)을 알고보면 허(虛)와 실(實) 모두가 하나에서 나옴이네.

이남(以南) 이북(以北) 이것이 어찌된 말인가? 소련과 미국이 서로 다툼에 반드시 흠이 생기네. 세계 만민이 우리 형제들이요, 한 할아버지 자손인데 그렇게도 원수이던가?

우리 조선이 동방예의 부모국임을 어찌 그리 몰라 보고 철부지 공산당이 발동하는가? 하느님 앞에 큰 죄이네. 정신을 잃어버려 형제를 몰라보았으니 이런 원통 또 있던가?

울어도 못다 울 일 하늘을 우러러 통곡할 죄이네. 통합하고 통합하소. 좋은 때 어기지 말고 통합하소. 원수짓지 마소. 알고보면 사람 하나 죽인 죄가 참으로 크네.

우네 우네. 귀신 우네. 사탄이 사람의 마음을 빼앗네. 저 귀신이 원수 따라 마귀가 우네. 사람인들 어찌 슬프지 않겠는가?

회개하고 회개하소. 사람의 마음속에 마귀가 물러가면 설빙한수(雪氷寒水) 녹아지네. 사람들의 마음속에 대도(大道)를 심어주기 위해 천신(天神)이 도우러 오네.

이 당 저 당 급히 깨뜨리소. 틀림없이 동방에서 하늘 성인(聖人)이 출현하네. 만일 동방에서 성인을 몰라보면 영국·미국의 서양인을 통해 다시 성인을 알아보소.

만일 동양과 서양이 성인(聖人)을 몰라본다면, 또다시 창생(蒼生)은 어떻게 된단 말인가?

하늘 신선의 말이니 틀림없네. 어찌 동양과 서양이 성인(聖人)을 알지 못하고 때를 알지 못하겠는가? 그 말씀말씀마다 틀림이 없는 말이네.

널리 창생(蒼生)을 구제하며 사람을 살리는 증표이네. 한마음 한 뜻으로 힘을 합쳐 합할 합(合)자 명심하여 망령되지 않게 깨달으소.

원통하게 죽은 영혼이 오늘 억울하고 원통함을 풀어 해원(解冤)하는 세상이네.

서양의 기운이 동쪽으로 오네. 상제(上帝)께서 다시 오심이 분명하며 틀림없네. 도(道)와 신(神)이 되신 천주(天主)가 그러하니 세계 영웅국에서 다 오네.

동서(東西)의 일기(一氣)가 다시 인간의 몸으로 재생하니, 어찌 인간을 착한 마음으로 화합치 못하겠는가? 인도·불란서·영국·미국·소련국이 특별히 조선에 와서 보은(報恩)하네.

참된 승려들은 산에서 내려와 급히 모든 것을 깨어 버리소. 불도(佛道)가 크게 창성하길 어느 때를 바라는가?

모두 이 선도(仙道) 가운데 인간의 일이네. 예로부터 지금에 이르기까지 처음으로 즐거운 대도(大道)가 우리 조선에 크게 번창하네.

사람들이여! 사사로운 마음을 부디 두지 말고 면면(面面) 촌촌(村村) 합할 합(合)자, 온화한 기운의 봄바람이 불어오는 일을 분명하게 깨달으소.

집집마다 면면(面面) · 군군(郡郡) · 도도(道道)마다 때가 온 것을 전파하소.

하느님의 천벌이 내리고 엄한 명령이 임하는 세상이네. 집집마다 사람마다 다 살리소.

부귀한 자 · 문장가 · 재주 있는 선비들아! 때가 이른 운수를 왜 통달하지 못하는가?

낮은 차원에서 높은 차원으로 됨을 모르고, 가난하고 천하다고 노예로 여기네. 복음전도(福音傳道)를 급히 할 때이네. 악전고투 이기어서 천 리를 멀다 말고 급히 전하소.

선영부모(先塋父母)의 영혼이 다시 살아나 그 후손과 상봉하네. 빈천하고 곤궁하고 세력이 없는 자야! 정신차려 해인(海印)을 알아보소.

무궁조화 한량없네. 너희 선영(先塋) 신명들은 이를 모를까봐 탄식이네.

영웅호걸 · 현인군자 · 고관대작 · 부귀자야! 도매금에 넘어가리. 자하달상(自下達上)되는 이치로써 어리석고 우매한 자가 먼저 오네.

덕(德)을 온 세상에 널리 펴야 하는 아주 급한 때에 엄동설한 긴긴 밤이 하도 안 새더니, 어느 새 닭 울음 소리에 날이 새어 동방에 해가 뜨네.

억조창생들이 걱정하며 무섭다고 떨고 있을 때 날이 새니 야귀(夜鬼) 발동하는 것이 주저주저하네. 마귀야! 어디 가느냐? 스스로 뉘우치고 책망하여 사람이 되라.

지극히 공평하고 사사로움이 없는 하느님(아미타불)은 죄악을 돌아보지 않고 누구나 다 오라 하네.

칠월 칠석 양식이 끊어져 굶어 죽는 지경에 곡식 종자인 삼풍(三豊) 곡식이 선경에 있네. 삼 년간 비가 오지 않아 밭 갈지 못한 땅에 곡식 없이 대풍년이 드는 것은 십승(十勝)이 거하는 곳이네.

마귀야! 어디 가느냐? 간 곳마다 흉년 흉(凶)자 곡식 없어 천지가 굶주린 징표이네. 신천촌(信天村)은 생동하는 봄과 온화한 기운이 차고 넘치니 생명을 보존할 수 있는 곳이네.

스스로 마음 가운데 천주(天主)를 모시고 있음을 몰라 심판을 당하여 지옥에 가네.

흰 옷 입기를 좋아하고 깨끗한 마음을 지닌 조선인들이여! 좌우를 돌아보지 말고 빨리 가세. 세계의 십승(十勝)이 조선인데 조선 사람이 왜 못 가는가?

하나도 모르는 조선 사람들아! 알아보소. 평안한 땅이 조선이네.

어서 가자, 어서 가. 생명선(生命線)이 끊어지네. 어서 가세, 바삐 가세. 서로서로 손잡으소.

이 소식이 어떤 소식인고? 앞에 가자, 뒤에 설라. 때가 있어 오라는가?

천국(天國)의 큰 잔치가 벌어졌네. 천하만민(天下萬民) 다 청하나 참예자(參預者)가 드무네. 사람의 마음이 곧 하느님의 마음이네.

이긴 자 싫어하는 것을 너는 싫어하지 마라. 조선 사람의 마음이 악화되면 너의 앞길 말 아니네.

원수 없던 큰 원한이 생사(生死) 가운데 맺혔던가? 올바르게 가면 정로(正路)인데 그르게 가면 흉로(凶路)이네. 흉악한 길을 가지 마라. 붙드는 자 어떻다고 옳고 그름을 따지느냐?

하늘의 엄마 말씀을 모르는 자야! 비웃지 마라. 안방에 계신 아부(阿父) 말씀, 밖에 계신 엄마(唵嘛) 말씀, 내외(內外)가 합한 말씀 세상에 통하는가? 잘 죽어라, 네 이놈들. 불효하기 그지없는 도리없는 놈아! 부모 마음 불안하네.

신(神)의 도(道)를 인간에게 전하여 하늘 나라의 도를 전하니, 천지의 도가 서로 합치는 음양(陰陽)의 도이네.

삼위일체(三位一體)인 천도(天道)가 크게 강림하여 모든 것을 살리는 곳이 조선이네.

양(陽)이 나와 살아나면 음(陰)이 가라앉네. 그 이치로 도(道)를 이루어 덕(德)을 세우는 것이네.

육(肉)이 죽고 신(神)이 살게 되는 도(道)가 이루어지면, 인간의 육체가 죽지 않고 영생하는 불로도(不老道)가 되는 것이네. 죽어 가는 험한 길을 되살리는 묘책이네.

중입(中入) 시기에 십승(十勝) 세계로 급히 가세. 많은 수가 모여 신선이 되는 때가 오네. 상제(上帝)의 강림하심이 멀지 않으니 온 마음과 힘을 다해 도(道)를 닦을 때이네.

백성의 마음속이 화평하게 되면 온 천하가 태평가(太平歌)를 부르게 되네.

마지막 끝에 가서 움직이지 마소. 양백(兩白)에 들어가고자 하나 얻을 수 없네. 자하도(紫霞島)에 누런 안개가 자욱하게 있으니, 가까운 길도 분별할 수 없네.

불이 하늘로 올라가는 가운데 도로가 통하지 않으니 어떻게 갈까? 철통같이 잠긴 십승(十勝) 세계, 수많은 신명(神明)들이 막으니 어찌 감히 마음에 두고 들어가겠는가?

구름과 안개가 병풍처럼 가리우고 구름 사다리로 옥경(玉京)을 왕래하니, 이것이 선경(仙境)이며 십승(十勝) 세계인가? 선천(先天) 세계의 비결을 독실히 믿지 마소.

하늘이 감추고 땅이 숨긴 정도령(鄭道令)을 세상 사람마다 알겠는가? 온 세상이 두루 통하고 화평하게 밝아오는 날에 너희 천한 인생이 도달하겠는가?

마음속에서 기쁨을 구하는 사람들아! 이 길 저 길 분주하게 다니지 말고 양심·진리 찾아보소.

하느님 사람이 한 가지 도(道)로 나가는 십인장(十人將)임을 세상도 모르며 사람도 모르네.

천명(天命)을 믿지 않으니 누가 살겠는가? 하늘을 거역하는 자는 망하네. 이를 후세의 사람이 모르면 천지(天地)가 혼돈하며 화광(火光)이 인간을 태우네.

번갯불이 충천함으로 사람을 볼 수 없게 되네.

이와 같은 중생(衆生)을 어떻게 구제하리오? 복(福)을 정한 이때에 복의 정함을 받지 못하면 오는 세월을 어떻게 살아갈 수 있단 말이오?

하도(河圖)와 낙서(洛書). 궁궁(弓弓)의 이치로 대성인(大聖人) 군자(君子)가 탄생하네. 자하도(紫霞島)의 신선 세계인 남조선에 인생어인(人生於寅)이 나오네.

천하의 일기(一氣)가 육신으로 다시 태어나네. 유불선(儒佛仙)을 포태한지 몇 년 만에 천도문(天道門)이 열려오네.

어화, 세상 사람들아! 알아보고 알아봐서 남의 농사 그만 짓고 내 집 농사지어보세.

복(福) 받으라 부르는 노래! 사해(四海)가 진동커늘 부모(父母)를 돌아보지 않고 가는 사람 답답하고 불쌍하네.

천지의 부모님이 덕(德)을 합하여 무지한 인간을 살리고자 천신(아미타불, 상제)의 말씀을 전하지만, 사람들이 잘 모르고 욕을 하니 네 죄상이 참으로 더럽구나.

천지(天地)가 힘을 합하니 어리석은 지아비와 지어미도 도덕(道德)을 알게 되네. 오는 운수의 때가 지금이니 살고 죽는 시비(是非)가 있네. 듣고 깨달으면 복이요, 깨닫지 못하면 죽고 마네.

길가의 버드나무와 담장의 꽃가지를 꺾어 들고 청풍 명월과 그만 놀고 극락 세계 기운 속에서 세상 인간 놀아보세.

하느님의 마음이 무궁한 것이 사람의 마음이요, 사람의 마음이 무궁한 것이 하느님의 마음이네. 하느님의 마음이 곧 사람의 마음임이 분명하네.

천지(天地)의 밝은 해와 달이 하느님의 도덕이네.

무궁한 세월이 지나가니 죽음의 세상이 끝나네. 영생(永生)의 세계가 시작됨을 본단 말인가?

운수 있는 저 사람은 영생(永生)의 세계를 보아 영생의 세계로 돌아오나, 운수 없는 저 사람은 영생의 세계가 시작됨을 몰라 사망(死亡)의 세계로 돌아가네.

44
궁을도가(弓乙圖歌)

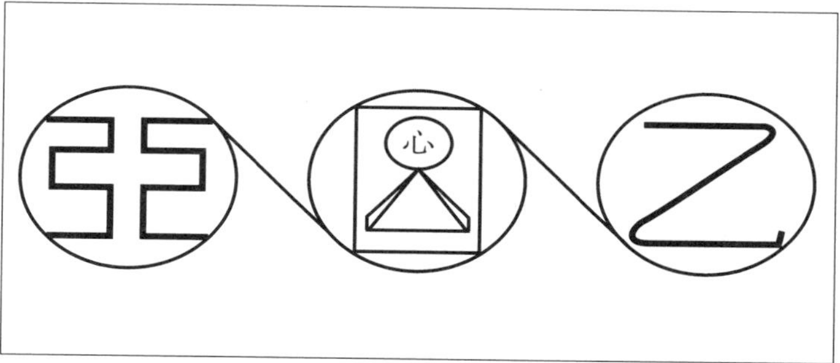

이 시대 도(道)를 찾는 군자(君子)들아! 어찌 궁궁을을(弓弓乙乙)을 모르는고? 좌궁(左弓) 우궁(右弓)이 궁궁(弓弓)이요, 눕고 서고 세로와 가로가 을을(乙乙)이네.

한없이 넘치되 맛이 없는 궁을(弓乙)인가? 깊이 찾으면 이치가 있는 궁을(弓乙)이네.

궁궁(弓弓)의 이치를 알려면 양백(兩白)의 이치를 마음으로 깨달으소. 선천(先天)과 후천(後天)의 천지(天地)가 통합할 때에 하도(河圖)와 낙서(洛書)가 양백이네.

양백(兩白)의 뜻을 알려거든 양백의 마음의 옷을 자세히 살펴보소. 옷이 희어지고 마음이 희어지는 오묘한 이치이네. 마음이 깨끗한 유리 세계와 같고 행동이 단정하네.

태백(太白)과 소백(小白)이 양백(兩白)이요, 양산(兩山)이네. 천지(天地)의 우마(牛馬)가 양백이네.

궁궁(弓弓)의 그림을 자세히 보면 왼쪽 산과 오른쪽 산이 양산(兩山)이니 이른바 양산(兩山) 양백(兩白)이요, 또한 이르기를 양산(兩山) 쌍궁(雙弓)이네.

동양과 서양의 수많은 종교여! 궁을(弓乙)의 도(道)에 합하소. 궁을(弓乙) 이외에는 통할 수 없네. 피난처로 어서 오소. 불로불사(不老不死)의 선경(仙境)이네.

남해 동반도의 자하도(紫霞島)는 세계 만민이 안심하고 살 수 있는 땅이네. 보혜대사(保惠大師)가 계신 곳이 궁을(弓乙) 사이의 선경(仙境)이네.

중동(中動)하는 때를 잃지 마소. 말동(末動)하면 죽게 되니 불쌍하네. 경자(庚子)년 전후로 삼 년간의 일을 마음에 깨닫는 자가 누구인고?

세상의 삼풍(三豊)과 양백(兩白)을 찾지 마소. 지혜로운 자라 할지라도 정성(精誠)이 없으면 헛수고 하네.

삼풍(三豊)의 뜻을 알려거든 삼신산(三神山)을 먼저 찾으시오. 삼신산을 찾으려면 천신(天神)에게 기도하지 아니하고 되겠는가?

일가(一家)에 봄바람이 분 후에 향기로운 감로(甘露)가 비와 같이 내린다네.

한마음으로 힘을 합쳐 온 가족이 천신(天神)을 향하여 기도하며 정성을 다하여 하느님을 감동시킬 때에 궁을(弓乙) 세계에 들어가네.

삼풍(三豊)과 양백(兩白)이 그곳이요, 비산비야(非山非野)가 십승(十勝)이네. 하늘이 숨기고 땅이 감춘 십승지(十勝地)는 도인(道人) 이외에는 못 찾으리.

삼신산(三神山)을 찾으려면 마음을 고요히 하고 단정히 앉은 후에 낚싯바늘 한 개에 세 개의 미끼가 있는 뜻을 깨달으소. 세 봉우리 아래 반달 모양의 배가 있는 마음 심(心)자의 뜻을 먼저 찾아보소. 도사공(都沙工)이 십승(十勝)이네.

십승지(十勝地)를 알려거든 한 일(一)자를 가로와 세로로 그은 것을 찾아보소. 억조창생을 구원하려고 십승(十勝) 방주를 예비하여 넓고 넓은 바다 풍랑 속에 구원선(救援船)을 띄웠으니 의심 말고 속히 타소. 파도 위에 높이 떴네.

생사옥문(生死獄門)을 크게 열어놓고, 공덕수(功德水)로 메마른 심령의 갈증을 해소시켜보세.

천사(天使)가 축복할 때 호갑소리가 울려 퍼지네. 괴로운 죄악의 바다에서 고생하는 인생들아! 빨리 오소.

소리없고 냄새없는 상제(上帝)님은 가난한 자나 부자나 다 오라 하네. 부를 때에 속히 오소. 시기가 늦으면 후회하며 탄식하리.

일가친척 부모형제 손목잡고 같이 오소. 우리 주님 강림할 때 영접해야 아니 되나? 허공 속의 푸르른 하늘을 바라보소.

향기로운 감로(甘露)가 비와 같이 내리니 웬일인가? 아주 옛날 진시황(秦始皇)이 꿈을 꾸던 불로초(不老草)와 불사약(不死藥)이네.

도(道)가 없어 큰 병에 걸린 사람들의 모든 병을 고쳐주고 청춘으로 회복시켜주네. 그와 같은 은혜를 가득하게 내릴 때도 궁을(弓乙) 이외에는 구하지 못하네.

동해 삼신산(三神山)의 불사약(不死藥)은 삼대(三代)에 걸쳐 덕(德)을 쌓은 집밖에는 구하지 못하네.

지극한 정성을 다하여 하늘을 감동시켜야만 구할 수 있네.

산과 바다의 마귀가 은장되네. 하느님의 권세를 뒤흔드는 마귀의 세력을 없애려고 수천 년 전에 예정해 둔 칼이 있네.

천황(天皇)의 날카로운 칼을 자세히 알고 이도가(利刀歌)를 먼저 불러 육신의 모든 마귀를 먼저 없애고, 이 세상의 모든 죄악의 장애를 깨뜨리고 넘고 넘으소.

새벽에 맑은 마음으로 무릎 꿇고 앉아 진경(眞經) 외우기를 주야로 잊지 말고, 마을마다 촛불 밝혀 자세하게 공부해야 됨을 명심하소.

계유(癸酉) · 을유(乙酉) · 정유(丁酉)년의 자주 우는 닭 소리에 어둡고 두려운 긴긴 밤이 물러가네. 천신의 용천검(容天劍)을 높이 들고 마귀를 멸하는 경전을 외우면서, 승리대장 후군(後軍)되어 좌우를 돌아보지 말고 전진하세.

불도(佛道)가 크게 창성하게 되는 이때에 쌍궁(雙弓)의 이치를 마음에 깨달으소. 유교를 배척하고 불교를 숭상하는 시대에 사람들이 말하되 불제자라 할 것이요, 스님을 스승이라 칭할 것이네.

불도란 무엇인가? 궁궁(弓弓) 사이에 있는 참된 신선이 부처님이요, 불도(佛道)이네. 좌궁(左弓) 우궁(右弓) 사이의 미륵불(彌勒佛)이 용화삼계(龍華三界)에 출세하네. 삼위(三位) 삼성(三聖)이 힘을 합하니 온 세상이 한 형제가 되네.

사람마다 힘을 합치고 마음을 하나로 하면 원자(原子)가 해인(海印)만 같지 못할 것이네. 천신(天神)의 은혜로운 말씀을 듣고 감격하여 만세 삼창을 부르네.

칠십이궁(七十二宮)의 목운(木運)이 하늘 권세인 해인(海印) 금척(金尺)의 능력을 사용하여 무궁한 조화를 일으키네.

사람들이 천신(天神)을 향해 만세를 부르네.

45

계룡가(鷄龍歌)

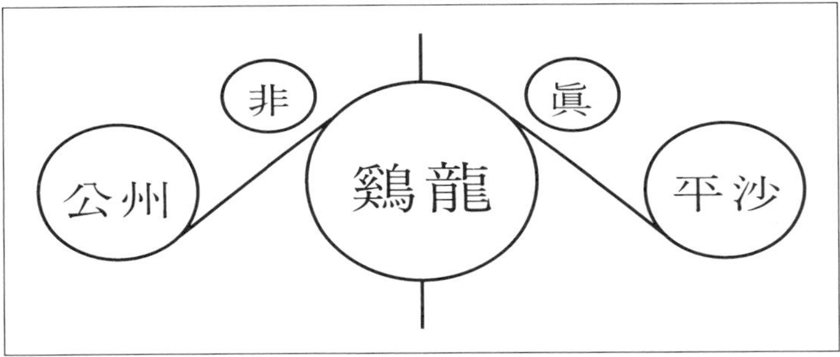

계룡(鷄龍)에서 돌이 빛을 발하네. 충청도 공주(公州)에 있는 계룡이 아니요, 평사(平沙) 사이에 있는 공주가 참된 계룡이네.

영계(靈鷄)는 때를 알리는 새요, 화룡(火龍)은 변화가 무쌍한 용이네. 계룡(鷄龍)은 동방 의인이 빛을 발하는 거룩한 땅이네.

산도 들도 아닌 백사(白沙) 사이가 궁궁(弓弓)의 십승(十勝)이 머무는 곳이요, 진인(眞人)이 계신 곳이네.

충청도 공주(公州) 계룡(鷄龍)은 피난처가 아니니 이때는 어떠한 때인가?

산(山)을 가까이 해서는 아니 되네. 입산(入山)하는 자는 죽게 되니, 산에 들어가 도(道)를 닦는 자는 산에서 내려올 때이네.

46

사답가(寺畓歌)

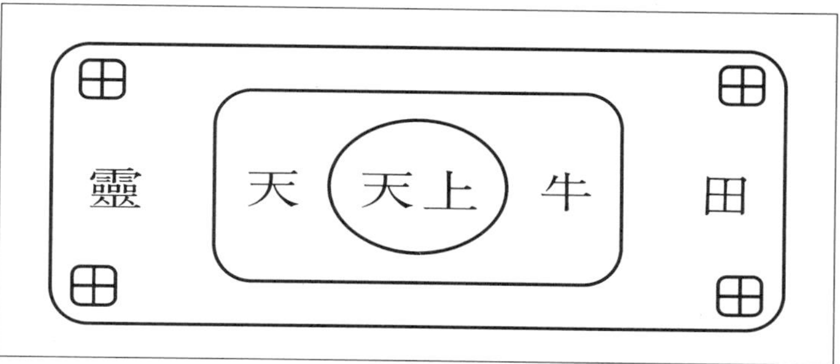

사답칠두(寺畓七斗)는 하늘의 농사이네. 농부(農夫)가 때를 만났네. 물의 근원이 길고 먼 하늘의 밭 전(田)자 농사는 천우(天牛)가 밭을 가는 전전(田田)이네.

문무성(文武星)의 별 이름이 이것이요, 천상(天上)의 수원(水源)이요, 영전(靈田)이네. 이(理)와 기(氣)의 묘한 이치를 마음에 깨달으니 사답칠두(寺畓七斗)가 이 아닌가?

천우(天牛)가 신령스런 밭 전(田)자 농사짓는 것을 모르면 영생(永生)의 길 또한 알지 못하네.

47
계명성(鷄鳴聲)

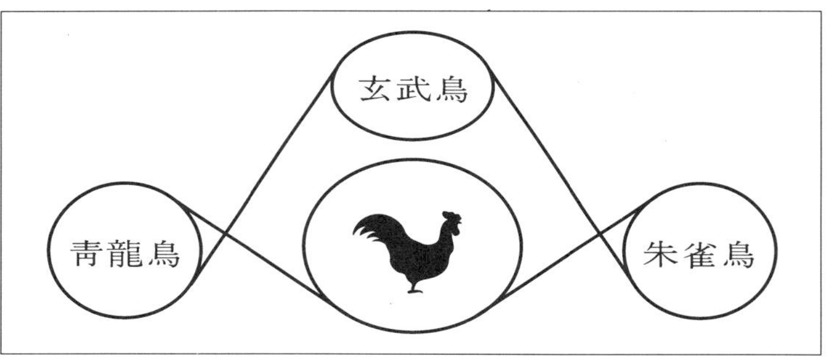

삼조(三鳥)의 닭 우는 소리가 들리니 잠 깨어서 역사(役事)하세. 닭 우는 소리가 자주 들리니 일할 생각이 걱정이네.

현무조(玄武鳥)의 첫번째 울음 소리는 계유(癸酉)년을 말하며, 계유년의 삭발령을 말함이네. 청룡조(靑龍鳥)의 두 번째 울음 소리는 을유(乙酉)년을 말함이요, 을유년의 조국광복을 말함이네.

주작조(朱雀鳥)의 세 번째 울음 소리는 정유(丁酉)년을 말함이네. 어둡고 두려운 긴긴 밤이 물러가고 동쪽 하늘이 밝아오네. 어두운 마귀 세상이 밝은 광명의 세계로 변화되네.

닭 우는 소리에 어느새 동쪽에 해가 중천에 떠올랐네.

백성들아! 잠 깰 때이네. 농사짓는 때를 잃지 마소. 일어(日語)하는 시대에 밭을 갈고, 영학(英學)하는 시대에 씨를 뿌리고, 지학(支學)하는 시대에 김을 매고, 서리와 눈이 내릴 때에 추수하네.

마방아지(馬枋兒只), 정도령(鄭道令)이 나오시니 멸시말고 잘 모시소.

대성인(大聖人)이 임술(壬戌)년에 천국을 건설하기 시작하네. 동방 의인인 청림도사(青林道士)에게 달려가 하느님의 법을 따라야 하네. 운(運)에는 운수가 있고, 때에는 그때가 있네.

그때를 잃지 말고 도(道)의 길을 걸을 수 있도록 '섬마섬마' 연습으로 걸을 준비를 하소.

많은 사람들은 보화와 돈과 재물을 지키고 보전하는 데 온갖 힘을 쓰네.

구름과 안개가 활짝 벗겨지고 밝은 세상으로 변하네. 사람을 살리고 덕을 쌓으려 하나, 주인을 몰라 '불아(弜亞) 불아(弜亞)' 하네.

하느님이 천하의 질서를 주관함이 삼수(三數)의 원리이네. 너와 내가 서로 뜻을 합해 일할 때가 이르렀는데도 모른 체할 것인가?

천진난만한 도(道)이며 참된 이치이네.

아! 시운이 늦어가네. 사탄 마귀가 사람의 마음을 빼앗음으로 사람들이 미륵불(彌勒佛)을 깨닫지 못하는 것인가?

최고 신(神)의 자리에 오르기까지 피와 땀을 흘린 가장 높으신 분이네.

진사(辰巳) 성인(聖人)의 마땅한 운수가 어느 때인가? 지리한 세월 길다 마소. 귀엽다, 우리 아기! 목운(木運)이 변화한 아기가 달궁달궁(達穹達穹)하네.

육십일세(六十一歲)가 백발이냐? 사리를 깨닫고 알게 되니 청춘이네. 하늘의 권세를 마음대로 용납하는 용천검(容天劍)을 가진 아기가 세상을 한결같이 평화롭게 하네. 모든 사람이 주(主)를 우러러 찬양하네.

삼공(三共)이 화합하는 때가 언제인가? 통합하고 통합하니 천하가 통합이네. 세상일이 불쌍하고 참혹(慘酷)하네. 손바닥을 치며 짝자꿍짝자꿍 노래하네.

인왕사유(人王四維)가 웬 말이냐? 광명 세계가 명랑하네. 효도는 힘을 다하고 충성은 생명을 다함이네. 표창문(表彰門)이 세워지는 곧고 바른 세계이네.

척사대회(擲柶大會)하고 보니 재주 없음이 분명하여, 오묘일걸(五卯一乞)로 한꺼번에 이겨버리네. 단군(檀君)의 동방 민족 중에 부처가 나와 활발하게 도(道)가 일어나네.

요(堯) 임금, 순(舜) 임금 또한 불초자식을 두었거늘 어찌 말세 성인(聖人)이 방탕아를 두지 않으리오?

세상 사람들의 입에 떠도는 말을 듣지 마소. 자신의 허물을 고치고, 도(道)를 닦아 지옥에 들어가지 마소.

그 이치를 밝게 알려면 먼저 뿌리를 알고, 말세의 동방 의인인 두 감람나무〔橄〕가 한 사람임을 깨달아야 하네.

48
가사총론(歌辭總論)

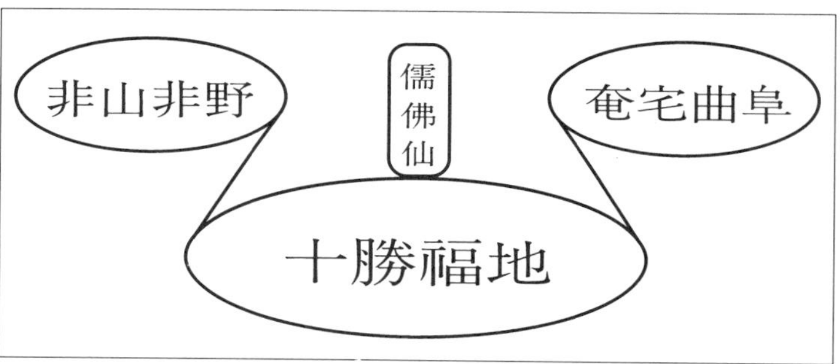

동방(東方)은 천간(天干)으로 갑을(甲乙)이요, 숫자로는 삼(三)과 팔(八)이요, 오행으로는 나무 목(木)이요, 신장으로는 청제(青帝) 장군이요, 방위의 신으로는 청룡(青龍)이네.

남방(南方)은 천간으로 병정(丙丁)이요, 숫자로는 이(二)와 칠(七)이요, 오행으로는 불 화(火)요, 신장으로는 적제(赤帝) 장군이요, 방위의 신으로는 주작(朱雀)이네.

서방(西方)은 천간으로 경신(庚辛)이요, 숫자로는 사(四)와 구(九)요, 오행으로는 쇠 금(金)이요, 신장으로는 백제(白帝) 장군이요, 방위의 신으로는 백호(白虎)이네.

북방(北方)은 천간으로 임계(壬癸)요, 숫자로는 일(一)과 육(六)이요, 오행으로는 물 수(水)요, 신장으로는 흑제(黑帝) 장군이요, 방위의 신으로는 현무(玄武)이네.

중앙(中央)은 천간으로 무기(戊己)요, 숫자로는 오(五)와 십(十)이요, 오행으로는 흙 토(土)요, 신장으로는 황제(黃帝) 장군이요, 방위의 신으로는 구진등사(句陳螣蛇)이네.

지지(地支)로 서(鼠)는 자(子), 우(牛)는 축(丑), 토(兎)는 묘(卯), 호(虎)는 인(寅), 용(龍)은 진(辰), 사(蛇)는 사(巳), 마(馬)는 오(午), 양(羊)은 미(未), 후(猴)는 신(申), 계(鷄)는 유(酉), 구(狗)는 술(戌), 저(猪)는 해(亥)이네.

천간(天干)과 지지(地支)가 변화되는 운수 가운데 연·월·일·시 사상(四象)으로, 그와 같은 이치를 추산하는 가운데 파자법(破字法)을 사용하고, 삼비론(三秘論) 곧 천지인(天地人)의 세 가지 비밀론의 이치로 천기를 논하였으니 부(符)와 절(節)이 합친바 되네.

흑룡(黑龍) 곧 임진(壬辰)년의 처음 운수는 송하지(松下止)에 머문 자가 살았고, 적서(赤鼠) 곧 병자(丙子)년의 중간 운수는 가하지(家下止)에 머문 자가 살았네.

현토(玄兎) 곧 계묘(癸卯)년의 말세 운수는 궁궁(弓弓) 곧 도하지(道下止)

에 머물러야 살 수 있네.

송송가가(松松家家) 이후에는 궁궁을을전전(弓弓乙乙田田)으로 십승지(十勝地)에 가야 산다는 것이네.

하도(河圖)의 전(田)과 낙서(洛書)의 전(田)이 천지의 양백(兩白)이네. 궁도(弓圖)와 을서(乙書)의 원리로 태어난 것이 양백인(兩白人)이네.

삼비(三秘) 가운데 십승(十勝)의 이치가 나오네.

역학의 이치로 팔괘(八卦)를 추산하여 쌍궁(雙弓)과 사을(四乙) 곧 십승(十勝)의 숨은 비결 가운데 피난처를 발견하니 하늘의 언덕인 궁궁(弓弓)이네. 그곳이 곧 도하처(道下處)며, 십승(十勝)의 복된 땅이네.

그 밖에서 십승(十勝)을 찾지 말고, 궁궁(弓弓) 사이에서 십승을 찾아보소.

구궁(九宮) 팔괘(八卦)의 십승(十勝)의 이치로, 하도(河圖) 낙서(洛書)의 신령한 사람이 하늘 나라의 자녀를 낳게 되는 것은 전에도 없었고, 후에도 없는 마지막 운수의 오묘한 법이네. 지천태괘(地天泰卦)인 신선 팔괘의 운수이네.

거짓된 말이 동양과 서양의 학문에 무성하게 자라고, 올바른 정도(正道)를 침범하는 어려운 상황이네.

무궁화 동산의 조선 명승지에 천신(天神)이 보호하는 이적이 나타나고, 소〔牛〕 울음 소리인 엄마(唵嘛)하는 소리가 들에 울려 퍼지네. 구름이 아닌 은혜의 단비가 내리는 기쁜 소식에 불이 하늘로 올라가고 내려오네.

천한 사람이 존귀한 새로운 성품으로 변화되네. 구름이 있는데 진로(眞露)가 하늘에서 내려와 심령을 변화시키네. 우성(牛性)이 거하는 들판의 십승처(十勝處)엔 소〔牛〕 울음 소리가 낭자(狼藉)하네.

열 십(十)자와 입 구(口)자가 서로 합하고, 다섯 개의 입 구(口)가 서로 한마음으로 합하면 음양(陰陽)의 밭 전(田)자가 세워져 하나의 집으로 화평하게 되네.

하도(河圖)는 하늘의 이치로 하늘의 궁궁(弓弓)이네. 향기로운 감로(甘露)가 비와 같이 내리네. 화우로(火雨露) 삼풍(三豊)의 이치가 이뤄지네.

낙서(洛書)는 땅의 이치로 땅의 을을(乙乙)이네. 하늘에 응답하는 이치이네. 소〔牛〕 울음 소리가 충만하게 나는 곳이 나를 살리는 궁궁(弓弓)의 십승지(十勝地)요, 그곳에서 화우로(火雨露) 삼풍(三豊)을 맞이하는 자는 살게 되네.

궁궁(弓弓)은 묘각(猫閣)에 곡식을 감춘 것과 같네. 소울음 소리가 나되 소(牛)는 보이지 않네.

일(一)과 육(六)의 천일생수(天一生水)로 하도(河圖)와 낙서(洛書)의 역학 운수를 마쳤네.

이로움이 석정(石井)의 신령스런 샘물에 있네. 사답칠두(寺畓七斗)가 하늘 농사를 짓네.

천상의 북두(北斗), 문무(文武)의 별에는 농사할 수 있는 물의 근원이 되는 밭이 있네.

일(一)과 육(六)의 천일생수(天一生水)의 원리로 생명수가 흘러나와 나날이 장성하네.

하루 세 끼 먹어도 굶주려 죽는 때에 한 달에 아홉 번 먹어도 굶주리지 않는 하늘 나라 곡식은 물이 올라가고 불이 내려오는 변화의 운수요, 작은 것으로 큰 것을 이루는 해인(海印)의 조화이네.

반석에서 솟구쳐 나오는 생명수(生命水)는 만국의 심령(心靈)에 다 통하네. 늙지 않고 죽지 않는 불로불사(不老不死)의 음양(陰陽)의 도리는 궁궁을을(弓弓乙乙)의 조화이네.

입 구(口)자 형태 안에 여덟 팔(八)자가 있는 밭 전(田)자 속에서도, 새 을(乙)자를 네 번 돌리는 가운데서도, 두 개의 활 궁(弓)자 사이에서도 백십승(白十勝)이 출현하네.

낙반사유(落盤四乳)에서도 십승(十勝)이 나오고, 누루 황(黃)자 뱃속에도 십승이 존재하며, 쌍을(雙乙)의 이치에서도 흑십승(黑十勝)이 나오네.

하늘의 이치인 궁궁(弓弓)과 땅의 이치인 십처(十處)를 모두 십승(十勝)이라 전했네.

궁을(穹乙)과 천지(天地)와 음양(陰陽)의 이치를 담은 글과 운수를 통달하면 상제(上帝)의 도(道)를 알게 되네.

자하도(紫霞島) 가운데 궁을촌(弓乙村)을 유식하거나 무식하거나 말하지만 곡구양각(曲口羊角)하고 보니 산상의 새가 아니네.

산도 아니고 들도 아닌 비산비야(非山非野)의 인부(仁富) 사이가 엄택곡부(奄宅曲阜) 옥산변(玉山邊)이네.

계룡(鷄龍)의 백석(白石)이 거하는 복된 땅이 평사(平沙)이네. 그곳이 무릉도원(武陵桃源)인 십승지(十勝地)로 한 조각의 복되고 편안하며 정결한 곳이네.

복숭아 나무의 기운으로 나타난 사람이 거하는 곳인 줄 누가 알겠는가?

이로움이 산과 물에 있지 않고, 자하도(紫霞島)에 있네.

평사(平沙)의 복된 땅 삼십 리 범위이네. 남문(南門)에서 다시 일어나네.

남조선에 붉게 빛나는 난새[紅鸞]와 붉은 빛 안개가 있는 피난처를 예로부터 지금에 이르기까지 몰랐네.

유교(儒敎) · 불교(佛敎) · 선교(仙敎)의 유명한 철인들이 참선하고 본성을 깨닫고 도통함으로, 육(肉)이 죽고 신(神)으로 거듭나는 법과 하도낙서(河圖洛書)의 운수가 가고오는 법과 다가오는 세상일을 먼저 명쾌하게 깨달아, 중천(中天)의 궁부(弓符)로 선천(先天)이 회복되어 사계절이 봄과 같은 새로운 세계가 펼쳐짐을 알았네.

예로부터 지금에 이르기까지 나온 예언(預言) 가운데 비밀 문서가 많지만은 공자 · 맹자 · 시경 · 서경을 읽은 선비들이 수박 겉핥기로 맛을 알지 못하였네.

유교·불교의 운이 가고 유교·불교의 운이 오니, 어떤 부처가 가고 어떤 부처가 오는 것인가! 토기장이 하느님의 수화(水火)가 능히 나를 죽임이요, 유교를 배척하고 불교를 숭상하는 이때는 금빛 소를 따라야 하네.

금빛 소인 금우(金牛)는 사람 비슷하나 사람이 아닌 금운(金運)으로 오는 신인(神人)을 따르는 이치이네. 동양과 서양의 운을 합친 십승(十勝)으로 출현하는 분이네.

없고 없는 가운데 존재하고, 있고 있는 가운데 존재하지 않네. 없는 가운데 조화가 있음은 천운(天運)으로 되는 것이네.

눈과 얼음과 찬물이 다 녹아 만국강산(萬國江山)에 꽃피는 봄이 돌아오네.

불교(佛敎)를 숭상하는 운이 돌아오니 좋은 운수이네. 삼성(三聖)의 운수가 합쳐 한 사람으로 나오는 것을 깨달으소.

말세(末世)의 어리석고, 눈 멀고, 벌레 같은 몽롱한 자들이 나라의 흥망을 작은 풀처럼 여기네. 아버지와 아들은 재산을 가지고 싸우고 남편과 부인은 이혼하네.

정부(情夫)를 쏘아보고, 과부가 생산되는 음란한 바람이 크게 유행하네. 남편이 있는 부인도 지아비를 배반하니 말세이네.

임금이 약하고 신하가 강하며, 백성은 관리에게 아양떨고, 관리는 태수(太守)를 죽이고도 거리끼는 바가 없네. 해와 달이 빛을 잃고, 전쟁으로 하늘이 보이지 않네.

예로부터 지금에 이르기까지 없었던 하늘의 큰 재앙으로 천지(天地)가 진동하고 불이 떨어지네. 삼재(三災)와 팔란(八亂)이 아울러 일어나는 때이네.

때를 아노? 세상 사람들아! 삼 년의 흉년, 이 년의 괴질이 만국(萬國)에 유행할 때 토하고, 설사하고, 천식하고, 피가 말라 몸이 검게 되어 죽음에 이르네.

AIDS(후천성면역결핍증)의 증상이네. 이름 없는 하늘의 질병이 내려온 것임을 깨달으소.

아침에 살았으나 저녁에 죽으니, 열 집에 한 집 꼴로 살아남네. 산과 바다의 독한 기운에 많은 사람이 죽게 되니 어떠한 묘방(妙方)도 사용할 수 없고, 오운육기(五運六氣)가 허사되니 이름 없는 악한 질병을 면할 수 없네.

마땅히 엄마(奄麻)에게 복종하여 항상 기도문을 외움으로 모든 괴이한 질병을 다 씻어버리는 해인(海印)의 은총을 받아보세.

광풍(狂風)과 음탕한 풍속이 격한 파도처럼 휩쓰네. 땅이 진동하고 불의 재앙이 걱정되네. 독한 질병과 살인 강도가 만연하고, 굶주려 굶어 죽는 것이 여기저기 생기고, 전쟁의 큰 바람이 갑자기 일어나네.

서로 밟고 죽이며 하늘을 우러러 통곡하는 소리가 가득 찬 안심 못할 세상이네.

삼인일석(三人一夕)의 닦을 수(修)자, 궁궁(弓弓)의 이치를 알아보소. 도(道)를 찾는 군자와 도를 닦는 사람들아! 십승(十勝)의 복된 땅이 궁을(弓乙)이네.

도(道)가 없어 큰 병에 걸린 자들아! 불사영생의 해인(海印)이 나왔네.

온화한 기운의 동풍(東風)에 옛날 슬픔이 다하고, 칠 년간의 큰 가뭄에 단비가 내리네.

만국(萬國)에서 가장 아름다운 이 강산에 향기로운 감로(甘露)가 비와 같이 내려 백성들을 소생시키네.

악한 질병으로 많이 죽게 되는 것을 면하게 하려고 전세계를 소동케 하여, 해운(海運)을 열어 한밤에 수천 척의 배가 출항할 때에 한강수(漢江水)를 실어 가며 십승(十勝) 세계의 물품이 해외에 수출되는 육대구월(六大九月)을 알게 되네.

십승(十勝)을 말하여 일렀으되 사람이 많이 모인즉, 시대와 물건이 번성함이요, 물건이 뛰어난즉 시대와 땅이 열림이요, 땅이 열린즉 이 시대의 고생이 다하고, 즐거움이 찾아오네.

땅의 운수가 물러가고 하늘의 운수가 돌아와, 온 세상의 신령스런 기운이 모두 십승지(十勝地)로 들어감을 알아보소. 남해도(南海島) 가운데 여덟 개의 신령스런 산이 바다 가운데 있는 섬이 아니네.

만경창파(萬頃蒼波) 큰 바닷가에 고기와 소금이 조금 생산되나 풍부하며, 다른 나라 병선(兵船)이 왕래하니 궁궁(弓弓)의 십승(十勝)은 물에 없음이 분명하네.

이로움이 산도 아니고 물도 아니고 들도 아닌 곳인 인천(仁川)과 부평(富平), 소사(素沙)의 복숭아 밭이 있는 곳이네.

동반도(東半島)의 우복동(牛復洞)에 청학(青鶴) 신령(神靈)이 출입하니, 전라도 지리산(智異山)이 아닌 다른 곳을 십승(十勝)으로 암시하네.

십승지(十勝地)가 출현하면 사망의 세계가 끝나고, 영생의 세계가 시작되는 운수이네.

산에 들어가 수도(修道)하는 불교의 승려들이여! 미륵세존(彌勒世尊)을 고대하지만 석가(釋迦)의 운수가 한 번 가고 아니 오네.

삼천 년의 운수로 자신의 도(道)가 끝남을 석가(釋迦)가 예언하였네. 말세를 당하여 미륵불(彌勒佛)이 하강함을 정말로 믿지 않네.

만첩산중(萬疊山中)의 선인들아! 산중(山中)에 재미와 한적함이 있지만, 도깨비와 허깨비가 있고 호랑이와 이리와 도적이 있으니, 이 또한 궁궁(弓弓)이 산에 있지 않는 것이네.

북두칠성의 주인인 우성(牛性)이 머물고 있는 들판인 십승지(十勝地)엔 미륵불이 출현하나, 유불선(儒佛仙)이 부패하여 그를 알아보는 군자(君子)는 참으로 드무네.

머리 깎고 중이 되어 시주하는 분들이여! 관세음보살(觀世音菩薩)이 누구인고? 시주보살(侍主菩薩)을 깨닫지 못하고 미륵불(彌勒佛)을 알겠는가?

아미타불(阿彌陀佛) 불도인이여! 팔만대장경을 공부하여 극락(極樂) 간다고 말하지만 가는 길이 희미하네.

서학입도(西學入道) 천당인(天堂人)이여! 천당(天堂) 말은 참 좋으나 구만장천(九萬長天) 멀고 머니 한평생엔 다 못가네.

노래를 읊고 시조를 읊는 유교(儒教)의 선비여! 오륜삼강(五倫三綱)이 비록 인간의 정도(正道)이나, 거만하고 방자하고 시기하고 질투하고 음해하고 거짓되고 정욕(情欲)뿐이네.

사람의 도인 유도(儒道)와 땅의 도인 불도(佛道)는 해가 서산에 지는 운수이네. 낙서(洛書)인 밤의 운수로 어둡고 두려운 가운데 방황하다가 안개 낀 가운데 길을 잃은 것이네.

유교(儒教)·불교(佛教)·선교(仙教)가 각각 분파되어 서로 자신이 가장 뛰어나다고 말하지만, 천당인지 극락인지 저도 못 가고 나 또한 못 가기는 다 마찬가지이네. 평생수도 십년공부 나무아미타불이네.

춘말하초(春末夏初)에 사월천(四月天)의 목인(木人)으로 나타난 하느님을 맞이하고보니, 이제까지 유불선(儒佛仙)이 주장하던 모든 일이 다 헛된 일이네.

유교(儒教)는 말하되 일생 동안 인도(人道)를 닦아서, 그 이름을 오랫동안 남겨야 한다는 사후론(死後論)이요, 불교(佛教)는 말하되 유교보다 한 걸음 더 건너뛰어서 죽은 다음에 극락(極樂)에 들어간다는 사후론이요, 선교(仙教)는 말하되 불교보다 한 걸음 더 건너뛰어 죽지 않고 불사영생(不死永生)하여 지상선국에 들어간다는 논설이네.

세 성인이 각각 다르게 주장하나 유교·불교의 운수를 타는 것이 되네.

하상공(河上公)의 영생론이 참된 이치임을 깨닫지 못하는 유교의 선비들이 이단(異端)이라 주장하며 어지럽게 유생들을 가르치네.

우물 속에 앉아 하늘을 쳐다보는 좁은 편견의 저들과 그 제자들이 겁(劫)에서 벗어나 거듭나는 탈겁중생(脫劫重生)의 원리를 어찌 알 수 있겠느냐?

부자가 죽고 가난한 자가 살게 되는 말세(末世)의 운수에는 상하(上下)가 나누어져 지혜롭지 못한 자는 멸망하네. 하나만 알고 둘은 모르는 지혜롭지 못한 자야! 흑석이 희어지는 것을 말하지만 해인(海印)의 조화를 깨닫지 못하고 계룡(鷄龍)의 흑석(黑石)이 백석(白石)이 되는 이치를 안단 말인가?

선천(先天) 비결을 믿지 마소. 정첨지(鄭僉只)는 허첨지(虛僉只)이네. 천하(天下)의 이(理)와 기(氣)가 변화되는 운수의 법이 모두 해인(海印)의 조화에 있네.

땅의 이치인 여러 산의 십처(十處)도 하늘의 이치인 십승(十勝)이 될 수 있고, 하늘의 이치인 궁궁(弓弓)의 으뜸되는 명승지도 사람의 마음이 악화되면 쓸모없는 것으로 궁을(弓乙)의 복된 땅이 어느 한 곳이겠는가?

호운(好運)이면 여러 곳이 명승지(名勝地)요, 십승지(十勝地)가 될 수 있네.

일본과 중국의 전쟁이 세계 전쟁으로 변화되니, 세계의 대(大)·중(中)·소(小)의 나라가 망하네. 전세계 대전은 조개와 도요새가 싸우는 형세이네.

항상 하느님과 함께 하는 자는 살아남을 수 있으니, 내 몸과 같이 남을 사랑하고 불쌍히 여기소.

하느님(관세음보살, 지장보살)의 마음으로 사람들을 상대하소.

49

출장론(出將論)

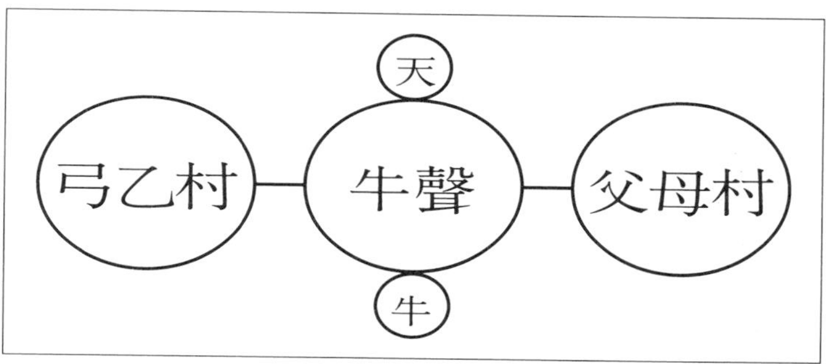

운(運)이 가고 오는 것처럼 천운(天運)이 돌아와 1차 · 2차 · 3차의 큰 난리가 일어나네.

마치 초한(楚漢) 시절의 천하장수(天下將帥)들이 그들의 용맹과 지혜를 자랑하며 다투는 듯한 세상이네.

그 힘은 가히 산을 들어올릴만하며 그 기운은 세상을 덮을만하네.

천하장수 항우(項羽) 같은 인물들이 동서남북에서 봉기하여 재산을 빼앗고 사람의 목숨을 살해하니, 죄가 없는 창생들이 참으로 불쌍하네.

호서(湖西) 지방의 흰 자작나무 인물이 소벌지(蘇伐地)에 나오네. 입으로 불을 토하는 것 같은 뛰어난 장군이 인명을 살해하고, 재물을 빼앗고, 부귀한 집안에 있는 사람을 죽이는 때이네. 소성(蘇城) 백 리에 사람의 그림자가 영원히 끊어지네.

피가 흘러 냇물을 이루니 승려의 피이네. 충청도의 팔문괘(八門卦)가 길지가 아닌 것으로 정했으니, 좋은 운수이면 요행이요 운수가 좋지 않으면 낭패이네. 백화(白華)·팔봉(八峰)에 죽이는 세력이 크게 심한 것이 서산(瑞山)과 태안(泰安)이네.

호남(湖南)의 지리산을 중심으로 청미(青眉) 장군이 바람을 부르고 비를 내리게 하는 이적으로 벌레 같은 백성들을 통솔하여 호남일대에서 봉기할 때에 슬프고도 불쌍하네. 어린 아이가 무슨 죄인가? 남녀 십 세 이상이 모두 다 저들의 칼에 찔려 비참하게 죽게 되네.

남청(南青)·서백(西白)의 가짜 정(鄭)씨들이 하늘 높이 우뚝 서서 한 세상을 높이 흔들어 팔문(八門) 금사 육화진(六花陣)에 살고 죽는 문이 열리고 닫히네.

오랑캐 요동 땅의 곽(郭) 장군이 수십만 대병을 이끌고 침범하여 불의한 자를 엄하게 정벌할 때 의로운 자를 보호하며, 우두머리를 죽이고 낮은 자를 보호하고, 착한 사람을 보호하고 악을 쌓은 집은 남김없이 멸하니, 몸과 머리가 떨어져 굴러다녀도 적선자(積善者)는 살게 되네.

초라한 움막과 동굴에서 돌베개를 베고 도(道)를 닦는 사람들아! 진경

(眞經) 외우기를 쉬지 마소. 도깨비와 허깨비들이 침범하지 못하는 진경이네.

북해(北海)에 출세한 조(趙)씨 장군이 풍운 조화를 마음대로 부려 의병을 일으켜 선악을 판단하고 높은 산에서 물이 흐르듯이 남쪽으로 쳐내려올 때 슬프도다. 인생이여! 만나면 죽임을 당하니 어느 곳이 생명을 보존할 바위 굴인가?

북해도(北海島) 가운데 말의 머리에 사람의 몸, 청색의 몸과 팔 척의 장신이 입으로 불을 토하는 괴술로써 혹세무민(惑世誣民)하고 인심을 팔 때에 천하가 시끄러워지니, 무도자(無道者)가 어찌 살겠는가?

풍랑이 불어 닥치니 도덕선(道德船)을 급히 타소. 영북교동(嶺北喬洞)에 달팽이 몸과 사람의 머리로 둔갑하여 몸을 숨긴 기이한 일이 일어나네. 서로 짓밟으니 혼돈스럽네. 나라를 망하게 하는 요물이네.

가련하다. 허영심으로 가득 찬 무도자(無道者)의 마음을 빼앗는 요물을 제거하는 것은 천신(天神)이네. 들어가는 자는 살고 나가는 자는 죽으니 슬프고 처량하네.

서쪽의 호숫가에서 진인(眞人)이 세상에 나오니, 모든 신선과 신명들이 각기 신장을 이끌고 통합하여 하늘에서 내려오네.

악한 것이 착한 것으로 변화되니 영원히 악한 냄새가 없는 신(神)의 세계로 변화되네. 늙고 병들고 죽고 장례지내는 것이 물러가니, 지상선국

(地上仙國)의 기초가 되는 땅이네.

천문술수(天文術數)는 어느 곳을 따라야 할 것인가? 황방(黃房)과 두우(杜禹)가 출몰하는 때이네. 우뢰가 진동하고 번개가 번쩍이는 해인(海印)의 조화로 말미암아 천지가 혼돈하니 두렵네.

참는 자는 세상을 이기네. 천지(天地)의 이치가 반복됨에 부귀와 빈천이 뒤로 눕네.

거역자들이여! 어이 할고? 너희 행한대로 보응하는 공정하고 사사로움이 없는 하느님의 심판을 받고보니, 천당지옥(天堂地獄) 양단간이 다시 오지 않는 좋은 운수이네.

위와 같은 장군들이 나오는 때가 어느 때인고? 알고보니 구정팔이(九鄭八李)이네.

천 명의 조상 가운데 하나의 자손만이 살아남지 않으면, 백 명의 조상 가운데 하나의 자손이 살아남네.

누가 까마귀의 자웅(雌雄)을 구별하겠는가? 모든 사람이 말한 예정된 성인(聖人)을 누가 알겠는가? 망동하지 마소. 저 일본 병정들 무엇을 얻고자 다시 오는가?

최후 승리 알고보니 소득함이 사망이네.

큰 난리 가운데 피난민들, 남자는 짐을 지고 여자는 짐을 이고 도망가지 말고, 한마음으로 힘을 합쳐 전 가족이 궁을촌(弓乙村)을 찾아보소.

소〔牛〕 울음 소리가 나는 마을에 소가 보이지 않는 신천촌(信天村)을 모르다니 한심하네.

풀잎의 이슬과 같은 인생들이여! 궁을촌(弓乙村)을 모르거든 호천촌(呼天村)을 먼저 찾은 뒤에 호모촌(呼母村)을 다시 물어보소.

부모촌(父母村)을 모르거든 삼인일석(三人一夕)의 닦을 수(修)자, 쌍궁도(雙弓道)에 정성을 다하면 하늘이 감동하네.

천신(天神)으로 변화되는 무릉도원(武陵桃源)을 찾을 수 있네.

도(道)를 닦고 먼저 출현한 사람은 하늘의 권세를 용납하는 박(朴)씨이네. 하늘이 무너지고 땅이 갈라져도 소사(素砂)는 서 있네. 그곳이 청학(靑鶴)의 복된 땅이네.

우복동(牛腹洞)이 삼봉산(三峯山) 아래 반달의 형상인 마음 심(心)자에 있네. 깊이 숨어 있는 굴처럼 구불구불한 주머니같이 생긴 마음의 세계로 신령한 샘물이 항상 넘쳐 흐르는 곳이네.

푸른 정자가 있는 옛 마을에 푸른 산과 새 마을이 생겼으니, 산도 들도 아닌 십승처(十勝處)이네.

해인(海印)이 자리잡은 용궁(龍宮)은 해와 달이 한가하네. 목인(木人)이 거하는 새로운 장막이 별천지이네.

바람을 몰아 악한 질병을 구름 속으로 보내고, 은혜로운 성신(聖神)의 비로 원한 맺힌 영혼을 깨끗하게 씻어내네.

천지(天地)에 특별한 세계가 있으니 인간 세상이 아닌 무릉도원인 자하도(紫霞島)이네.

그림 속의 소〔牛〕가 시냇가를 돌아보며 생명물이 있는 우성촌(牛姓村)에 숨어 있네.

물이 올라가고 불이 내려오는 수승화강(水昇火降)의 오묘한 법을 슬기롭지 못한 자가 어찌 알겠는가?

하늘의 소〔牛〕가 하늘의 밭을 가는 이치며, 사답칠두(寺畓七斗)의 하늘 농사이네.

크고 크도다. 우성촌(牛姓村)에 한마음으로 도(道)를 닦았더니, 비와 같이 내리는 향기로운 감로(甘露)가 순환하는 가운데 나날이 새롭게 결실을 맺네.

반석(盤石)에서 솟아나는 생명수(生命水)로 천하인민(天下人民)의 메마른 심령의 갈증을 풀어주는 것은 궁을(弓乙)과 십승(十勝)의 역경법(易經法)이네.

죽음 가운데서 다시 살아나는 이치가 있으니 하늘의 은혜로움이네.

그림 속의 소〔牛〕가 시냇물을 돌아보는 십승(十勝)의 법이 손진계룡(巽震鷄龍)의 청림(青林)이네.

예로부터 지금에 이르기까지 유교의 선비들 가운데 그 누가 이와 같은 이치를 통달하였단 말인가?

계룡(鷄龍)의 정(鄭)씨가 해도(海島)에서 감나무의 기운을 타고 진인(眞

人)으로 출현함을 역(易)의 이치로 통달하지 못하니, 십 년간이나 공부한 수도자(修道者)들의 전공(前功)이 아깝고 애처롭네.

50
십승론(十勝論)

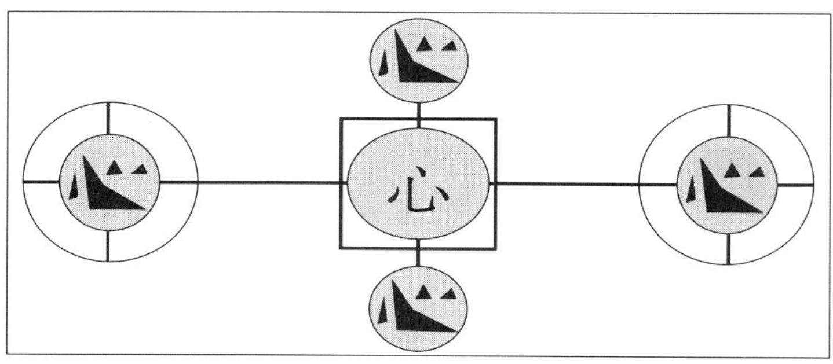

양백(兩白)·삼풍(三豊)·십승론(十勝論)을 다시 풀어 말하리다. 누루 황(黃)자의 뱃속에 들어감이 생명을 보존함이네.

하늘의 이치인 십승(十勝)을 찾아, 천문과 지리에 밝은 정감(鄭堪) 선사의 하늘의 이치론을 풀어보세.

십승인(十勝人)을 개별적으로 개개인이 깨달아 생명을 얻도록 하늘의 이치인 십승(十勝)을 전했네.

구궁(九宮)·팔괘(八卦)·십승(十勝) 대왕은 참으로 신령스런 사람이요, 선비인 진인(眞人)이네. 그가 궁을(弓乙)과 해인(海印)의 조화로 마귀를 항복시키는 도(道)를 펼치네.

궁을(弓乙) 사이의 십승지(十勝地)를 여러 산을 넘나들며 산 가운데 찾지 말고, 마음 심(心)자 가운데 극진히 찾아보소.

지리 십처(十處)에는 들어가지 마소. 나를 죽이는 것이 지리 십승(十勝)이네. 입산(入山)하는 몸은 반드시 죽게 되는데도 여러 산 가운데서 찾는단 말인가?

산에 가까이 가면 아니 되네. 정녕 산의 독한 안개로 많은 사람이 죽게 되네.

하늘이 만백성을 모두 죽이는 땅이요, 생령(生靈)을 끊여 제거하며 그 기운을 죽이는 땅이네. 수백만 비둘기 무리들이 재화(財貨)를 바친 후에 살 수 있는 이치이네.

조선의 한양 도읍 끝에, 어리석은 무리들이 이 십승(十勝)에 들어가면 하나도 목숨을 보호하지 못하는 곳이라고 편람론(編覽論)에 전했네.

양(陽)의 도수가 오고, 음(陰)의 도수가 물러가고, 천신(天神)이 오고, 지귀(地鬼)가 물러가는 황극(黃極)의 선도(仙道)가 세상을 명랑하게 하네.

땅의 운수가 물러가고 하늘의 운수가 돌아옴이니, 땅의 이치를 돌아보지 말고 하늘의 이치를 돌아보아야 살게 되네.

51
양백론(兩白論)

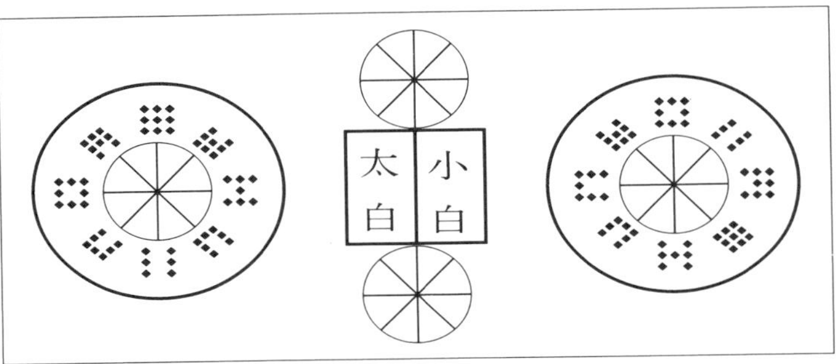

사람의 종자는 양백(兩白)에서 구함이니 양백의 이치를 자세히 알아보소.

양백(兩白) 사이에 피난하여 사는 사람은 개개인 모두 삶을 얻는다고 전했네. 어찌 하늘의 양백(兩白)을 모르고서 땅의 양백을 찾는단 말인가?

선천과 후천의 양백(兩白)의 운수와 선천(先天)·후천(後天)·중천(中天)의 역학의 이치로 하도(河圖) 낙서(洛書)의 거룩한 성인(聖人)이 탄생하니 인간을 초월한 영인(靈人)이네.

자녀를 낳아 양육하여 신선 세계에 살 수 있는 하늘 백성으로 변화시키네.

천국(天國) 백성이 되려면, 마음을 깨끗이 하고 손을 깨끗이 하고 행동을 깨끗이 하소.

사람과 만물의 장생(長生)은 사람을 도와 생명을 구하는 것이니 덕(德)을 쌓도록 하소.

옷을 희게 하고 마음을 희게 하고, 하느님의 마음으로 변화시킴도 양백(兩白)의 이치이네.

조선 민족이 환란을 당할 때에 천신(天神)이 백의인(白衣人)을 돕네.

하도낙서(河圖洛書)의 원리와 하늘과 땅의 천일생수(天一生水)의 원리로 양백(兩白) 성인(聖人)이 이 세상에 출세하여, 십승(十勝)의 큰 배를 지어 놓고 고해중생(苦海衆生)을 구제하네.

선천하도(先天河圖)의 오른쪽 태백(太白)과 후천낙서(後天洛書)의 왼쪽 소백(小白)이 좌산(左山)·우산(右山)의 그림이며, 궁궁(弓弓) 사이에는 백십승(白十勝)이 숨어 있네.

산궁(山弓)과 전궁(田弓), 전궁과 산궁의 양백(兩白) 사이가 십승(十勝)이네.

하도(河圖)와 낙서(洛書)가 이기(理氣)가 서려 있는 신령스런 산임을 세상 사람이 몰랐으니, 본문 가운데 칠십이궁(七十二宮)의 그림을 자세히 연구하여보소.

천지의 양백(兩白) 이치는 역리(易理)로 출현하는 거룩하고 신령한 왕이네. 그를 양백과 십승(十勝)으로 전했으니 사람의 종자는 양백에서 구하는 것이네.

하늘의 양백(兩白)을 알았거든, 땅의 양백을 다시 알아보소. 태백(太白)은 굶어 죽는 귀신이 모여드는 곳이고, 소백(小白)은 머리 잘린 혼백이 횡행하는 곳임을 옛날 스승이 분명하게 전했네.

하얗고 하얗도다. 하얗기에 살지 못하는 곳이네.

지리(地理) 양백(兩白)은 쓸모없고 천리(天理) 양백(兩白)이라야 살 수 있네.

천지(天地)가 덕을 합하여 나온 양백(兩白) 성인(聖人)이 선성(先聖)의 예법을 다시 고치고, 만방(萬方)으로 널리 백성을 교화하고 구제하네.

삼풍도사(三豊道士)가 바람과 같이 날아오네.

52

삼풍론(三豊論)

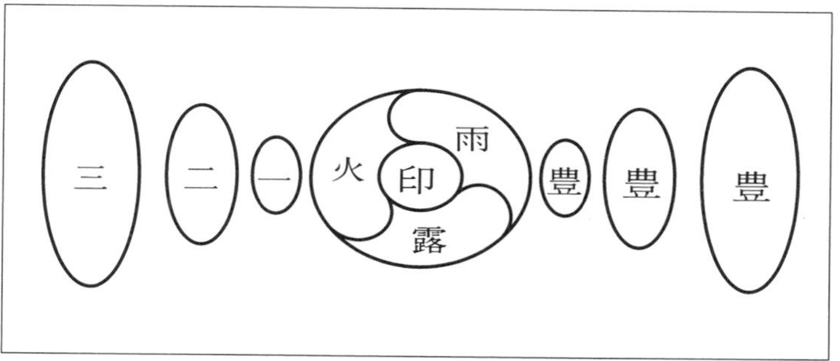

곡식의 종자는 삼풍(三豊)에서 구함이니 삼풍론(三豊論)을 또 들어보소. 선천하도(先天河圖)와 후천낙서(後天洛書)와 중천해인(中天海印)의 이기(理氣)가 삼풍이네.

삼천극락(三天極樂) 전한 법이 양백(兩白)과 궁을(弓乙)과 십승(十勝)의 이치이네.

소남(少男)과 중남(中男)의 양백(兩白) 가운데 인백(人白) 장남(長男)이 출세하여 셋으로 변한 것이 삼풍(三豊)이네.

건금(乾金) 갑자(甲子)로써 도(道)를 이루네. 천지 양백(兩白)인 우리 선생이 인도(人道) 삼풍(三豊)으로 변한 것이네.

십황(十皇)·양백(兩白)·궁을(弓乙) 가운데 삼극(三極)·삼풍(三豊)이 화우로(火雨露)이며, 양백의 도(道)가 십곤(十坤)이요, 삼풍도사(三豊道師)가 십건(十乾)이네.

곤삼절(坤三絶)과 건삼련(乾三連)을 양백(兩白)과 삼풍(三豊)으로 전했으니, 곡식 없이 대풍인 풍년 풍(豊)자 비와 같이 내리는 감로(甘露)가 삼풍이네.

한 달에 아홉 번 먹는 삼풍(三豊) 곡식을 궁을(弓乙) 가운데서 찾아보세.

제1풍에 불(火)이 하늘로 올라가 악한 것이 착한 것으로 변화되니, 첫째 곡식이네.

제2풍에 구름이 없는 가운데 진우(眞雨)가 내려 심령이 변화되니, 둘째 곡식이네.

제3풍에 이슬이 있으되 진로(眞露)가 내려 육신의 구조까지 변화돼 인간이 재창조된 몸으로 거듭나니, 셋째 곡식이네.

삼풍(三豊)과 삼곡(三穀)은 세상에 없는 곡식으로 십승(十勝) 가운데 출현하네.

정(鄭)씨가 백성의 우두머리가 되는 이치를 양백(兩白)과 삼풍(三豊)으로 전했네. 크게 굶어 죽는 말세(末世)에 세계 만민을 구제하는 하늘 나라 곡식이네.

온화한 기운의 동풍(東風)에 오랫동안의 슬픔과 괴로움이 모두 사라지네. 벌과 나비가 춤추며 오듯이 천하 만민들이 기뻐 뛰며 몰려 오네.

죽지 않는 불사(不死) 소식을 전하는 영원한 봄의 시절에 어리석은 창생(蒼生)을 널리 구원하여보세.

하늘의 이치인 삼풍(三豊)을 알았거든 땅의 이치인 삼풍(三豊)을 알아보소. 삼풍의 이치를 풍기(豊基), 연풍(延豊)의 지리 삼풍으로 전했네.

삼풍(三豊)을 논해보세. 어찌 풍기(豊基)가 최고로 복된 땅인 삼풍이 된단 말인가?

밭갈이 하는 자가 얻지 못하고 얻은 자가 먹지 못하니 어찌하여 복된 땅이며, 먹는 것은 생기지 않고 먼지와 안개가 하늘을 뒤덮으니 곡식 종자인 삼풍(三豊)이 어찌 되겠는가?

풍기(豊基)·무풍(茂豊)·연풍(延豊)으로 지리삼풍(地理三豊)을 전했으나 천리삼풍(天里三豊)이 세상에 나옴으로 지리 삼풍은 이롭지 않네.

풍년이네. 풍년이네. 무정한 풍년이 비삼풍(非三豊)이 아니던가? 비문(秘文)의 숨은 이치를 추산하는 법은 푸는 방식을 모르고는 알 수 없네.

양백(兩白) 삼풍(三豊)이 길지가 아님을 신선이 분명하게 보여주네.

삼풍(三豊)과 해인(海印)이 또한 한 이치이니 해인(海印)의 조화가 자연스럽게 이뤄지네.

사람마다 하느님의 마음으로 변화되는 중입(中入) 시기를 놓치지 마소.

칠 년간 크게 가문 날, 물이 있는 가장 자리에 삼풍(三豊) 농사를 지어 보세. 십황(十皇)·양백(兩白)·궁을(弓乙) 가운데 삼극(三極)·삼건(三乾)·삼풍도사(三豊道士)가 있네.

곤삼절(坤三絶)이 건삼련(乾三連)의 괘(卦)로 변화되는 양백(兩白) 삼풍(三豊)을 알아보소.

53

계룡론(鷄龍論)

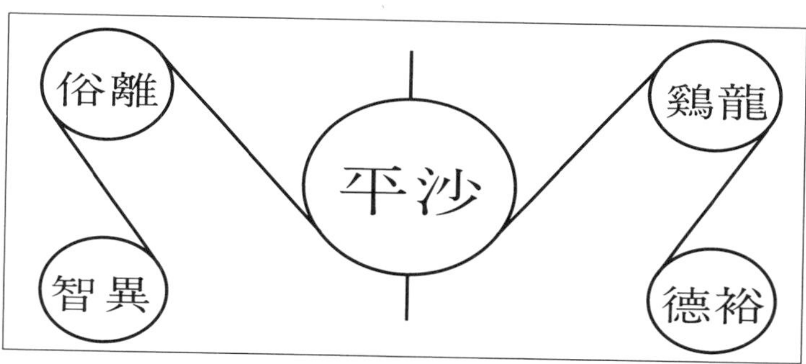

계룡산(鷄龍山)과 속리산(俗離山) 사이의 마을마을마다 왕성한 기운을 전했고, 지리산(智異山)과 덕유산(德裕山) 사이의 골짜기마다 좋은 운수를 전했네.

세상의 지혜와는 다른 지혜이네. 지혜와 예지로 분명하게 들어 깨달으소. 덕유산(德裕山)의 사람마다 방방곡곡 좋은 운수로, 죽음 가운데 삶을 구하게 되었네.

해가 돋는 동방의 신선 운수로 손계(巽鷄) 진룡(震龍)은 동방목(東方木)이요, 오행으로는 쌍목운(雙木運)이네. 동방의 목운(木運)을 의미한 말이네.

이(理)와 기(氣)가 화합하고보니 청림도사(青林道士)요, 계룡(鷄龍) 정(鄭)씨 이네. 큰 강을 건너 목도(木道)가 이르네. 천운(天運)인 선도(仙道)의 장남과 장녀의 운수이네.

세상을 생각지 말고 속세를 벗어나, 좌우를 돌아보지 말고 전진하소. 세속을 떠난 자는 살며, 계룡(鷄龍)에 들어간 선관(仙官)과 선녀(仙女)는 짝을 맺네.

계룡(鷄龍)의 백석(白石)이 무기(武器)이네. 십승도령(十勝道靈)인 궁궁인(弓弓人)이 말세(末世)에 밭에서 쓰는 낫이네.

평사(平沙)의 세 마을이 복된 땅이네. 산도 아니고 물도 아닌 곳으로 인민(人民)이 전쟁을 피할 수 있는 곳이네.

세 가지 재앙이 들어오지 않는 선경(仙境)인 까닭으로 임진왜란 때부터 박(朴)씨가 살고 있는 곳으로 들어가는 것이 이롭고, 그가 십승인(十勝人)임을 전했네.

복숭아 씨(種)가 있는 무릉도원(武陵桃源)이네. 깨끗한 땅이요, 복된 땅이 아니던가? 선도(仙道)가 번창하는 때에 계룡(鷄龍) 정(鄭)씨를 전했네.

인간이 재미와 낙을 즐김으로 세상을 벗어 버리지 못하고, 세상을 떠나 들어가지 않으면 죽게 되네. 이(理)와 기(氣)가 영산(靈山)에 십승(十勝)의 운수로 맺혔는데 지리적으로 모든 산이 합당하겠는가?

지리산(智異山)과 덕유산(德裕山)은 길지(吉地)가 아니네. 지혜로운 자가 어찌 들어가라고 전했겠는가?

계룡산(鷄龍山)과 속리산(俗離山)도 길지(吉地)가 아니네. 절대로 공주(公州) 계룡(鷄龍)은 꺼려야 할 땅이네.

이(李)씨 왕조가 장차 끝날 때 하느님의 기운인 이(理)와 기(氣)의 신령스런 이치가 계룡(鷄龍)으로 이동하여 들어감이 무슨 말인가?

청학(青鶴)이 알을 품고 계룡(鷄龍)에 들어가는 이치를 어찌 세상의 이치로 알 수 있단 말인가?

54
송가전(松家田)

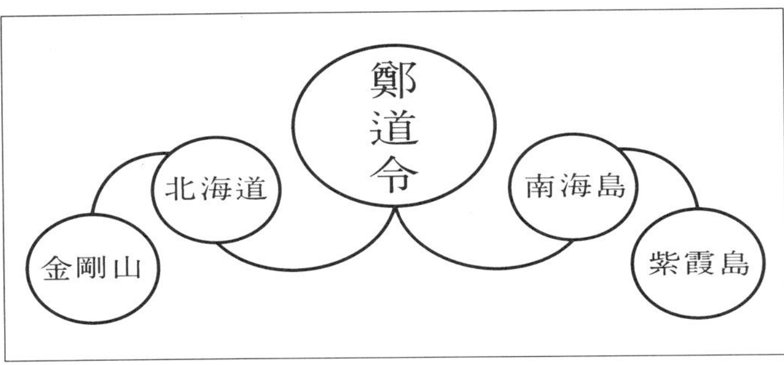

정감(鄭鑑)과 이심(李沁)이 예언한 글은 세 가지 비법으로 표시했네.

천간(天干) 지지(地支)의 변화하는 운수와 오행(五行)의 변화 운수를 파자법(破字法)으로 기록하였네. 이를 대강 풀어 말하네.

예로부터 지금의 말세(末世)에 이르기까지 세 가지 운수의 비결로 마치었네. 부목절목(浮木節木) 호운(虎運)의 임진왜란 때에도 풀과 비슷하나 풀이 아닌 송(松)자가 피난처임을 전했네. 나를 죽이는 것이 왜놈〔倭〕이며, 그 왜놈이 전쟁을 일으키는 자며 사람인 줄 몰랐네.

그림 속의 호랑이가 소나무를 돌아보네. 소나무같이 번창하는 것이니 목(木)을 따라야 산다는 말이네. 호랑이의 성질은 산에 있으니 십팔가공(十八加公)은 송(松)자요, 수룡일수(水龍一數)는 임진(壬辰)년이네.

임진(壬辰)년을 당하여 소나무 아래 머물러 있으란 말이네.

앉아 있는 것은 나를 죽이는 이치이니, 깊은 골짜기로 나아가 소나무 송(松)에 의지하면 살게 되네. 사람들이 미쳐 날뛰는 것을 보면 나무를 본즉 멈추소. 그림 속의 송아지는 소리로는 송하지(松下止)이네.

처음 임진왜란은 이미 지나가고, 다시 호란(胡亂)이 일어나 사람들이 마음에 겁을 먹으나 잠깐이네. 부토온토(浮土溫土) 구운(狗運)의 병자호란(丙子胡亂)에는 들과 비슷하나 들이 아닌 따뜻한 온돌방이 피난처임을 전했네. 나를 죽이는 것이 눈 설(雪)자로 그 속에 하늘의 이치가 있음을 몰랐네.

그림 속의 개가 처마를 돌아보네. 수많은 병사들이 와도 흙을 따르면 산다고 했으니, 방안에만 있으면 산다는 것이네. 개의 성질은 집에 있으니, 병자(丙子)년에 일어나는 환란은 집에서 맞이하는 운수이네.

나가면 나를 죽이는 불리한 운수로 대들보 아래 앉아 있으면 산다는 것이네. 눈[雪]이 미쳐 날뛰는 것을 보거든 집을 보고 멈추소. 그림 속의 개는 소리로는 가하지(家下止)이네.

난잡한 말세(末世)에 나를 죽이는 것은 털없는 짐승이 분명하네. 부금냉금(浮金冷金)의 우운(牛運)인 말세에는 사람과 비슷하나 사람이 아닌 사람을 피난처로 전했네. 작은 머리에 발이 없는 소두무족(小頭無足-火)이 나를 죽이는 것으로 그 속에 있는 귀(鬼)를 몰랐네.

그림 속의 소가 시내를 돌아보네. 엄택곡부(奄宅曲阜)의 금(金)을 따르라 전했네. 금은 인생의 추수기의 주인공을 말하네. 우성(牛性)이 거하는 들에서 수도(修道)하소.

계묘(癸卯)년이 종말이나, 우성(牛性)은 참으로 변화난측함이 있네. 상황에 따라 변할 수 있네.

천화(天火)가 나를 죽이는 이치이네. 궁궁(弓弓)의 십승(十勝)이 거하는 언덕에 가야 사네. 마귀가 미쳐 날뛰는 것을 보거든 들을 보고 머무소. 그림 속의 돼지는 소리로는 도하지(道下止)이네. 풍기가 문란한 어지러운 세상에 십승대도(十勝大道)를 알아보소.

역학(易學)의 이치로 건곤(乾坤)이 순환하는 가운데 유(儒)·불(佛)·선(仙)이 선천(先天)·후천(後天)·중천(中天)의 세계로 세 번 변하며 아홉 번 반복하는 삼변구복(三變九復)의 운수가 돌아오네.

유(儒)·불(佛)·선(仙)의 세 가지 이치가 기묘한 역(易)의 이치로 출현하네.

소남(少男)과 소녀(少女)의 선천하도(先天河圖)가 희역(羲易)의 이기(理氣) 조화법이네. 유도(儒道)를 바르게 밝혔으나, 인도(人道)에 속하여 72명의 제자가 영가시조(咏歌時調)로 도(道)를 폈네.

건남곤북(乾南坤北) 천팔괘(天八卦)로, 천지비괘(天地否卦)의 봄 기운으로 팔괘(八卦)의 음양(陰陽)이 서로 짝한 까닭으로 상생(相生)의 이치요, 예의(禮儀)이네.

팔괘(八卦)를 마련한 복희(伏羲)의 역리법이 사시순환(四時循環)되옴으로, 아이를 배어 기르며 봄에 싹이 나는 포태양생춘생발아(胞胎養生春生發芽)와 늙고, 병들고, 죽고, 장례하는 쇠병사장(衰病死葬)을 피할 수 없네.

희로애락(喜怒哀樂)의 사시순환(四時循環)하는 이치가 한 번 가고 한 번 오는 것이 전과 같네.

선천하도(先天河圖)의 운수는 이미 가고 후천낙서(後天洛書)의 운수가 도래(到來)하니, 중남(中男)과 중녀(中女)의 후천낙서(後天洛書)가 주역(周易)의 이기(理氣) 변화법이네.

불도(佛道)를 바르게 밝혔으나, 땅에 속하여 500명의 불제자가 아미타불(阿彌陀佛)의 도(道)를 폈네.

이남감북(離南坎北)의 지팔괘(地八掛), 화수미제(火水未濟)의 여름의 장성한 기운으로 팔괘(八卦)의 음양(陰陽)이 착란(着亂)하여 상생(相生)에서 상극(相克)으로 변했네.

팔괘(八卦)를 마련한 주역(周易)의 법이 사계절의 움직임과 한가지며, 욕대관왕(浴帶冠旺)의 여름에 장성하는 이치니, 쇠병사장(衰病死葬)이 전과 같네. 따뜻하고 뜨겁고 서늘하고 추워지는 사계절이 돌고 돌아오니 낮

과 밤의 길고 짧은 것이 전과 같네

후천낙서(後天洛書)의 운수가 또한 이미 가고 중천인부(中天印符)의 운수가 다시오네. 장남(長男)과 장녀(長女)의 운수로 하늘의 정역(正易)이 기묘하게 조화를 이루는 법이네.

선도(仙道)를 바르게 밝혔으나, 하늘에 속하여 1만 2천 제자가 12파로 정도령(正道靈)의 복음을 전하네.

곤남건북(坤南乾北)의 인팔괘(人八掛), 지천태괘(地天太卦)로 순환하여 인생의 추수기에 팔괘음양(八卦陰陽)이 다시 배합되니, 상극(相克)이 상생(相生)으로 변화되네.

팔괘(八卦)가 변한 하늘의 정역법(正易法)은 사계절의 순환이 영원히 없는 까닭으로 천도(天道)가 순환하는 가운데 욕대관왕(浴帶冠旺)의 인생 추수기가 되네.

늙고, 병들고, 죽고, 장례지내는 쇠병사장(衰病死葬)이 퇴각하네. 춥지 않고 뜨겁지 않은 봄의 계절에 밤이 변하여 낮이 되고, 낮은 변함이 없네.

장남(長男)과 장녀(長女)의 선도법(仙道法)은 사계절이 순환하여 돌지 않음으로 영원한 봄의 세계가 되네.

아이를 낳아 기를 수 없고, 늙고, 병들고, 죽고, 장례함이 없네. 욕대관왕(浴帶冠旺)의 영원한 봄의 계절에 불사소식(不死消息)은 참으로 반가운 일이네.

유교(儒教) · 불교(佛教) · 선교(仙教)가 각각 황극(皇極)의 신선의 운수로 합하네. 수고와 슬픔과 눈물이 없는 낙원이요, 늙고 병들고 죽고 장례지내는 쇠병사장(衰病死葬)과 한줌의 황토로 돌아감이 없는 아름다운 세상이네.

여자가 위요, 남자가 아래가 되는 계룡(鷄龍)의 운수는 여자도 남자와 같은 권리를 행사하게 되네.

해인(海印)과 삼풍(三豊)의 아미타불(亞米打弖) 불도(佛道)의 창성함이 아니겠는가?

새로운 운수를 펴는 운수로 다시 새로운 운수에 선천(先天) · 후천(後天)이 지나가고, 중천(中天) 시대가 온 것이네.

모든 병을 다 고치며 늙음을 젊음으로 변화시키는 해인대사(海印大師)가 온 것이네.

도(道)가 없어 병이 뼛속까지 들어간 무도자(無道者)를 불사영생(不死永生)시키려고, 하도낙서(河圖洛書)의 이치로 기묘한 해인(海印)의 오묘한 법을 만세(萬歲) 전에 미리 정하여 숨겨 두었다가, 오늘날 동서각국(東西各國) 제외하고 예의가 바른 무궁화 꽃이 피는 조선의 자하도(紫霞島)의 진인(眞人) 박활(朴活)에게 모든 것을 전하여 가치없이 보전하네.

값없이 주지만 벌레 같은 인생들은 알지 못하고, 깨닫지 못하네. 거만하고, 방자하고, 시기하고, 교만한 마음과 좌정관천(坐井觀天)의 좁은 지식으로 좌우를 돌아보지 않고, 자기 양심을 속임으로 진리를 통달하지 못하며 안개 중에 방황하네.

천지(天地)가 순환하고 왕래하여, 운수가 가고 운수가 오는 종말일(終末日)이 다가오네. 중동(中動)할 때에 들어가지 못해 복을 받지 못하는 자는 죽게 되네. 가련한 일이네. 해인(海印)과 삼풍(三豊)을 깨닫지 못하네.

십승(十勝)과 궁을(弓乙)을 획득하려면 모름지기 백토(白兎)를 따라 청림(靑林)으로 달려가소. 서방의 기운이 동쪽으로 임하는 선도(仙道)의 운수를 받으소.

만칠가삼(滿七加三)의 십승지(十勝地)를 피난처로 하여 계룡백석(鷄龍白石)을 전했으나, 먼저 오고 나중에 온 비문법(秘文法)이 머리를 감추고 꼬리를 숨겨 혼란스럽네.

그 질서를 판단하여 올바로 깨닫지 못하고, 세월이 지났다 해서 돌아보지 않네.

수박 겉핥기 식의 피상적으로 그 뜻을 찾는 자는 그 참된 맛을 모르나, 깊이 찾는 자는 그 참된 맛을 알게 되어, 하늘이 감추고 땅이 숨겨놓은 비문법(秘文法)을 해와 달을 보는 것처럼 헤아려 풀게 되네.

영대(靈坮) 가운데 십승(十勝)이 가까이 있음을 모르고, 먼 곳에서 취하려 하였네.

용마하도(龍馬河圖)의 선천운수인 유도(儒道)와 금귀낙서(金龜洛書)의 후천운수인 불도(佛道)가 신선 세계로 돌아오네.

음양(陰陽)이 상극하고 시기질투함이 하늘의 신령한 닭 소리에 제거되네.

상생(相生)의 이치로 영원불변의 세계가 자연스럽게 펼쳐지고 기사이적(奇事異跡)이 출현하니, 동방(東方)이 찬란한 광명세계로 변화하네.

밝아오네 밝아오네. 계룡(鷄龍)의 동방에 곧 밝은 해가 솟아오르며, 신선의 운수가 일월(日月)을 재촉하네. 무궁화 동산이 밝아오네.

비쳐오네 비쳐오네. 어둡고 두려운 긴긴 밤의 조선 땅에 사람의 수명이 길어지고, 하느님의 축복이 온 집집마다 가득한 선국(仙國)의 서광(瑞光)이 비쳐오네.

만방의 부모(父母)가 되는 무궁화 동산! 이름을 택한 것도 좋구나. 영원 무궁한 세계가 전개되네.

백성들이 가련하네. 여덟 명의 정(鄭)씨와 일곱 명의 이(李)씨가 봉기할 때에 예언서에 말한 거룩한 성인(聖人)이 자신들이라고 떠들며 나서니, 누가 까마귀의 자웅(雌雄)을 구별하겠는가?

천 마리의 닭 가운데 봉(鳳)이 한 마리 있으니, 어느 분이 거룩한 성인(聖人)이며 진실한 성인인가?

참된 성인(聖人) 한 분을 알려거든 소〔牛〕 울음 소리나는 곳을 찾아 들어가소.

세인들이 함몰된 땅이며 죽는 땅으로 비웃고 조소하나 그곳이 소〔牛〕

울음 소리가 나는 곳이요, 그곳에 거하는 분이 비록 시비(是非)함을 많이 당하나 세인들이 고대하던 진인(眞人)이네.

삼인일석(三人一夕)의 닦을 수(修)자 궁궁(弓弓)의 십승(十勝)을 앉아서 찾을 수 있고 닦을 수 있나?

계룡(鷄龍)의 목운(木運)은 백석(白石)을 무기로 사용하여 온 세상의 마귀를 모두 무저항에 가두네.

한마음으로 도(道)를 닦는 참된 사람은 해인(海印)의 선약(仙藥)을 받아 사소.

능치 못함이 없는 해인(海印)의 조화가 산을 옮기고 바다를 건널 수 있는 것처럼 천지(天地)를 변화시키네.

선천(先天)·후천(後天)·중천(中天)의 해인선법(海印仙法)을 장남(長男)과 장녀(長女)가 맡은 까닭으로, 진손양목(震巽兩木)의 말세 성인(聖人)이 풍뢰익괘(風雷益卦) 계룡(鷄龍)으로 서방의 운수를 타고 동방으로 건너와 목도(木道)로 행하네.

천도(天道)의 선법(仙法)으로 출현한 것이네.

여상남하(女上男下)의 지천태괘(地天太卦)로 양백(兩白)과 삼풍(三豊)을 전했네.

진사성군(辰巳聖君) 정도령(正道令)이 금강산(金剛山)의 정기를 받아 북해도(北海道)에 잉태하여 동해도(東海島)에 잠시 머물다 닭 우는 소리에 해 뜨는 동방의 남해도(南海島)로 건너오네. 하늘이 부여한 큰 사명을 지휘하기 위해 자하도(紫霞島)에 정좌(定坐)하네.

수운(水雲) 천사의 몽중노소문답가(夢中老少問答歌)에 출현하는 금강산(金剛山)의 총명한 아기를 의미하고, 화운(火雲) 천사의 "보섭금강경(步拾金剛景) 청산개골여(青山皆骨餘) 기후기려객(其後騎驢客) 무흥단주저(無興但躊躇)"에 표현된 나귀 탄 나그네가 금강산(金剛山)을 구경하다가 남조선으로 돌아옴을 의미하네.

수운(水雲)과 화운(火雲) 천사 모두가 진사성군(辰巳聖君) 정도령(正道令)이 목운(木運)으로 출현함을 예언하였네.

마음과 힘을 다하여 도(道)를 닦는 가운데 인묘시(寅卯時)에 마음을 돌려, 일월산상(日月山上)에 높이 올라 한마음으로 향을 피워 절을 하네.

천정수(天井水)에 축복하고, 성신(聖神)의 칼을 획득하여 지키네. 하느님의 말씀과 이치가 기록된 천부경(天符經)에 무궁한 조화가 나타나네.

천정(天井)은 생명수요, 천부경은 진경(眞經)이며, 성신검(聖神劍)은 세상의 모든 티끌과 기름을 없애는 명칭이네.

전쟁이 없어지니 천하(天下)가 화평하네.

집에서 편히 쉬는 날도 없이 수고롭게 정성껏 가르쳐서 교화하니, 천하의 모든 나라가 요동하여 성인의 옳고 그름을 시비(是非)하여 서로 논쟁하네.

도(道)를 찾아 먼저 들어온 선입자(先入者)도 왈가왈부하며 뒤를 돌아보네.

십 년간 의로운 군인들이 하느님의 큰 명령을 받아 싸우니, 하느님을 거역하는 자는 망하네.

옳고 그름을 모르거든 입에 자갈을 물고 말하지 않는 것이 복(福) 있는 사람이네.

55

승운론(勝運論)

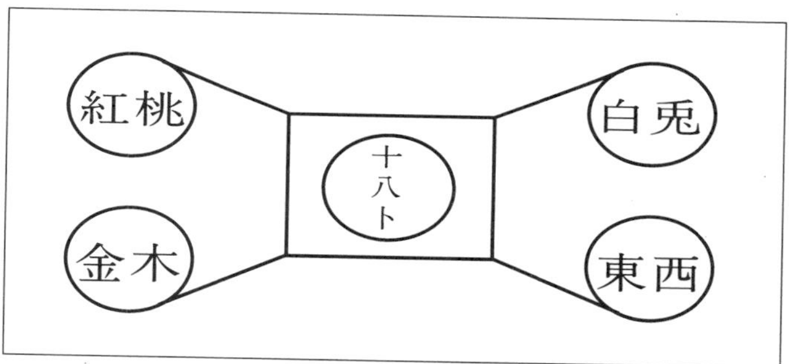

천신(天神)과 지귀(地鬼)가 서로 싸우는 영적인 싸움은 신유(申酉)년의 운세이네. 병사들이 없는데 접전하네.

그 싸움으로 사람이 많이 죽는 것은 술해(戌亥)년의 운수이네. 혼백(魂魄)이 많이 죽고 사람이 많이 죽네.

아직도 미정된 것은 자축(子丑)년의 운수이네. 사람이 깨닫지 못하여 미정된 일이네. 그러한 일이 일어나는 것을 알 수 있음은 인묘(寅卯)년의 운세이네. 사해(四海)가 깨달아 알고, 그러한 일을 알 수 있네.

성인(聖人)이 출현함은 진사(辰巳)년의 운세이네. 사람과 비슷하나 사람이 아닌 성인이 나오네. 즐거운 집은 오미(午未)년의 운수이네. 십승인(十勝人)의 즐거운 집이네.

백호(白虎)는 경인(庚寅)년을 말하네. 영적 장군이 6.25사변 이후 육 년 만에 박활(朴活) 장군의 운수로 출세하여 죽음의 권세를 깨뜨려 부수네.

천하(天下)가 그 성인(聖人)을 시비(是非)하네. 자신을 이기고 세상을 참고 이김은 영원 무궁한 큰 복이네.

황성(皇城)·금성(錦城)·왕궁성(王宮城)에서 사십 리 물러나 무릉도원을 정하고, 죄악에 빠진 백성을 구제하고자 피눈물을 흘리며 수고하네.

용산(龍山)에 북두칠성의 하느님이 있네. 인간을 초월한 도사(道士)로 홀로 깨달은 선비이네. 모름지기 서양의 운수인 금운(金運)을 좇아 백토(白兎)를 따르소.

금운(金運)은 동방의 청림도사(青林道士)에 의해 완성되네. 동방의 목운(木運)에 해당하는 청림도사를 알고자 하면 정(鄭)씨를 찾으소서.

정(鄭)씨가 도읍하네. 세상 사람들이 고대하던 참된 구세주인 진주(眞主)이네. 정(鄭)씨가 출현해도 알지 못하네.

십승(十勝)의 운수를 타고, 삼팔목(三八木)의 동방의 운기를 받은 진인(眞人)이 진사오생(辰巳午生)의 삼운(三運) 받아 세 성인이 한 사람으로 출현하네.

사해(四海)가 다 굴복하여 만방이 평화로워지네. 세계 여러 나라를 어루

만져 각 나라의 산업을 번창하게 하네.

태어나서 공부하여 아는 것이 아닌 까닭에 어렵게 알게 되는 신선의 운수이네.

유도(儒道)와 불도(佛道)의 통달이 어려운데, 하물며 유불선(儒佛仙)이 하나로 합하여 통하는 운수를 어찌 지혜로운 자나 지혜롭지 못한 자나 모두 노력하지 않고 공짜로 얻기를 바라는가?

사월천(四月天) 동방의 목운(木運)으로 성군(聖君)이 오시니, 춘말하초(春末夏初)임이 분명하네. 시비(是非)가 많은 가운데 죄악을 소탕시키는 붉은 복숭아 꽃인 홍도화(紅桃花)를 고대하네.

해도진인(海島眞人) 정도인(鄭道仁)과 자하진주(紫霞眞主) 정홍도(鄭紅桃)는 금운(金運)과 목운(木運)이 합한 동서양의 진인(眞人)으로 지상선국 창건이네.

선출기인후강주(先出其人後降主)이네.

먼저 목운(木運)으로 출현하여 서양의 운수를 타고 일하다가, 나중에 금운(金運)의 운수로 강림하여 심판하네. 목운(木運) 다음에 또다른 사람이 또 오는 것이 아니라, 목운으로 왔던 그 사람이 다시 금운(金運)의 운수로 변하여 강림하는 것이네.

남자 신선이 목운(木運)으로 먼저 오고, 뒤에 금운(金運)의 운수인 여자 신선으로 변하여 미륵불(彌勒佛)로 강림하는 것이네.

그때 세상이 평화롭게 되고, 아름다운 음악 소리가 울려 퍼지는 천년왕국(千年王國)이 세워지는 것이네.

극락(極樂) 세계의 홍란조(紅鸞鳥)가 붉은 노을과 자줏빛 구름이 아름답게 물들은 무릉도원에서 노니는 신선 세계이네.

홍도화(紅桃花)는 역(易)의 이치 속에 팔괘(八卦) 육십사효(六十四爻)에서 출현하니, 역경(易經)의 신령스런 변역의 오묘한 이치 속에 정도인(鄭道仁)을 알아보소.

천상의 성명(姓名)을 은밀하게 감추어 비밀스런 글로 표현하였네. 사람이 가야 할 길은 정도(正道)이네. 인의예지신(仁義禮智信) 가운데 가장 우두머리인 인(仁)이 역(易)의 이치 속에 숨어 있네.

그와 같은 이치를 너와 내가 노력하지 않고 스스로 얻게 됨은 마찬가지나, 무지자(無知者)가 알게 되면 승리자를 미워하는 이 세상에 진인(眞人)이 출세하지 못하네.

이와 같은 이유로 옛날 비결서의 예언론(預言論)은 머리와 꼬리를 숨겨 그 참된 뜻을 혼돈시키고, 위와 아래의 질서를 문란시켜 그 참된 뜻은 지혜있는 자에게 전했네.

지혜롭지 못한 자는 삼가소. 조금 아는 것이 근심을 불러 일으키네.

천상의 정(鄭)씨가 인간으로 태어나 이름을 갖게 되는데 세상의 정(鄭)씨로 볼 수 있나? 정(鄭)씨는 본래 천상의 운중왕(雲中王)이네. 세 성인으로 다시 오는 정(鄭)씨 왕은 후예가 없는 자손으로 태어나네.

피눈물을 흘리며 자하도(紫霞島)에 하늘 나라를 세우네. 하늘이 세운 정도령(鄭道令)은 영적으로 친척과 가족이 없는 홀홀 단신의 몸이네.

하늘의 아들로 태어난 성씨(姓氏)가 어떤 성씨인지 모르므로 아버지 없는 자식이라 전했네. 정(鄭)씨 도령을 알려거든 마방아지(馬枋兒只)의 성씨를 물어보소.

계룡산(鷄龍山) 도읍지에 해도(海島) 천 년 시대의 주인공인 상제(上帝)의 아들이 틀림없네.

궁궁을을(弓弓乙乙)을 아는 자는 살 수 있네. 도(道)를 찾는 군자가 어찌 알지 못하는가? 궁궁(弓弓)이 등을 맞댄 사이에서 십승(十勝)의 이치로, 불아종불(弫亞倧佛)의 옛 신인(神人)이 나옴을 전했네.

아름다운 기운의 운수로 미륵불(彌勒佛)이 출세한 것이네. 피눈물을 흘려 사해(四海)를 평화롭게 하고, 죽음을 정복하고 모든 사람의 원한을 해결짓네.

56

도부신인(桃符神人)

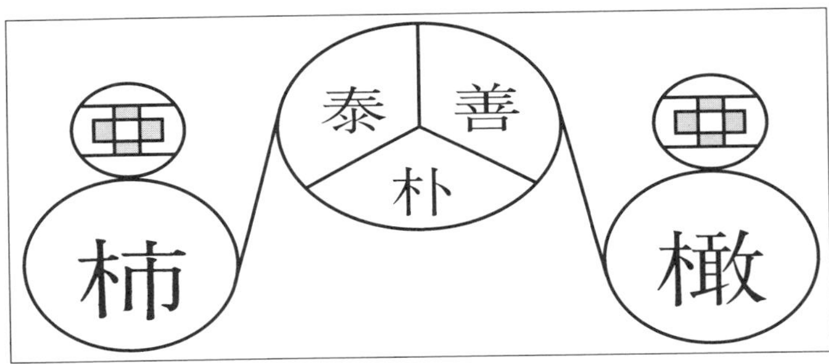

십승도령(十勝道靈)이 세상에 나오나 천하가 그분을 시비(是非)함이 분분하네.

자신과 마귀를 이긴 십승(十勝)으로 변한 사람이 불구자년(不俱者年), 곧 병신(丙申)년에 출세하네. 소나무와 잣나무가 변화한 한 사람이 만방(萬邦)의 왕이 되네.

세상의 모든 죄악을 담당하고자 옥중에도 들어가네. 밤낮으로 무릎 꿇고 앉아 하늘을 우러러 한마음으로 기도하니 피눈물이 흐르네.

원수(寃讐)와 악수(惡讐)를 구하고자 뼈를 갈고 몸을 부수는 고통도 참고 이기는 가운데 천하(天下)가 한 형제로 통일되고 평화가 찾아온단 말인가?

말세(末世)에 죽을 운을 당한 자들아! 의심말고 수도(修道)하소. 건우곤마(乾牛坤馬) 쌍궁(雙弓)의 이치로 지상에 천사(天使)가 출현하지만 눈으로 보고서도 알지 못하네.

그 누가 지혜롭게 알 수 있겠는가? 궁궁(弓弓)의 숨은 법이 십승(十勝)으로 화하네.

산도 아니고 들도 아니며 물도 이롭지 않은 곳을 천신(天神)이 보호하며 길성(吉星)이 비추네. 동양과 서양으로 운행하며 오가니 크게 빛나는 금성(金星), 샛별이 비추네.

가야(伽倻) 영실(靈室) 도원경(桃源境)은 지상선국(地上仙國) 칭호이네. 가장 좋은 궁궁(弓弓)의 목인(木人)으로 십팔복술(十八卜術)이 탄생하네. 삼성(三聖)의 수원(水源) 삼인지수(三人之水)요, 양일구(羊一口)의 우팔(又八)이네. 목운(木運)으로 출세하는 정도령(正道令)의 존함을 파자로 명시하니 잘 살펴보소.

도(道)를 닦아 하늘의 권세를 마음대로 용납하는 박(朴)씨로 먼저 나옴을 세상 사람들이 알지 못하네. 하늘이 무너지고 땅이 갈라져도 소사(素砂)는 서 있네. 십승인(十勝人)에게 물어보소.

만방(萬邦) 가운데 피난처를 만세(萬歲) 전에 미리 정하여 두고, 백면천사(白面天使)와 흑비공자(黑鼻公子)를 영상출인(嶺上出人) 대장으로, 삼성(三聖)이 한 신인(神人)으로 합하여 천하 만국을 임의대로 출입하네.

백석(白石)과 해인(海印)으로 상징되는 하느님의 권세와 능력으로 천하의 마귀를 항복시켜 소탕시킴을 세상 사람은 비웃고 조롱하나, 최후의 승리는 궁궁(弓弓)이네.

미륵세존(彌勒世尊)의 한없이 큰 사랑과 은혜로운 뜻은 온 우주에 가득찼네. 금관(金冠)을 씌워 머리를 단장한 하늘을 날으는 용마(龍馬)는 미륵세존의 말이네.

유불선(儒佛仙)의 운수를 하나로 합하기 위해 하늘에서 강림한 신마(神馬)가 곧 미륵(彌勒)이네. 하늘의 성씨(姓氏)가 정(鄭)씨이며, 정(鄭)씨가 곧 천마(天馬)이니 미륵세존(彌勒世尊)의 칭호이네.

하늘이 계룡(鷄龍)에 대성인(大聖人)을 세우네. 아름다운 세계 곧 연화세계(蓮花世界)의 정(鄭)씨 왕을 평화를 상징하는 감람나무〔橄〕와 감나무〔柿〕로 명시하니, 감나무를 도모하는 자는 살 수 있네.

동방의 용산(龍山)에 사계절이 변하지 않는 늘 봄과 같은 청춘의 세계가 펼쳐지네. 정(鄭)씨 나라의 도읍지가 어느 곳인가? 닭이 울고 용이 부르짖는 새로운 도읍지이네. 이(李)씨 조선 끝에 뒤를 잇는 정(鄭)씨의 도읍지는 생명수와 같은 맑은 물이 흐르는 산 아래로, 지상의 천년왕국(千年王國)이네.

물질에 대한 욕심으로 맑은 마음이 가리워 있는 도(道)를 찾는 군자(君子)는, 우물 안 개구리의 좁은 지식으로 하늘의 계룡(鷄龍)을 깨닫지 못하고, 땅의 계룡만 찾는단 말인가?

궁궁을을(弓弓乙乙)의 십승(十勝)의 도(道)를 닦는 사람아! 운수가 가고 오는 순환이 있으니, 하늘의 계룡(鷄龍)을 먼저 깨달은 다음에 땅의 계룡을 다시 찾아보소.

하늘의 십승(十勝)을 먼저 깨달은 다음에 땅의 십승(十勝)을 다시 찾아보소. 하늘의 양백(兩白)을 먼저 깨달은 다음에 땅의 양백을 찾아보소. 하늘의 삼풍(三豊)을 먼저 깨달은 다음에 땅의 삼풍을 찾아보소.

하늘의 궁궁(弓弓)을 먼저 깨달은 다음에 땅의 궁궁을 찾아보소. 하늘의 이치인 전전(田田)을 먼저 깨달은 뒤에 땅의 이치인 전전을 찾아보소.

하늘의 석정(石井)을 먼저 깨달은 다음에 땅의 석정(石井)을 찾아보소. 하늘 농사를 먼저 지은 다음에 땅의 농사를 지어보소.

하늘이 지은 삼풍(三豊) 곡식은 굶주리지 않는 곡식이나, 땅이 지은 삼풍 곡식은 굶어 죽는 곡식이네.

하늘의 양(陽)과 땅의 음(陰)이 정녕 있거늘, 어찌하여 귀신과 음양의 이치를 판단하지 못하는가?

하늘의 금강(金剛)과 땅의 금강이 음양(陰陽)으로 갈라져 있고, 산의 금강과 바다의 금강이 갈라져 있고, 귀(鬼)와 신(神)도 갈라져 있거늘, 한마음으로 수도하는 궁궁인(弓弓人)들아!

십(十)자에도 음양(陰陽)이 있음을 판단하소.

천신(天神)과 지귀(地鬼)가 분명하고, 남존(男尊)과 여비(女婢)가 분명하거늘, 어찌하여 천지(天地) 이기(理氣)를 뒤집어 부르는 뜻을 깨닫지 못하는가?

어찌하여 신귀(神鬼)라고 아니하고 귀신(鬼神)이라 부르며, 외내(外內)라고 아니하고, 내외(內外)라고 부르는가?

천지(天地)가 서로 싸워 혼돈할 때에 천신(天神)이 지고, 지귀(地鬼)가 이긴 까닭으로 말미암아 승리자의 놀림감되어 천지(天地)가 반복되어 지상권을 잃었네. 귀신 세상이 되었으니 신귀(神鬼)라고 할 수 없고, 남양(男陽)과 여음(女陰)이 분명하지만 음귀(陰鬼)가 발동하는 세상이네.

남자가 지고 여자가 이겨 권세를 빼앗은 고로 마귀가 승리하고 천신(天神)이 패배하여 양음(陽陰)이라 못하고서 음양(陰陽)으로 되었고, 남외(男外)와 여내(女內)가 분명하지만 내외(內外)라고 부르는 것이네.

음(陰)이 번성하고 양(陽)이 쇠퇴됨으로 하느님을 쥐고 흔든 마귀의 권세인 죽음의 권세가 왕성한 까닭으로 말미암아 먼저 빼앗긴 십(十)자가 귀(鬼)의 권세가 되니, 먼저 십(十)자의 도(道)에 들어간 선입자(先入者)는 음(陰)의 기운을 받아 마귀를 따르는 자가 되나, 중간에 들어간 중입자(中入者)는 양(陽)의 기운을 받아 천신(天神)을 따르는 자가 되네.

팔음(八陰)인 음(陰)이 가장 왕성할 때 먼저 움직이는 것을 삼가고, 양(陽)이 번성하려 할 때 중간에 십(十)자의 도(道)를 찾아 들어가소. 삼양신(三陽神)은 생명의 근원인 삼신(三神)이요, 팔음귀(八陰鬼)는 팔마(八魔)이네.

먼저 움직여 도(道)를 닦음은 음십자(陰十字)의 도를 닦음이요, 중간에 움직여 도를 닦음은 양십자(陽十字)의 도를 닦음이네.

음귀(陰鬼)에 속한 십자는 흑십자(黑十字)요, 양신(陽神)에 속한 십자는 백십승(白十勝)이네. 십(十)자가 음양(陰陽)으로 분해되어 갈라짐을 모르면 십승(十勝)의 선도(仙道)는 참으로 찾기 어렵네.

맑은 생명수가 흘러 넘치는 명산인 연화대(蓮花坮)의 12혈맥으로 12신인(神人)을 먼저 정한 후에 각각 통솔할 수 있는 12,000을 따르게 하는 것을 깨달으소.

칠보(七寶) 가운데 옥(玉)으로 된 연꽃이 피어나네. 대성인(大聖人) 군자(君子)인 이존사(二尊士)이네.

동방의 하늘에 봄바람이 불어오니 오랫동안 눈물과 고통과 슬픔에 젖어 살던 세계가 끝나고, 계룡(鷄龍)의 양목(兩木)이 하나로 합친 청림도사(青林道士)의 세계가 펼쳐지네.

기이하게 생긴 바위와 괴상하게 생긴 돌이 하늘 높이 솟아, 봉우리마다 등불 달고 어둡고 두려운 긴긴 밤을 밝혀주니 해와 달빛이 없어도 항상 낮과 같이 밝네.

12신인(神人)이 연화대(蓮花坮) 위에 공중누각(空中樓閣)을 짓고, 보옥(寶玉)으로 장식한 신전(神殿)에 거하네. 구름과 안개가 병풍처럼 둘러 있는 신령스런 이치로 변화한 구름사다리를 타고, 천상의 아름다운 집을 오가네.

산을 뒤집고 바다를 옮기는 해인(海印)의 능력을 마음대로 사용하며 왕래하니, 자연스럽게 모든 것이 되어지네. 흰 머리카락이 휘날리는 늙은 몸의 쓸모없던 자가 신선(神仙)의 풍채와 도인(道人)의 뼈로 다시 젊어져 소년으로 변하네.

이팔청춘(二八青春)의 묘한 태도로 늙지도 않고 쇠하지도 않고, 영원한 청춘의 모습으로 변화되네. 극락(極樂) 영생의 꿈을 꾸고 있는 것은 아닌가 모르겠네.

병이 골수(骨髓)에까지 침투한 불구자와 북망산천(北邙山川) 무덤에 한가롭게 누워 있던 죽은 자도 다시 청춘으로 되살아나니, 불가사의한 해인(海印)의 권능이네.

육 년간 도(道)를 닦아 그 이치를 통달하였음을 다가오는 인간 세상에 분명히 전했으며, 극락론(極樂論)에 유리 세계의 연화대상(蓮花坮上)을 일렀네.

삼백 년간 도(道)를 닦아 통달한 원리로 자기를 이기고 사망을 이기게 되었음을 전했네. 하늘의 이치를 거역하고, 낮은 차원의 육체적인 구조가 새로운 차원의 높은 구조로 탈바꿈되며, 거듭나는 인간 재창조의 영생론(永生論)을 옛날부터 선지자들의 예언론에 전했으나 그 어느 누가 신임했나?

세계의 중심국이 되는 동방 조선의 대화문(大和門)은 자축(子丑)년으로 시작되어 술해(戌亥)년에 마치네. 보옥으로 꾸민 12문이 크게 열리고, 세계의 12제국이 조공을 바치네.

화성(華城)에서 한양(漢陽)과 송경(松京)에 이르기까지 보물 창고가 가득 쌓이며, 금강석(金剛石)으로 조성한 성은 야광의 구슬로 아름답게 단장하네.

계룡(鷄龍)의 금성(金城)이 찬란하여 햇빛이 소용없고 밤과 낮이 없네.

성 안의 중앙에 있는 십승(十勝)을 각국 지도자들이 호위하니, 이로움이 밭 전(田)자에 있다는 이재전전(利在田田)의 비문(秘文)이 밭 전(田)자에 십승(十勝)의 이치가 숨어 있음을 의미한 것이네.

144주(肘)의 높은 고성(高城)이 있네. 충신과 의로운 선비가 들어가는 금성(金城)으로, 아름다운 거문고 연주 소리가 낭랑하네.

갑자(甲子)가 무슨 세월을 의미하는지 알지 못하네.

동서(東西)의 금목(金木)이 서로 합치는 운수로 목인(木人)이 지상선국의 복된 땅을 개벽 이후에 처음으로 이룩하는 때이네.

전에도 없었고 후에도 없는 영원히 봄과 같은 세계이네.

천상의 아름다운 옥경(玉京)의 노궁(弩弓)에 감람나무 기름으로 불을 켜서, 궁을(弓乙) 선인(仙人)을 상봉하여 불사소식(不死消息)을 다시 들어보세.

풍랑파도에 빠진 백성을 생명길로 건져낼 때 뼈가 가루가 되고, 몸이 부서질지라도 천 리를 멀다 마소.

버금 아(亞)자의 십승궁(十勝宮)을 먼저 살펴 선원궁(仙源宮)을 급히 찾아보소.

삼봉산하(三峯山下) 반월선(半月船)이 마음 심(心)자이네. 마음의 구원선(救援船)을 명심하여 잊지 말고 급히 승선하소.

57

성운론(聖運論)

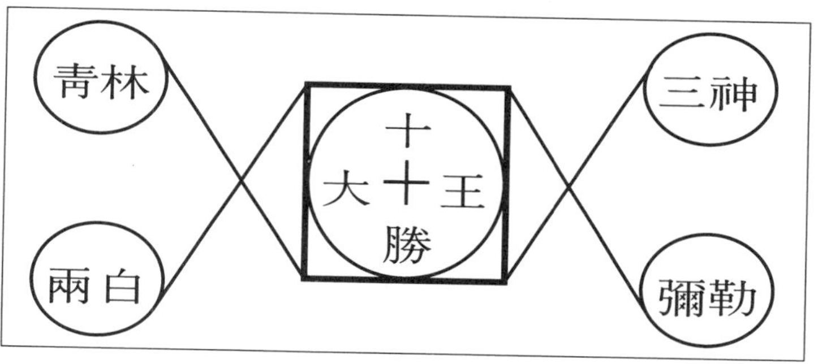

인생 추수의 때가 되었네. 선도(仙道)의 운수가 와서 천상의 신선이 출세하고, 제갈량과 한신(韓信) 같은 여러 영웅 호걸들이 청림(青林)의 나무 기운을 받네.

십승대왕(十勝大王)이 우리의 거룩한 성주(聖主)이며, 양백성인(兩白聖人)이네. 미륵세존(彌勒世尊)의 칭호를 가진 삼신대왕(三神大王)이요, 삼풍(三豊)의 곡식을 먹여 주는 삼풍도사(三豊道士)이네.

서양의 기운이 동쪽으로 건너와 금목(金木)이 하나로 합치는 백호(白虎)의 운수로, 동방의 청림도사(青林道士)가 나오시네. 목토(木兎)가 정(鄭)씨로 재생한 것이네.

피눈물을 흘리며 도(道)를 전파하는 거룩한 스승이 동방의 계룡(鷄龍)에 삼벽진인(三碧眞人)으로 나온 것이네.

금구(金鳩)와 목토(木兎)가 궁궁(弓弓)의 이치이네. 동방의 목인(木人)이 신선의 운수를 받아 사록징파(四綠徵破) 사월천(四月天)의 동방일인(東方一人)으로 출세한 것이네.

소목(小木)이 많은 곳이며 만 가지 성씨(姓氏)가 모여 있는 곳에서, 감나무〔柿〕가 운을 얻어 나오네.

백면천사(白面天使)이며, 흑비장군(黑鼻將軍)인 하느님이 사람들을 안찰하여 그 몸의 모든 죄악을 소멸시켜 마음을 평화롭고 즐겁게 해주네.

마음속의 선(善)과 악(惡)을 지적하고 판단하니 털끝만한 죄라도 숨길 수 없네.

향기로운 감로(甘露)를 비와 같이 내리는 보혜대사(寶惠大師) 정도령(正道靈)이 하늘에서 날아오네.

우뢰 소리와 벼락·번개가 번쩍일 때, 1차·2차·3차로 자하도(紫霞島)로 누런 안개와 화염이 충만한 가운데 구세주가 강림하네.

동방의 여러 신명(神明)이 각각 하늘 나라 신병(神兵)을 총합하여 유도(儒道)를 다시 올바로 세우니 선도(仙道)·유도(儒道)·불도(佛道)가 하나로 합치는 운수이네.

천하의 새로운 문명이 간방(艮方)에서 시작되네. 동방 예의지국인 남조선 호남의 인왕사유(人王四維) 전라도에 도(道)가 천지에 충만하나 그 모습은 보이지 않네.

도(道)를 닦게 되면 낮은 차원의 육체적 구조가 높은 차원의 육체적 구조로 변화되네.

천문술수(天文術數)를 통달하려면 어느 곳을 따라야 하는가? 황방(黃房)과 두우(杜禹)가 출몰하는 때이네.

진인(眞人)을 시비하나 한마음으로 화합하소. 말세에 유불선(儒佛仙)을 하나로 통합하는 진인(眞人)이네.

도(道)를 찾는 군자들아! 땅의 계룡(鷄龍)만 찾아다닌단 말인가? 세상사가 한심하네. 사망(死亡)의 운수가 끝나고 영생(永生)의 운수가 시작되는 때이네.

양(陽)이 오고 음(陰)이 물러가는 선도(仙道)의 운수에는 백보좌(白寶座)의 신판(神判)이네.

예(禮)가 아니면 보지 말고, 예가 아니면 듣지도 마소. 밖에 나가서도 올바르게 행동하고, 집 안에서도 올바르게 행동하소. 옛 성인(聖人)의 예언을 분명하게 살펴보소. 하늘을 거역하는 자는 망하네.

주색(酒色)과 돼지고기〔豕〕와 담배〔草〕를 좋아하는 자는 망하나니, 말세의 성군(聖君)들은 명심하소. 먹지 못할 것이 없다는 것은 지난 과거의 일이며, 먹을 것과 먹지 못할 것이 있다는 것은 장래에 되어지는 운수이네.

마귀를 따르는 자와 진인(眞人)을 거역하는 자는 멸망하네.

옛 것을 보내고 새 것을 맞이하는 이 시대에 천하만물(天下萬物)이 홀연히 변화되네.

하늘의 세월처럼 사람의 나이가 많아지고, 봄빛이 천지에 가득하며, 하늘의 축복이 집집마다 가득하네.

삼신산(三神山) 불로초를 얻어다 늙은 부모님께 공경하는 마음으로 드려보세.

부모님의 수명이 천 년이요, 자손들의 수명이 만 년이네. 그와 같은 찬란한 영광이 빛나는 세계를 입춘대길(立春大吉)로 전했네. 그것이 건양다경(建陽多慶)의 진정한 뜻임을 알지 못하네.

악한 것이 변하여 착한 것으로 변화되는 날, 곧 하느님의 크신 명령이 성취되는 날이 입춘(立春)이네. 하느님이 출현하여 죽음의 혼탁한 세계가 물러가고, 영원한 봄의 세계가 펼쳐짐을 의미하네.

노인과 소년, 남자와 여자, 지위가 높은 사람과 낮은 사람, 유식하고 무식한 사람 모두가 생명의 기쁜 소식을 천 리를 멀다 않고 전하면, 하나가 열이 되고 열이 백이 되고 백이 천이 되고 천이 만이 되어 세상 만민에게 다 전하면 영원 무궁한 영광을 누리네.

조을시구(肇乙矢口), 십방승지(十方勝地)의 참된 뜻을 알면 행운이 깃드네. 기쁨에 넘쳐 두 손과 머리를 높이 들어 천신(天神)에게 만세를 부르리.

58

말초가(末初歌)

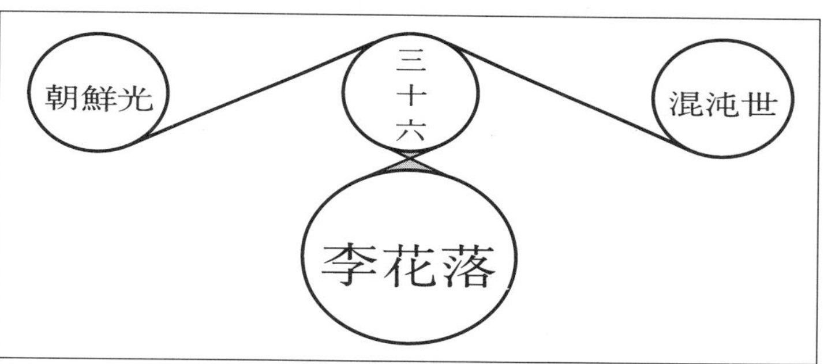

융희(隆熙) 4년 7월에 오얏꽃이 떨어지네. 백구(白狗)는 경술(庚戌)년이요, 매미가 우는 때는 음력 7월이네.

조선의 이(李)씨 왕조가 몰락하는 1910년 경술국치(庚戌國恥)를 말한 것이네.

왜인들이 침범하여 산과 땅, 하늘을 자로 재고 주(州)를 나눠 행정구역을 군(郡)으로 정하네.

승려도 아니고 속인(俗人)도 아닌 이 애처로운 물건은, 임금도 없고 아버지도 없는 가운데 어느 곳에서 생겼는가? 짧은 바지와 짧은 머리로 다니지만, 사인불인(似人不人)을 알아보지 못하네.

오륜(五倫)과 오상(五常)이 쇠퇴하며, 구학문이 철폐되고 신학문이 수립되네. 얼굴을 서로 맞대지 않고 만국어(萬國語)를 말하니 유선 전화를 말함이요, 외국어 시대를 말함이네.

동북(東北) 천 리를 달리는 철마(鐵馬)의 모습이 삼 층으로 된 정자와 같네. 교통의 발달을 의미하네.

공중으로 날아다니는 배가 바람과 구름을 뚫고 가는 모습이 마치 흰 학이 날아다니는 것과 같네. 비행기를 말함이네.

삼십육 년 동안 주권이 없는 백성이 되어 모두 중의 자손이 되었으나, 부처님을 알지 못하네.

일본이 동쪽에서 일어나 서양에게 망하나, 중국과 일본의 전쟁으로 인하여 세계대전이 일어나네.

오미(午未)년에 생긴 빛이 신유(申酉)년에 이동함으로 햇빛이 빛나다가 해가 저물면 어두워지는 것처럼, 일본이 갑오경장과 정미칠조약을 통해 우리 나라에 왔다가 갑신(甲申)년과 을유(乙酉)년에 물러가네.

푸른 닭이 우는 을유(乙酉)년에 일본이 패망하여 자기 나라로 돌아가나, 우리 민족은 견우(牽牛)와 직녀(織女)가 오작교(烏鵲橋)를 사이에 두고 이별하듯 남북으로 갈라지는 슬픈 운수이네.

왜인들이 을유(乙酉)년 칠월 칠일에 돌아가네. 삼십육 년 간 통치하는 운이 지나감은 천지가 정함이네. 좋도다. 무궁화 삼천리 강산을 되찾음이 하늘의 뜻이네.

조선민족의 생일로서 하늘을 향해 곳곳에서 만세를 부르네.

정당한 일이 사람의 도리이건만 사람들이 서로 짝하여 암살음모를 벌이네. 상하(上下)가 서로 뒤집혀 불법(不法)이 번성함에 발이 상에 오르는 슬픈 운수이네.

슬기로운 장군은 용감하게 물러나 호수에 있는 정자에 오르네. 부자는 몸을 도모하지 않음으로 재물의 샘에 빠져 몰락하네.

해방을 맞이하여 몸을 보존하고 싶거든 빨리 계획을 세워 삼팔선이 나눠지기 전에 남쪽으로 내려오소.

백호(白虎)는 경인(庚寅)년이네. 경인년을 당하여 1·2·3차 혼돈되는 침략이 있을 때 제1차 안심지는 낙동강이요, 제2차는 금강이요, 제3차는 한강이네.

경인란(庚寅亂)의 안심지는 팔금산(八金山)의 부산(釜山)으로 피난해야 됨을 전했네.

사람들의 마음이 흉흉하고 어지러운 가운데 쌀 농사가 여기저기 대풍이네.

놀라서 당황하는 사람들아! 마음을 안정하소. 허영심에 정신을 차리지 못하면 세월이 지날수록 본심(本心) 찾기 어렵네. 머리를 백 번 빗어도 살아남은 이가 있듯이 허영심에 들뜬 무리가 있겠네.

경술(庚戌)년부터 36년이 지난 후 을유(乙酉)년에 해방의 소식을 듣게 되지만, 해방 후 구 년간은 흑사운(黑蛇運)이네.

그 후 조선이 찬란한 빛을 발하는 나라로 발전함을 모르거든 해와 달이 밝아지는 이치를 알아보소.

신미(辛未)년에서 계묘(癸卯)년을 넘지 않네. 자손들이 상업을 하며 공부하는 운이 왔네.

푸른 닭의 울음 소리에 해방의 기쁜 소식이 울려 퍼지는 가운데 피곤한 용이 남쪽으로 건너오네. 잠시 무정부 시대가 전개되네.

이(李)씨가 새로 이조(李朝) 왕운을 이어서 12 년간 물이 흐르듯 정치하니 백성들이 어떻게 살아간단 말인가?

천지(天地) 운수가 정한 이치에 따라 잠시 잠깐 순환하는 까닭에 세 방향으로 분열되어 아침에 얻었다가 저녁에 다시 잃어버리네.

벼슬을 탐내던 옛 신하 가운데 몇몇이나 따르겠는가?

오늘날 가련한 왕손자(王孫子)는 피곤한 용의 자리를 이어받네. 윤(尹)씨에게 왕운이 열려 꽃이 핌을 법 모르고 깨달을 수 없네. 이십이(二十二)로 봄을 맞이함을 모르면, 곧 윤(尹)씨로 출현하는 이치를 참사람은 깨달아 아시오.

늙은 쥐가 용과 싸우는 경자(庚子)년에 이(李)씨가 물러가네. 은연중에 스스로 나온 쇠꼬리, 곧 소 축(丑)자에 꼬리가 들어가면 윤(尹)씨가 왕이 된다는 말이네.

장(張)씨와 조(趙)씨의 자중지란(自中之亂)을 경진(庚辰) 신사(辛巳)에 전했네. 차후의 일은 국법을 거역하여 감옥에 들어가는 사람이 무수하네.

경상도와 전라도에서 먼저 궐기가 일어나 마산에서 폭발한 난리가 충청도로 전국 방방곡곡으로 퍼져가며 옳고 그름을 논하네. 합해보세.

천간(天干)과 지지(地支)로 경자(庚子)년의 4월 혁명과 신축(辛丑)년 5월 혁명이 아니던가? 4월 혁명과 5월 혁명으로 삼군(三軍)이 봉화를 올려 성안의 어리석은 무리를 물리치네.

군정(軍政)이 혹 잘못하는 일이 있더라도 입을 자물쇠로 채운 듯이 말하지 마소. 입은 화(禍)를 부르며 몸을 망치는 문이요, 도끼이네.

선법(善法)이면 호운(好運)이요, 불법(不法)이면 악운(惡運)이네.

말세(末世)에 출세하여 정치하는 지도자들이여! 정정당당함을 잃지 마소.

아차 한번 바른 법을 잃으면 자신과 집안이 멸망하며, 전세계적인 커다란 전쟁이 일어나네.

하늘에서 불이 날아와 천하인민(天下人民)을 멸망하네.

59

말중운(末中運)

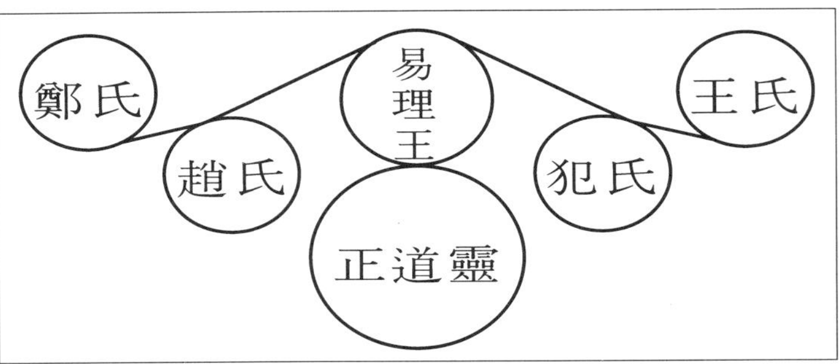

말세(末世)의 일을 추산하여 알아보세. 두 사람이 서로 싸우며 장궁(長弓)을 쏘네. 조(趙)씨를 따르는 자는 하늘을 우러러 통곡하며 죽네.

길을 잃고 방황하는 백성들아! 조(趙)씨와 장(張)씨가 세상에 나오다 절단난 것이네.

도(道)를 찾는 수도인(修道人)아! 고장났네. 피난가소.

세월의 흐름을 모르는 창생(蒼生)들이 시운(時運)의 불행함을 모르고 난리이네. 곳곳에서 가짜 정(鄭)씨들이 들고 일어나 때를 모르고 발동하네.

백면천사(白面天使)를 깨닫지 못하니 절망이네. 흑비장군(黑鼻將軍)이

이(李)씨를 돕고, 가시를 베고 나가기를 반복하니 운수가 열리네.

오얏나무〔李〕를 도끼로 쳐서 벌함은 하늘의 운수이네. 하느님을 거역하는 자는 갈 길이 없네.

죽은 사람이 옷을 잃어버린 어두운 이치로 죽음을 소망하네. 선(善)을 미워하는 자는 망하고, 성인(聖人)을 미워하는 자는 멸망하네. 성인을 해치는 자는 살지 못하네.

장(張)씨가 이겼다가 패하여 기울고, 백금(白金) 자축(子丑)으로 시작되는 경자(庚子)년과 신축(辛丑)년의 중입운(中入運)이 정당하게 되네. 길을 잃고 방황하며 딴 길로 가지 말고, 중입(中入)의 운수를 놓치지 말고 찾아가소.

신축(辛丑)년과 임인(壬寅)년의 신랍임삼(辛臘壬三)의 운이 퇴각하면 다행 중 다행이요, 요행이네.

해인(海印)의 조화를 마음대로 부리며, 법(法)을 사용함이 변화난측한 진인(眞人)이네.

선천(先天) 비결을 믿지 마소. 정첨지(鄭僉只)는 허첨지(虛僉只)이네. 바람 따라 이미 사라졌네.

천하(天下)의 모든 거룩한 신령이 합하여 연화대(蓮花坮) 위에 신명(神明) 세계를 열어놓네.

올바른 도의 정도령(正道靈)이 오시네.

모두 천운(天運)을 피하지 못하니 생명로(生命路)를 찾아보소.

정감(鄭堪) 선사가 예언한 원문 가운데 이재전전(利在田田)과 궁궁을을(弓弓乙乙)과 낙반사유(落盤四乳)의 뜻을 알아보세.

그 뜻을 풀어보니 십승도령(十勝道靈)이요, 그림 속의 소〔牛〕가 시냇물을 돌아보는 도하지(道下止)가 바로 엄택곡부(奄宅曲阜)이네.

예로부터 지금까지 유교(儒教)의 선비들 중에 극소수만이 그 뜻을 풀었네.

도하지(道下止)를 문장으로 풀으니, 그 뜻을 깨달아 명심하소.

먼저 인혜무심촌(人惠無心村)에 나무 목(木)자를 전소(全消)하는 것을 아는 것이요, 다음은 정목쌍두각(丁目雙頭角)에 삼인복(三人卜)의 지식을 이용하여 아는 것이요, 세 번째는 인간천인구(人間千人口)에 이착관(以着冠)을 스스로 깨닫는 것이네. 전도관(傳道館)을 파자(破字)로 암시하네.

그것을 깨달아 알게 되면 궁을(弓乙) 전전(田田)의 도하지(道下止)가 분명하네. 틀림없이 십승도령(十勝道靈)이 거하는 곳이네.

길성(吉星)이 비치는 곳에 들어가 생활하니, 마침내 공경(公卿)의 자손이 되네.

질병 없이 오래 사는 무병장수(無病長壽) 안심처를 아니 찾고 어디 가는가? 정성 없고 무지(無知)하면 백 명 가운데 한 사람도 생명을 보존하지 못하네.

산도 아니고 들도 아닌 비산비야(非山非野)의 인부(仁富) 사이에 궁궁

(弓弓)의 길지(吉地)를 전했지만, 수많은 성씨(姓氏)가 모여 사는 곳을 덕(德)이 없는 사람이 어찌 얻을 수 있으리오?

하늘 나라 가는 길을 알려주는 하늘의 북 소리가 다시 울리네. 호갑성(呼甲聲)이 들려오네.

때가 급함이여! 중입(中入) 시기의 끝이 분명하네.

흑호(黑虎) 이전이 중입(中入)의 운수가 되는 것을 도(道)를 찾는 자에게 전했으나, 그 재물과 부유함을 흩어 버리지 않고, 그 지위의 고귀함에서 물러서지 않는 사람들이 세월의 흐름을 깨닫지 못하고 들어가지 않네.

어리석은 자가 그 뒤를 따르네. 벌레같이 어리석은 백성을 죽이는 것은 부유한 재산과 고귀한 권세가 아니던가?

하늘을 뒤흔드는 부귀와 재산으로 어리석은 백성을 살리지 못하고, 자기가 자기 자신을 속이며 깨닫지 못하니, 사람의 목숨을 죽이고 해치는 것이 바로 그대이네.

내일 모레 두고보소. 천지(天地)가 뒤집히는 운수이네. 선(善)과 악(惡)이 두 쪽으로 갈라지는 날에 어떠한 뜻과 꾀로 감당할고? 천신(天神)이 하강하는 마지막 날에 바위틈에서 방황하는 것이 바로 그대이네.

장(張)씨가 의를 부르짖고, 북쪽에서 먼저 변하여 뛰어난 자들이 난리를 일으켜 삼국(三國)의 세력으로 대치하네. 삼국(三國)은 간도 · 북조선 · 남조선이네.

윷놀이 할 때 오묘일걸(五卯一乞)로 마지막 승리하는 운수인 묘진(卯辰)년의 운수가 피어나네.

한양(漢陽) 도읍의 끝말에 장(張)씨의 난리 후 금수화(金水火)의 세 성씨(姓氏)가 나라를 태백산(太白山) 아래 세우고, 세 성씨 후에 정(鄭)씨가 빼앗아 계룡(鷄龍)에 합하네.

십승도령의 황도(黃道)가 크게 열리는 해가 갑진(甲辰)년이네. 영적 왕의 운세가 태을선(太乙船)을 타고 떠오니 푸른 회화나무가 뜰에 가득한 달이요, 흰 버드나무가 싹이 없는 날이네.

청룡(靑龍)의 해는 궁궁(弓弓)에 이로움이 있고, 백마(白馬)의 달은 을을(乙乙)에 이로움이 있네.

흑호(黑虎)가 증명하고, 하도(河圖)가 세워지네.

청룡(靑龍)이 갑진(甲辰)년이네. 동방 의인이 세계를 화평케 하는 원년(元年)이네.

호운(好運)이면 무궁한 진사(辰巳) 성인이 삼일(三日) 전쟁으로 만국을 통합하네. 사십오궁(四十五宮)의 나이는 억만 년 경과하네.

죽음을 정복하고 영생하는 자는, 낮은 차원의 육체적 구조가 높은 차원의 육체적 구조로 변화되는 수도자(修道者)이네.

충신과 의로운 선비가 아름다운 금성(金城)에 들어가네. 진주문(眞珠門)이 영롱하게 빛나네. 봉래산(蓬萊山)의 생명수가 넘치는 길지(吉地)이네.

긴 모래의 골짜기에 맑은 물이 흐르는 산 아래 연화대(蓮花坮) 위에서 천 년을 누리며, 하늘의 곡식 종자인 삼풍(三豊)을 맛보게 되네.

호운(好運)이면 적합이요, 비운(非運)이면 불행이네. 때를 따라 수시로 다양하게 변화되니 절대예정(絶對預定)될 수 없네.

경인(庚寅)년에 삼팔선이 크게 열리는 운이며, 청병(淸兵) 삼만이 다시 난리를 일으켜 들어오네.

검은 구름이 하늘에 가득하고, 슬피 우는 소리가 하늘에 가득한 가운데 자연히 서로 밟아 죽이는 가련한 운수이네.

먼저 낙동강(洛東江)을 넘는 처음 난리에는 부산(釜山) 아래가 피난처요, 다시 금강(錦江)을 넘지 못하고 침입해 올 때는 방안이 안심처요, 한강(漢江)을 넘지 못하는 세 번째 침입 때는 십승지(十勝地)가 피난처이네.

삼수(三數)의 이론을 마련하니 호운(好運)을 말함이네.

비운(非運)이면 낭패이니 도(道)를 닦으러 먼저 들어간 천민(天民)이여! 불철주야로 애통하며 한마음으로 기도하여, 모든 난리를 퇴각하소.

천지조판(天地肇判) 이후 처음 있는 큰 전쟁으로, 옛날에도 없었고 현재에도 없는 하늘의 크나큰 재앙이나, 하느님이 택하신 선자(善者)를 위하여서 대환란(大患亂)이 감제되네.

호운(好運)이면 사람마다 마음이 평화로워지고 백 명의 조상 가운데 한 명의 자손이 남게 되는 악조건을 물리쳐 버림으로, 호운이면 목인(木人)이 왕이 되는 운수가 사라지네.

도(道)를 닦는 하늘 나라 백성들이 한마음으로 화합하면 삼풍(三豊)의 곡식이 풍만한 까닭으로 신축(辛丑)년과 임인(壬寅)년인 신랍임삼(辛臘壬三)의 전쟁이 허사되네. 백 명의 조상 가운데 세 명의 자손이 사는 악조건이 헛되이 지나가네.

임인(壬寅)년과 계묘(癸卯)년인 임랍계삼(壬臘癸三)의 좋은 운수가 오면 백 명의 조상 가운데 열 명의 자손이 구원받는 운수이네.

소〔牛〕는 볼 수 없는데 소 울음 소리가 온 세계 만방에 편만(遍滿)하여 승리의 노래가 하늘 높이 울려 퍼지네.

다가오는 풍파가 십일(十日) 전쟁이네.

천하(天下)가 하느님(아미타불)의 마음으로 화합하면 십일(十日) 전쟁이 일어나지 않고 세상이 화평하게 되네.

청룡(青龍)과 백마(白馬)의 삼일(三日) 전쟁에 용과 뱀이 서로 싸우는 호운(好運)으로, 열 명의 조상 가운데 한 명의 자손이 살게 됨은 피차간에 이롭지 못하네.

성인(聖人)의 수명이 짧아지는 불행이 오게 되면 하늘에서 불이 떨어져 인간을 태워버림으로 십 리에 한 사람도 찾아보기 어렵네.

열 개의 방 안에 한 사람도 없으며, 한 경내에 또한 한 사람도 없네. 이존사(二尊士)의 운수를 얻어 정(鄭)씨가 재생함을 알게 되네.

백마공자(白馬公子)의 운수를 얻어 백마장(白馬場)의 이름이 생겼는가? 백마(白馬) 탄 사람의 뒤를 따르는 자는 하늘 나라의 선관(仙官)과 선녀(仙女)인 천군(天軍)이네.

철마(鐵馬) 3천이 스스로 하늘로부터 날아와 새의 옷과 새의 관을 쓰고 동서로 달리네. 천산(千山)에 새가 날아오는 것이 끊어지고, 하늘의 불에 의해 사람의 자취가 없어지네.

아! 만산(萬山)에 한 남자로다. 슬프도다! 천산(千山)에 아홉 명의 여자로다. 작은 머리에 발이 없는 소두무족(小頭無足)인 불이 날아와 땅에 떨어지네.

천 명의 조상 가운데 한 명의 자손만이 살아남는 아주 슬픈 운수이네.

괴이한 기운과 나쁜 독으로 중병에 걸려 죽게 되며 통곡하는 소리가 서로 부딪히는 말세이네. 이름 모를 급성 질병이 하늘에서 재앙으로 내려오네.

물은 올라가고 불이 내려오는 수승화강(水昇火降)의 이치를 모르니, 시체가 산과 같이 쌓이네. 독한 질병으로 죽은 시체가 도랑과 골짜기를 메우나 어찌할 도리가 없네.

힘써 북을 치고 함성을 지르는 혼돈중에 수도자(修道者)도 어찌할 수 없네. 오운육기(五運六氣)가 허사되니, 한평생 도(道)를 닦은 것이 소용없네.

물이 올라가고 불이 내려오는 수승화강(水昇火降)의 이치를 깨닫지 못하는 자는 수도자(修道者)가 아니네. 진경(眞經)을 많이 외우고 염불하며,

물이 올라가고 불이 내려오는 이치를 알아보소.

통달하지 못함이 없는 수승화강(水昇火降)이네.

전쟁과 나쁜 질병에 모두 통하는 석정(石井)의 신통함을 깨닫지 못함으로 영천수(靈泉水)를 찾지 못하네.

마음에 샘물이 있음을 깨닫지 못하고 지상에서 시내를 찾는단 말인가? 물이 올라가고 불이 내려오는 수승화강(水昇火降)의 이치를 깨닫지 못하고 석정곤(石井坤)을 어찌 알겠는가?

석정(石井)의 신통한 이치를 깨닫지 못하고 어찌 사답칠두(寺畓七斗)를 알겠는가? 사답칠두를 깨닫지 못하니 어찌 하늘의 말〔馬〕과 땅의 소〔牛〕를 알겠는가?

하늘의 말〔馬〕이 땅의 소〔牛〕로 변화됨을 깨닫지 못하니 어찌 궁궁을을(弓弓乙乙)을 알겠는가?

궁궁을을(弓弓乙乙)을 깨닫지 못하니 어찌 백십승(白十勝)을 알며, 백십승(白十勝)을 깨닫지 못하니 어찌 불아종불(弫亞倧佛)을 알겠는가?

불아종불(弫亞倧佛)을 깨닫지 못하니 어찌 계룡정씨(鷄龍鄭氏)를 알며, 계룡정씨를 깨닫지 못하니 어찌 백석(白石)의 오묘한 이치를 알겠는가?

백석(白石)의 오묘한 이치를 깨닫지 못하니 어찌 하늘의 곡종삼풍(穀種三豊)을 알며, 곡종삼풍을 깨닫지 못하니 어찌 양백성인(兩白聖人)을 알겠는가?

양백성인(兩白聖人)을 깨닫지 못하니 어찌 유불선(儒佛仙)이 합치는 원리를 알며, 유불선의 합침을 깨닫지 못하니 어찌 인간의 구조가 바뀌고 새 생명으로 거듭나는 인간 재창조의 탈겁중생(脫劫重生)의 이치를 알겠는가?

탈겁중생(脫劫重生)의 이치를 깨닫지 못하니 어찌 정도령(鄭道令)을 알겠는가?

정(鄭)씨가 아닌 사람이 정씨가 되고, 범(犯)씨가 아닌 사람이 범씨가 되네. 조(趙)씨가 아닌 사람이 조씨가 되고, 왕(王)씨가 아닌 사람이 왕씨가 되네.

정(鄭)씨 · 조(趙)씨 · 범(犯)씨 · 왕(王)씨라는 말은 주역(周易)의 이치에 나오는 역리수이니, 주역의 운수를 추산하여 알아보소.

하도(河圖) 낙서(洛書)의 구궁가일(九宮加一)의 원리와 선원(仙源) 십승(十勝)을 알 수 있네.

한마음으로 올바르게 도(道)을 닦으면, 수승화강(水昇火降)의 이치로 사람마다 귀와 눈과 입과 코와 몸과 손이 맑아져 조금도 흠과 티가 없게 되네.

하늘의 뜻을 거역한 자라도 좋게 사는 덕을 얻을 수 있네.

진경(眞經)을 많이 암송하고, 사람을 살리라는 말씀을 생각하며, 널리 만물을 사랑하는 자비심으로, 이웃을 내 몸과 같이 사랑하는 천진(天眞)스런 부녀자가 너도 나도 되어보세.

60

갑을가(甲乙歌)

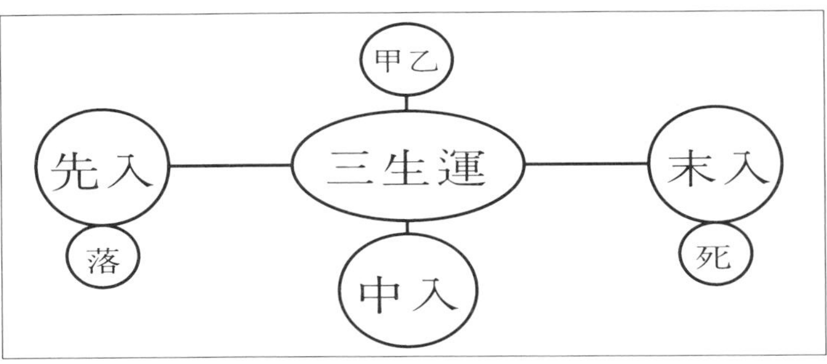

가야(伽倻) 가야(伽倻) 조가야(趙伽倻), 계룡(鷄龍) 가야(伽倻) 성실가야(聖室伽倻)로다.

가야(伽倻)란 정도령이 건설하는 지상선국의 칭호이네. 영실가야(靈室伽倻)가 어렵고 어렵게 건립되네.

아주 곤란하게 세워짐을 알지만 호조건의 운수이네. 여자란 말은 여자가 아닌 여자이니 호(好)조건의 운수요.

남자란 남자가 아닌 남자이니 여자 조건의 반대 조건인 악(惡)조건의 운수이네.

호(好)조건 가운데 악(惡)조건이 활활 살살 다가오네.

구사일생(九死一生)의 좋은 운수는 어느 해 어느 달 어느 날의 운수인가? 시비(是非)하는 풍파가 곳곳에서 일어나네. 피난할 방법은 어떠한 뜻으로 도모해야 하는가? 묵묵히 대답하지 아니하고, 그 일을 쉬지 않는 것이네.

갑(甲)과 을(乙)이 서로 간격을 두고 용(龍)과 사(蛇)가 싸우네. 초가집이 구름 가운데 하늘 높이 있네. 때가 오네. 때가 오네. 다시 오지 않는 때가 오네.

인내하고 인내하고 또 인내하소. 갑을(甲乙)과 용사(龍蛇)의 운이 지나간 후에 때가 오네. 악조건의 때가 오네.

백 명의 조상 가운데 한 명의 자손이 살아 남는 악조건의 운수가 있고, 백 명의 조상 가운데 열 명의 자손이 살아 남는 호조건의 운수가 있네.

하늘이 무너지고 땅이 갈라져도 백사(白沙)가 서 있는 영실가야(靈室伽倻)가 세워지는 호조건의 때가 있네. 그와 같은 호조건이 이루어 지지 않는 때는 호조건 가운데 악조건이 나오네.

호(好)조건에 출세함을 알고, 호조건의 운수가 좋은 것을 알으소. 이러한 운세를 맞이하여 출세하는 모모인(謀謀人)이 있네.

선사업(善事業)을 해야 되는 운수가 다가오네. 갑을(甲乙)이 지나가기 전에 선사업을 하소. 그렇지 않으면 그 이후에는 낭패하게 되네.

한 일(一)자를 종과 횡으로 하니 십승(十勝)의 운수이네. 계룡(鷄龍)에 성인(聖人)이 출세하여 신선 세계인 가야(伽倻)가 건설됨을 알으소.

십승(十勝)의 하늘 나라 성인(聖人)이 나오네. 자신 만만하나 일이 성사되지 않네.

많은 사람들이 금은과 보화를 세상으로 빼돌리네. 선사업(善事業)은 아니나 가련하네.

암암리에 일이 이루어 지는 대사업(大事業)이네.

때가 이르러도 모르니 소망이 없네. 바람과 비와 눈이 휘날리듯 분분하네. 갑을(甲乙)의 운수를 당하여 이기고 지는 때이네.

팔음귀(八陰鬼)가 먼저 장난질을 해서, 사람의 바른 마음을 잃게 만드네.

삼양신(三陽神)이 중간에 움직일 때 올바른 마음을 되찾으소.

좋은 일에는 마귀가 많으니 동료배들이 배반하네. 일의 성사됨의 바르고 늦음을 시비(是非)하며 싸우네.

사람들이 빠르게 일을 도모하면 호조건이 되지 않네. 천천히 일을 도모해야 악조건을 벗어나네. 일의 빠름과 늦음에 상관없이 너와 나 모두가 거룩한 사업에 동참하는 것이네.

천국 건설을 빠르게 도모하거나 천천히 도모하거나 그와 같은 시기에 상관하지 말고 각자 최선을 다해 노력하세.

천천히 사업을 도모하는 것은 백 명의 조상 가운데 열 명의 자손을 살릴 수 있는 방도지만, 빠르게 사업을 도모하는 것은 백 명의 조상 가운데 한 명의 자손을 살릴 수 있는 방도이네.

따라서 천천히 사업을 도모하는 것은 계룡(鷄龍)에 큰 집을 지을 수 있는 운수가 되지만, 빨리 사업을 도모하는 것은 순산(郇山)에 작은 집을 짓게 되는 운수이네.

십승(十勝)이 계룡(鷄龍)에 큰 궁전을 세우네. 계룡산(鷄龍山) 위에 신선세계의 화려한 집을 짓네.

갑을(甲乙)의 운수를 당하여 알아보소. 순산(郇山)에 우복(牛復), 곧 십승인(十勝人)이 거하는 이치를 차후에 논해보세.

속리산(俗離山) 위에 순산성(郇山城)이 있네. 용사(龍巳)의 운수를 당하여 때를 잃지 마소.

세상의 지혜와 다른 지혜로 풀어야 하는 지리산(智異山)의 청학(靑鶴)을 누가 알 수 있는가?

세속을 떠나 우복동(牛復洞)에 가는 때를 놓치지 마소.

늦게 빠르게 일을 도모하는 양단 간에 생사(生死)가 판단되네. 늦음과 빠름이 죽고 사는 때를 결정함을 모르네.

빨리 일을 도모하나 일이 성사되지 않으니 악조건이네. 천천히 행하여 일을 이루면 호조건을 맞이하네.

호조건의 운수를 받으면 많은 사람이 화평하게 되나, 악조건의 운수를 받으면 적은 사람이 화평하게 되네. 느리게 일을 이루는 사람은 계룡(鷄

龍)에 천국을 세우나, 급하게 일을 이루는 사람은 순산(郇山)에 눕게 되네.

충남 계룡(鷄龍)에 건립하는 자하도(紫霞島)가 아니요, 세상을 이별한 곳에 건립하는 자하도(紫霞島)이네.

평사(平沙)의 계룡(鷄龍)에 가옥이 재건되니, 밤에 수천 척의 배가 인부(仁富) 사이에 정박하네. 세 도읍지에 아울러 창고를 짓게 되며, 보물이 가득 차게 되네.

세상 사람마다 생명을 얻을 수 있는 운수이네. 영혼의 혁명을 다시 일으켜 세우는 것은 박(朴)씨이네. 한강의 여울가 세 곳에 박(朴)씨가 있네. 나무〔木〕의 기운으로 세상에 나와, 하느님의 운수로 출현한 박(朴)씨이네.

세 곳에 출현한 박(朴)씨를 누가 알겠는가? 감나무를 따르는 자는 생명을 얻네. 나중에 박씨로 나오네. 하느님의 아들이요, 모든 사람이 기뻐 영접해야 될 계룡(鷄龍)의 박씨이네.

세인(世人)은 하늘의 정(鄭)씨가 땅의 박(朴)씨로 변하여, 정도령(鄭道令)이 한반도에 강림함을 알지 못하네.

빠르게 강림하니 속리산(俗離山)에서 이별하고 나오소. 먼저 들어간 선입자(先入者)는 죽게 되네. 빨리 강림하는 운이네. 느리고도 빠르며 천천히 정(鄭)씨가 강림하네.

선입(先入)·중입(中入)·말입(末入)의 운수인 삼생(三生)의 운수이네. 좋은 일에는 마귀의 장난이 많으므로 참아야지 참지 않으면 안되네.

삼생(三生)의 운수를 얻어 살게 됨을 누가 알겠는가? 세속에서 떠나야 됨을 알고 절기를 아소.

얼사등등(蘖蛇登登) 내사령(迺思嶺)아!

먼저 십승(十勝)이 거하는 곳에 들어가 권세를 행사하는 선입자(先入者)는 부득이 타락자가 되네. 먼저 십승(十勝)에 들어간 선입자가 배반하여 악조건의 운수를 당하나, 중간에 들어간 중입자(中入者)는 호조건의 운수를 받아 영생하네.

먼저 들어간 선입자(先入者)가 되돌아오는 때를 혼란하여, 나중에 들어가게 되면 죽게 됨을 분명히 알으소. 중간에 들어간 중입자(中入者)는 인내하여 승리하네.

먼저 들어간 선입자(先入者)여! 타락하지 말고 인내하여 승리하소. 살살 돌아보지 말고 인내하여 승리하소. 수많은 사람의 입은 대답을 못하니 자기를 이기고 세상을 이기소.

갑을(甲乙)의 운수가 되돌아오는 때가 되면, 먼저 들어가 권세를 차지했던 사람은 타락하여 앉아 있게 되네. 입이 있어도 떳떳하게 할말이 없으니 벙어리가 되네.

먼저 들어간 선입자(先入者)는 배반하나, 중간에 들어간 중입자(中入者)는 좋은 운수를 맞이하네.

때가 이르러도 모르는 무지한 자들아! 후회막급하게 되니 참으로 가련하네.

때를 알지 못하는 선입자(先入者)가 세계 만민을 살해하는 자며, 인생을 살해하는 자이네. 소망은 끊어진 소망이니 어떠한 소망으로 들어갈 것인가?

물질의 욕심에 눈이 어두운 자는 죽게 되네. 먼저 들어간 선입자(先入者) 가운데 가련하지 않은 사람은 누구인가?

경자(庚子)년에 궁전을 폐하고 갑을(甲乙)을 세우네. 아리령(亞裡嶺)에 정거장이 있네. 몹시 고대하던 다정한 임이요, 아아리령(亞亞裡嶺)에 무슨 무슨 고개인가? 매우 어렵고 어려운 고개이네. 넘어가기 어려운 고개이네.

아리(亞裡) 아리(亞裡) 아리령(亞裡嶺) 고개, 아리령(亞裡嶺)의 큰 집이 정거장이네. 계룡산(鷄龍山) 위의 갑을각(甲乙閣)이요, 속리산(俗離山) 위의 계룡각(鷄龍閣)이네.

을시구(乙矢口)의 십승(十勝)을 아는 것이 소망이네.

인간의 생사(生死)가 갑을(甲乙)이냐? 생사를 결정하는 것이 용사(龍蛇)임을 아소.

갑을(甲乙)의 운수를 당하여 출세하는 사람이 있네. 배반하는 자는 망하고 순종하는 자는 살게 되네. 자기 교만하는 것이 몸을 멸하는 도끼이네.

위험 천만이나 십(十)자가 세워지네. 사람마다 교만한 자는 자신을 망하게 함이네. 교만을 버리고 마음을 드러내고 몸을 세워야 하네. 겸손하고 겸손하소. 누구에게나 겸손하소.

사해(四海)에 이름을 떨치며 십(十)자를 세우네. 갑을(甲乙)의 운수를 당하여 때를 잃지 말고, 삼가고 삼가며 또 삼가소.

재건하고 재건하고 또 재건하세. 사해(四海)의 모든 사람을 살려보세. 십(十)자를 세움이 중대한 일이네.

모든 사람들이 귀중한 것을 서로 의논하여 이루네. 암암리에 일을 도모하여 재건하는 사람이 있네. 박(朴)씨를 증명하여 세우는 사람이네. 두 사람이 일을 도모함에 일의 승패(勝敗)가 달려 있음을 아소.

사구금(四九金)의 경신(庚辛)의 운수는 삼팔목(三八木)의 갑을(甲乙)의 운수로 일어나네.

때가 오네 때가 오네. 다시 오지 않는 때가 오네. 갑을(甲乙)의 운수를 당하여 출세하는 사람은 그와 같은 일을 마음에 새겨 모든 일을 신중하게 처리하소.

높은 산이 점점 희어지는 것이 갑을(甲乙)의 운수이네. 인묘(寅卯)년에 비로소 천국의 계획도(計劃圖)를 마련하네. 죽은 자를 다시 살리는 이 크나큰 사업이 어찌 장애와 시비(是非)없이 먼저 나아갈 수 있겠는가?

가시에 찔리고 베이는 어려운 상황에서 인내하는 가운데 올바른 이 사업은 완성되어 나가네. 세상의 일을 곰곰이 생각하니 내 마음이 벌벌 떨리네.

먼저 들어가 도(道)를 닦다가 타락한 자들은 하느님 나라의 흥망(興亡)을 초개(草芥)같이 여기네. 한 번 넘어지고 한 번 바르게 서는 하늘의 운수인 역수(易數)를 통달하지 못하니 나도 모르겠네.

세상 사업에 먼저와 나중이 있네. 먼저 깨달을 것은 허영(虛榮)은 허영으로 돌아간다는 것이네. 발등의 불이 갑을(甲乙)의 운수이네. 시간이 물이 흘러가듯 다투어 달려가네. 한 번 생각하면 실패하니 세 번 깊이 생각하소.

그 뜻을 먼저 깨달아 갑을각(甲乙閣)을 섬기소. 암암리에 일을 도모한지 수년이 지나네. 사람마다 일을 이루고 뜻을 길러 완성하여 세우네.

철학(哲學)과 과학(科學)을 연구하던 자가 하루 아침과 저녁에 물러가는 날이네. 의문(疑問)을 해결하려 하나 낙심하게 되네. 미친 것 같고 취한 것 같은 허영심(虛榮心)이 일어나네.

세상만사(世上萬事)를 자세히 살펴보소. 참된 일과 헛된 일들이 모두 꿈 같은 일로 지나가 버리고 자취도 없네. 고대광실(高臺廣室)과 문전옥답(門前玉畓)도 빈손으로 왔다가 빈손으로 가게 되니 소용없네.

인생(人生)은 한 번 죽어 돌아올 수 없는 나그네요, 한줌의 황토로 돌아가는 가련한 여정이네. 이 일과 저 일이 모두 망하게 되어 쓸모없게 변하는 것이 세상의 일이네.

앞으로앞으로 전진하여 새롭고 아름다운 집을 지어보세. 마음은 꿋꿋하게 지키려 하면서, 말은 어찌하여 풀풀하는가?

계룡산(鷄龍山) 위에 갑을각(甲乙閣)이 있네. 중대한 책임이 육십일(六十一)에 맡겨지네. 육십일 세에 십오 년을 더하는 운수이네. 사해(四海)에 이름을 떨치는 운수임을 누가 알겠는가?

계룡산(鷄龍山) 위에 갑을각(甲乙閣)이 있네. 자하도(紫霞島)에 햇빛이 관통하여 하늘에 꽃무지개가 뻗치네. 육십일 세에 시작하여 세우네.

주초두우(走肖杜牛) 자계래(自癸來)이네. 좌충우돌하며 참된 주 하느님을 도와보세. 발 가는 곳마다 동서(東西)의 적을 쳐서 없애네. 사중(沙中)에서 분쟁하며 싸운 적들이 이제 편안히 있네.

천신(天神)이 검을 휘두르니 사람들의 머리가 바람에 날리듯 떨어지네.

천문(天門)이 열리며 빛의 신인 정(鄭)씨가 나오고, 땅이 열리며 죽은 자의 몸이 풀이 돋아나오듯 목인(木人)이 부활하면 이(李)씨 왕조는 망하네.

사람이 모두 십승(十勝)으로 활활 가니 나도 또한 살살 오네. 선천(先天) 다음에 갑을(甲乙)의 궁전을 깨달으소. 때가 오네 때가 오네. 다시 오지 않는 때가 오네.

목자(木子)의 논설에 세 성인(聖人)이 영광으로 둘러 싸여 안정되고, 하느님의 숨은 검이 4가지 화근(禍根)을 거두어 드리네.

비의(非衣)가 으뜸되는 공로의 주인공이나 태묘(太廟)에 배향되네. 인왕(人王)이 외롭게 충성하다 죽게 됨을 후세 사람이 애통하네.

위도 아니고 아래도 아니고 또한 바깥도 아니네. 어짊과 지혜를 의지하되 권세에 의지하지 마소.

먼저 나감에 눈물이 있으나 나중에 노래를 부르며 나가게 되네. 말〔馬〕 머리에 흰 방울과 소〔牛〕 머리에 붉은 방울이 하느님의 머리 위에 영광으로 빛나네.

밭 전(田)자의 십승인(十勝人)에게 하늘 나라 영적 왕의 옥새(玉璽)가 옮겨지네.

하나가 가고 하나가 오니 이제 부처님의 머리에 광명이 비추네. 세상 풍속을 떠나 편안히 앉아 있는 사람이 있네.

덕유(德裕)에서 불러 일으키니 도적의 수염이 없어지네. 북쪽 오랑캐의 근심을 응하고, 남쪽 왜놈의 변란을 근심하네.

누가 강남(江南)의 제1인자를 알겠는가? 동방의 산머리에 숨어 세간을 진동시키네. 그대로 그대로 가는 그대로, 앞길이 앞길이 솔솔 열리네.

육십일 세 때 사해(四海)에 이름을 떨치네.

몸을 세워 이름을 떨치다 또한 후에 죽게 되네. 삼오(三五)의 운수가 아니면 하늘 나라에 높은 집도 없고, 육십일 세의 앞길도 없게 되네.

육십일 세가 가련하고 가련하네. 목인(木人)을 반목(反目)하며 가소롭다 웃는구나.

육십일 세에 성공하면 천 개의 문이 달린 큰 궁전을 세우게 되네.

자축(子丑)년으로부터 술해(戌亥)년에 이르기까지 이와 같은 것이 완성되면 원자(原子)가 변화되어 음식물이 되는 아름다운 세계가 펼쳐지네.

61 남사고 선생의 생애 요약

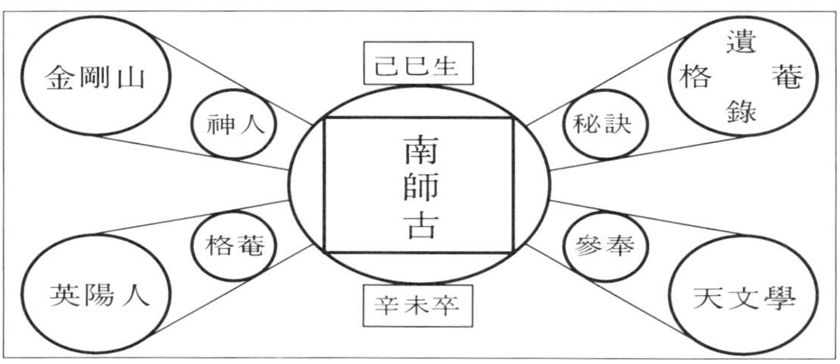

남사고(南師古) 선생의 자는 경원(景元)·경초(景初)·복초(復初), 호는 격암(格菴)이다.

영양인(英陽人)으로 조선 중기 중종 4년(1509년) 기사(己巳)년에 현 경상북도 울진군 근남면 수곡리에서 탄생하여, 선조 4년(1571년) 신미(辛未)년 12월 3일 63세의 나이로 생애를 마친 분이다.

공은 소시(少時)에 황응청(黃應淸)이란 친구와 함께 길을 가다가 예쁜 패도(佩刀)가 떨어진 것을 보고도 의연한 행동을 했다고 전한다.

또한 소시에 탁발승을 만나 불영사(佛影寺)까지 동행하여 소나무 밑에서 내기 장기를 두고 있을 때, 그 중이 갑자기 기합 소리와 함께 사라진 후 어느 새 땅 속에서 코 끝을 내밀며 나타나 두렵지 않느냐고 묻자, 의연하게 두렵지 않다고 대답하여 그를 탄복케 하였다고도 한다.

일설에 공은 풍악산(楓岳山)에 놀러 갔다가 신인(神人)을 만나 석실로 인도되어 도서(道書) 세 권을 전수받았다고도 전한다.

공은 오두막집에 살면서도 항상 몸가짐을 흐트리지 않고 예절과 법도를 지키며 소박하게 자연의 진리를 탐구하며, 특히 소학(小學) 책을 벗삼아 생활했다고 한다.

당시 공은 청렴함과 효행이 그 누구보다 특출하여 명종 임금 때 처음으로 효렴(孝廉-효도가 지극하고 청렴한 사람을 불러다 벼슬을 줌)으로 추천되어 사직서(社稷署)의 참봉(參奉)이 되기도 하였고, 선조 초에는 천문학(天文學) 교수로 발탁되기도 하였다.

학문에 있어 해동의 소강절로 불리울 만큼 깊이가 있어, 당대 주역(周易)의 대가인 봉래 양사언(楊士彦) 선생도 공과 함께 천지음양의 이치를 논하다가 크게 감동되어 공을 스승으로 모셨다고 하며, 당대의 명사인 수암 박지화(朴枝華) 선생도 공의 높은 덕을 자주 언급하였다고 한다.

한때 이퇴계(李退溪) 선생의 문하에 잠시 있었다고 하나, 대부분 독학(獨學)을 통해 높은 경지에 이르렀다 한다.

사직서(社稷署)의 참봉으로 재직시 공은 승려 보우(普雨)의 몰락과 문정

(文定) 왕후의 죽음뿐 아니라, 덕흥군(德興君)이 임금이 될 것과 동서분당의 화, 임진왜란의 피해, 명나라 융경 황제의 책립, 남명 조식 선생의 죽음 등도 정확히 예언했다고 전한다.

천문학 교수로 재직시 관상감정(觀象監正)인 이번신(李蕃臣)이 태사성(太史星)의 빛이 쇠잔해 감을 보고 자신의 수명이 다했다고 말하자, 공은 웃으며 그 별의 주인은 따로 있다고 말했다 한다.

며칠 후 공이 병으로 작고하게 됨을 보고, 공이 바로 태사성(太巳星)의 정기를 받고 태어났던 분임을 알 수 있었다고 한다.

공의 부음이 전해지자 한양에 사는 많은 사우들이 공의 시신을 수습하여 울진까지 운구하여, 공의 옛집이 있던 성산(城山) 마을에 장사지냈다 하며, 후에 그곳 향인들에 의해 옥계(玉溪) 서원에 배향되었다 한다.

공은 부인 강릉 최(崔)씨와의 사이에서 아들 응진(應辰)과 딸 하나를 두었으나, 아들 응진은 일찍 죽었다 한다.

저서로는 임광기(林廣記)·동상유초(東床遺草)·완역도(玩易圖), 천자주(千字註) 등이 있었으나 대부분 병화로 불타 버렸고, 묘지명 한 편과 과거에 응시하던 해옥첨주부(海屋添籌賦) 등을 비롯하여 세간에 격암유록(格菴遺録)·마상록(馬上録)·홍수지(紅袖誌)란 비결(秘訣)이 전한다.

공에 대한 일화나 학문의 깊이에 대한 평가는 유형원(柳馨遠)의 초창결(蕉蒼訣)을 비롯하여 홍만종(洪萬宗)의 해동이적(海東異蹟), 박지원(朴趾源)

의 열하일기(熱河日記), 이수광(李睟光)의 지봉유설(芝峯類說)과 같은 명사들의 저서에도 언급되고 있다.

第 三 部

● 격암유록(格菴遺録) 원문(原文)

格菴遺錄
(격암유록)

畢甲申閏月丙申桃源精舍
(필갑신윤월병신도원정사)

• 원문에 대한 안내

1. 격암유록 원문은 국립중앙도서관에 "古 1496-4"로 소장되어 있다.

2. 격암유록 원문은 갑신년(甲申年) 윤사월(閏四月) 병신일(丙申日)인 1944년 6월 1일, 충남 서산군 지곡면 도성리의 전성후인(全城后人) 이도은(李桃隱)이란 분에 의해 필사된 것이다.

3. 이도은 씨가 필사한 당시 격암유록 진본(眞本)은 불태워져 소실되었다고 한다.

격암유록 원문 • 차례

1

南師古秘訣
남사고비결

師古號格菴 又號敬菴 英陽人 明廟朝 官社稷參奉 拜天文學敎授
사고호격암 우호경암 영양인 명묘조 관사직참봉 배천문학교수

少時逢神人受秘訣 風水天文俱得通曉 公以正德四年己巳生 隆慶五
소시봉신인수비결 풍수천문구득통효 공이정덕사년기사생 융경오

年辛未卒壽 六十三歲.
년신미졸수 육십삼세

兩弓雙乙知牛馬 田兮從金槿花宮 精脫其右米盤字 落盤四乳十重山
양궁쌍을지우마 전혜종금근화궁 정탈기우미반자 낙반사유십중산

八力十月二人尋 人言一大十八寸 玉灯秋夜三八日 南北相和太平歌
팔력십월이인심 인언일대십팔촌 옥등추야삼팔일 남북상화태평가

欲識蒼生保命處 吉星照臨眞十勝 兩白三豊眞理 眼赤紙貨人不睹
욕식창생보명처 길성조림진십승 양백삼풍진리 안적지화인부도

九宮加一十勝理 春滿乾坤福滿家 龍龜河洛兩白理 心清身安化生人
구궁가일십승리 춘만건곤복만가 용귀하락양백리 심청신안화생인

世人不知雙弓理 天下萬民解寃世 渡海移山海印理 天下人民神判機
세인부지쌍궁리 천하만민해원세 도해이산해인리 천하인민신판기

四口合体全田理 黃庭經讀丹心田 四方中正從金理 日月無光不夜城
사구합체전전리 황정경독단심전 사방중정종금리 일월무광불야성

落盤四乳十字理 死中求生完然覺 水昇火降病却理 不老不死甘雨露
낙반사유십자리 사중구생완연각 수승화강병각리 불로불사감우로

三人一夕修字理 眞心不變篤信天 六角八人天火理 活人滅魔神判機
삼인일석수자리 진심불변독신천 육각팔인천화리 활인멸마신판기

似人不人天虛無理 天神下降分明知 八王八口善字理 天眞化心不變
사인불인천허무리 천신하강분명지 팔왕팔구선자리 천진화심불변

心 乾牛坤馬牛性理 和氣東風眞人出 時好時好不再來 開目聽耳疾
심 건우곤마우성리 화기동풍진인출 시호시호부재래 개목청이질

足入 中入此時今和日 出死入生不知亡 牛聲牛聲和牛聲 和氣東風
족입 중입차시금화일 출사입생부지망 우성우성화우성 화기동풍

萬邦吹 隱惡揚善君子日 不知春日何望生 一釣三餌左右中 避亂
만방취 은악양선군자일 부지춘일하망생 일조삼이좌우중 피란

之本都在心 雲霧漲天昏衢中 欲死死走永不得 前無後無初樂道 不
지본도재심 운무창천혼구중 욕사사주영부득 전무후무초락도 불

可思議不忘春 天根月窟寒往來 三十六宮都春 無雲雨眞甘露飛 天
가사의불망춘 천근월굴한왕래 삼십육궁도춘 무운우진감로비 천

香得數田田理 十二門開大和門 日月明朗光輝線 美哉此運弓乙世
향득수전전리 십이문개대화문 일월명랑광휘선 미재차운궁을세

白日昇天比比有 田中生涯雅清曲 不知歲月何甲子 欲識雙弓脫劫理
백일승천비비유 전중생애아청곡 부지세월하갑자 욕식쌍궁탈겁리

血脈貫通喜樂歌 欲識蒼生安心處 三豊兩白有人處 錦城錦城何錦城
혈맥관통희락가 욕식창생안심처 삼풍양백유인처 금성금성하금성

金白土城漢水邊 鷄鳴龍叫何處地 邑者溪邊是錦城 鷄龍鷄龍何鷄龍
금백토성한수변 계명용규하처지 읍자계변시금성 계룡계룡하계룡

紫霞仙中金鷄龍 非山非野吉星地 鷄龍白石眞鷄龍 十勝十勝何十勝
자하선중금계룡 비산비야길성지 계룡백석진계룡 십승십승하십승

勝利臺上眞十勝 兩白兩白何兩白 先后天地是兩白 河圖洛書靈龜數
승리대상진십승 양백양백하양백 선후천지시양백 하도낙서영귀수

心靈衣白眞兩白 三豊三豊何三豊 非山非野是三豊 世人不知火雨露
심령의백진양백 삼풍삼풍하삼풍 비산비야시삼풍 세인부지화우로

無穀大豊是三豊 弓乙弓乙何弓乙 天弓地乙是弓乙 一陽一陰亦弓乙
무곡대풍시삼풍 궁을궁을하궁을 천궁지을시궁을 일양일음역궁을

紫霞仙人眞弓乙 牛性牛性何牛性 天道耕田是牛性 牛性在野牛鳴聲
자하선인진궁을 우성우성하우성 천도경전시우성 우성재야우명성

天牛地馬眞牛性 鄭氏鄭氏何鄭氏 滿七加三是鄭氏 何姓不知無裔後
천우지마진우성 정씨정씨하정씨 만칠가삼시정씨 하성부지무예후

一字縱橫眞鄭氏 海印海印何海印 見不知而火雨露 化字化字何化印
일자종횡진정씨 해인해인하해인 견부지이화우로 화자화자하화인

無窮造化是海印 田意田意何田意 四面方正是田意 田之又田變化田
무궁조화시해인 전의전의하전의 사면방정시전의 전지우전변화전

妙術無窮眞田意 從金從金何從金 光彩玲瓏從是金 日月無光光輝城
묘술무궁진전의 종금종금하종금 광채영롱종시금 일월무광광휘성

邪不犯正眞從金 眞經眞經何眞經 妖魔不侵是經眞 上帝預言聖經說
사불범정진종금 진경진경하진경 요마불침시경진 상제예언성경설

毫釐不差眞眞經 吉地吉地何吉地 多會仙中是吉地 三神山下牛鳴地
호리불차진진경 길지길지하길지 다회선중시길지 삼신산하우명지

桂樹範朴是吉地 眞人眞人何眞人 眞木化生是眞人 天下一氣再生人
계수범박시길지 진인진인하진인 진목화생시진인 천하일기재생인

海印用使是眞人 眞木化生變化人 玉無瑕体不變理 東方春生金花發
해인용사시진인 진목화생변화인 옥무하체불변리 동방춘생금화발

列邦蝴蝶歌舞來 執衡搩察變心靈 天下人民大呼聲 如狂如醉牛鳴聲
열방호접가무래 집형안찰변심령 천하인민대호성 여광여취우명성

世人不知嘲笑時 專無天心何處生 牛鳴十勝尋吉地 先覺之人預言世
세인부지조소시 전무천심하처생 우명십승심길지 선각지인예언세

昏衢長夜眼赤貨 人皆不思眞不眞 好事多魔此是日 雙犬言爭艸十口
혼구장야안적화 인개불사진불진 호사다마차시일 쌍견언쟁초십구

暫時暫時不免厄 九之加一線無形 十勝兩白知口人 不顧左右前前進
잠시잠시불면액 구지가일선무형 십승양백지구인 불고좌우전전진

死中求生元眞理 出死入生信天村 造次不離架上臺 坦坦大路永不變
사중구생원진리 출사입생신천촌 조차불리가상대 탄탄대로영불변

有形無形兩大中 道通天地無形外 肇乙矢口眞覺人 祈天禱神時不休
유형무형양대중 도통천지무형외 조을시구진각인 기천도신시불휴

惡罪滿天判端日 咸陽三月家安在 靑槐滿庭之月 白楊無芽之日 地
악죄만천판단일 함양삼월가안재 청괴만정지월 백양무아지일 지

鼠女隱日 三床後臥 十勝十處論 未卜定穴不可生 地理天理十勝弓
서여은일 삼상후와 십승십처론 미복정혈불가생 지리천리십승궁

弓地 萬無一失入者生 有智無智分別時 禍因惡積不免獄 人獸分別
궁지 만무일실입자생 유지무지분별시 화인악적불면옥 인수분별

兩端日 飛火落地混沌世 西方庚辛四九金 從金妙數大運也.
양단일 비화락지혼돈세 서방경신사구금 종금묘수대운야

2

世論視
세론시

西學大熾天運也 天道者生 無道者死 量者誰 聽者誰 世人何知 智
서학대치천운야 천도자생 무도자사 양자수 청자수 세인하지 지

者能知矣 積德之人 活人如此 自生正道 不願積穀 嗟我後生 不忘
자능지의 적덕지인 활인여차 자생정도 불원적곡 차아후생 불망

血遺 智默天運 朝暮變化 信外剌文 國外法官 假夷賣官 小人能大
혈유 지묵천운 조모변화 신외랄문 국외법관 가이매관 소인능대

無量旺運 有量來運 勿念儒書 意外出盡 伯夷採薇 由父洗耳 莫貪
무량왕운 유량내운 물념유서 의외출진 백이채미 유부세이 막탐

富貴 非命橫死 久陰不晴 下必謀上 誰爲父母 竭孝誰作 生死判端
부귀 비명횡사 구음불청 하필모상 수위부모 갈효수작 생사판단

飛龍弄珠 世有其人 公察萬物 其姓爲誰不知也 橫二爲柱 左右雙三
비룡농주 세유기인 공찰만물 기성위수부지야 횡이위주 좌우쌍삼

勿恨其數 勿上追衣 又爲其誰 如短如長 種德半百 久粧弓揣磨大
물한기수 물상추의 우위기수 여단여장 종덕반백 구장궁 췌마대

小白之石 大小白何爲 河洛之數 白字彎山工字之出 兩山之間十字
소백지석 대소백하위 하락지수 백자만산공자지출 양산지간십자

無瑕出於兩白 人種求於兩白 白木雙絲門月寸土 白木靈木雙絲人
무하출어양백 인종구어양백 백목쌍사문월촌토 백목영목쌍사인

姓負合之弓弓人 辰巳之生 統一天下 復何在洲江 兩合白一如亡 一
성부합지궁궁인 진사지생 통일천하 복하재주강 양합백일여망 일

人日匕 世事何然 不變仙源 活萬非衣活千弓長 此我後生 勿慮徐曺
인일비 세사하연 불변선원 활만비의활천궁장 차아후생 물려서조

呂金 非運愛國 天運違逆必亡當害 守從聖說 所願成就 此書不信英
여김 비운애국 천운위역필망당해 수종성설 소원성취 차서불신영

雄自亡 二十九日走者之人 頭尾出田 亂世英雄 不免項事 天運奈何
웅자망 이십구일주자지인 두미출전 난세영웅 불면항사 천운내하

若不解得 無量肉眼 俗離之世 不離俗離 積德之人 不失俗離 不尋
약불해득 무량육안 속리지세 불리속리 적덕지인 불실속리 불심

俗離 難免塗炭 黃金之世 愚者何辨 入於俗離 尋於智異 尋山鷄龍
속리 난면도탄 황금지세 우자하변 입어속리 심어지리 심산계룡

愚哉 深量白轉必死 盡力追人追人 其誰弓弓之朴也 朴固之鄕 村村
우재 심량백전필사 진력추인추인 기수궁궁지박야 박고지향 촌촌

瑞色 未逢其人 難求生門 生門何在 白石泉井 白石何在 尋於鷄龍
서색 미봉기인 난구생문 생문하재 백석천정 백석하재 심어계룡

鷄龍何在 非山非野 非山非野何在 二人橫三十二月綠 小石之生枝
계룡하재 비산비야 비산비야하재 이인횡삼십이월록 소석지생지

朴 堯日大亭之下 是亦石井 欲飮者促生 所願成就 上慕劒旗 下察
박 요일대정지하 시역석정 욕음자촉생 소원성취 상모검기 하찰

走馬 吉運不離 深探其地 天旺之近 水唐之廣野 鷄龍創業 曉星照
주마 길운불리 심탐기지 천왕지근 수당지광야 계룡창업 효성조

臨 草魚禾萊之山 天下名山 老姑相望 三神役活 非山十勝 牛聲弓
림 초어화래지산 천하명산 노고상망 삼신역활 비산십승 우성궁

弓 三豊白兩有人處 人字勝人 勝人神人 別天是亦武陵之處 世願十
궁 삼풍백양유인처 인자승인 승인신인 별천시역무능지처 세원십

勝 聖山聖地 嗟我後生 勿離此間 弓弓之間 天香得數 三神山下牛
승 성산성지 차아후생 물리차간 궁궁지간 천향득수 삼신산하우

鳴地 牛聲浪藉 始出天民 人皆成就 弓弓矢口 入於極樂 乙乙矢口
명지 우성낭자 시출천민 인개성취 궁궁시구 입어극락 을을시구

無文道通 仁人得地 近獸不參 其庫何處 紫霞南之朝鮮 秘藏之文
무문도통 인인득지 근수불참 기고하처 자하남지조선 비장지문

出於鄭氏 自出於南 秘文曰 海島眞人 自出紫霞島 眞主赤黃之馬
출어정씨 자출어남 비문왈 해도진인 자출자하도 진주적황지마

龍蛇之人 柿木扶人 皆之柿木之林 何得高立 多人往來之邊 一水二
용사지인 시목부인 개지시목지림 하득고립 다인왕래지변 일수이

水鶯廻地 鷄龍創業始此地 愚人不尋 不入此地之人怨無心 嗚呼後
수앵회지 계룡창업시차지 우인불심 불입차지지인원무심 오호후

人 勿持世事 蜉蝣乾坤 勿離此間 祈天禱神 活方何處 非東非西 不
인 물지세사 부유건곤 물리차간 기천도신 활방하처 비동비서 불

離南鮮 南北相望 可憐寒心 地卽十處吉地 誰福謂地 未卜定穴 各
리남선 남북상망 가련한심 지즉십처길지 수복위지 미복정혈 각

處不利 勿思十勝 只尋木人新幕 肉眼不開 不覺此句 若不解得 不
처불리 물사십승 지심목인신막 육안불개 불각차구 약불해득 불

辨時勢 鷄龍開國 達於此日 辰巳聖人 儀兵十年 當此世 苦盡甘來
변시세 계룡개국 달어차일 진사성인 의병십년 당차세 고진감래

天降救主 馬頭牛角 眞主之幻 柿榮字意何 世人解寃 天受大福 永
천강구주 마두우각 진주지환 시영자의하 세인해원 천수대복 영

遠無窮矣 訪道君子 不失中入哉 辰巳落地 辰巳出世 辰巳堯之受禪
원무궁의 방도군자 불실중입재 진사낙지 진사출세 진사요지수선

上辰巳自手成家 中辰巳求婚 仲婚十年 下辰巳成德握手 華燭東方
상진사자수성가 중진사구혼 중혼십년 하진사성덕악수 화촉동방

琴瑟之樂 天地配合 山澤通氣 木火通明 坤上乾下 地天泰卦 知易
금슬지락 천지배합 산택통기 목화통명 곤상건하 지천태괘 지역

理恩 三變成道 義用正大 木人飛去后待人 山鳥飛來后待人 逆天者
리은 삼변성도 의용정대 목인비거후대인 산조비래후대인 역천자

亡 順天者興 不違天命矣.
망 순천자흥 불위천명의

3

鷄龍論
계룡론

天下列邦回運 槿花朝鮮鷄龍地 天縱之聖合德宮 背弓之間兩白仙
천하열방회운 근화조선계룡지 천종지성합덕궁 배궁지간양백선

血遺島中四海通 無后裔之何來鄭 鄭本天上雲中王 再來今日鄭氏王
혈유도중사해통 무후예지하래정 정본천상운중왕 재래금일정씨왕

不知何姓鄭道令 鷄龍石白鄭運王 鄭趙千年鄭鑑說 世不知而神人知
불지하성정도령 계룡석백정운왕 정조천년정감설 세부지이신인지

好事多魔不免獄 不忍出世百祖一孫 終忍之出三年間 不死永生出於
호사다마불면옥 불인출세백조일손 종인지출삼년간 불사영생출어

十勝 不入死又次運出現 四面如是十勝 百祖十孫好運矣 南來鄭氏
십승 불입사우차운출현 사면여시십승 백조십손호운의 남래정씨

誰可知 弓乙合德眞人來 南渡蛇龍今安在 須從白鳩走靑林 一鷄四
수가지 궁을합덕진인래 남도사룡금안재 수종백구주청림 일계사

角邦無手 鄭趙之變一人鄭矣 無父之子鄭道令 天地合運出枾木 弓
각방무수 정조지변일인정의 무부지자정도령 천지합운출시목 궁

乙兩白十勝出 十八姓人鄭眞人 天地震動花朝夕 江山熱蕩鬼不知
을양백십승출 십팔성인정진인 천지진동화조석 강산열탕귀부지

鷄龍石白鄭道令 牛天馬伯時事知 美哉此運神明界 長安大道正道令
계룡석백정도령 우천마백시사지 미재차운신명계 장안대도정도령

投鞭四海滅魔田 四海太平樂樂哉.
투편사해멸마전 사해태평낙락재

4

來貝預言六十才
내패예언육십재

列邦之中高立鮮 列邦蝴蝶歌舞來 海中豊富貨歸來 六大九月海運開
열방지중고립선 열방호접가무래 해중풍부화귀래 육대구월해운개

送旧迎新好時節 如雲如雨鶴飛來 諸邦島歟屈伏鮮 無論大小邦船艦
송구영신호시절 여운여우학비래 제방도여굴복선 무론대소방선함

聖山聖地望遠來 引率歸來列邦民 鷄龍都城尋壁民 金石尋牆眞珠門
성산성지망원래 인솔귀래열방민 계룡도성심벽민 금석심장진주문

無罪人生永居宮 有罪人生不入城 背天之國永破滅 富貴貧賤反覆日
무죄인생영거궁 유죄인생불입성 배천지국영파멸 부귀빈천반복일

弓乙聖山無祈不通 金銀寶貨用剩餘 和平用官正義立 爲鑑督更無強
궁을성산무기불통 금은보화용잉여 화평용관정의립 위감독갱무강

日光晝更無月光之極 七日色寶石照 列邦望色福地來 更無月虧不夜
일광주갱무월광지극 칠일색보석조 열방망색복지래 갱무월휴불야

光明 當代千年人人覺 柿謀人生世謀人死 一當千千當萬 人弱當強
광명 당대천년인인각 시모인생세모인사 일당천천당만 인약당강

一喜一悲 興盡悲來苦盡甘來 人人解冤好時節 永春無窮福樂 出死
일희일비 흥진비래고진감래 인인해원호시절 영춘무궁복락 출사

入生朴活人 不知歲月何甲子 年月日時甲子運 陰陽合日三十定 不
입생박활인 부지세월하갑자 연월일시갑자운 음양합일삼십정 불

耕田而食之 不拜祭而祭之 不麻皮而衣之 不埋葬而葬之 有形無形
경전이식지 불배제이제지 불마피이의지 불매장이장지 유형무형

神化日 求人兩白求穀三豊 世人不知可哀可哀 心覺知心覺知 愼之
신화일 구인양백구곡삼풍 세인부지가애가애 심각지심각지 신지

愼之哉.
신지재

5
末運論
말운론

嗚呼悲哉聖壽何短 林出之人怨無心 小頭無足飛火落地 混沌之世
오호비재성수하단 임출지인원무심 소두무족비화락지 혼돈지세

天下聚合此世界 千祖一孫哀嗟呼 柿謀者生衆謀者死 隱居密室生活
천하취합차세계 천조일손애차호 시모자생중모자사 은거밀실생활

計 弓弓乙乙避亂國 隨時大變 彼枝此枝鳥不離枝 龍蛇魔動三八相
계 궁궁을을피란국 수시대변 피지차지조불리지 용사마동삼팔상

隔 黑霧漲天秋風如落 彼克此負十室混沌 四年何生兵火往來 何日
격 흑무창천추풍여락 피극차부십실혼돈 사년하생병화왕래 하일

休劫人來詳解知 祭堂彼奪此散隱居 四街路上 聖壽何短 可憐人生
휴겁인래상해지 제당피탈차산은거 사가로상 성수하단 가련인생

末世聖君湧天朴 獸衆出人變心化 獄苦不忍逆天時 善生惡死審判日
말세성군용천박 수중출인변심화 옥고불인역천시 선생악사심판일

死中求生有福子 是亦何運 林將軍出運也 天定此運亦悲運 十二神
사중구생유복자 시역하운 임장군출운야 천정차운역비운 십이신

人 各率神兵 當數一二先定 此數一四四之全田之數 新天新地別天
인 각솔신병 당수일이선정 차수일사사지전전지수 신천신지별천

地 先擇之人不受皆福 中擇之人受福之人 后入之人不福亡 用中生
지 선택지인불수개복 중택지인수복지인 후입지인불복망 용중생

涯抱琴聲 清歌一曲灑精神 勿思十處十勝地 獨利在弓弓間 申酉兵
애포금성 청가일곡쇄정신 물사십처십승지 독리재궁궁간 신유병

四起 戌亥人多死 寅卯事可知 辰巳聖人出 午未樂堂堂 小頭無足飛
사기 술해인다사 인묘사가지 진사성인출 오미락당당 소두무족비

火落地 隱居密室依天兵 掀天勢魔 自躊躇 欲死欲走永無得 不知三
화락지 은거밀실의천병 흔천세마 자주적 욕사욕주영무득 부지삼

聖無福歎 此運西之心 彼賊之勢 哀悽然 山岩隱之身掩 衆日光眼不
성무복탄 차운서지심 피적지세 애처연 산암은지신엄 중일광안불

閉目 四九之運百祖一孫 龍蛇發動雙年間 無罪之定三數 不忍出獄
폐목 사구지운백조일손 용사발동쌍년간 무죄지정삼수 불인출옥

悲運一四數 不足之投火滅之 後生之集合合之運 滿數之飮 鄭氏黎
비운일사수 부족지투화멸지 후생지집합합지운 만수지음 정씨여

民多小不計 受福之世一六好世 壬三之運或悲或喜 仁富之間夜泊千
민다소불계 수복지세일육호세 임삼지운혹비혹희 인부지간야박천

艘 和氣東風萬邦和 百祖十孫壬三運 山崩海枯金石出 列邦蝴蝶見
소 화기동풍만방화 백조십손임삼운 산붕해고금석출 열방호접견

光來 天下萬邦日射時 天地反覆此時代 天降在人此時代 豈何不知
광래 천하만방일사시 천지반복차시대 천강재인차시대 기하부지

三人日 東西合運枝葉道 此運得受女子人 一祖十孫人人活 道道教
삼인일 동서합운지엽도 차운득수여자인 일조십손인인활 도도교

教合十勝 列邦各國指導人 三公大夫指指揮世 上中之下異運時 一
교합십승 열방각국지도인 삼공대부지지휘세 상중지하이운시 일

道合而人人合 德心生合無道滅 入生出死弓乙村 天定人心還定歌
도합이인인합 덕심생합무도멸 입생출사궁을촌 천정인심환정가

魑魅發不奪人心 信天人獲罪於天 無所禱 空虛事無人間 夜鬼發動
이매발불탈인심 신천인획죄어천 무소도 공허사무인간 야귀발동

不入勝 天生天殺道道理 化於千萬理有海印 一人擇之化敏過自責
불입승 천생천살도도리 화어천만리유해인 일인택지화민과자책

吸海印無不通知 天意理奚如天遠返低 古人鄭氏牛性仸 死 人作蘖自
흡해인무불통지 천의리해여천원반저 고인정씨우성요 사 인작얼자

取禍 無可歎奈何 且易曰先天天不違后天奉時 牛性農夫石井崑 我
취화 무가탄내하 차역왈선천천불위후천봉시 우성농부석정곤 아

邦之人君知否 欲識蒼生桃源境 曉星平川照臨 非山非野十勝論 忽
방지인군지부 욕식창생도원경 효성평천조림 비산비야십승론 홀

伯千舟叟何處地 牛姓在野豫定地 人心變化十勝論村 人言一大尺八村
백천 소 하처지 우성재야예정지 인심변화십승론촌 인언일대척팔촌

非山非野非山牛腹洞 背弓不知雙山和 先后天地弫亞兩白間 背山十
비산비야비산우복동 배궁부지쌍산화 선후천지불아양백간 배산십

勝兩白圖 腹山工夫道通世 不知種桃人 仙源種桃弓弓裡 十處十勝
승양백도 복산공부도통세 부지종도인 선원종도궁궁리 십처십승

十字處 上中下異運 中晴一二三 聖壽何短十勝說 入於三時無用 忠
십자처 상중하이운 중청일이삼 성수하단십승설 입어삼시무용 충

則盡命悲極運 穴下弓身一二九 日月無光五九論 一二三五豫定運
칙진명비극운 혈하궁신일이구 일월무광오구론 일이삼오예정운

列邦混亂人不勝 四年逃命后日明 小頭無足天火世 生者幾何 一四
열방혼란인불승 사년도명후일명 소두무족천화세 생자기하 일사

四半死之人 兩雙空六送旧 迎新 數千呼萬世神天民 白馬神將出世時
사반사지인 양쌍공육송구 영신 수천호만세신천민 백마신장출세시

赤火蛇龍林出運 十處十勝非別地 吉莫吉於弓弓村 勝者出人人人從
적화사룡림출운 십처십승비별지 길막길어궁궁촌 승자출인인인종

有智者世思勿慮 中入生 中入何時午未申酉 先入何時辰巳午未 末
유지자세사물려 중입생 중입하시오미신유 선입하시진사오미 말

入何時此運之后 末入者死 吉運十勝何地 南朝鮮四面如是 如是三
입하시차운지후 말입자사 길운십승하지 남조선사면여시 여시삼

年工夫 無文道通 肇乙矢口氣和慈慈 二七龍蛇是眞人 三八木人十
년공부 무문도통 조을시구기화자자 이칠용사시진인 삼팔목인십

五眞主 兩人相對馬頭角 榮字之人變化君 乘柿之人弓乙鄭 前路松
오진주 양인상대마두각 영자지인변화군 승시지인궁을정 전로송

松不遠開 儒佛柿人是何人 東西末世豫言書 神人豫言世不覺 此運
송불원개 유불시인시하인 동서말세예언서 신인예언세불각 차운

之論 十處十勝無用 十勝不現出 但在弓弓乙乙間 世人尋覺落盤四
지론 십처십승무용 십승불현출 단재궁궁을을간 세인심각낙반사

乳 四口之田利用時 田退四面十字出 甚難甚難弓弓地 悲哉悲運何
유 사구지전리용시 전퇴사면십자출 심난심난궁궁지 비재비운하

日時 青槐滿庭之月 白楊無芽之日 此時變運之世 柿獨出世 人心卽
일시 청괴만정지월 백양무아지일 차시변운지세 시독출세 인심즉

天心 規於十勝 弓弓之間 生旺勝地.
천심 규어십승 궁궁지간 생왕승지

非山非野仁富之間 人山人海萬姓聚合 小木多積之中 三神山人出生
비산비야인부지간 인산인해만성취합 소목다적지중 삼신산인출생

地 女古老人草魚禾艸來 相望對坐地 三神帝王始出時 善者多生惡
지 여고노인초어화초래 상망대좌지 삼신제왕시출시 선자다생악

者死 可笑可歎奈何 嗟乎 三災不遠日 覺者其間幾何人 竹車身地十
자사 가소가탄내하 차호 삼재불원일 각자기간기하인 죽차신지십

八卜重土 十人延壽處 堯之日月聖歲月 世間人生解冤地 人心天心
팔복중토 십인연수처 요지일월성세월 세간인생해원지 인심천심

今日是天地人心中 天降大道四海通 人生萬物更新日上時 東西大道
금일시천지인심중 천강대도사해통 인생만물갱신일상시 동서대도

合運時 人心和而無戰化 惡者不通不知 卽無道之人皆病死 毒疾不
합운시 인심화이무전화 악자불통부지 즉무도지인개병사 독질불

犯世棄人 春氣長生永遠藥 無疑海印天授得 高官大爵無覺智 英雄
범세기인 춘기장생영원약 무의해인천수득 고관대작무각지 영웅

文章非能士 自下達上下愚不已 先知海印出人才.
문장비능사 자하달상하우불이 선지해인출인재

幾千年間豫定運 運回朝鮮中原化 山川日月逢此運 君出始祖回運來
기천년간예정운 운회조선중원화 산천일월봉차운 군출시조회운래

訪道君者解冤日 柿謀者生弓乙裏 釋迦之運三千年 彌勒出世鄭氏運
방도군자해원일 시모자생궁을리 석가지운삼천년 미륵출세정씨운

斥儒尚佛西運來 天地海印誰何說 佛道大師保惠印 天地人三 火印
척유상불서운래 천지해인수하설 불도대사보혜인 천지인삼 화인

雨印露印 三豊三印 天民擇地 三豊之穀 穀種求於三豊也 龍蛇之人
우인로인 삼풍삼인 천민택지 삼풍지곡 곡종구어삼풍야 용사지인

不免獄 不忍碎獄出時 天地混沌 飛火落地 鼠女隱日 三床後臥 先
불면옥 불인쇄옥출시 천지혼돈 비화락지 서녀은일 삼상후와 선

擇失散 此運時 鄭堪豫言十處 地理之上大吉地 十處以外小吉 方方
택실산 차운시 정감예언십처 지리지상대길지 십처이외소길 방방

谷谷結定地 不入正穴者死 有福之人或希生 穴下弓身 巽門 弓乙圖
곡곡결정지 불입정혈자사 유복지인혹희생 혈하궁신 손문 궁을도

用必要矣 天擇弓弓十勝地 利在弓弓十勝村 不利山不近不聽 天民
용필요의 천택궁궁십승지 이재궁궁십승촌 불리산불근불청 천민

十勝地 赤運蔽日火烟蔽月 盜賊不入安心之地 出死入生.
십승지 적운폐일화연폐월 도적불입안심지지 출사입생

自古豫言秘藏之文 隱頭藏尾不覺書 自古十勝弓乙理 由道下止從從
자고예언비장지문 은두장미불각서 자고십승궁을리 유도하지종종

金說 無物不食人人知 何物食生命 何物食死物 艸早三鷄愛好者 不
금설 무물불식인인지 하물식생명 하물식사물 초조삼계애호자 불

失本心皆寃死 陰陽果豚鼠食 雖訪道君子 怨無心 利在田田 十勝化
실본심개원사 음양과돈서식 수방도군자 원무심 이재전전 십승화

上帝豫言眞經說 毫理不差生命 一二三松家田 上中下松家道 奄阜
상제예언진경설 호리불차생명 일이삼송가전 상중하송가도 엄부

曲阜聖山地 飛火不入道人尋 日月無光星落雹.
곡부성산지 비화불입도인심 일월무광성락박

山萬岩萬掩身甲 似人不人天神降 六角八人知者生 陰鬼發動從者死
산만암만엄신갑 사인불인천신강 육각팔인지자생 음귀발동종자사

無道病鬼不知亡 莫如忍忍海印覺 桑田碧海地出 鷄龍山下定都地.
무도병귀부지망 막여인인해인각 상전벽해지출 계룡산하정도지

白石之化日中君 能知三神救世主 牛鳴在人弓乙仙 地斥山川不避居
백석지화일중군 능지삼신구세주 우명재인궁을선 지척산천불피거

天崩混沌素沙立 弓乙仙境種桃地 蒼生何事轉悽然 初樂大道天降
천붕혼돈소사립 궁을선경종도지 창생하사전처연 초락대도천강

時 前無后之中原和 淸陽宮殿大和門 日無光珠玉粧 鷄龍石白盤理
시 전무후지중원화 청양궁전대화문 일무광주옥장 계룡석백반리

扶桑金鳥權花國 白髮君王石白理 非道覺而無知死 道之人解寃世.
부상금조근화국 백발군왕석백리 비도각이무지사 도지인해원세

甘露如雨海印說 天印地印人印三豊 海印雨下三發化字發 火印地印
감로여우해인설 천인지인인인삼풍 해인우하삼발화자발 화인지인

露印化印合一理 非雲眞雨不老草 有雲眞露不死藥 八人登天火字印
로인화인합일리 비운진우불로초 유운진로불사약 팔인등천화자인

甘露如雨雙弓印 雙弓何事十勝出 乙乙何亦無文通 先后兩白眞人出
감로여우쌍궁인 쌍궁하사십승출 을을하역무문통 선후양백진인출

三豊吸者不老死 石井何意延飮水 鷄龍何意變天地 海印何能利山海
삼풍흡자불로사 석정하의연음수 계룡하의변천지 해인하능리산해

石白何意日中君 生旺勝地弓白豊 十五眞主擇現出 末世聖君容天朴
석백하의일중군 생왕승지궁백풍 십오진주택현출 말세성군용천박

鷄有四角邦無手 玄武青龍朱雀時 而開東日出 火龍赤蛇 白馬乘呼
계유사각방무수 현무청룡주작시 이개동일출 화룡적사 백마승호

喚鬠 始終艮野素沙地 毛童所望怨無心 三南第一吉星地 月下彈琴
환혜 시종간야소사지 모동소망원무심 삼남제일길성지 월하탄금

牛鳴聲 脫劫重生變化處 執衡㩎生靈合 忍不耐而先入運 愚者貪利
우명성 탈겁중생변화처 집형안생영합 인불내이선입운 우자탐리

目前禍 世人何事勝己厭 天意拒逆狼狽事 見人出去打胸哀寃不吉兆
목전화 세인하사승기염 천의거역낭패사 견인출거타흉애원불길조

天定計數不足日 飛火落地人生滅 未常天心無怨恨 人心不還自取禍
천정계수부족일 비화락지인생멸 미상천심무원한 인심불환자취화

三人合日春心生 道不覺而怨無心 太神歲壬申乙巳運 百五而七四始
삼인합일춘심생 도불각이원무심 태신세임신을사운 백오이칠사시

末 當末運絶倫者必先一小生 盜賊者必先凶半死匕交 保命在於三角
말 당말운절륜자필선일소생 도적자필선흉반사비교 보명재어삼각

山下半月形 保身者在於四口体合 在官者不水青直勤 怨無心也 害
산하반월형 보신자재어사구체합 재관자불수청직근 원무심야 해

國者陰轉陽強亡柔存 染色者誰無色者誰 存亡興敗必見此色 難黒易
국자음전양강망유존 염색자수무색자수 존망흥패필견차색 난흑역

白心滿危 謙滿安惡滿天必賜死 活我者誰三人一夕 殺我者誰小頭無
백심만위 겸만안악만천필사사 활아자수삼인일석 살아자수소두무

足 害我者似獸非獸 亂國之奴隷 速脫獸群者牛之加一 遲脫獸群者
족 해아자사수비수 난국지노예 속탈수군자우지가일 지탈수군자

危之加厄 萬物之靈 失倫獸從者必死 人依夕卜背面必死 玄妙精通
위지가액 만물지령 실륜수종자필사 인의석복배면필사 현묘정통

誰可知 七要 一曰天心 二曰石皮之衣 三曰石皮巾 四曰艸日十花.
수가지 칠요 일왈천심 이왈석피지의 삼왈석피건 사왈초일십화

五曰力菫農 六曰匕之人 七曰一小重力 是皆不妄矣 又有十忌 一曰
오왈역근농 육왈비지인 칠왈일소중력 시개불망의 우유십기 일왈

立心 二曰一牛兩尾心 三曰賣心 四曰過欲 五曰貪利 六曰爭鬪 七
입심 이왈일우양미심 삼왈매심 사왈과욕 오왈탐리 육왈쟁투 칠

曰怠惰 八曰輕妄 九曰密居 十曰錢禾刀也 死殺不生 豈確實乎 有
왈태타 팔왈경망 구왈밀거 십왈전화도야 사살불생 기확실호 유

志君子 深覺深覺 愼之察之暗 暗不知世事也.
지군자 심각심각 신지찰지암 암부지세사야

末世災 初問其何時 午未申三 東國回生四方立礎 問其何時 鼠牛虎
말세재 초문기하시 오미신삼 동국회생사방립초 문기하시 서우호

三 李朝之亡 何代 四七君王 李花更發 何之年 黃鼠之攝政也 患亂
삼 이조지망 하대 사칠군왕 이화갱발 하지년 황서지섭정야 환란

初發 問於何時 玄蛇前三 再發何時 牛虎兩端 雪胃長安 燕鴻去來
초발 문어하시 현사전삼 재발하시 우호양단 설위장안 연홍거래

之月也 三發天下何之年 未詳不說 又曰眞人世界何之年 和陽嘉春
지월야 삼발천하하지년 미상불설 우왈진인세계하지년 화양가춘

也 出地何處耶 鷄鳴龍叫溟沙十里之上 龍山之下 天受丹書何之年
야 출지하처야 계명용규명사십리지상 용산지하 천수단서하지년

神妙無弓造化難測 鷄龍其楚何之年 病身之人多出之時 一國分列何
신묘무궁조화난측 계룡기초하지년 병신지인다출지시 일국분열하

年時 三鳥次鳴靑鷄之年也 又分何之年虎兎相爭 水火相交時也 停
년시 삼조차명청계지년야 우분하지년호토상쟁 수화상교시야 정

戰何時 龍蛇相論黃羊用事之月 統合之年何時 龍蛇赤狗喜月也 白
전하시 용사상론황양용사지월 통합지년하시 용사적구희월야 백

衣民族生之年 猪狗分爭心一通 先動之時何時 白虎射殺之 前無神
의민족생지년 저구분쟁심일통 선동지시하시 백호사살지 전무신

之發大謂也 中動何意虛中有實 無無有中有神論者 大發之時 末動
지발대위야 중동하의허중유실 무무유중유신론자 대발지시 말동

又何 夜鬼發動勝己之中 鬼不知 大發天下避亂指示謂也 十勝何處
우하 야귀발동승기지중 귀부지 대발천하피란지시위야 십승하처

耶 虛中有實 牛性和氣有人處謂也 兩白三豊何乎 一勝白豊三合 一
야 허중유실 우성화기유인처위야 양백삼풍하호 일승백풍삼합 일

處也 不老不死長仙之藥 水昇降之村有處 謂之兩白三豊也 有智君
처야 불로불사장선지약 수승강지촌유처 위지양백삼풍야 유지군

子何不愼 難察難察也 嗟嗟衆必生 愼謹篤行 自古國家興亡 莫座天
자하불신 난찰난찰야 차차중필생 신근독행 자고국가흥망 막좌천

神顧獲 槿花朝鮮 瑞光濟蒼生 英雄君子 自西自東集合仙中矣 塗炭
신고획 근화조선 서광제창생 영웅군자 자서자동집합선중의 도탄

百姓急覺大夢 不遠將來目前之禍矣 可哀可哀矣.
백성급각대몽 불원장래목전지화의 가애가애의

6

聖山尋路
성산심로

絶倫者怨無心 盜賊者必先凶 保身者乙乙 保命者弓弓人去處 四口
절륜자원무심 도적자필선흉 보신자을을 보명자궁궁인거처 사구

交人留處 害國者陰邪 輔國者陽正 強亡柔存革心從心 旧染者死從
교인유처 해국자음사 보국자양정 강망유존혁심종심 구염자사종

新者生 殺我誰小頭無足 活我誰三人一夕 助我誰似人不人 害我者
신자생 살아수소두무족 활아수삼인일석 조아수사인불인 해아자

誰似獸非獸 世人難知兩白之人 天擇之人三豊之穀 善人食料 世人
수사수비수 세인난지양백지인 천택지인삼풍지곡 선인식료 세인

不見 俗人不食 一日三食飢餓死 三旬九食不飢長生 弓弓勝地求民
불견 속인불식 일일삼식기아사 삼순구식불기장생 궁궁승지구민

方舟 牛性在野 非山非野 牛鳴聲 無文道通咏歌舞 血脈貫通侍眞人
방주 우성재야 비산비야 우명성 무문도통영가무 혈맥관통시진인

衆人嘲笑跪坐誦經 肉身滅魔誦經不絶 人個得生絶之誦經 萬無一生
중인조소궤좌송경 육신멸마송경불절 인개득생절지송경 만무일생

生死判端都之在心 死末生初幾何得生 不失中入所願成就 不入中動
생사판단도지재심 사말생초기하득생 불실중입소원성취 불입중동

永出世人人居處 各者異異念念唯行 必有大慶 速脫獸群罪人得生
영출세인인거처 각자이이염념유행 필유대경 속탈수군죄인득생

遲脫獸群善人不生 萬物靈長 從鬼何望鬼不知覺 勿犯世俗 夜鬼發
지탈수군선인불생 만물영장 종귀하망귀부지각 물범세속 야귀발

動罪惡滿天 善者得生惡者永滅 當于末世善人幾何 世人不覺 嗚呼
동죄악만천 선자득생악자영멸 당우말세선인기하 세인불각 오호

悲哉 依外背内一怨無心 玄妙精通誰可知 誤求兩白負薪入火 求弓
비재 의외배내일원무심 현묘정통수가지 오구양백부신입화 구궁

三豊不飢長生 求地三豊食者不生 求鄭地者平生不得 求鄭於天三七
삼풍불기장생 구지삼풍식자불생 구정지자평생부득 구정어천삼칠

滿足 一心祈禱天有應答 無誠無智不得勝地 地不逢鄭王 求世海人
만족 일심기도천유응답 무성무지부득승지 지불봉정왕 구세해인

不見之影 求天海印皆入極樂 求地田田平生難得 求道田田無難易得
불견지영 구천해인개입극락 구지전전평생난득 구도전전무난이득

求地十勝異端之說 求地弓弓一人不得 求靈弓弓人如反掌 十勝覺理
구지십승이단지설 구지궁궁일인부득 구령궁궁인여반장 십승각리

一字縱橫 求十弓乙延年益壽 十勝居人入於永樂 萬無一失 心覺心
일자종횡 구십궁을연년익수 십승거인입어영락 만무일실 심각심

覺 貧者得生富者不得 虛中有實 聖山水泉藥之又藥 一飮延壽飮之
각 빈자득생부자부득 허중유실 성산수천약지우약 일음연수음지

又飮不死永生 聖泉何在南鮮平川 紫霞島中萬姓有處 福地桃源仁富
우음불사영생 성천하재남선평천 자하도중만성유처 복지도원인부

尋 入山雖好不如西湖 東山誰良不如路邊 多人往來大之邊 天藏地
심 입산수호불여서호 동산수량불여로변 다인왕래대지변 천장지

秘吉星照 桂範朴樹之上 蘇萊老姑兩山相望稀坐山 石白石光輝 天
비길성조 계범박수지상 소래노고양산상망희좌산 석백석광휘 천

下列光見而夜到千艘 百萬旗頃刻岸到 三都用庫安閑之日 天日月再
하열광견이야도천소 백만기경각안도 삼도용고안한지일 천일월재

生人 人人得地不死永生 鄭堪豫言有智者生 無智者死 貧者生富者
생인 인인득지불사영생 정감예언유지자생 무지자사 빈자생부자

死 是亦眞理矣.
사 시역진리의

7
•
寺畓七斗
사답칠두

寺畓七斗斗中之星 曲土辰寸眞實之農 文武星名地民何知 天牛耕田
사답칠두두중지성 곡토진촌진실지농 문무성명지민하지 천우경전

水源長遠 無凶之豊食者永生 三豊之穀虛妄之說 世人難知 有智者
수원장원 무흉지풍식자영생 삼풍지곡허망지설 세인난지 유지자

飽無智飢 人人心覺天上之穀 晝夜不息勤農作業 一日三食飢餓死
포무지기 인인심각천상지곡 주야불식근농작업 일일삼식기아사

三旬九食不飢生 天下萬物呼吸之者 行住坐臥天呼歲歲.
삼순구식불기생 천하만물호흡지자 행주좌와천호세세

8

•

石井水
석정수

日出山天井之水 掃之腥塵天神劒 一揮光線滅魔藏 暗追天氣光彩電
일출산천정지수 소지성진천신검 일휘광선멸마장 암추천기광채전

天命歸眞能何將 利在石井生命線 四肢內裏心泉水 世人何事轉悽然
천명귀진능하장 이재석정생명선 사지내리심천수 세인하사전처연

祈天禱神開心門 水源長源天農田 農曲土辰寸七斗落 牛性在野牛鳴
기천도신개심문 수원장원천농전 농곡토진촌칠두락 우성재야우명

聲 人生秋收審判日 海印役事能不無 脫劫重生變化身 天生有姓鄭
성 인생추수심판일 해인역사능불무 탈겁중생변화신 천생유성정

道令 世間再生鄭氏王 一字縱橫木人姓 世人心閉永不覺.
도령 세간재생정씨왕 일자종횡목인성 세인심폐영불각

9 •

生初之樂
생초지락

三鳥頻鳴急來聲 渾迷精神惶忽覺 數數出聲朱雀之鳥 無時鳴之開東
삼조빈명급래성 혼미정신황홀각 삭삭출성주작지조 무시명지개동

夜去日來促春光 中入此時人人覺 仙源種桃何處地 多會仙中弓乙間
야거일래촉춘광 중입차시인인각 선원종도하처지 다회선중궁을간

寶血伸寃四海流 心覺訪道皆生時 罪惡爭土相害門 上帝之子斗牛星
보혈신원사해류 심각방도개생시 죄악쟁토상해문 상제지자두우성

西洋結寃離去后 登高望遠察世間 二十世後今時當 東方出現結寃解
서양결원리거후 등고망원찰세간 이십세후금시당 동방출현결원해

腥塵捽地世寃恨 一点無濁無病 永無惡神世界 亞亞宗佛彌勒王 人
성진졸지세원한 일점무탁무병 영무악신세계 불아종불미륵왕 인

間解寃此今日 憂愁思慮雪氷寒 無愁春風積雪消 湧出心泉功德水.
간해원차금일 우수사려설빙한 무수춘풍적설소 용출심천공덕수

一飮延壽石井崑 毒氣除去不懼病 大慈大悲弓弓人 博愛萬物夜獸將
일음연수석정곤 독기제거불구병 대자대비궁궁인 박애만물야수장

世上惡毒腐病人 世上獸爭種滅時 殺人哀惜死地生 殺人無處處死
세상악독부병인 세상수쟁종멸시 살인애석사지생 살인무처처사

桃花流水武陵村 仙會忠孝種桃地 海上萬里輸糧來 萬國忠信歌舞來
도화류수무릉촌 선회충효종도지 해상만리수량래 만국충신가무래

淨潔淨土別天地 金築寶城四千里 天長高臺空四肘 十二門開晝夜通
정결정토별천지 금축보성사천리 천장고대공사주 십이문개주야통

仙官仙女案内入 金童玉女天君士 彈琴一聲清雅曲 不撤晝霄雲高.
선관선녀안내입 금동옥녀천군사 탄금일성청아곡 불철주소운고

如雪白蝶雙去來 細柳之間黃鳥聲 溫谷白鳥作作聲 桂樹天上月中宮
여설백접쌍거래 세류지간황조성 온곡백조작작성 계수천상월중궁

憐然榮光無比界 清陽宮殿日中君 水晶造制琉璃國 金街路上歌人
연연영광무비계 청양궁전일중군 수정조제유리국 금가로상가인

無窮世月彈琴聲 不知歲月何甲子 延年益壽初生法 當上父母千壽
무궁세월탄금성 부지세월하갑자 연년익수초생법 당상부모천수

膝下子孫萬歲榮 天增歲月人增壽 春滿乾滿家 願得三山不老草 拜
슬하자손만세영 천증세월인증수 춘만건만가 원득삼산불로초 배

獻高堂鶴髮親 祈天禱神甘露飛 永生福樂不死藥 立春大吉建陽多慶
헌고당학발친 기천도신감로비 영생복락불사약 입춘대길건양다경

天地反覆此今日 寶城光輝空天射 人身通秀琉璃界 日光無落月無虧
천지반복차금일 보성광휘공천사 인신통수유리계 일광무락월무휴

不分晝夜恒日月 直曲交線相交射 窟曲之穴光明穴 無極無陰無影世
불분주야항일월 직곡교선상교사 굴곡지혈광명혈 무극무음무영세

淚愁隔精無手苦 日日連食不老草 無腸服不死藥 此居人民無愁慮
누수격정무수고 일일연식불로초 무장복불사약 차거인민무수려

不老不死永春節 三十六宮都是春 天根月窟寒往來.
불로불사영춘절 삼십육궁도시춘 천근월굴한왕래

平和文云 天性人心人性天心 性和心和天人和 三變成道天人乎 九
평화문운 천성인심인성천심 성화심화천인화 삼변성도천인호 구

變九復天人乎 成男成女其本 乎人本乎天 人本人陰道局 聚氣還生
변구복천인호 성남성녀기본 호인본호천 인본인음도국 취기환생

陽道局 聚合生必和而人必和 天時地時人時 和氣同樂一夜新 平和
양도국 취합생필화이인필화 천시지시인시 화기동락일야신 평화

相和同日皆平和 不平和難生心 難生心裡去何其得 知讀卽能知 世
상화동일개평화 불평화난생심 난생심리거하기득 지독즉능지 세

別免愚人 天意人心如未覺士者 爲人同道何人道 平和從萬世 天道
별면우인 천의인심여미각사자 위인동도하인도 평화종만세 천도

不絶來 和氣自得於心 聞平和仰天祈禱 觀聖世保存深源盤 初始天
부절래 화기자득어심 문평화앙천기도 관성세보존심원반 초시천

下一氣共歸元 靈水神火明還定 大新天下吾耶心 皆自一心從舜來 日
하일기공귀원 영수신화명환정 대신천하오야심 개자일심종순래 일

月明 天下合歸元元來 春定好四方均和明.
월명 천하합귀원원래 춘정호사방균화명

訣云 虎性無變化單性之獸 狗性亦無變化旧性之獸 牛性有變化難測
결운 호성무변화단성지수 구성역무변화구성지수 우성유변화난측

曉星天君天使民合稱者 牛性也 豈如虎狗之性也 然則精脫其右 落
효성천군천사민합칭자 우성야 기여호구지성야 연즉정탈기우 낙

盤四乳 利在十勝預訣傳世 世人不知可歎奈何 東北五臺十二賊 三
반사유 이재십승예결전세 세인부지가탄내하 동북오대십이적 삼

南五被靑衣賊 種骨種仁又種芒 萬人傷落幾人陽 桑田碧海混沌世
남오피청의적 종골종인우종망 만인상락기인양 상전벽해혼돈세

白豊勝三安心處 靑雀龜龍化出地 須從走靑林人 穀出種聖山地 三
백풍승삼안심처 청작귀룡화출지 수종주청림인 곡출종성산지 삼

灾八難不入處 二十八宿共同回 紫霞仙中南朝鮮 南來鄭氏陰陽合德
재팔난불입처 이십팔숙공동회 자하선중남조선 남래정씨음양합덕

眞人來鄭氏鷄龍千年定 趙氏伽倻亦千年 范氏完山七百年 王氏松
진인래정씨계룡천년정 조씨가야역천년 범씨완산칠백년 왕씨송

嶽五百年 非鄭爲鄭非范 非趙爲趙非王氏 是故 先天太白數再定 小
악오백년 비정위정비범 비조위조비왕씨 시고 선천태백수재정 소

白后天數 是故 弓乙兩白間 圖書分明造化定 堯舜以后孔孟書 字字
백후천수 시고 궁을양백간 도서분명조화정 요순이후공맹서 자자

勸善蒼生活 傳來消息妄眞者 自作之孼誰誰家 江山熱湯鬼不知 鷄
권선창생활 전래소식망진자 자작지얼수수가 강산열탕귀부지 계

山石白三山中 靈兮神兮聖人出 美哉 山下大運回 長安大道正道令
산석백삼산중 영혜신혜성인출 미재 산하대운회 장안대도정도령

土價如糞是何說 穀貴錢奈且何 落盤四乳弓乙理 葉錢世界紙貨運
토가여분시하설 곡귀전내차하 낙반사유궁을리 엽전세계지화운

小頭無足殺我理 弓弓矢口誰知守 世人自稱金錢云 天下壯士未能覺
소두무족살아리 궁궁시구수지수 세인자칭금전운 천하장사미능각

投鞭四海滅魔爭 至氣順還萬事知 秋雨青山六花飛 春風好時陽照
투편사해멸마쟁 지기순환만사지 추우청산육화비 춘풍호시양조

萬古風霜過去客 天下萬事応和仙 春夏秋冬四時 松栢凌雪君子節
만고풍상과거객 천하만사응화선 춘하추동사시 송백능설군자절

萬壑千峯弓弓士 天地都來一掌中 四方賢士多歸處 聖山聖地日月明
만학천봉궁궁사 천지도래일장중 사방현사다귀처 성산성지일월명

靈風潤化見天根 神心容忽看月窟 戊己分合一氣還 甲乙火龍多吉生
영풍윤화견천근 신심용홀간월굴 무기분합일기환 갑을화룡다길생

中靈十一才摠靈臺 丙丁神鳥正大水土 父母氣還定 庚辛大號衆濟生.
중령십일재총령대 병정신조정대수토 부모기환정 경신대호중제생

天地大道氣還定 年年益壽江南仙 永寧通書玉甲記 天道大降一氣道
천지대도기환정 연년익수강남선 영령통서옥갑기 천도대강일기도

坊坊曲曲惟物處 世人不知天上仙 日月何山不照處 高出雲霄照最先
방방곡곡유물처 세인부지천상선 일월하산부조처 고출운소조최선

明 處處谷谷天道還 水水山山前路立.
명 처처곡곡천도환 수수산산전로립

天高地卑有誰知 二十四位八方回 春秋筆法由來跡 三皇五帝億億花
천고지비유수지 이십사위팔방회 춘추필법유래적 삼황오제억억화

三綱五倫永絶世 明明至德八條目 神道觀之重重生 十萬大兵號令
삼강오륜영절세 명명지덕팔조목 신도관지중중생 십만대병호령

天空空虛虛無無裡 東方花燭更明輝 信天村深紫霞中 秋天執弓白馬
천공공허허무무리 동방화촉갱명휘 신천촌심자하중 추천집궁백마

還 深盟信誠明道還 三十六宮都春 萬樹春光鳥飛來 衝天和氣三陽
환 심맹신성명도환 삼십육궁도춘 만수춘광조비래 충천화기삼양

春 九宮妙妙好好理 三陰三陽一盤氣 千千萬萬何何理 吹來長風幾
춘 구궁묘묘호호리 삼음삼양일반기 천천만만하하리 취래장풍기

萬里 九重桃李誰可知 河東江山一点紅 雪山何在鳥飛絶 更明大道
만리 구중도리수가지 하동강산일점홍 설산하재조비절 갱명대도

天地德 方夫大壯后綠人 十雷風火先天合 面面村村牛鳴聲 道道郡
천지덕 방부대장후록인 십뢰풍화선천합 면면촌촌우명성 도도군

郡萬年風 九馬當路無首吉 履霜堅氷皆言順 此時何時運來時 時時
군만년풍 구마당로무수길 이상견빙개언순 차시하시운래시 시시

忙忙急急傳 上南七月西南明 相生相克待對法 水火旣濟相望好 木
망망급급전 상남칠월서남명 상생상극대대법 수화기제상망호 목

火通明春風長 水火未濟混沌世 東西分明大亂年 運回周流西域道
화통명춘풍장 수화미제혼돈세 동서분명대란년 운회주류서역도

一筐春心萬邦和 雲開萬里同看日 陰陽混雜難判世 天地定位永平仙
일광춘심만방화 운개만리동간일 음양혼잡난판세 천지정위영평선

鳥頭白兮黑亦白 家家門前日月明 二十九日立刀削 兌上絶兮艮上連
조두백혜흑역백 가가문전일월명 이십구일입도삭 태상절혜간상련

一盛一敗弱強理 人亦奈何循還天 自然之道不可違 陰陽推之變化理
일성일패약강리 인역내하순환천 자연지도불가위 음양추지변화리

國家大興吾家興 人命在天天增壽 三台應星天上仙 五福具備飛人間
국가대흥오가흥 인명재천천증수 삼태응성천상선 오복구비비인간

於美山下好運機 自然仁義更人化 聲可轉天雷震動 瞬能飜電光輝
어미산하호운기 자연인의갱인화 성가전천뢰진동 순능번전광휘

含水口噴風雨作霑 波指霧雲射飛 時好丈夫令歲月 一將神劍萬邦揮
함수구분풍우작점 파지무운사비 시호장부령세월 일장신검만방휘

狂夫由理豈狂名 天自然降欲亨 拔拳逐擊千魔鬼 擧踵屈跿萬地名
광부유리기광명 천자연강욕형 발권축격천마귀 거종굴도만지명

舞裡神衫神化劍 清歌音律樂成笙 瑞滿心仁儀 大更明來也 定安平
무리신삼신화검 청가음률낙성생 서만심인의 대갱명래야 정안평

聖山奄宅始開扉 天助隨神入助歸 道化神屋春榮貴 德滿修身潤月肥
성산엄택시개비 천조수신입조귀 도화신옥춘영귀 덕만수신윤월비

四海水清龍大飮 九天雲瑞鶴高飛 不人見聖眞孰謂 南來鄭氏更明輝
사해수청룡대음 구천운서학고비 불인견성진숙위 남래정씨갱명휘

吉星還聚中興國 凶蛇逆從滅亡方 萬鳥有聲知主曲 百花無語向陽香
길성환취중흥국 흉사역종멸망방 만조유성지주곡 백화무어향양향

逐魔試舞劒輝電 此世號歌聲振雷 幾千年之今始定 大和通路吉門開
축마시무검휘전 차세호가성진뢰 기천년지금시정 대화통로길문개

此言不中非天語 時不開否道令 如今未覺弓弓去 何時更待又逢春
차언부중비천어 시불개부도령 여금미각궁궁거 하시갱대우봉춘

萬神護面此男女 未覺誰稱大道德 世之起言幾國會 朝鮮萬世中興國
만신호면차남녀 미각수칭대도덕 세지기언기국회 조선만세중흥국

大和門開晝夜通 始起始起萬邦來 春三月之花正好 天人當時皆春舞
대화문개주야통 시기시기만방래 춘삼월지화정호 천인당시개춘무

天降飛火 世間上桑田碧海 撲滅魔沒 世人間夢外事 丹扇指示通世
천강비화 세간상상전벽해 박멸마몰 세인간몽외사 단선지시통세

奇 拯世蒼生問主人 自立心主定世主 箇箇人心自定主 天一人之萬
기 증세창생문주인 자립심주정세주 개개인심자정주 천일인지만

萬歲 天皇大道嚴可出 大鞭劒下驅妖鬼 無聲無臭震天降 殺魔無種
만세 천황대도엄가출 대편검하구요귀 무성무취진천강 살마무종

毒火滅 符三千秋應萬經 萬合同歸人一人符 三人同七十二 五老仙
독화멸 부삼천추응만경 만합동귀인일인부 삼인동칠십이 오로선

靈一三仙 吾人忽覺神化經 周易陰符其性然也 斗牛星其則不遠伐柯
령일삼선 오인홀각신화경 주역음부기성연야 두우성기칙불원벌가

君 源流長而分連合 然合而遠流源長 天耶人耶不知神 神耶人耶不
군 원류장이분연합 연합이원류원장 천야인야부지신 신야인야부

知天 神亦人耶天亦人 人亦神耶人亦天 人之神兮知其天 神知人兮
지천 신역인야천역인 인역신야인역천 인지신혜지기천 신지인혜

知其地 日月有數大小定 聖切生焉神明出 逢別幾年書家傳 更逢今
지기지 일월유수대소정 성절생언신명출 봉별기년서가전 갱봉금

日修源旅 誰知今日修源旅 善人英雄喜逢年 英雄何事從盤角 月明
일수원려 수지금일수원려 선인영웅희봉년 영웅하사종반각 월명

萬里天皇來 春香消息問英雄 昨見山城今宮闕 知解此書有福家 未
만리천황래 춘향소식문영웅 작견산성금궁궐 지해차서유복가 미

解此書無福家 此言不中非天語 是誰敢作此書傳 三尺金琴萬國朝鮮
해차서무복가 차언부중비천어 시수감작차서전 삼척금금만국조선

化 利仞重劒四海裂蕩 神化經云 河圖洛書易明理 太初之世牛性人
화 이인중검사해열탕 신화경운 하도낙서역명리 태초지세우성인

牛性牛性斗牛 上帝子 乾性牛兮牛性 乾逢坤而爲馬牛 坤逢乾而爲
우성우성두우 상제자 건성우혜우성 건봉곤이위마우 곤봉건이위

牛馬 牛聲在野九馬世 德厚道牛馬聲 何者能知出此人 此人是非是
우마 우성재야구마세 덕후도우마성 하자능지출차인 차인시비시

眞人 仙藥伐病滅葬埋 葬埋滅夷神奇法 誰可覺而見不笑 人得是非
진인 선약벌병멸장매 장매멸이신기법 수가각이견불소 인득시비

而然後能成 人能得雲雨而後成變化 今世士者無識人 何可人物 誤
이연후능성 인능득운우이후성변화 금세사자무식인 하가인물 오

貪利欲人去弓弓 我來矢矢 出判掀天 有勢弓弓去 屈無勢矢矢來 空
탐리욕인거궁궁 아래시시 출판흔천 유세궁궁거 굴무세시시래 공

中和言心中化 道通天地無形外.
중화언심중화 도통천지무형외

10

賽三五
새삼십오

萬民之衆奉命天語 弓乙之人諄諄教化 弱者爲雖戰勝 爲堅却者劫萬
만민지중봉명천어 궁을지인순순교화 약자위수전승 위견각자겁만

民聽示 西氣東來求世眞人 天生化柿末世聖君 天人出豫民救地 其
민청시 서기동래구세진인 천생화시말세성군 천인출예민구지 기

時閉目忽開 龍耳口亞聽取吹歌 半身不隨長伸脚 廣野湧出沙漠流泉
시폐목홀개 용이구아청취취가 반신불수장신각 광야용출사막류천

移山倒水海枯山焚 大中小魚皆亡 愚昧行人不正路 天釋之人 兩手
이산도수해고산분 대중소어개망 우매행인부정로 천석지인 양수

大擧天呼萬歲 惡臭永無全消 中動不知末動之死 人皆心覺不老永生
대거천호만세 악취영무전소 중동부지말동지사 인개심각불로영생

從之弓乙永無失敗 我國東邦 萬邦之避亂之方 民見從柿天受大福
종지궁을영무실패 아국동방 만방지피란지방 민견종시천수대복

不失時機 后悔莫及矣.
불실시기 후회막급의

11

賽四一
새사십일

列邦諸人緘口無言 火龍赤蛇大陸東邦海隅半島 天下一氣再生身 利
열방제인함구무언 화룡적사대륙동방해우반도 천하일기재생신 이

見機打破滅魔 人生秋收糟米端風 驅飛糟飄風之人 弓乙十勝 轉白
견기타파멸마 인생추수조미단풍 구비조표풍지인 궁을십승 전백

之死黃腹再生 三八之北出於聖人 天授大命 似人不人 柿似眞人 馬
지사황복재생 삼팔지북출어성인 천수대명 사인불인 시사진인 마

頭牛角兩火冠木 海島眞人渡南來之眞主 出南海島中紫霞仙境 世人
두우각양화관목 해도진인도남래지진주 출남해도중자하선경 세인

不覺矣.
불각의

12

•

賽四三
새사십삼

上帝之子斗牛天星 葡隱之后鄭正道令 北方出人渡於南海 安定之處
상제지자두우천성 포은지후정정도령 북방출인도어남해 안정지처

吉星照臨 南朝之紫霞仙中 弓弓十勝桃源地 二人橫三多會仙中 避
길성조림 남조지자하선중 궁궁십승도원지 이인횡삼다회선중 피

亂之邦 多人往來之邊 一水二水鶯回地 利在石井永生水源 一飮延
란지방 다인왕래지변 일수이수앵회지 이재석정영생수원 일음연

壽可避瘟疫 沙漠泉出錦繡江山 一人教化渴者永無矣.
수가피온역 사막천출금수강산 일인교화갈자영무의

13

•

賽四四
새사십사

無后裔之血孫鄭 何姓不知何來鄭 鄭本天上雲中王 再來今日鄭氏王
무후예지혈손정 하성부지하래정 정본천상운중왕 재래금일정씨왕

神出鬼沒此世上 擇之順人人山人海 小木多積萬人仰見 突出之柹
신출귀몰차세상 택지순인인산인해 소목다적만인앙견 돌출지시

枝葉茂盛綠陰裡 往來行人閑坐避暑 解渴功德永生之水 飮之飮者永
지엽무성녹음리 왕래행인한좌피서 해갈공덕영생지수 음지음자영

生矣 代代後孫傳之 無窮天呼萬歲.
생의 대대후손전지 무궁천호만세

14

•

羅馬簞二
라마단이

天以鑑之善惡 各行報應 枾從之人如春之草 榮光尊貴 四時不衰之
천이감지선악 각행보응 시종지인여춘지초 영광존귀 사시불쇠지

生 生片党之人 不義惡行 如磨刀之石 不免入獄 重罪之人 惡心老
생 생편당지인 불의악행 여마도지석 불면입옥 중죄지인 악심로

日受代 尊守儀理不離榮冠 居之十勝永遠安心 無法罪者 無法之亡
일수대 존수의리불리영관 거지십승영원안심 무법죄자 무법지망

也 有罪負戌水火 人人心覺 后悔不離矣 六六 十六.
야 유죄부술수화 인인심각 후회불리의 육육 십육

15

•

羅馬一 二十三條
라마일 이십삼조

心覺心覺 喪失本心者 一不義 二魂惡 三貪慾 四惡意 五猜忌 六條
심각심각 상실본심자 일불의 이혼악 삼탐욕 사악의 오시기 육조

人 七粉爭 八詐欺 九惡毒 十菽隱菽隱 十一誹謗 十二無神 十三無
인 칠분쟁 팔사기 구악독 십숙은숙은 십일비방 십이무신 십삼무

天 十四凌辱 十五驕慢 十六藉慢 十七諸惡圖謀 十八父母拒逆 十
천 십사능욕 십오교만 십육자만 십칠제악도모 십팔부모거역 십

九愚昧 二十背約 二十一無情 二十二無慈悲 二十三不義 是忍也
구우매 이십배약 이십일무정 이십이무자비 이십삼불의 시인야

此人悔心自責不然 不免天怒 天伐之毒矣.
차인회심자책불연 불면천노 천벌지독의

16

•

哥前
가전

虛多犯罪 諸惡之中 有罪於身外 身內犯罪 極凶之一條也 犯內之罪
허다범죄 제악지중 유죄어신외 신내범죄 극흉지일조야 범내지죄

靑春南女 愼之又愼 六六一七七一八 善南善女 愼此言愼行之哉 如
청춘남녀 신지우신 육육일칠칠일팔 선남선녀 신차언신행지재 여

何間不離夫婦 人男獸婦逢之願心同居 不棄 獸男人婦願之共居 是
하간불리부부 인남수부봉지원심동거 불기 수남인부원지공거 시

亦不棄 蓬田如麻 同氣勳柔 香風往來 獸人得生 天然之事 世不知
역불기 봉전여마 동기훈유 향풍왕래 수인득생 천연지사 세부지

也 俗世之人 坐井觀天 心覺此言 運行度數時 不避也.
야 속세지인 좌정관천 심각차언 운행도수시 불피야

神出鬼沒 眞來邪言矣 十三三十.
신출귀몰 진래사언의 십삼삼십

行惡視四善 汚行實也 恒心守義 犯行作罪 不免天伐矣.
행악시사선 오행실야 항심수의 범행작죄 불면천벌의

17

•

無用出世智將
무용출세지장

二人橫三有一人 雙七向面 曰義眞人 可女生一人 鷄龍開國 起功之
이인횡삼유일인 쌍칠향면 왈의진인 가여생일인 계룡개국 기공지

臣 十人生產一男一女 辰巳眞人 男女不辨 牛性在野 非山非野 非
신 십인생산일남일녀 진사진인 남녀불변 우성재야 비산비야 비

野仁富之間 聖之出世三有 辰巳入於十勝 三時中取 辰巳午未先動
야인부지간 성지출세삼유 진사입어십승 삼시중취 진사오미선동

之反 申酉戌亥中動之生 寅卯辰巳末動之死 巳午未樂堂 興盡悲來
지반 신유술해중동지생 인묘진사말동지사 사오미낙당 흥진비래

一喜一悲 苦盡甘來 天呼萬歲 一日三食飢餓死 三旬九食不飢生.
일희일비 고진감래 천호만세 일일삼식기아사 삼순구식불기생

18

賽六五
새육십오

先擇牛之 開目不示 開耳不聽 貪慾之人 不知世事之變易 十勝之人
선택우지 개목불시 개이불청 탐욕지인 부지세사지변역 십승지인

三豊之穀 三年恒食 不飢長生 先擇牛文 世穀恒食 不飽飢渴 弓乙
삼풍지곡 삼년항식 불기장생 선택우문 세곡항식 불포기갈 궁을

之人 無愁恒樂 假牧從民 不免羞恥 兩白之人 咏歌踏舞 不吠之狗
지인 무수항락 가목종민 불면수치 양백지인 영가답무 불폐지구

切齒痛歎 三豊之人 入於仙境 獸從之人 穽於火獄 善行之人 歲歲
절치통탄 삼풍지인 입어선경 수종지인 정어화옥 선행지인 세세

彈琴 惡行之人 年年彈胸 聖山聖地 仁富之出 有知者生 無知者死
탄금 악행지인 연년탄흉 성산성지 인부지출 유지자생 무지자사

嗟呼三呼 三災不遠日 覺者其間幾何人 美哉仙中兮 哀哭之聲 永不
차호삼호 삼재불원일 각자기간기하인 미재선중혜 애곡지성 영불

聽之 惡死幼兒 無不滿壽 落胎之死 百歲之上壽 木人神屋別天地
청지 악사유아 무불만수 낙태지사 백세지상수 목인신옥별천지

海人役使 萬事如意亨通 風驅惡疾雲中去 雨洗寃魂海外消 別有天
해인역사 만사여의형통 풍구악질운중거 우세원혼해외소 별유천

地非人間 武陵仙境種桃地 人壽如桂永不衰 白髮忽然黑首化 落齒
지비인간 무릉선경종도지 인수여계영불쇠 백발홀연흑수화 낙치

神化復達生 擇人手苦不歸虛 生産之物不逢灾 非山非野居住人 子
신화부달생 택인수고불귀허 생산지물불봉재 비산비야거주인 자

孫世世萬代榮華 獸動物心政和 弓弓聖地無害喪 聖人敎化諄諄日
손세세만대영화 수동물심정화 궁궁성지무해상 성인교화순순일

德及禽獸天下化 被草木賴及萬邦.
덕급금수천하화 피초목뢰급만방

19

•

弓乙論
궁을론

弓弓不和向面東西 背弓之間出於十勝 人覺從之所願成就 弓弓相和
궁궁불화향면동서 배궁지간출어십승 인각종지소원성취 궁궁상화

向面對坐 彎弓之間出於神工 人人讀習無文道通 右乙雙爭一勝一敗
향면대좌 만궁지간출어신공 인인독습무문도통 우을쌍쟁일승일패

縱橫之間出於十字 人覺得智永保妻子 左乙相交一立一臥 雙乙之間
종횡지간출어십자 인각득지영보처자 좌을상교일립일와 쌍을지간

出於十勝 性理之覺無願不通 四口合軆入禮之田 四口之間出於十字
출어십승 성리지각무원불통 사구합체입례지전 사구지간출어십자

骸垢洗淨沐浴湯田 五口達交達成之田 五口之間出於十勝 脫劫重生
해구세정목욕탕전 오구달교달성지전 오구지간출어십승 탈겁중생

變化之田 精脫其右米盤之圖 落盤高四乳出於十字.
변화지전 정탈기우미반지도 낙반고사유출어십자

先師此云覺者得福 一鮮成胎四方連交 四角虛虧出於十字 奧妙遠理
선사차운각자득복 일선성태사방연교 사각허휴출어십자 오묘원리

世人難知 龍馬太白靈龜小白 背山之間出於十字 求人兩白避亂之本
세인난지 용마태백영귀소백 배산지간출어십자 구인양백피란지본

黃字入腹再生之身 脫衣冠履出於十字 命哲保身天坡祈禱 須縱白虎
황자입복재생지신 탈의관리출어십자 명철보신천파기도 수종백호

青林走東 西氣東來再生神人 木變爲馬何姓不知 乙乙合身向面左右
청림주동 서기동래재생신인 목변위마하성부지 을을합신향면좌우

背乙之間出於工字 世人覺之科學超工 雙乙相和向面相顧 乙乙之合
배을지간출어공자 세인각지과학초공 쌍을상화향면상고 을을지합

出於凡字 理氣之中大元之數.
출어범자 이기지중대원지수

天地應火諸惡消滅 心裂門開死後極樂 三印之中之火 如雨遍濟心靈
천지응화제악소멸 심렬문개사후극락 삼인지중지화 여우편제심령

變化 恒常喜盤不老長春 三印之中海印之水 甘露霧臨重生之理 心
변화 항상희반불로장춘 삼인지중해인지수 감로무림중생지리 심

發白花不死永生 無穀豊登三印糧露 石井妙理水昇火降 湧泉心中毒
발백화불사영생 무곡풍등삼인양로 석정묘리수승화강 용천심중독

氣不喪 天牛耕田利在石井 彌勒出世萬法教主 儒佛仙合一氣再生
기불상 천우경전이재석정 미륵출세만법교주 유불선합일기재생

紫霞南鮮葡隱后裔 柿木出聖東西教主 龍蛇渡南辰巳之間 桃源仙地
자하남선포은후예 시목출성동서교주 용사도남진사지간 도원선지

海島眞人 鷄有四角邦無手入 人間超道鄭彌穌神 馬頭生角十五眞主
해도진인 계유사각방무수입 인간초도정미소신 마두생각십오진주

午未樂堂青龍之后 女上加一地邊去土 狗驚羊喜五十八年 擲柶消目
오미낙당청룡지후 여상가일지변거토 구경양희오십팔년 척사소목

檀東致基 五卯一乞枬東伏出 末判之圖午未樂堂堂 仙李一枝誰保命
단동치기 오묘일걸단동불출 말판지도오미낙당당 선리일지수보명

柿林扶李守從之生 不顧聖人無福可歎 李鄭黒猴 申望綠蛇 頭尾鄭初
시림부이수종지생 불고성인무복가탄 이정흑후 신망록사 두미정초

飛鳥鳩月五七四年 天受禪堯鷄龍 太祖登位飛上 玉燈秋夜戊己之日
비조구월오칠사년 천수선요계룡 태조등위비상 옥등추야무기지일

海印金尺天呼萬歲 三分鼎峙龍兎之論 李鄭爭鬪各守一鎭 無罪蒼生
해인금척천호만세 삼분정치용토지론 이정쟁투각수일진 무죄창생

萬無一生 長弓射矢萬人求活 山鳥騎豚渡野溪邊 鼠女隱日三床後臥
만무일생 장궁사시만인구활 산조기돈도야계변 서여은일삼상후와

走肖神將葛羌勇士 白眉將軍渴川之魚 八鄭之中三傑一人 青眉大將
주초신장갈강용사 백미장군갈천지어 팔정지중삼걸일인 청미대장

異陵非衣 人王四維千人得生 分國爭雄三傑之人 南步老將白首君王
이릉비의 인왕사유천인득생 분국쟁웅삼걸지인 남보노장백수군왕

七李相爭勝利一人 三分天下假鄭三年 道下止人天破修身 口出刃劍
칠이상쟁승리일인 삼분천하가정삼년 도하지인천파수신 구출인검

奮打滅魔 跪坐誦眞萬無一傷 鬼不矢口六千歲龍 權柄之世坐居龍床
분타멸마 궤좌송진만무일상 귀불시구육천세용 권병지세좌거용상

妖鬼猖獗火滅其中.
요귀창궐화멸기중

20

道下止
도하지

道者弓弓之道 無文之通也 行惡之人不覺之意 尋道之人覺之得也
도자궁궁지도 무문지통야 행악지인불각지의 심도지인각지득야

生也 訣云 人惠無心村十八退 丁目雙角三卜人也 千口人間以着冠
생야 결운 인혜무심촌십팔퇴 정목쌍각삼복인야 천구인간이착관

也 破字妙理 出於道下止也 不覺此意平生修身 不免怨無心矣 愼覺
야 파자묘리 출어도하지야 불각차의평생수신 불면원무심의 신각

之哉.
지재

弓弓之道 儒佛仙合一之道 天下之倧也 訣云 利在弓弓乙乙田田 是
궁궁지도 유불선합일지도 천하지종야 결운 이재궁궁을을전전 시

天坡之三人一夕 柿從者生矣 一云人合千口以着冠 此言不中非天語
천파지삼인일석 시종자생의 일운인합천구이착관 차언부중비천어

時運不開否道令.
시운불개부도령

21

•

隱秘歌
은비가

兩白三豊名勝地 望遠耳聽心不安 時來運到細推究 從橫一字分日月
양백삼풍명승지 망원이청심불안 시래운도세추구 종횡일자분일월

弓不在山弓不水 牛性在野四乙中 武陵桃源仙境地 一片福州聖山地
궁불재산궁불수 우성재야사을중 무릉도원선경지 일편복주성산지

鷄龍白石平砂間 三十里局天藏處 三神聖山何處地 東海三神亦此地
계룡백석평사간 삼십리국천장처 삼신성산하처지 동해삼신역차지

甘露如雨海印理 小弓武弓生殺權 天下一氣弓乙化 東走者死西入生
감로여우해인리 소궁무궁생살권 천하일기궁을화 동주자사서입생

青春男女老小間 虛火亂動節不知 天地震動舞哭聲 生死判端仰天祝
청춘남녀노소간 허화난동절부지 천지진동무곡성 생사판단앙천축

山魔海鬼隱藏世 陽來陰退肇乙知 六角八人天火降 善惡分別仔細知
산마해귀은장세 양래음퇴조을지 육각팔인천화강 선악분별자세지

苦待春風訪道者 肇乙矢口天乙來 山水前路預言中 四乙之中三聖出
고대춘풍방도자 조을시구천을래 산수전로예언중 사을지중삼성출

西方結寃東方解 願日見之修源旅 須從白兎走青林 世上四覽誰可知
서방결원동방해 원일견지수원려 수종백토주청림 세상사람수가지

祈天禱神天神指 西氣東來獨覺士 一鷄四角邦無手 萬人苦待直八人
기천도신천신지 서기동래독각사 일계사각방무수 만인고대직팔인

西方庚辛四九金 聖神降臨金鳩鳥 東方甲乙三八木 木兎再生保惠士
서방경신사구금 성신강림금구조 동방갑을삼팔목 목토재생보혜사

奄宅曲阜牛性野 多人往來牛鳴地 鷄鳴龍叫道下止 淸水山下定都處
엄택곡부우성야 다인왕래우명지 계명룡규도하지 청수산하정도처

小頭無足飛火理 化在其中從鬼死 雙弓天坡乙乙地 三人一夕修道生
소두무족비화리 화재기중종귀사 쌍궁천파을을지 삼인일석수도생

夜鬼發動鬼不知 鬼殺神活銘心覺 眞人出世朴活人 弓弓合德末世聖
야귀발동귀부지 귀살신활명심각 진인출세박활인 궁궁합덕말세성

三豊妙理人不信 一日三食飢餓死 眞理三豊人人覺 天下萬民永不飢
삼풍묘리인불신 일일삼식기아사 진리삼풍인인각 천하만민영불기

兩白隱理人不尋 千祖一孫亞合心 十勝兩白世人覺 一祖十孫女子運
양백은리인불심 천조일손아합심 십승양백세인각 일조십손여자운

畫牛顧溪仙源川 心火發白心泉水 寺畓七斗石井崑 天縱之聖盤石井
화우고계선원천 심화발백심천수 사답칠두석정곤 천종지성반석정

一飮延壽永生水 飮之又飮紫霞酒 浮金冷金從金理 似人不人天神鄭
일음연수영생수 음지우음자하주 부금냉금종금리 사인불인천신정

不利山水聖島山 孼蛇秋月降明世 小頭無頭何運當 兎丈水火能殺我
불리산수성도산 얼사추월강명세 소두무두하운당 토장수화능살아

三人一夕自下上 斥儒尙佛是從金 寺畓七斗文武星 農土辰丹寸田農
삼인일석자하상 척유상불시종금 사답칠두문무성 농토진단촌전농

水田長源小豊理 二人太田水田穀 利在田田陰陽田 田中十勝我生者
수전장원소풍리 이인태전수전곡 이재전전음양전 전중십승아생자

田中又田又田圖 當代千年訓諫田 弓弓乙乙我中入 隱然十勝安心處
전중우전우전도 당대천년훈간전 궁궁을을아중입 은연십승안심처

精脫其右昔盤理 落盤四乳十勝出 先入者還心不覺 馬羊二七洪烟數
정탈기우석반리 낙반사유십승출 선입자환심불각 마양이칠홍연수

中入者生何時定 猴牛六畜當運時 末入者死虎兎爭 天下紛紛大亂世
중입자생하시정 후우육축당운시 말입자사호토쟁 천하분분대란세

入者動理同一理 訪道君子尋牛活 死人失衣出世世 先動反還不入時
입자동리동일리 방도군자심우활 사인실의출세세 선동반환불입시

長弓出世當時運 中動自生道覺人 二十九日土人卜 重山急逝次出時
장궁출세당시운 중동자생도각인 이십구일토인복 중산급서차출시

末入者死預定論 先覺者末世定論 申酉兵事起何時.
말입자사예정론 선각자말세정론 신유병사기하시

八人登天役事時 戌亥人多死何意 林中出聖不利時 子丑猶未定何事
팔인등천역사시 술해인다사하의 임중출성불리시 자축유미정하사

金運發動混沌世 寅卯事可知人覺 三災八難竝起時 辰巳聖人出三時
금운발동혼돈세 인묘사가지인각 삼재팔난병기시 진사성인출삼시

火中緑水産出降 午未樂當當運世 死生末初新天地 自戌至羊欲知間
화중록수산출강 오미낙당당운세 사생말초신천지 자술지양욕지간

一喜一悲善惡分 兵事兵事眞人兵 世人不知接戰時 多死多死鬼多死
일희일비선악분 병사병사진인병 세인부지접전시 다사다사귀다사

魂去人生悵心事 未定未定疑心未 半信半疑有志士 可知可知四海知
혼거인생창심사 미정미정의심미 반신반의유지사 가지가지사해지

新天運到化戰時 人出人出眞人出 天時三運三時出 初出預定人間出
신천운도화전시 인출인출진인출 천시삼운삼시출 초출예정인간출

火中初産龍蛇時 次出眞人動出世 水中龍蛇天使出 三聖奠乃降島山
화중초산용사시 차출진인동출세 수중용사천사출 삼성전내강도산

三辰巳出三聖出 地上出人世不知 父子神中三人出 世上眞人誰可知
삼진사출삼성출 지상출인세부지 부자신중삼인출 세상진인수가지

三眞神中一人出 島山降人亦誰人 三聖一體一人出 三辰巳出三聖合
삼진신중일인출 도산강인역수인 삼성일체일인출 삼진사출삼성합

末復合理一人出 八萬念佛藏經中 彌勒世尊海印出 五車詩書易經中
말복합리일인출 팔만염불장경중 미륵세존해인출 오거시서역경중

海中道全紫霧出 斥儒尙佛道德經 上帝降臨東半島 彌勒上帝鄭道令
해중도전자무출 척유상불도덕경 상제강림동반도 미륵상제정도령

末復三合一人定 三家三道末運一 仙之造化蓮花世 自古由來預言中
말복삼합일인정 삼가삼도말운일 선지조화연화세 자고유래예언중

革旧從新訪道覺 末世聖君容天朴 弓乙之外誰知人 瀛州蓬萊三神山
혁구종신방도각 말세성군용천박 궁을지외수지인 영주봉래삼신산

十勝中地朴活處 養生工夫人不離 脫劫重生更無變 若求不死願永生
십승중지박활처 양생공부인불리 탈겁중생갱무변 약구불사원영생

須問靈神木將君 天地牛馬世不知 鄭氏天姓誰可知 容天朴人容天伯
수문영신목장군 천지우마세부지 정씨천성수가지 용천박인용천백

何姓不知鄭道令 無后裔之血孫出 無父之子天縱聖 西讐東逢解寃世
하성부지정도령 무후예지혈손출 무부지자천종성 서수동봉해원세

長安大道正道令 鄭本天上雲中王 再來春日鄭氏王 馬枋兒只誰可知
장안대도정도령 정본천상운중왕 재래춘일정씨왕 마방아지수가지

馬姓何姓世人察 眞人出世分明知 愼之愼之僉君子 銘心不忘弓乙歌
마성하성세인찰 진인출세분명지 신지신지첨군자 명심불망궁을가

運來前路松松開.
운래전로송송개

蘇城白鰕殺氣滿 四面百里人影絶 欲求人生安心處 訪道君子拯濟蒼
소성백하살기만 사면백리인영절 욕구인생안심처 방도군자증제창

二加一横二人立 八十一俱富饒地 兩白三豊有人處 彌勒出世亦此地
이가일횡이인립 팔십일구부요지 양백삼풍유인처 미륵출세역차지

金鳩班鳥聖神鳥 紅鸞異蹟降雨露 木兎再生鄭姓運 三時重生鄭本人
금구반조성신조 홍란이적강우로 목토재생정성운 삼시중생정본인

儒佛仙三各人出 末復合一聖一出 武弓白石三豊理 移山倒海變化運
유불선삼각인출 말복합일성일출 무궁백석삼풍리 이산도해변화운

乾上坤下天地否　羲易之理先天運　離上坎下火水未　周易之理後天
건상곤하천지비　희역지리선천운　이상감하화수미　주역지리후천

運　春氣度數發芽期　九十八土中用年　夏期度數長成期　五十八土中
운　춘기도수발아기　구십팔토중용년　하기도수장성기　오십팔토중

用事　天根月窟寒來地　三十六宮都是春　甲子年月日時定　日餘不足
용사　천근월굴한래지　삼십육궁도시춘　갑자년월일시정　일여부족

定日數　萬物苦待新天運　不老不死人永春　不耕田而食之　不織麻而
정일수　만물고대신천운　불로불사인영춘　불경전이식지　불직마이

衣之　不埋地而葬之　不拜祀而祭之　不乘馬而行之　不食穀而飽之　不
의지　불매지이장지　불배사이제지　불승마이행지　불식곡이포지　불

流淚而生之　不飮藥而壽之　不交媾而産之　不四時而農之　不花發而
유루이생지　불음약이수지　불교구이산지　불사시이농지　불화발이

實之　死末生初末運　雲王眞人降島　逆天者亡順天者興　三人日而春
실지　사말생초말운　운왕진인강도　역천자망순천자흥　삼인일이춘

字定.
자정

殺我者誰　女人戴禾　人不知　兵在其中
살아자수　여인대화　인부지　병재기중

殺我者誰　雨下橫山　天不知　裏在其中
살아자수　우하횡산　천부지　이재기중

殺我者誰　小頭無足　鬼不知　化在其中
살아자수　소두무족　귀부지　화재기중

話我者誰　十八加公　宋下止　深谷
화아자수　십팔가공　송하지　심곡

話我者誰　豕上加冠　哥下止　樑底
화아자수　시상가관　가하지　양저

話我者誰 三人一夕 都下止 天坡
화아자수 삼인일석 도하지 천파

虎性在山 如松之盛 見人猖獗 見松卽止
호성재산 여송지성 견인창궐 견송즉지

狗性在家 家給千兵 見雪猖獗 見家卽止
구성재가 가급천병 견설창궐 견가즉지

牛性在野 奄宅曲阜 見鬼猖獗 見野卽止
우성재야 엄택곡부 견귀창궐 견야즉지

利在宋宋 畫虎顧名 物名卽犢 音卽松下止
이재송송 화호고명 물명즉독 음즉송하지

利在哥哥 畫狗顧簷 物名卽犬 音卽家下止
이재가가 화구고첨 물명즉견 음즉가하지

利在全全 畫牛顧溪 物名卽牝 音卽道下止
이재전전 화우고계 물명즉빈 음즉도하지

似草非草 二才前後 浮木節木 從木在生
사초비초 이재전후 부목절목 종목재생

似野非野 兩上左右 浮土溫土 從土在生
사야비야 양상좌우 부토온토 종토재생

似人非人 人玉非玉 浮金冷金 從金從金在生
사인비인 인옥비옥 부금냉금 종금종금재생

死運 人口有土 虎龍相鬪 八年間 方夫觀
사운 인구유토 호룡상투 팔년간 방부관

死運 重山不利 狗鼠鬪食 一夜間 由倒觀
사운 중산불리 구서투식 일야간 유도관

死運 六角八人 牛兎相爭 十日間 立十觀
사운 육각팔인 우토상쟁 십일간 입십관

宋字 十八加公 木公間生 不如松人澤 深谷 地名
송자 십팔가공 목공간생 불여송인택 심곡 지명

可字 豕着冠 火口間生 不如臥眠臥身 巡簷 簷名
가자 시착관 화구간생 불여와면와신 순첨 첨명

全字 十口入 兩弓間生 不如修道 正己 田名
전자 십구입 양궁간생 불여수도 정기 전명

三數之理 弓乙田一理貫通 三妙之十勝
삼수지리 궁을전일리관통 삼묘지십승

全全田田 陰陽兩田之間
전전전전 음양양전지간

弓弓雙弓 左右背弓之間
궁궁쌍궁 좌우배궁지간

乙乙四乙 轉背四方之間
을을사을 전배사방지간

單弓武弓 天上靈物 甘露如雨 心火發白 永生之物 卽三豊之穀也
단궁무궁 천상영물 감로여우 심화발백 영생지물 즉삼풍지곡야

白石卽武弓 夜鬼發動鬼不知 項鎖足鎖下獄之物 一名曰海印 善者
백석즉무궁 야귀발동귀부지 항쇄족쇄하옥지물 일명왈해인 선자

生獲之物 惡者死獄之物 卽三物也 三物卽一物 生死特權之物也 單
생획지물 악자사옥지물 즉삼물야 삼물즉일물 생사특권지물야 단

乙謂不死處 牛吟滿地 惡人多生之地 見不牛而牛聲出處 卽非山非
을위불사처 우음만지 악인다생지지 견불우이우성출처 즉비산비

野兩白之間 卽弓乙三豊之間 海印用事者 天權鄭氏也 故曰弓乙合
야양백지간 즉궁을삼풍지간 해인용사자 천권정씨야 고왈궁을합

德眞人也 兩白三豊之間 得生之人 卽謂黎首之民矣 此意何意名勝
덕진인야 양백삼풍지간 득생지인 즉위여수지민의 차의하의명승

末世矣 眞人居住之地也 故曰十勝也 世人心覺知哉 柿謀者生 衆謀
말세의 진인거주지지야 고왈십승야 세인심각지재 시모자생 중모

者死矣 世末聖君木人 何木上句謀見字 欲知生命處心覺 金鳩木兎
자사의 세말성군목인 하목상구모견자 욕지생명처심각 금구목토

邊木木村 人禁人棄之地 獨居可也 朴固鄕處處 瑞色也 是亦十勝地矣.
변목목촌 인금인기지지 독거가야 박고향처처 서색야 시역십승지의

兩雄相爭長弓一射 二十九日疾走者 仰天痛哭怨無心矣 又曰末世之
양웅상쟁장궁일사 이십구일질주자 앙천통곡원무심의 우왈말세지

運 張姓趙哥出馬 自衆之亂庚炎辛秋 怪變層生逆獄延蔓矣 壬三癸
운 장성조가출마 자중지란경염신추 괴변층생역옥연만의 임삼계

四子丑寅卯 鼠候相爭千祖一孫 雙牛相鬪百祖一孫 虎龍相克百祖三
사자축인묘 서후상쟁천조일손 쌍우상투백조일손 호룡상극백조삼

孫 兎蛇噴火百祖十孫 龍馬有事一祖十孫 觀覺此書 心不覺者下愚
손 토사분화백조십손 용마유사일조십손 관각차서 심불각자하우

不移 上下分滅矣 上字之意 貪官誤吏富貴客 富不謀身沒貨泉 孔孟
불이 상하분멸의 상자지의 탐관오리부귀객 부불모신몰화천 공맹

詩書旧染班 下字之意 牛往馬往一字無識 高人望見亦失時 出入從
시서구염반 하자지의 우왕마왕일자무식 고인망견역실시 출입종

事不覺 上下兩人亦下愚不移 末動之事怨無心矣 嗟乎哀哉人人覺.
사불각 상하양인역하우불이 말동지사원무심의 차호애재인인각

五運之中 一運論則 赤血千里 四年間
오운지중 일운론즉 적혈천리 사년간

二運論則 赤血千里 二年間
이운론즉 적혈천리 이년간

三運論則 赤血千里 一年間
삼운론즉 적혈천리 일년간

四運論則 赤血千里 月間
사운론즉 적혈천리 월간

五運論則 赤血千里 日間
오운론즉 적혈천리 일간

二字空面無空里 漢都中央指揮線 東走者死西入生 上二字面下二里
이자공면무공리 한도중앙지휘선 동주자사서입생 상이자면하이리

吉星指示面里明 南東面臥牛長壽地 素砂範朴天旺地 富內曉星延壽
길성지시면리명 남동면와우장수지 소사범박천왕지 부내효성연수

地 東春新垈住地 蘇萊白桂樹地 桂陽朴村仙住地 此地通合星照臨
지 동춘신대주지 소래백계수지 계양박촌선주지 차지통합성조림

海印龍宮間日月 木人新幕別乾坤 風驅惡疾雲中去 雨洗寃魂海外消
해인용궁한일월 목인신막별건곤 풍구악질운중거 우세원혼해외소

別有天地非人間 武陵桃源弓弓地 聖山聖地吉星地 兩白三豊有人處
별유천지비인간 무릉도원궁궁지 성산성지길성지 양백삼풍유인처

非山非野何處地 瀛州方丈蓬萊山 紫霞島中亦此地 聖住蘇萊老姑地
비산비야하처지 영주방장봉래산 자하도중역차지 성주소래노고지

人生造物三神主 東海三神亦此山.
인생조물삼신주 동해삼신역차산

22

•

弄弓歌
농궁가

許多衆生만은四覽 弄弓歌을불러보소 句中有意弄弓歌를 男女老少
허다중생 사람 농궁가 구중유의농궁가 남녀노소

心覺하소 貴여웁다우리아기 壽命福祿祈禱하자 弗亞弗亞弗弗요
심각 귀 수명복록기도 불아불아불불

兩弓之弓弗弗亞세 達穹達穹이요 三人一夕達穹일세 唵嘛唵嘛阿父
양궁지궁불불아 달궁달궁 삼인일석달궁 엄마엄마아부

唵嘛 天下第一우리唵嘛 道乳充腸이내몸이 唵嘛 업시어이살가 道
엄마 천하제일 엄마 도유충장 엄마 도

理道理眞道理요 邪不犯正正道라 主仰主仰主仰時에 向天向地向主
리도리진도리 사불범정정도 주앙주앙주앙시 향천향지향주

仰을 指路指路直界指路 不赦晝夜指掌指路 作掌作掌作掌弓 血脉
앙 지로지로직계지로 불사주야지장지로 작장작장작장궁 혈

貫通作掌弓에 섬마섬마道路섬마 道路道路道路섬마 道飛道飛活道
관통작장궁 도로 도로도로도로 도비도비활도

飛 길나라비活活道飛 自長自長遠理自長 深理奧理遠理自長 쉽나
비 활활도비 자장자장원리자장 심리오리원리자장

라月南宮에 天上榮華暫보고 先祖先榮相逢하야 萬端情話못이뤄
월남궁 천상영화잠 선조선영상봉 만단정화

靈鷄之聲놀라씨니 日竿三이되엇구나 魂迷精神가다듬어 拯濟萬民
영계지성 일간삼 혼미정신 증제만민

救活코저 一燭光明손에들고 塵海業障突破할제 孝當竭力忠則盡命
구활 일촉광명 진해업장돌파 효당갈력충즉진명

우리阿只榮貴하다 立春大吉建陽多慶 陽來陰退肇乙矢口 天增歲月
아지영귀 입춘대길건양다경 양래음퇴조을시구 천증세월

人增壽는 東方朔의延壽이요 春滿乾坤福滿家는 石崇公의富貴로다
인증수 동방삭 연수 춘만건곤복만가 석숭공 부귀

堂上父母千年壽는 先後天地合運時요 膝下子孫萬世榮은 永無惡臭
당상부모천년수 선후천지합운시 슬하자손만세영 영무악취

末世界라 願得三山不老草는 有雲眞雨變化世요 拜獻高堂白髮親은
말세계 원득삼산불로초 유운진우변화세 배헌고당백발친

紫霞島中弓乙仙 三八雨辰十二月에 一于縱行東運柱요 四九八兄一
자하도중궁을선 삼팔우진십이월 일우종행동운주 사구팔형일

去酉中 始數橫行西運樑을 西氣東來此運回에 山澤通氣配合하야
거유중 시수횡행서운량 서기동래차운회 산택통기배합

陰陽相親하고보니 十五眞主鳥乙矢口 弗亞倧佛十數之人 萬人苦待
음양상친 십오진주조을시구 불아종불십수지인 만인고대

眞人이라 無後裔之鄭道令은 何姓不知正道來 無極天上雲中王이
진인 무후예지정도령 하성부지정도래 무극천상운중왕

太極再來鄭氏王은 四柱八字天受生이 修身濟家ᄒᆞᆫ然後에 遠理遠理
태극재래정씨왕 사주팔자천수생 수신제가 연후 원리원리

자던잠을 深理奧理ᄭᅢ고난後 石崇公의大福家로 萬人救濟먼저ᄒᆞ고
심리오리 후 석숭공 대복가 만인구제

東方朔의延年益壽 千年萬年살고지고.
동방삭 연년익수 천년만년

天地兩神更出東 九變之使立大道 弓乙山水十勝坮 千萬星辰一時會
천지양신갱출동 구변지사립대도 궁을산수십승대 천만성신일시회

四象八卦白十勝 十極世界蓮花坮 似人不人金鳩鳥 見而不知木兎人
사상팔괘백십승 십극세계연화대 사인불인금구조 견이부지목토인

七十二氣造化理 地上仙國朝鮮化 千年大運鷄龍國 四時不變永春世
칠십이기조화리 지상선국조선화 천년대운계룡국 사시불변영춘세

開闢以來初逢運 三八木運始皇出 改過遷善增壽運 世人不知寒心事
개벽이래초봉운 삼팔목운시황출 개과천선증수운 세인부지한심사

鷄龍都邑非山名 證生青林正道士 末世聖君視不知 其聖天地合其德
계룡도읍비산명 탄생청림정도사 말세성군시부지 기성천지합기덕

雲中靈神正道令 遍踏天下朝鮮來 弓乙大道天下明 不老長生化仙
운중영신정도령 편답천하조선래 궁을대도천하명 불로장생화선

國 天降弓符天意在 拯濟蒼生誰可知 旧染儒者不覺理 孔孟以后混
국 천강궁부천의재 증제창생수가지 구염유자불각리 공맹이후혼

精神 水流不息當末世 搖頭轉目人不見 千變萬化弓乙道 弫亞倧佛
정신 수류불식당말세 요두전목인불견 천변만화궁을도 불아종 불

天下通 鷄酉四角邦無手 十八卜術出世知 外有八卦九宮裡 内有十
천하통 계유사각방무수 십팔복술출세지 외유팔괘구궁리 내유십

勝兩白理 天地都來一掌中 執衡按察心靈化 眞人用事海印法 九變
승양백리 천지도래일장중 집형안찰심령화 진인용사해인법 구변

九復變易法 天地運乘但當人 弓乙合德朴活人 修道先出容天朴 龍
구복변역법 천지운승단당인 궁을합덕박활인 수도선출용천박 용

天伯人亦一理 天崩地坼素沙立 火雨露三三豊理 天主大堂築高山
천백인역일리 천붕지탁소사립 화우로삼삼풍리 천주대당축고산

萬事一理成道時 聖神拒逆嘲笑時 天灾地變竝至時 生死門之生死路
만사일리성도시 성신거역조소시 천재지변병지시 생사문지생사로

萬一生門不入時 死門之中突入時 魔王之前從鬼滅 凡觀無味不知人
만일생문불입시 사문지중돌입시 마왕지전종귀멸 범관무미부지인

天地開闢何能免 聖山聖地牛鳴地 萬世不變安心處 末世二柿或一人
천지개벽하능면 성산성지우명지 만세불변안심처 말세이시혹일인

萬世春光一樹花.
만세춘광일수화

23

歌辭謠
가사요

魚羊之末에愚昧之人 先祖之德學習文字 儒道精神心不離於 四書三
어양지말 우매지인 선조지덕학습문자 유도정신심불리어 사서삼

經誤讀誤習 弓乙道德不覺之人 出死入生永不覺 道其遠而迷於道
경오독오습 궁을도덕불각지인 출사입생영불각 도기원이미어도

何時知時道成立德 末復合而一理 東西道敎合一理 混迷精神永不覺
하시지시도성입덕 말복합이일리 동서도교합일리 혼미정신영불각

道敎統率保惠大師 時至降道節不知 自下達上千萬外 凡夫士女人人
도교통솔보혜대사 시지강도절부지 자하달상천만외 범부사녀인인

覺 中入此時十勝和 預言有書世不知 晩時自歎弓乙覺 念念知十勝
각 중입차시십승화 예언유서세부지 만시자탄궁을각 염념지십승

不忘時 惶惚心思更精出 開聽耳目香風吸 神出鬼沒幻像出 變化一
불망시 황홀심사갱정출 개청이목향풍흡 신출귀몰환상출 변화일

氣再生人 苦海衆生精路時 蛇奪人心失道病 保惠師聖海印出 上帝
기재생인 고해중생정로시 사탈인심실도병 보혜사성해인출 상제

道德降仙人 至氣今至願爲大降 西氣東來牛鳴聲 上帝雨露四月天
도덕강선인 지기금지원위대강 서기동래우명성 상제우로사월천

春不覺而僉君子 春末夏初心不覺 時至不知節不知 哆哪都來知時日
춘불각이첨군자 춘말하초심불각 시지부지절부지 치나도래지시일

萬邦聚合忠孝烈 多會仙中公事處 當務事之人不聽 忽然心事禁不禁
만방취합충효열 다회선중공사처 당무사지인불청 홀연심사금불금

龍蛇馬羊戊己宮 白馬乘雲喜消息 家家長世日月明 上降臨彈琴聲
용사마양무기궁 백마승운희소식 가가장세일월명 상강림탄금성

道通天地無形外 山魔海鬼躊躇躊躇 錦繡江山金街路 西氣東來金運
도통천지무형외 산마해귀주저주저 금수강산금가로 서기동래금운

回 太古以後初仙境 前無後無之中原鮮 從鬼魔嘲笑盡 耳目聽見偶
회 태고이후초선경 전무후무지중원선 종귀마조소진 이목청견우

自然 遠邦千里運粮日 寶貨萬物自然來 預言不遠朝鮮矣.
자연 원방천리운량일 보화만물자연래 예언불원조선의

24

•

嘲笑歌
조소가

七星依側彼人天佑神助 人我嘲笑而稱受福萬 嘲笑而不俱虛妄修道
칠성의측피인천우신조 인아조소이칭수복만 조소이불구허망수도

人 勿慮世俗何望生 天通地通糞通 所經不謁盲朗 道通知覺我人 糞
인 물려세속하망생 천통지통분통 소경불알맹랑 도통지각아인 분

通知覺道人也 無聲無臭無現跡何理 見而狂信徒愚者 信去天堂人今
통지각도인야 무성무취무현적하리 견이광신도우자 신거천당인금

時滿員不入矣 終身愚人地獄 不信智人飛上天 絶嗜禁欲无慈味 草
시만원불입의 종신우인지옥 불신지인비상천 절기금욕무자미 초

露人生可憐 自古歷代詳見 人間七十古來稀 好遊歲月此今世 酒肆
로인생가련 자고역대상견 인간칠십고래희 호유세월차금세 주사

廳樓不離 作日人生今日死 今日人生來日死 場出入智人便所出入
청루불리 작일인생금일사 금일인생내일사 장출입지인변소출입

道人不顧家事狂夫女 一日三食何處生 彼笑我我彼笑 終結勝利誰人
도인불고가사광부녀 일일삼식하처생 피소아아피소 종결승리수인

言고 恒時發言天堂 我智覺知地獄 一平之修道人 北邙山川不免時
언 항시발언천당 아지각지지옥 일평지수도인 북망산천불면시

來 心靈我人運去 智短端彼人 乙矢口節矢口 不遊好日何望生.
래 심령아인운거 지단단피인 을시구절시구 불유호일하망생

25

•

末運歌
말운가

回來朝鮮大運數 東西南北不違來 妖鬼敵人是非障 錦繡江山我東方
회래조선대운수 동서남북불위래 요귀적인시비장 금수강산아동방

天下聚氣運回鮮 太古以後初樂道 始發中原槿花鮮 列邦諸民父母國
천하취기운회선 태고이후초락도 시발중원근화선 열방제민부모국

萬乘天子王之王 天地昨罪妖魔人 坐井觀天是非判 無福之人可笑哉
만승천자왕지왕 천지작죄요마인 좌정관천시비판 무복지인가소재

偶然自然前路運 耳目聽開海運數 遠助輸荷物緞帛 金銀穀歸來鷄龍
우연자연전로운 이목청개해운수 원조수하물단백 금은곡귀래계룡

天國建設運千里 萬里遠邦諸人勢 折捕擄奉事者 苦盡甘來嘲笑盡
천국건설운천리 만리원방제인세 절포로봉사자 고진감래조소진

好去悲來異方人 鳥霆車運車神飛機 天使往來瑞氣滿 我邦雲霄高出
호거비래이방인 조정차운차신비기 천사왕래서기만 아방운소고출

世 折長報短天恩德 無價大福配給日 晝眠夕寐不受福 家家滿福人
세 절장보단천은덕 무가대복배급일 주면석매불수복 가가만복인

人溢 先苦克己受嘲人 是亦可笑之運也.
인일 선고극기수조인 시역가소지운야

26

極樂歌
극락가

近來近來極樂勝國 近來極樂消息 坐聽遠見苦待 極樂消息忽然來
근래근래극락승국 근래극락소식 좌청원견고대 극락소식홀연래

遠理自長奧理國 極樂向遠發程時 一字縱橫出帆 一個信仰指針 元
원리자장오리국 극락향원발정시 일자종횡출범 일개신앙지침 원

亨利貞救援船 烈女忠孝乘滿 無邊大海泛流時 風浪波濤妖魔發 信
형리정구원선 열녀충효승만 무변대해범류시 풍랑파도요마발 신

天篤工不俱退 敗道德雜揉世 風打之竹浪打竹 克己又世忍祭去 新
천독공불구퇴 패도덕잡유세 풍타지죽랑타죽 극기우세인제거 신

天日月更見 山水前松松開 九宮加一弫亞人 銘心不忘守從 末世聖
천일월갱견 산수전송송개 구궁가일불아인 명심불망수종 말세성

君容天朴 我邦人生不顧 信天者生知覺人 地天者死無智覺 信天者
군용천박 아방인생불고 신천자생지각인 지천자사무지각 신천자

從木 信地者像拜再生滅死 此在中大和門往來者 心白眼白白花開
종목 신지자상배재생멸사 차재중대화문왕래자 심백안백백화개

心生湧泉敷列敷列 宮商角徵羽琴聲 清雅一曲雲霄高 憂愁思慮閉門
심생용천부열부열 궁상각치우금성 청아일곡운소고 우수사려폐문

心 和氣東風閉門開 心和璃流天國界 天主侍衛金石屋 東方延壽石
심 화기동풍폐문개 심화리류천국계 천주시위금석옥 동방연수석

崇富 兩人壽福豈比耶 天降雨露三豊 眞人居住兩白白 三豊何理意
숭부 양인수복기비야 천강우로삼풍 진인거주양백백 삼풍하리의

無穀大豊 不聽轉白之意 不覺訪道君子心覺.
무곡대풍 불청전백지의 불각방도군자심각

27

精覺歌
정각가

不覺精神怨無心 還回今時心和日 天說道德忘失世 東西道教會仙境
불각정신원무심 환회금시심화일 천설도덕망실세 동서도교회선경

末世汨染儒佛仙 無道文章無用世 孔孟讀書稱士子 見不覺無用人
말세골염유불선 무도문장무용세 공맹독서칭사자 견불각무용인

阿彌陀佛道僧任 末世旧染失眞道 念佛多誦無用日 彌勒出世何人覺
아미타불도승임 말세구염실진도 염불다송무용일 미륵출세하인각

河上公之道德經 異端主唱將亡兆 自稱仙道呪文者 時至不知恨歎
하상공지도덕경 이단주창장망조 자칭선도주문자 시지부지한탄

西學立道讚美人 海內東學守道人 旧染失道無用人 枝枝葉葉東西學
서학입도찬미인 해내동학수도인 구염실도무용인 지지엽엽동서학

不知正道何修生 再生消息春風來 八萬經內極樂說 八十一載道德經
부지정도하수생 재생소식춘풍래 팔만경내극락설 팔십일재도덕경

河上公長生不死 死而復生一氣道德 上帝豫言聖眞經 生死其理明言
하상공장생불사 사이부생일기도덕 상제예언성진경 생사기리명언

判 無聲無臭別無味 大慈大悲博愛萬物 一人生命貴宇宙 有智先覺
판 무성무취별무미 대자대비박애만물 일인생명귀우주 유지선각

合之合 人人還本道成德立 人人不覺寒心 孔孟士子坐井觀天 念佛
합지합 인인환본도성덕립 인인불각한심 공맹사자좌정관천 염불

僧任 不染塵世如言將談 各信生死從道不知 虛送歲月恨歎 海外信
승임 불염진세여언장담 각신생사종도부지 허송세월한탄 해외신

天先定人 唯我獨尊信天任 降大福不受 我方東道呪文者 無文道通
천선정인 유아독존신천임 강대복불수 아방동도주문자 무문도통

主唱 生死之理不覺 不知解寃無用 道道教教獨主張 信仰革命不知
주창 생사지리불각 부지해원무용 도도교교독주장 신앙혁명부지

何不覺而亂世生 天降大道此時代 從道合一解寃知 天藏地秘十勝地
하불각이난세생 천강대도차시대 종도합일해원지 천장지비십승지

出死入生弓乙村 種桃仙境紫霞島 日日硏究今不覺 欲知弓弓乙乙處
출사입생궁을촌 종도선경자하도 일일연구금불각 욕지궁궁을을처

只在金鳩木兎邊 庚辛金鳩四九理 甲乙木兎三八理 一勝一敗縱橫
지재금구목토변 경신금구사구리 갑을목토삼팔리 일승일패종횡

四九之間十勝處 欲知金鳩木兎理 世謠流行心覺 乙矢口何理 節矢
사구지간십승처 욕지금구목토리 세요유행심각 을시구하리 절시

口何意 氣和者肇乙矢口 日中有鳥月中玉獸 何獸 鳩兎相合眞人 世
구하의 기화자조을시구 일중유조월중옥수 하수 구토상합진인 세

人苦待鄭道令 何意事永不覺.
인고대정도령 하의사영불각

28

吉地歌
길지가

四三雙空近來로다 一九六八當致헨네 苦海衆生다오너라 救援枋舟
사삼쌍공근래 일구육팔당치 고해중생 구원방주

놉히떳네 風浪波濤洶洶하나 山岳波濤두려마라 神幕別乾坤海印造
풍랑파도흉흉 산악파도 신막별건곤해인조

化낫타난다 平沙三里十勝吉地 牛性在野牛鳴聲에 一尺八寸天人言
화 평사삼리십승길지 우성재야우명성 일척팔촌천인언

을 不知中動可憐구나 桃花流水武陵村이 南海朝鮮夜鬼發動作伴ᄒ
부지중동가련 도화유수무릉촌 남해조선야귀발동작반

니 不知生路滅亡入을 桂村宮曉星照에 紫霞之中三位聖을 聖山聖
부지생로멸망입 계촌궁효성조 자하지중삼위성 성산성

地平川間에 甘露如雨心花發을 馬而啼啼不知此岸 鳥而呌呌不知
지평천간 감로여우심화발 마이제제부지차안 조이규규부지

南之北之 牛而鳴鳴不知牛往馬往.
남지북지 우이명명부지우왕마왕

29

弓弓歌
궁궁가

世人難知弓弓인가 弓弓矢口生이라네 兩弓不和背弓이요 雙弓相和
세인난지궁궁 궁궁시구생 양궁불화배궁 쌍궁상화

彎弓이라 利在弓弓秘文인가 四弓之間神工夫라 老少男女有無識間
만궁 이재궁궁비문 사궁지간신공부 노소남녀유무식간

無文道通世不知라.
무문도통세부지

30

乙乙歌
을을가

大小上下勿論階級 萬無一失十工夫라 乙乙縱橫十字은 乙乙相和几
대소상하물론계급 만무일실십공부 을을종횡십자 을을상화궤

元之數 背乙之間工夫工字 利在乙乙道通之理 自下達上世不知라.
원지수 배을지간공부공자 이재을을도통지리 자하달상세부지

31

•

田田歌
전전가

四口合軆入禮之田 五口合軆極樂之田 田田之理分明하나 世人不覺
사구합체입례지전 오구합체극락지전 전전지리분명 세인불각

恨歎이라 大亂全世人心洶洶下니 入田卷엇기極難구나 利在田田心
한탄 대란전세인심흉흉하 입전권 극난 이재전전심

田인가 跪坐誦經丹田이라 田中之田彈琴田 清雅一曲雲霄高라.
전 궤좌송경단전 전중지전탄금전 청아일곡운소고

32

盤四乳歌
반사유가

落盤中乳弓弓乙乙 解知下避亂處요 落盤四乳十字이요 四乙中이
낙반중유궁궁을을 해지하피란처 낙반사유십자 사을중

十勝이라 米字之形背盤之理 四角虛虧亦十字요 米形四点落盤下야
십승 미자지형배반지리 사각허휴역십자 미형사점낙반하

世人苦待十勝이라.
세인고대십승

33

•

十勝歌
십승가

八萬經内普惠大師 彌勒佛之十勝이요 義相祖師三昧海印 鄭道令之
팔만경내보혜대사 미륵불지십승 의상조사삼매해인 정도령지

十勝이요 海外道德保惠之師 上帝再臨十勝이니 儒佛仙異言之說
십승 해외도덕보혜지사 상제재림십승 유불선이언지설

末復合理十勝이라.
말복합리십승

34

海印歌
해인가

秦皇漢武求下 不老草不死藥어데잇소 虹霓七色雲霧中에 甘露如雨
진황한무구하 불로초불사약 홍예칠색운무중 감로여우

海印이라 火雨露三豊海印이니 極樂入卷發行下니 化字化字化字印
해인 화우로삼풍해인 극락입권발행하 화자화자화자인

에 無所不能海印이라.
무소불능해인

35

兩白歌
양백가

夜鬼發動雜揉世上 訪道君子誰何人인가 河圖洛書周易理致 兩山之
야귀발동잡유세상 방도군자수하인 하도낙서주역이치 양산지

圖詳見ᄒᆞ소 利在兩白救人生은 璃琉心水湧泉이요 香風觸鼻心花發
도상견 이재양백구인생 이류심수용천 향풍촉비심화발

에 衣白心白亦兩白을 兩下三信天人을 心花開白敷列敷列.
의백심백역양백 양하삼신천인 심화개백부열부열

36

三豊歌
삼풍가

淚水血遣播種下 爲義嘲笑陪養下 祈天禱神秋收下 火雨露印三豊이
누수혈견파종하 위의조소배양하 기천도신추수하 화우로인삼풍

라 一年之農腐穀인가 一日三食飢餓死요 十年之農生穀인가 三旬
일년지농부곡 일일삼식기아사 십년지농생곡 삼순

九食不飢生을·
구식불기생

37

•

七斗歌
칠두가

天牛耕田밧을가아 永生之穀심어놋코 牛鳴聲中除耨하야 甘露如雨
천우경전 영생지곡 우명성중제누 감로여우

呼吸時에 日就月長自長下 寺畓七斗此農事는 無田庄이 獲得이요
호흡시 일취월장자장하 사답칠두차농사 무전장 획득

不久世月十年之農 萬年食之又千萬年.
불구세월십년지농 만년식지우천만년

38

石井歌
석정가

生命水샘물이 出瀧出瀧 원天下萬國에 다通下 毒惡砂氣運 吸受下
생명수 출롱출롱 천하만국 통하 독악사기운 흡수하

者라도 此샘에오면 不喪이요 利在石井天井水는 一次飮之延壽이
자 차 불상 이재석정천정수 일차음지연수

요 飮之又飮連飮者는 不死永生此泉일세.
음지우음연음자 불사영생차천

39

•

十姓歌
십성가

十姓之理如何意야오 十處十勝十姓也니 四方中央乙字이요 右乙之
십성지리여하의 십처십승십성야 사방중앙을자 우을지

間十字이요 左乙中央十勝이라 四角虛虧十字理에 滿七加三十姓이
간십자 좌을중앙십승 사각허휴십자리 만칠가삼십성

요 地理十處十姓이요 天理弓弓十勝이니 訪道君子愼之下 誤入十
지리십처십성 천리궁궁십승 방도군자신지하 오입십

勝부대마소 後悔莫及通嘆下.
승 후회막급통탄하

40

三八歌
삼팔가

十線反八三八이요 兩戶亦是三八이며 無酒酒店三八이니 三字各八
십선반팔삼팔 양호역시삼팔 무주주점삼팔 삼자각팔

三八이라 一鮮成胎三八隔에 左右相望寒心事요 兩虎牛人奮發下
삼팔 일선성태삼팔격 좌우상망한심사 양호우인분발하

破碎三八役事時에 龍蛇相鬪敗龍下吟 龍一起無三八에 玉燈秋夜三
파쇄삼팔역사시 용사상투패룡하음 용일기무삼팔 옥등추야삼

八日을.
팔일

41

•

海運開歌
해운개가

漸近海運苦盡甘來 海洋豊富近來로다 千里萬里遠邦船이 夜泊千艘
점근해운고진감래 해양풍부근래 천리만리원방선 야박천소

仁富來라 青白相隔狗蛇間에 推度五六分明ᄒᆞ고 戊己蛇鼠其然ᄒᆞ니
인부래 청백상격구사간 추도오육분명 무기사서기연

六大九月海運開를 世人不知三六運을.
육대구월해운개 세인부지삼육운

42

•

白石歌
백석가

鷄山白石黑石皓 何年何時鷄石皓냐 黑石皓意何意야며 黑石白을
계산백석흑석호 하년하시계석호 흑석호의하의 흑석백

何時望고 惑世誣民白石也니 白石은 老石也요 老石匠人棄石 隅石
하시망 혹세무민백석야 백석 노석야 노석장인기석 우석

也니.
야

43

格菴歌辭
격암가사

語話世上四覽들아 生命預言들어보소 世上萬事虛無中의 ᄉᆡ다을일
어화세상사람 생명예언 세상만사허무중

만엇서라 文章豪傑英雄之才 不遇歲月쌈씰씌요 入山訪道 저 君子
문장호걸영웅지재 불우세월 입산방도 군자

들山門열일 何歲月고 阿彌陀佛念佛僧道 避凶推吉下山時라 時物
산문 하세월 아미타불염불승도 피흉추길하산시 시물

文理잘살펴서 生死보아 去來하소 疑心업는 快知事를 四月天中일
문리 생사 거래 의심 쾌지사 사월천중

럿다네 人神變化無窮無窮 上天時何時이며 下降時代何時인가 出
인신변화무궁무궁 상천시하시 하강시대하시 출

入無窮世世人不知 仔細알기難測 一氣再生出世ᄒᆞ니 四海一氣萬國
입무궁세세인부지 자세 난측 일기재생출세 사해일기만국

助요 山水精氣處處助요 日月精神星辰라 갈가올가망사리면 仔細
조 산수정기처처조 일월정신성신 자세

ᄒᆞ계보여주네 和氣들소 一聽一見生覺ᄒᆞ소 庶濟蒼生十勝일세 忘
화기 일청일견생각 서제창생십승 망

置勿驚逗遛生覺 忽然靑天多雲事라 道合天地天道降生 合德今日大
치물경두류생각 홀연청천다운사 도합천지천도강생 합덕금일대

道出을 有名學識英雄으로 科學의열인丈夫 機械發達되단말 天文
도출 유명학식영웅 과학 장부 기계발달 천문

地理達士덜도 時言不知非達士요 各國遊覽博識哲人 時至不知非哲
지리달사 시언부지비달사 각국유람박식철인 시지부지비철

이요 英雄豪傑 제藉浪도 方農時을 不知ᄒᆞ면 農事力이 不足이라
영웅호걸 자랑 방농시 부지 농사력 부족

愚夫愚女氓蟲人도 知時來이 英雄이요 高官大爵豪傑들도 知時來
우부우녀맹충인 지시래 영웅 고관대작호걸 지시래

이 傑士라네.
걸사

春情에 잠을들어 一夢을 ᄭᆡ들이니 牛鳴聲이 낭자로다 自古及今
춘정 일몽 우명성 자고급금

살핀마음 道道聖人一字이네 無疑ᄒᆞ니자세듯소 自初其時피는법이
도도성인일자 무의 자초기시

自靜出이 震動이요 無靜出이 妄動이네 隨時變易以從道를 誰是不
자정출 진동 무정출 망동 수시변역이종도 수시부

知不從道요 一字일이 變易言이 隨時言이 아니던가 時至無疑일러
지부종도 일자 변역언 수시언 시지무의

주니 時言明을 듯고보소 大道出明되는法이 時來運數時定이네 大
시언명 대도출명 법 시래운수시정 대

道春風부는氣勢 大一壯觀아니러냐 時言天運命仔細ᄒᆞ니 忽覺精神
도춘풍 기세 대일장관 시언천운명자세 홀각정신

不忘ᄒᆞ고 時至運開ᄭᆡ를보아 中入十勝차자들소 順天順天차자오소
불망 시지운개 중입십승 순천순천

知知白이 上白이네 天下第一中原國이 不一和而되단말가 無知ᄒᆞ
지지백 상백 천하제일중원국 불일화이 무지

다 嘲笑者야멋안다고 조소이냐 至공무사 하나님은 厚薄간에다오
조소자 지 후박

라네 成就根本알고보면 從虛實이 出一이라 以南以北是何言고 露
성취근본 종허실 출일 이남이북시하언 노

米相爭必有欣을 四海萬姓 우리兄弟 同考祖之子孫으로 그럭헤도
미상쟁필유흔 사해만성 형제 동고조지자손

怨讐런고 우리朝鮮禮儀 東方父母國을 어이그리몰나보고 節不知
원수 조선예의 동방부모국 절부지

而共産發動 하나님前大罪로다 精神망각하야갓고 兄弟不知하엿스
이공산발동 전대죄 정신 형제부지

니 이런寃痛또잇넌가 우러봐도 못다울일 앙天痛哭罪이네 通合ᄒᆞ
원통 천통곡죄 통합

소 通合ᄒᆞ소 好時不違通合ᄒᆞ소 원수악수짓지말라 알고보면사람
통합 호시불위통합

하나 죽인죄가 참크구나 운다운다鬼神운 蛇奪人心 저鬼신이 원
귀신 사탈인심 귀

수짜라 마鬼우네 사람인들 안슬을가 悔改하소悔改ᄒᆞ소 人心마鬼
귀 회개 회개 인심 귀

몰러가면 雪氷寒水解結되고 人心大道天助來라 此堂彼堂急破ᄒᆞ소
설빙한수해결 인심대도천조래 차당피당급파

無疑東方天聖出이라 若是東方無知聖커든 英米西人이 更解聖ᄒᆞ소
무의동방천성출 약시동방무지성 영미서인 갱해성

若是東西不知聖이면 更且蒼生奈且何오 天然仙中無疑言ᄒᆞ니 何不
약시동서부지성 갱차창생내차하 천연선중무의언 하부

東西解聖知 時言時言不差言ᄒᆞ니 廣濟蒼生活人符라 一心同力合할
동서해성지 시언시언불차언 광제창생활인부 일심동력합

合字 銘心不忘까다르소 寃痛이도 죽은영혼 今日不明解寃世라 西
합자 명심불망 원통 금일불명해원세 서

氣東來上帝再臨 分明無疑되오리라 道神天主이러하니 英雄國서다
기동래상제재림 분명무의 도신천주 영웅국

오리라 東西一氣再生身 何人善心不和生고 印度佛國英米露國 特
동서일기재생신 하인선심불화생 인도불국영미로국 특

別朝鮮報라 眞僧下山急破ᄒᆞ소 佛道大昌何時望고 都是仙中人間事
별조선보 진승하산급파 불도대창하시망 도시선중인간사

라 自古及今初樂大道 우리朝鮮大昌人이 私心부디두지말고 面面
자고급금초락대도 조선대창인 사심 면면

村村合할合字 和氣春風時來事를 無疑君子大覺年을 家家面面郡郡
촌촌합 합자 화기춘풍시래사 무의군자대각년 가가면면군군

道道 時來自知다알리라 天罰嚴命나릴世上 家家人人다사려라 富
도도 시래자지 천벌엄명 세상 가가인인 부

貴文章才士더라 時來運數不通인가 自下達上므르고서 貧賤示知奴
귀문장재사 시래운수불통 자하달상 빈천시지노

隷로다 福音傳道急急時라 악전고투이기어서 不遠千里急傳ᄒᆞ소.
예 복음전도급급시 불원천리급전

저의先塋父母靈魂 다시사라相逢하리 貧賤困窮無勢者야 精神차려
선영부모영혼 상봉 빈천곤궁무세자 정신

海印알소 무궁조화한량업네 너의先영신명덜은 不知일가탄식이라
해인 선 부지

영웅호걸현인군자 대관ᄃᆡ작부귀자야 도ᄆᆡ금에너머가리 自下달上
자하 상

理치로서 우밍자가先來로다 布德天下大急時를 엄동설한긴긴밤이
이 선래 포덕천하대급시

ᄒᆞ도안새더니 鷄鳴無時날이ᄉᆡ여 日出東方발가왓네 億兆창생걱
계명무시 일출동방 억조

정근심 무서웁다날이ᄉᆡ니 夜鬼發동주저주저 마귀야어디갈니 회
야귀발

ᄀᆡ自責사람되라 至公무사하나님은 不고죄악다오라네 七七絶糧飢
자책 지공 불 칠칠절량기

死境에 穀種三豊仙境일세 三年不雨不耕地에 無穀大豊十勝일세
사경 곡종삼풍선경 삼년불우불경지 무곡대풍십승

마鬼야어딜가니 간곳마다凶年凶字 무곡天地아표로다 人言二人
귀 흉년흉자 천지 인언이인

十八寸에 生春和氣안니던가 自心天主므른고로 不免심판지獄이라
십팔촌 생춘화기 자심천주 불면 옥

白衣人心朝鮮인들 不顧左右急히가자 世界十勝조선인데 조선人
백의인심조선 불고좌우급 세계십승 인

이왜못가노 하나므른조선인아 알라보자보아 平安方이朝鮮인데
평안방 조선

어서가자어서가 生命線이끗어질나 어서가세밧비가세 서로서로손
생명선

자바라 이消息이 何消息고 압헤가자뒤에서라 ᄡᅵ가잇서오라는가
소식 하소식

天國大晏버려전나 天下萬民다請ᄒᆞ나 參預者드믈구나 人心卽天오
천국대안 천하만민 청 참예자 인심즉천

라ᄒᆞ네 勝己厭之네마러라 朝鮮人心악化되면 너의前程말아니네.
승기염지 조선인심 화 전정

원수업던大원恨이 生死中의ᄆᆡ첫던가 올케가면正路인데 글케가서
대 한 생사중 정로

凶路일세 凶路길을가지말라 붓드는者엇덧타고 是非是非是非이냐
흉로 흉로 자 시비시비시비

天命婦人엄마말삼 不知者야嘲笑마라 內室계신阿父말삼 外堂계신
천명부인 부지자 조소 내실 아부 외당

唵嘛말솜 內外合言通世이라 잘죽어라네이놈들 不孝莫大無道者야
엄 내외합언통세 불효막대무도자

父母마음不安하다 神道傳人天道國을 男女合体음양道다 三位一体
부모 불안 신도전인천도국 남녀합체 도 삼위일체

天道大降 萬化生朝鮮이라 出陽生陰浸潛은 道成德立알것느냐 肉
천도대강 만화생조선 출양생음침잠 도성덕립 육

死神生道成人身 不死永生不老道라 죽어가는險道길을 사라가기경
사신생도성인신 불사영생불로도 험도

영이라 中入十勝急히가자 多會仙中씌가온다 上帝降임不遠ᄒᆞ니
중입십승급 다회선중 상제강 불원

全心合力修道時 民心裏和되계되면 왼天下가太平歌라 失時末動부
전심합력수도시 민심이화 천하 태평가 실시말동

디마라 欲入兩白不得已라 紫霞黃霧둘너스니 道路咫尺不知로다
욕입양백부득이 자하황무 도로지척부지

八人登天火燃中에 路道不通엇지갈가 鐵桶갓치잠긴十勝 無數神明
팔인등천화연중 노도불통 철통 십승 무수신명

防禦ᄒᆞ니 敢不生心엇지들가 雲霧屛風가리우고 雲梯玉京往來ᄒᆞ니
방어 감불생심 운무병풍 운제옥경왕래

是曰仙境十勝인가 先天秘訣獨信마쇼 天藏地秘鄭道令은 世人마다
시왈선경십승 선천비결독신 천장지비정도령 세인

알소냐 通和四方박는날의 네賤生이이름이냐 要訢人心四覽들아
통화사방 천생 요흔인심사람

이길저길분주말고 良心眞理찻아보소 天人同道十人將을 世不知而
양심진리 천인동도십인장 세부지이

人不知라 不信天命誰可生고 逆天者亡이로다 自此以後人不知면
인부지 불신천명수가생 역천자망 자차이후인부지

混沌天地火光人間 電火劫術人不見也니 衆生을何以濟 何以濟오.
혼돈천지화광인간 전화겁술인불견야 중생 하이제 하이제

定福此時不定福이면 來年月日何以生고 河圖洛書無弓理에 大聖君
정복차시부정복 내년월일하이생 하도낙서무궁리 대성군

子나시도다 紫霞仙中南朝鮮에 人生於寅나온다네 天下一氣再生身
자 자하선중남조선 인생어인 천하일기재생신

仙佛胞胎幾年間에 天道門이열려오고 어화세상사람덜아 아러보고
선불포태기년간 천도문

아러봐서 남의농사고만짓고 내집農事지여보세 福바더라부는노래
농사 복

四海가진동커늘 不고父母가는四람 답답ᄒᆞ고不祥터라 天地合德父
사해 불 부모 사 불상 천지합덕부

母님이 無知人間살니자고 天語傳이른말을 사람不知辱을ᄒᆞ니
모 무지인간 천어전 부지욕

네죄상이더럽고나 天地가合力하니 愚夫女知道德이요 時來運數此
천지 합력 우부녀지도덕 시래운수차

時ᄒᆞ니 生死是非吉凶이라 路柳墻花색거들고 淸風明月그만놀고
시 생사시비길흉 노류장화 청풍명월

極樂世界기운임을 世上人間노라보세 天無窮而人心이요 人無窮而
극락세계 세상인간 천무궁이인심 인무궁이

天心이라 天心人心明明ᄒᆞ니 明天地날과달이 日月天道德이네 無
천심 천심인심명명 명천지 일월천도덕 무

窮세月지내가니 死末生初보단말가 운수잇는저사람은 生初보와歸
궁 월 사말생초 생초 귀

一치만 운수업는저사람은 生初믈라歸凶ᄒᆞ네.
일 생초 귀흉

44

弓乙圖歌
궁을도가

此時 訪道僉君子들 弓弓乙乙何不知 左弓右弓弓弓이요 臥立從橫
차시 방도첨군자 궁궁을을하부지 좌궁우궁궁궁 와립종횡

乙乙이라 泛濫無味弓乙일가 深索有理弓乙이라 弓弓理致알람이면
을을 범람무미궁을 심색유리궁을 궁궁이치

兩白之理心覺하소 先後天地通合時에 河洛圖書兩白이라 兩白之意
양백지리심각 선후천지통합시 하락도서양백 양백지의

알랴거든 兩白心衣仔細知라 衣白心白奧妙理 心如琉璃行端正을
양백심의자세지 의백심백오묘리 심여유리행단정

大小白之兩白山은 天牛地馬兩白이요 弓弓之圖詳見이면 左山右山
대소백지양백산 천우지마양백 궁궁지도상견 좌산우산

兩山이니 所謂兩山兩白이요 亦謂兩山雙弓이라 東西多教來合ㅎ소
양산 소위양산양백 역위양산쌍궁 동서다교내합

弓乙外는 不通일세 어서오소피난차로 不老不死仙境일세 南海東
궁을외 불통 불로불사선경 남해동

半紫霞島는 世界萬民安心地요 保惠大師계신곳이 弓乙之間仙境일
반자하도 세계만민안심지 보혜대사 궁을지간선경

세 失時中動부디마소 末動而死可憐ㅎ다 白鼠中心前後三을 心覺
실시중동 말동이사가련 백서중심전후삼 심각

者가누구런고 三豊兩白찻지마소 無誠知者 헌手苦라 三豊之意알
자 삼풍양백 무성지자 수고 삼풍지의

랴거든 三神山을 먼저찻소 三神山을 찻으려면 祈天禱神안코될가
삼신산 삼신산 기천도신

一家春風분 然後에 甘露如雨 나린다네 一心合力 왼家族이 行住
일가춘풍 연후 감로여우 일심합력 가족 행주

坐臥向天呼을 至誠感天되올때에 弓乙世界들어가니 三豊兩白이곳
좌와향천호 지성감천 궁을세계 삼풍양백

이요 非山非野十勝일세 天장地비十勝地를 道人外는 못찻으리.
비산비야십승 천 지 십승지 도인외

三神山을 찻으려면 心審默坐端正後에 一釣三餌뜻을 알어 三峯山
삼신산 심심묵좌단정후 일조삼이 삼봉산

下半月船을 于先먼저차자보소 都沙工이 十勝일세 十勝地를 알랴
하반월선 우선 도사공 십승 십승지

거든 一字從橫찻자보소 億兆창생건지랴고 十勝枋舟預備하여 萬
일자종횡 억조 십승방주예비 만

頃蒼波風浪속에 救援船을 씨어시니 疑心말고 속히타소 波濤上에
경창파풍랑 구원선 의심 파도상

놉이셧네 生死獄門大開ᄒᆞ고 功德水로 解渴식커 天使警報號甲聲
생사옥문대개 공덕수 해갈 천사경보호갑성

에 苦海衆生쌜리오소 無聲無臭 上帝님은 厚薄間에 다오라네 부
고해중생 무성무취 상제 후박간

를적에 속히오소 晩時後悔 痛嘆하리 一家親戚父母兄弟 손목잡고
만시후회 통탄 일가친척부모형제

갓치오소 우리주님 강님할제 영접해야 안이되나 虛空蒼穹바라보
허공창궁

소 甘露如雨왼말인가 太古始皇숨을쑤던 不老草와 不死藥이 無道
감로여우 태고시황 불로초 불사약 무도

大病걸인者들 萬病回春시키랴고 편만조야나릴씨도 弓乙外는 不
대병 자 만병회춘 궁을외 불

求로세 東海三神不死藥은 三代積德之家外는 人力으로 不求라네
구 동해삼신불사약 삼대적덕지가외 인력 불구

至誠感天求한다네 山魔海鬼은장된다 掀天勢魔버히려고 數千年前
지성감천구 산마해귀 흔천세마 수천년전

定히둔칼 天皇利刀仔細알고 利刀歌를 먼저불러 肉身滅魔먼저ᄒᆞ
정 천황리도자세 이도가 육신멸마

고 塵海業障破兮越兮 晨淸跪坐誦眞經을 不赦晝夜잇지말고 洞洞
진해업장파혜월혜 신청궤좌송진경 불사주야 동동

燭燭銘心ᄒᆞ소 三鳥頻鳴數數聲에 昏衢長夜발어오니 容天劒놉이들
촉촉명심 삼조빈명삭삭성 혼구장야 용천검

고 멸마경을 외우면서 勝利大將後軍되여 不顧左右前進ᄒᆞᄌᆞ 佛道
승리대장후군 불고좌우전진 불도

大昌此時에 雙弓之理覺心ᄒᆞ소 斥儒尙亞오넌時代 人曰稱弟僧曰稱
대창차시 쌍궁지리각심 척유상아 시대 인왈칭제승왈칭

師 佛道佛道何佛道오 弓弓之間眞仙佛을 左右弓間彌勒佛이 龍華
사 불도불도하불도 궁궁지간진선불 좌우궁간미륵불 용화

三界出世에 三位三聖合力ᄒᆞ니 四海之內登兄弟라 人人合力一心合
삼계출세 삼위삼성합력 사해지내등형제 인인합력일심합

이면 原子不如海印이라 天恩之聽感格ᄒᆞ니 萬歲三唱부르리라
원자불여해인 천은지청감격 만세삼창

七十二才海印金尺 无窮造化天呼萬歲.
칠십이재해인금척 무궁조화천호만세

45

•

鷄龍歌
계룡가

鷄龍石白非公요 平沙之間라眞公州라 靈鷄之鳥知時鳥요 火龍變化
계룡석백비공 평사지간 진공주 영계지조지시조 화룡변화

無雙龍을 鷄石白聖山地니 非山非野白沙間 弓弓十勝眞人處라.
무쌍룡 계석백성산지 비산비야백사간 궁궁십승진인처

公州鷄龍不避處니 此時는 何時야요 山不近에 轉白死니 入山修道
공주계룡불피처 차시 하시 산불근 전백사 입산수도

下山時라.
하산시

46

寺畓歌
사답가

寺畓七斗天農이니 是呼農夫씨만난네 水源長遠天田農에 天牛耕田
사답칠두천농 시호농부 수원장원천전농 천우경전

田田일세 文武星名이요 天上水源靈田이라 理氣妙理心覺ᄒᆞ니 寺
전전 문무성명 천상수원영전 이기묘리심각 사

畓七斗이안닌가 天牛不知靈田農이면 永生之路又不知라.
답칠두 천우부지영전농 영생지로우부지

47

•

鷄鳴聲
계명성

三鳥之聲들려온다 잠ᄭᅵ여서 役事ᄒᆞ세 鳥鳴聲數數聲에 일할生覺
삼조지성 역사 조명성삭삭성 생각

컥情이라 玄武鳥初聲時에 鳥頭白이 未容髮이요 靑龍鳥再鳴ᄒᆞ니
정 현무조초성시 조두백 미용발 청룡조재명

江山留支壯觀이요 朱雀之鳥三次鳴 昏衢長夜開東來라 鷄鳴無時未
강산유지장관 주작지조삼차명 혼구장야개동래 계명무시미

久開東 日竿三이 다되엿네 夢覺時라 人民들아 農事을 不失ᄒᆞ 日
구개동 일간삼 몽각시 인민 농사 불실 일

語저저 田耕ᄒᆞ고 英學하계 播種ᄒᆞ고 支學ᄒᆞ계 除草ᄒᆞ야 霜雪時
어 전경 영학 파종 지학 제초 상설시

에 秋收ᄒᆞ소 馬枋兒只나오신다 蔑視말고 잘모시어라.
추수 마방아지 멸시

大聖紀元二九時에 走靑林에 寸土落을 運有其運 時有其時 不失此
대성기원이구시 주청림 촌토락 운유기운 시유기시 부실차

時 섬마섬마 衆人寶金 守保財物 運霧中天 一脫世로 活人積德ᄒᆞ
시 중인보금 수보재물 운무중천 일탈세 활인적덕

려ᄒᆞ나 主人몰라 弫亞弫亞 余四正이 餘三數로 彼此一般 合意事
주인 불아불아 여사정 여삼수 피차일반 합의사

을 時至不知ᄒᆞᆯ터인가 天眞爛熳 道理道理 嗟呼時運늣어간다 蛇奪
시지부지 천진난만 도리도리 차호시운 사탈

人心 彌勒佛을 不覺인가 頂上血汗 崑指崑指 蛇龍當運何時던고
인심 미륵불 불각 정상혈한 곤지곤지 사룡당운하시

支離歲月길다마소 貴여웁다 우리阿只 十八抱子 達穹達穹 六十一
지리세월 귀 아지 십팔포자 달궁달궁 육십일

才 白髮이냐 知覺事理 靑春일세 容天劍을 갓엇으면 均一平和 主
재 백발 지각사리 청춘 용천검 균일평화 주

仰主仰 三共和合 何時던고 通合通合 天下通合 可憐時事 慘酷ᄒᆞ
앙주앙 삼공화합 하시 통합통합 천하통합 가련시사 참혹

다 作掌作掌 作掌作穹 人王四維원말이냐 光明世界 明朗하다 孝
작장작장 작장작궁 인왕사유 광명세계 명랑 효

當竭力 忠則盡命 表彰門立 直界直界 擲柶大會ᄒᆞ고보니 無才能이
당갈력 충즉진명 표창문립 직계직계 척사대회 무재능

分明ᄒᆞ야 五卯一乞 枏東佛出 길나라비 活活道飛 堯舜亦有不肖子
분명 오묘일걸 단동 불출 활활도비 요순역유불초자

息 末聖豈無放蕩兒只 世人莫睹浮荒流說 改過修道不入地獄 欲明
식 말성기무방탕아지 세인막도부황유설 개과수도불입지옥 욕명

其理先知根 末世二樹或一人.
기리선지근 말세이수혹일인

48

歌辭總論
가사총론

東方甲乙三八木 青帝將軍 青龍之神 南方丙丁二七火 赤帝將軍 朱
동방갑을삼팔목 청제장군 청룡지신 남방병정이칠화 적제장군 주

雀之神 西方庚辛四九金 白帝將軍 白虎之神 北方壬癸一六水 黑帝
작지신 서방경신사구금 백제장군 백호지신 북방임계일육수 흑제

將軍 玄武之神 中央戊己五十土 黃帝將軍 句陳騰蛇 鼠牛子丑 虎
장군 현무지신 중앙무기오십토 황제장군 구진등사 서우자축 호

兎寅卯 龍蛇辰巳 馬羊午未 猴鷄申酉 狗猪戌亥 天干地支變數中의
토인묘 용사진사 마양오미 후계신유 구저술해 천간지지변수중

年月日時四象으로 推算之中破字法을 三秘論의 理氣化로 如合符
연월일시사상 추산지중파자법 삼비론 이기화 여합부

節되오리라 黑龍壬辰初運으로 松松之生마쳤으며 赤鼠丙子中運으
절 흑룡임진초운 송송지생 적서병자중운

로 家家之生마쳐있고 玄兎癸卯末運으로 弓弓之生傳햇다네 松松
가가지생 현토계묘말운 궁궁지생전 송송

家家以後에는 弓弓乙乙田田으로 河田洛田天地兩白 弓圖乙書兩白
가가이후 궁궁을을전전 하전낙전천지양백 궁도을서양백

人을 三秘中出十勝之理 易理八卦推算하면 雙弓四乙隱秘中에 避
인 삼비중출십승지리 역리팔괘추산 쌍궁사을은비중 피

亂處發見하야 天坡弓弓道下處가 十勝福地아니든가 此外十勝찾지
란처발견 천파궁궁도하처 십승복지 차외십승

말고 雙弓之間차질세라 九宮八卦十勝之理 河洛靈人生子女을 前
쌍궁지간 구궁팔괘십승지리 하락영인생자녀 전

無後之末運妙法 地天泰卦仙八卦라 邪說熾盛東西之學 正道浸微行
무후지말운묘법 지천태괘선팔괘 사설치성동서지학 정도침미행

亦難을 槿花朝鮮名勝地에 天神加護異跡으로 牛聲在野唵嘛聲中
역난 근화조선명승지 천신가호이적 우성재야엄 마 성중

非雲眞雨喜消息에 八人登天昇降하야 賤反貴人新性으로 有雲眞露
비운진우희소식 팔인등천승강 천반귀인신성 유운진로

首垂立에 心靈變化되단말가 牛性在野十勝處엔 牛鳴聲이 浪藉하
수수립 심령변화 우성재야십승처 우명성 낭자

고 十口之家五口一心 陰陽田位一家和라 河圖天弓甘露雨로 雨下
십구지가오구일심 음양전위일가화 하도천궁감로우 우하

三貫三豊理요 洛書地乙報答理로 牛吟滿地牛聲出을 生我弓弓無處
삼관삼풍리 낙서지을보답리 우음만지우성출 생아궁궁무처

外니 雨下三迎者生일세 弓弓猫閣藏穀之處 牛聲出現見不牛라 六
외 우하삼영자생 궁궁묘각장곡지처 우성출현견불우 육

坎水之一坎水로 河洛易數마치연네 利在石井靈泉之水 寺畓七斗作
감수지일감수 하락역수 이재석정영천지수 사답칠두작

農으로 天上北斗文武之星 曲土辰寸水源田에 一六中出生命水로
농 천상북두문무지성 곡토진촌수원전 일육중출생명수

日就月將自羅오니 一日三食飢餓時에 三旬九食不飢穀을 水火昇降
일취월장자라 일일삼식기아시 삼순구식불기곡 수화승강

變化數로 以小成大海印化라 盤石湧出生命水는 萬國心靈다通하니
변화수 이소성대해인화 반석용출생명수 만국심령 통

不老不死陰陽道理 雙弓雙乙造化로다 四八四乙雙弓之中 白十勝之
불로불사음양도리 쌍궁쌍을조화 사팔사을쌍궁지중 백십승지

出現하고 落盤四乳黃入服而 雙乙之中黑十勝을 天理弓弓地理十
출현 낙반사유황입복이 쌍을지중흑십승 천리궁궁지리십

處 皆曰十勝傳햇으니 弓乙天地陰陽之理 書數通達乾牛道라 紫霞
처 개왈십승전 궁을천지음양지리 서수통달건우도 자하

島中弓乙村을 有無識間말은하나 曲口羊角하고보니 山上之鳥아니
도중궁을촌 유무식간 곡구양각 산상지조

로세 非山非野仁富之間 奄宅曲阜玉山邊에 鷄龍白石平沙福處 武
비산비야인부지간 엄택곡부옥산변 계룡백석평사복처 무

陵桃源此勝地가 一片福州安淨潔處 誰是不知種桃人고 不利山水紫
릉도원차승지 일편복주안정결처 수시부지종도인 불리산수자

霞島를 平沙福地三十里로 南門復起南朝鮮에 紅鸞赤霞避亂處를
하도 평사복지삼십리 남문부기남조선 홍란적하피란처

自古只今此世까지 儒佛仙出名哲들이 參禪性覺道通으로 肉死神生
자고지금차세 유불선출명철 참선성각도통 육사신생

重生法과 河洛運去來世事를 先覺無疑知之故로 中天弓符先天回復
중생법 하락운거내세사 선각무의지지고 중천궁부선천회복

四時長春新世界라 自古及今預言中에 多數秘文만치마는 孔孟詩書
사시장춘신세계 자고급금예언중 다수비문 공맹시서

儒士들이 西瓜外狧 不味內라 儒佛運去儒佛來니 何佛去而何佛來오
유사 서과외시 불미내 유불운거유불래 하불거이하불래

兎丈水火能殺我요 斥儒尙佛是從金牛 似人不人從金之理 東西合運
토장수화능살아 척유상불시종금우 사인불인종금지리 동서합운

十勝出을 無無中有有中無無 無而爲化天運으로 雪氷寒水解結되고
십승출 무무중유유중무무 무이위화천운 설빙한수해결

萬國江山春化來라 尙佛來運運數조타 三聖合運一人出을 末世愚
만국강산춘화래 상불내운운수 삼성합운일인출 말세우

盲蠢瞽朦朧 視國興亡如草芥로 父子爭財夫妻離婚 情夫視射寡婦生
맹준고몽롱 시국흥망여초개 부자쟁재부처이혼 정부시사과부생

產 淫風大行有夫之妻 背夫라니末世로다 君弱臣強民嬌吏에 吏殺
산 음풍대행유부지처 배부 말세 군약신강민교리 이살

太守無所忌憚 日月無光塵霧漲天 罕古無今大天災로 天邊地震飛火
태수무소기탄 일월무광진무창천 한고무금대천재 천변지진비화

落地 三災八亂幷起時에 時를아노世人들아 三年之凶二年之疾 流
락지 삼재팔란병기시 시 세인 삼년지흉이년지질 유

行瘟疫萬國時에 吐瀉之病喘息之疾 黑死枯血無名天疾 朝生暮死十
행온역만국시 토사지병천식지질 흑사고혈무명천질 조생모사십

戶餘一 山嵐海瘴萬人多死 大方局手할길업서 五運六氣虛事되니
호여일 산람해장만인다사 대방국수 오운육기허사

無名惡疾免할소냐 當服奄麻常誦呪로 萬怪皆消海印일세 狂風淫雨
무명악질면 당복엄마상송주 만괴개소해인 광풍음우

激浪怒濤 地震火災不虞之患 毒瘡惡疾殺人強盜 飢饉餓死여기저기
격랑노도 지진화재불우지환 독창악질살인강도 기근아사

戰爭大風忽起하야 自相踐踏昊哭聲에 安心못할世上일세.
전쟁대풍홀기 자상천답호곡성 안심 세상

三人一夕雙弓알소 訪道君子修道人아 十勝福地弓乙일세 無道大病
삼인일석쌍궁 방도군자수도인 십승복지궁을 무도대병

걸인者들 不死海印나왓다네 和氣東風旧盡悲에 七年大旱바나리듯
자 불사해인 화기동풍구진비 칠년대한

萬國勝地江山下에 甘露喜雨民蘇生을 惡疾多死免하랴고 全世騷動
만국승지강산하 감로희우민소생 악질다사면 전세소동

海運開로 一夜千艘出航時에 漢江水를시러가며 十勝物品海外出을
해운개 일야천소출항시 한강수 십승물품해외출

六大九月아오리라 十勝云曰일넛으되 人衆則時物盛이요 物勝則時
육대구월 십승운왈 인중즉시물성 물승즉시

地闢이요 地闢則時苦盡甘來 地運退去天運來로 天下靈氣皆入勝을
지벽 지벽즉시고진감래 지운퇴거천운래 천하영기개입승

南海島中八靈山이 海島之中아니로세 萬頃滄波大海邊에 小産魚鹽
남해도중팔령산 해도지중 만경창파대해변 소산어염

富饒하나 他國兵船往來하니 弓不在水分明하다 不利山水非野處를
부요 타국병선왕래 궁불재수분명 불리산수비야처

仁富平沙桃源地로 東半島中牛腹洞이 青鶴神靈出入하니 人王四維
인부평사도원지 동반도중우복동 청학신령출입 인왕사유

智異山이 十勝으로暗示일세 十勝之地出現하면 死末生初當運이라
지리산 십승 암시 십승지지출현 사말생초당운

入山修道念佛님네 彌勒世尊苦待치만 釋迦之運去不來로 한번가고
입산수도염불 미륵세존고대 석가지운거불래

아니오니 三千之運釋迦預言 當末下生彌勒佛을 萬疊山中仙人들아
삼천지운석가예언 당말하생미륵불 만첩산중선인

山中滋味閒寂하나 魑魅魍魎虎狼盜賊 是亦弓不在山일세 斗牛在野
산중자미한적 이매망량호랑도적 시역궁불재산 두우재야

勝地處면 彌勒佛이出現컨만 儒佛仙이腐敗하야 아는君子누구누구
승지처 미륵불 출현 유불선 부패 군자

削髮爲僧侍主님네 世音菩薩게누군고 侍主菩薩不覺하고 彌勒佛을
삭발위승시주 세음보살 시주보살불각 미륵불

제알손가 阿彌陀佛佛道人들 八萬經卷工夫하야 極樂간단말은하나
아미타불불도인 팔만경권공부 극락

가난길이希微하고 西學入道天堂人들 天堂말은참조으나 九萬長天
희미 서학입도천당인 천당 구만장천

멀고머니 一平生엔다못가고 咏歌時調儒士들은 五倫三綱正人道나
일평생 영가시조유사 오륜삼강정인도

倨謾放恣猜忌疾妬 陰邪情欲啻일너라.
거만방자시기질투 음사정욕시

人道儒와 地道佛이 日落之運맡은故로 洛書夜運昏衢中에 彷徨霧
인도유 지도불 일락지운 고 낙서야운혼구중 방황무

中失路로서 儒佛仙이 各分派로 相勝相利말하지만 天堂인지 極樂
중실로 유불선 각분파 상승상리 천당 극락

인지 彼此一般다못하고 平生修道十年工夫 喃嘸阿彌陀佛일세 春
피차일반 평생수도십년공부 남무아미타불 춘

末夏初四月天을 당코보니 다虛事라 儒曰知識平生人道 名傳千秋
말하초사월천 허사 유왈지식평생인도 명전천추

死後論과 佛曰知識越一步로 極樂入國死後論과 仙曰知識又越步로
사후론 불왈지식월일보 극락입국사후론 선왈지식우월보

不死永生立國論을 三聖各異主張하나 儒佛乘運되옴으로 河上公의
불사영생입국론 삼성각리주장 유불승운 하상공

永生論을 眞理不覺儒士들이 異端主張猖認하야 儒生들을 가라치
영생론 진리불각유사 이단주장창인 유생

니 坐井觀天彼此之間 脫劫重生제알소냐 富死貧生末運에는 上下
좌정관천피차지간 탈겁중생 부사빈생말운 상하

分滅無智者일세 一知不二無知者야 黑石皓를 말하지만 海印造化
분멸무지자 일지불이무지자 흑석호 해인조화

不覺하고 鷄龍白石되단말가 先天秘訣篤信마소 鄭僉只는 虛僉只
불각 계룡백석 선천비결독신 정첨지 허첨지

세 天下理氣變運法이 海印造化다잇다네. 地理諸山十處에도 天理
천하이기변운법 해인조화 지리제산십처 천리

十勝될수잇고 天理弓弓元勝地도 人心惡化無用으로 弓乙福地一處
십승 천리궁궁원승지 인심악화무용 궁을복지일처

인가 好運이면 多勝地라 日中之變及於世界 大中小魚具亡으로 全
호운 다승지 일중지변급어세계 대중소어구망 전

世大亂蚌鷸之勢 尚黒者는 生하나니 愛憐如己天心和로 人人相對
세대란방휼지세 상흑자 생 애련여기천심화 인인상대

하엿에라.

49

出將論
출장론

運去運來天運來로 一次二次三次大亂 楚漢時節天下將帥 力拔山兮
운거운래천운래 일차이차삼차대란 초한시절천하장수 역발산혜

氣蓋世로 天下大將羽項類가 東西南北蜂起로서 奪財人命殺害主張
기개세 천하대장우항류 동서남북봉기 탈재인명살해주장

無罪蒼生可憐쿠나 湖西白華蘇伐地에 口吐火將白眉로서 殺害人命
무죄창생가련 호서백화소벌지 구토화장백미 살해인명

主奪財로 富貴家中屠戮時에 蘇城百里人影永絶 血流成川僧血로서
주탈재 부귀가중도륙시 소성백리인영영절 혈류성천승혈

忠淸分野八門卦가 非吉地로定했으니 好運이면僥倖이요 非運이면
충청분야팔문괘 비길지 정 호운 요행 비운

狼狽로다 白華八峰劫殺龍勢 第一尤甚瑞泰로다 湖南智離靑眉將
낭패 백화팔봉겁살용세 제일우심서태 호남지리청미장

軍 呼風喚雨異跡으로 氓虫人民統率하야 湖南一帶蜂起時에 嗚呼
군 호풍환우이적 맹충인민통솔 호남일대봉기시 오호

哀哉可憐하다 未成兒童何罪런고 男女十歲以上으로 盡被刀鋸悲慘
애재가련 미성아동하죄 남녀십세이상 진피도거비참

쿠나 南靑西白假鄭들이 掀天一世揚揚으로 八門금사 六花陣에 生
남청서백가정 흔천일세양양 팔문 육화진 생

死門이開閉로다 古月遼東犯郭將軍 尋萬大兵統率하야 不義者를
사문 개폐 고월요동범곽장군 심만대병통솔 불의자

嚴伐할제 頭上保角愛護하며 絶長保短善者扶支 積惡之家無不殘滅
엄벌 두상보각애호 절장보단선자부지 적악지가무불잔멸

身不離之頭流化로 積善者는 生이로다 土室石枕正道人들 多誦眞
신불리지두류화 적선자 생 토실석침정도인 다송진

經不休하소 魑魅魍魎鴨[鳥丙][鳥戊][鳥庚]邪不犯正眞經이라 北海出世走肖神
경불휴 이매망량압병무경사불범정진경 북해출세주초신

將 風雲造化任意用之 義兵用事善惡判端 高山流水물밀듯이 南伐
장 풍운조화임의용지 의병용사선악판단 고산유수 남벌

梳踏하올적에 哀悽롭다人生이여 逢則殺之하고보니 何處圖命岩穴
소답 애처 인생 봉즉살지 하처도명암혈

인가 北海島中馬頭人身 氣体青色八尺長身 口吐火噴怪術로서 惑
북해도중마두인신 기체청색팔척장신 구토화분괴술 혹

世誣民賣人心에 天下紛紛이러나니 無道者가엇지살며 風浪劫海當
세무민매인심 천하분분 무도자 풍랑겁해당

到하니 道德船을 急히타소 嶺北喬洞蝸身人首 遁甲藏身奇事로서
도 도덕선 급 영북교동와신인수 둔갑장신기사

自相踐踏混沌起로 終亡其國妖物일세 可憐하다無道者들 幻劫濫心
자상천답혼돈기 종망기국요물 가련 무도자 환겁남심

虛榮으로 妖物諸去天神이라 入生出死哀悽롭다 西湖出世眞人으로
허영 요물제거천신 입생출사애처 서호출세진인

神聖諸仙神明들이 各率神將統合하야 天降諸仙風雲化로 惡化爲善
신성제선신명 각솔신장통합 천강제선풍운화 악화위선

하고보니 永無惡臭神化世라 衰病死葬退去하니 地上仙國基礎地세
영무악취신화세 쇠병사장퇴거 지상선국기초지

天文術數從何處고 黃房杜禹出沒時라 雷震電閃海印造化 天地混沌
천문술수종하처 황방두우출몰시 뇌진전섬해인조화 천지혼돈

무서워라　忍耐者는勝世로서　天地之理反復化에　富貴貧賤後臥하
　　　　　인내자　승세　　　천지지리반복화　　부귀빈천후와

니　拒逆者들어이할고　너의行함報應으로　公正無邪밧고보니　天堂
　　거역자　　　　　　　　행　보응　　　공정무사　　　　　천당

地獄兩端間이　不再行來時好運이라　以上出將何時인고　알고보니
지옥양단간　　부재행래시호운　　　이상출장하시

九鄭八李　千祖一孫아니되면　百祖一孫갈데　업서　誰知烏之雌雄으
구정팔이　천조일손　　　　　백조일손　　　　　　수지오지자웅

로　皆曰預聖誰可知오　妄動마라저日兵들　何得코저再出인가　最後
　　개왈예성수가지　　망동　　　일병　　하득　　재출　　　최후

勝利알고보니　所得함이死亡일세　大亂之中避亂民들　男負女戴가지
승리　　　　　소득　　사망　　　대란지중피란민　　남부여대

말고　一心合力全家族이　弓乙村을　차자보소.
　　　일심합력전가족　　궁을촌

牛聲之村見不牛로　人言一大尺八寸을　恨心하다草露人生　弓乙村을
우성지촌견불우　　인언일대척팔촌　　한심　　초로인생　궁을촌

모르거든　呼天村을先尋後에　呼母村을更問하소　父母村을모르거든
　　　　　호천촌　선심후　　호모촌　갱문　　　부모촌

三人一夕雙弓道에　至誠感天天神化로　武陵桃源차자보자　修道先出
삼인일석쌍궁도　　지성감천천신화　　무릉도원　　　　　수도선출

容天朴에　天崩地坼素砂立을　靑鶴福處牛腹洞이　三峯山下半月有로
용천박　　천붕지탁소사립　　청학복처우복동　　삼봉산하반월유

深藏窟曲囊中世界　靈泉水가恒流로다　靑榭古里碧山新村　非山非野
심장굴곡낭중세계　영천수　항류　　　청사고리벽산신촌　비산비야

十勝處라　海印龍宮閑日月이요　木人神幕別乾坤을　風驅惡疾雲中去
십승처　　해인용궁한일월　　　목인신막별건곤　　풍구악질운중거

요 雨洗寃魂消外消라 別有天地非人間이요 武陵桃源紫霞島를 畫
우세원혼소외소 별유천지비인간 무릉도원자하도 화

牛顧溪活命水는 牛姓村에隱潛하니 水昇火降隱妙法을 無智者가엇
우고계활명수 우성촌 은잠 수승화강은묘법 무지자

지알고 天牛耕田田田理로 寺畓七斗作農일세 巨彌하다牛姓村의
천우경전전전리 사답칠두작농 거미 우성촌

一心修道심엇던이 甘露如雨循環裏에 日就月將結實하니 盤石湧出
일심수도 감로여우순환리 일취월장결실 반석용출

生命水로 天下人民解渴하니 弓乙十勝易經法이 死中救生天恩일세
생명수 천하인민해갈 궁을십승역경법 사중구생천은

畫牛顧溪十勝法이 巽震鷄龍青林일세 自古由來儒士들이 通理者가
화우고계십승법 손진계룡청림 자고유래유사 통리자

누구누구 鷄龍鄭氏海島眞人 易數不通모르오니 十年工夫修道者들
계룡정씨해도진인 역수불통 십년공부수도자

前功可惜哀悽롭다.
전공가석애처

50

十勝論
십승론

兩白三豊十勝論을 更解하야이르리라 黃入腹이在生也니 天理十勝
양백삼풍십승론 갱해 황입복 재생야 천리십승

차자볼가 天文地理鄭堪先師 天理論을푸러보세 十勝之人箇箇得生
천문지리정감선사 천리론 십승지인개개득생

天理十勝傳했으니 九宮八卦十勝大王 靈神人士眞人으로 弓字海印
천리십승전 구궁팔괘십승대왕 영신인사진인 궁자해인

降魔之道 弓乙之間十勝地를 諸山之中넘나들며 不求山中찾지말고
항마지도 궁을지간십승지 제산지중 불구산중

三峯山下半月船坮 極求心中차저보소 地理十處不入하라 殺我者가
삼봉산하반월선대 극구심중 지리십처불입 살아자

十勝일세 白轉身이必死언만 諸山中에찻단말가 山不近이丁寧으로
십승 백전신 필사 제산중 산불근 정령

山嵐毒霧多死로다 天驅萬姓暴殺地요 生靈蕩除劫氣地라 百萬鳩衆
산람독무다사 천구만성폭살지 생령탕제겁기지 백만구중

財貨로서 以授后生之理로다 漢都之末蒙昧之輩 若入于此十勝이면
재화 이수후생지리 한도지말몽매지배 약입우차십승

一無保命之地라 編覽論에傳햇다네 陽來陰退天來地去 黃極仙道明
일무보명지지 편람론 전 양래음퇴천래지거 황극선도명

朗世에 地運退去天運來니 不顧地理天顧生을.
랑세 지운퇴거천운래 불고지리천고생

51

兩白論
양백론

人種求於兩白也니 兩白理를仔細알소 兩白之間避居之人 箇箇得生
인종구어양백야 양백리 자세 양백지간피거지인 개개득생

傳했으니 天兩白을모르고서 地兩白을찾단말가 先後天之兩白數
전 천양백 지양백 선후천지양백수

를 先後中天易理數로 河洛聖人誕生하니 人間超越靈人이라 生子
선후중천역리수 하락성인탄생 인간초월영인 생자

女를 養育하야 仙國世界天民化를 天國神民되자하면 心淨手淨行
녀 양육 선국세계천민화 천국신민 심정수정행

動淨에 人托長生扶人救命 人間積德하올세라 衣白心白天心化로
동정 인탁장생부인구명 인간적덕 의백심백천심화

이도亦是兩白일세 朝鮮民族患難時에 天佑神助白衣人을 河洛天地
역시양백 조선민족환난시 천우신조백의인 하락천지

六一水로 兩白聖人出世하야 十勝大船지여놓고 苦海衆生拯濟로세
육일수 양백성인출세 십승대선 고해중생증제

先天河圖右太白과 後天洛書左小白數 左右山圖弓弓之間 白十勝이
선천하도우태백 후천낙서좌소백수 좌우산도궁궁지간 백십승

隱潛하니 山弓田弓田弓山弓 兩白之間十勝일세 河圖洛書理氣靈山
은잠 산궁전궁전궁산궁 양백지간십승 하도낙서이기영산

世上四覽몰랐으니 本文之中七十二圖 仔細窮究하여보소.
세상사람 본문지중칠십이도 자세궁구

先後天地兩白星을 易理出聖靈王으로 兩白十勝傳했으니 人種求於
선후천지양백성 역리출성영왕 양백십승전 인종구어

兩白일세 天兩白을알렸으니 地兩白을다시알소 太白聚起餓死鬼요
양백 천양백 지양백 태백취기아사귀

小白橫行斷頭魂을 先師分明傳했으니 白兮白兮白而不生 地理兩白
소백횡행단두혼 선사분명전 백혜백혜백이불생 지리양백

無用으로 天理兩白生이라네 天地合德兩白聖人 禮法更定先聖道로
무용 천리양백생 천지합덕양백성인 예법갱정선성도

敎化萬方廣濟時에 三豊道師風飛來라.
교화만방광제시 삼풍도사풍비래

52

三豊論
삼풍론

穀種求於三豊也니 三豊論을또들으시요 先天河圖後天洛書 中天海
곡종구어삼풍야 삼풍론 선천하도후천낙서 중천해

印理氣三豊 三天極樂傳한法이 兩白弓乙十勝理로 少男中男兩白中
인이기삼풍 삼천극락전 법 양백궁을십승리 소남중남양백중

에 人白長男出世하니 三曰化이 三豊으로 乾金甲子成道로다 天地
인백장남출세 삼왈화 삼풍 건금갑자성도 천지

兩白우리先生 人道三豊化했나니 十皇兩白弓乙中에 三極三豊火雨
양백 선생 인도삼풍화 십황양백궁을중 삼극삼풍화우

露로 兩白道中十坤이요 三豊道師十乾일세 坤三絶과 乾三連을 兩
로 양백도중십곤 삼풍도사십건 곤삼절 건삼련 양

白三豊傳했으니 無穀大豊豊年豊字 甘露如雨三豊이라 三旬九食三
백삼풍전 무곡대풍풍년풍자 감로여우삼풍 삼순구식삼

豊穀을 弓乙之中차자보세 第一豊에 八人登天 惡化爲善一穀이요
풍곡 궁을지중 제일풍 팔인등천 악화위선일곡

第二豊에 非雲眞雨 心靈變化二穀이요 第三豊에 有露眞露 脫劫重
제이풍 비운진우 심령변화이곡 제삼풍 유로진로 탈겁중

生三穀이라 三豊三穀世無穀之 十勝中에 出現하니 鄭氏黎首之民
생삼곡 삼풍삼곡세무곡지 십승중 출현 정씨여수지민

으로 兩白三豊일넛다네 世末大歉死境에 拯濟萬民天穀으로 和
양백삼풍 세말대겸사경 증제만민천곡 화

氣東風久盡悲에 天下蜂蝶呼來하니 不死消息永春節에 廣濟蒼生하
기동풍구진비 천하봉접호래 불사소식영춘절 광제창생

여보세 天理三豊알았거든 地理三豊알을세라 三豊之理豊基延豊을
천리삼풍 지리삼풍 삼풍지리풍기연풍

地理三豊傳했으니 三豊論에 一曰豊基 最高福地三豊인가 耕者不
지리삼풍전 삼풍론 일왈풍기 최고복지삼풍 경자불

獲獲者不食 엇지하여 福地이며 食者不生塵霧漲天 穀種三豊엇지
획획자불식 복지 식자불생진무창천 곡종삼풍

될고 豊基茂豊延豊으로 地理三豊傳했으나 天理三豊出世로서 地
풍기무풍연풍 지리삼풍전 천리삼풍출세 지

理三豊不利로다 豊兮豊兮無情之豊 非三豊이아니던가 秘文隱理推
리삼풍불리 풍혜풍혜무정지풍 비삼풍 비문은리추

算法을 式모르고 엇지알리 兩白三豊非吉地를 浪仙子의 明示로서
산법 식 양백삼풍비길지 낭선자 명시

三豊海印亦一理니 海印造化無爲化라 四覽四覽天心化로 不入中邊
삼풍해인역일리 해인조화무위화 사람사람천심화 불입중변

일치마소 七年大旱水垠境에 三豊農事지어보세 十皇兩白弓乙中에
칠년대한수은경 삼풍농사 십황양백궁을중

三極三乾三豊道師 坤三絶化乾三連卦 兩白三豊아올세라.
삼극삼건삼풍도사 곤삼절화건삼련괘 양백삼풍

53

鷄龍論
계룡론

鷄龍俗離之間에는 村村旺氣傳했으며 智異德裕之間에는 谷谷吉運
계룡속리지간 촌촌왕기전 지리덕유지간 곡곡길운

아니던가 智異聽明慧睿者로 德裕之人四覽四覽 坊坊曲曲吉運으로
지리청명혜예자 덕유지인사람사람 방방곡곡길운

死中救生되어나리 日明仙運巽震으로 巽鷄震龍雙木運에 理氣和合
사중구생 일명선운손진 손계진룡쌍목운 이기화합

하고보니 青林道士鷄龍鄭氏 利涉大川木道乃行 天運仙道長男女라
청림도사계룡정씨 이섭대천목도내행 천운선도장남녀

勿思世俗離脫하고 不顧左右前進하자 俗離者生鷄龍入에 仙官仙女
물사세속이탈 불고좌우전진 속리자생계룡입 선관선녀

作配處로 鷄龍白石武器故로 田末弓者田鎌이라 平沙三里福地로서
작배처 계룡백석무기고 전말궁자전겸 평사삼리복지

非山非水傳했으며 人民避兵之方이라 三災不入仙境故로 入壬亂於
비산비수전 인민피병지방 삼재불입선경고 입임란어

朴이라고 十勝之人傳했으니 武陵桃源種桃處가 淨土福地아니던가
박 십승지인전 무릉도원종도처 정토복지

仙道昌運時來故로 鷄龍鄭氏傳했다네 人間滋味幸樂으로 世脫俗離
선도창운시래고 계룡정씨전 인간자미행락 세탈속리

不入死를 理氣靈山十勝運에 地理諸山合當할고 智異德裕非吉地라
불입사 이기영산십승운 지리제산합당 지리덕유비길지

智者豈入傳해었고 鷄龍俗離非吉地라 切忌公州鷄龍일세 李氏將末
지자기입전 계룡속리비길지 절기공주계룡 이씨장말

理氣靈理 移入鷄龍何者인고 青鶴抱卵入于鷄龍 豈有世上之理乎아
이기영리 이입계룡하자 청학포란입우계룡 기유세상지리호

54

松家田
송가전

鄭李問答三秘文을 大綱푸러 이르리라 自古至今末世까지 三數秘
정이문답삼비문 대강 자고지금말세 삼수비

로 마치었네 浮木節木虎運에도 似草不草傳했으며 女人戴禾殺我
부목절목호운 사초불초전 여인대화살아

者로 兵在其中人不矢口 畫虎顧松如松之盛 二才前後從木生을 虎
자 병재기중인불시구 화호고송여송지성 이재전후종목생 호

性在山十八加公 水龍一數當運이라 人口有土殺我理로 重山深谷依
성재산십팔가공 수룡일수당운 인구유토살아리 중산심곡의

松生을 見人猖獗見木卽止 畫犢卽音松下止라.
송생 견인창궐견목즉지 화독즉음송하지

初亂已去再胡亂에 人心幻劫暫間일세 浮土溫土狗運에도 似野不野
초란이거재호란 인심환겁잠간 부토온토구운 사야불야

傳했으며 雨下橫山殺我者로 裏在其中天不矢口 畫狗顧簷家給千兵
전 우하횡산살아자 이재기중천불시구 화구고첨가급천병

兩上左右從土生을 狗性在家豕上加冠 火鼠再數當運이라 重山不利
양상좌우종토생 구성재가시상가관 화서재수당운 중산불리

殺我理로 人口有土樑底生을 見雪猖獗見家卽止 畫犬卽音家下止라.
살아리 인구유토양저생 견설창궐견가즉지 화견즉음가하지

雜杍世上當末運에 不毛之獸丁寧하다 浮金冷金牛運에도 似人不人
잡저세상당말운 불모지수정녕 부금냉금우운 사인불인

傳했으며 小頭無足殺我者로 化在其中鬼不知라 畫牛顧溪奄宅曲阜
전 소두무족살아자 화재기중귀부지 화우고계엄택곡부

一八于八從金生을 牛性在野三人一夕 水兎三數終末일세 六角八
일팔우팔종금생 우성재야삼인일석 수토삼수종말 육각팔

人殺我理로 弓弓十勝天坡生을 見鬼猖獗見野卽止 畫豕卽音道下止라.
인살아리 궁궁십승천파생 견귀창궐견야즉지 화시즉음도하지

風紀紊亂雜揉世上 十勝大道알아보소 易理乾坤循環之中 三變九復
풍기문란잡유세상 십승대도 역리건곤순환지중 삼변구복

도라오네 儒佛仙三理奇妙法 易理로서 出現하니 少男少女先天河
유불선삼이기묘법 역리 출현 소남소녀선천하

圖 羲易理氣造化法에 儒道正明人屬하야 七十二賢咏歌時調 乾南
도 희역이기조화법 유도정명인속 칠십이현영가시조 건남

坤北天八卦로 天地否卦春生之氣 八卦陰陽相配故로 相生之理禮義
곤북천팔괘 천지비괘춘생지기 팔괘음양상배고 상생지리예의

로다 八卦磨鍊羲易法이 四時循環되오므로 胞胎養生春生發芽 衰
팔괘마련희역법 사시순환 포태양생춘생발아 쇠

病死葬不免이요 喜怒哀樂四時循環 一去一來躔次로다.
병사장불면 희노애락사시순환 일거일래전차

先天河圖已去하고 後天洛書到來하니 中男中女後天洛書 周易理氣
선천하도이거 후천낙서도래 중남중녀후천낙서 주역이기

變化法이 佛道正明地屬하야 五百盡漢阿彌陀佛 離南坎北地八卦로
변화법 불도정명지속 오백진한아미타불 이남감북지팔괘

火水未濟夏長之氣 八卦陰陽着亂하야 相生變爲相克이라 八卦磨鍊
화수미제하장지기 팔괘음양착란 상생변위상극 팔괘마련

周易法이 四時動作一般으로 欲帶冠旺夏長之理 衰病死葬如前으로
주역법 사시동작일반 욕대관왕하장지리 쇠병사장여전

溫熱凉寒四時到來 晝夜長短躔次로다.
온열양한사시도래 주야장단전차

後天洛書又已去로 中天印符更來하니 長男長女印符中에 天正易理
후천낙서우이거 중천인부갱래 장남장녀인부중 천정역이

奇造化法이 仙道正明天屬하야 一萬二千十二派로 坤南乾北人之八
기조화법 선도정명천속 일만이천십이파 곤남건북인지팔

卦 地天泰卦人秋期로 八卦陰陽更配合에 相克變爲相生일세 八卦
괘 지천태괘인추기 팔괘음양갱배합 상극변위상생 팔괘

變天正易法이 四時循環永無故로 浴帶冠旺人生秋收 衰病死葬退却
변천정역법 사시순환영무고 욕대관왕인생추수 쇠병사장퇴각

이라 不寒不熱陽春節에 夜變爲晝晝不變을 長女長男仙道法을 四
불한불열양춘절 야변위주주불변 장녀장남선도법 사

時循環無轉故로 胞胎養生올수없고 衰病死葬갈수없네 浴帶冠旺永
시순환무전고 포태양생 쇠병사장 욕대관왕영

春節에 不死消息반가워라 儒佛仙合皇極仙運 手苦悲淚업섯으며
춘절 불사소식 유불선합황극선운 수고비루

衰病死葬一坏黃土 此世上에잇단말가 女上男下鷄龍之運 男女造化
쇠병사장일배황토 차세상 여상남하계룡지운 남녀조화

一般이라.
일반

海印三豊亞米打弖 佛道昌盛 이아닌가 新運紳運更新運에 先後過
해인삼풍아미타불 불도창성 신운신운갱신운 선후과

去中天來라 萬病回春海印大師 病入骨髓無道者를 不死永生시키려
거중천래 만병회춘해인대사 병입골수무도자 부사영생

고 河洛理奇海印妙法 萬世先定隱藏터니 東西各國除外하고 禮義
하락이기해인묘법 만세선정은장 동서각국제외 예의

東方槿花國에 紫霞島로 건너와서 南之朝鮮先定하야 朴活의게 傳
동방근화국 자하도 남지조선선정 박활 전

位하사 無價之寶傳컨마는 氓虫不識不覺하야 倨慢謗姿猜忌嬌心
위 무가지보전 맹충불식불각 거만방자시기교심

坐井觀天知識으로 不顧左右自欺로서 眞理不通彷徨霧中 天地循環
좌정관천지식 불고좌우자기 진리불통방황무중 천지순환

往來하야 運去運來終末日에 不入中動無福者로 未及以死可憐쿠나
왕래 운거운래종말일 불입중동무복자 미급이사가련

海印三豊不覺하고 十勝弓乙獲得하야 須從白兎走靑林은 西氣東來
해인삼풍불각 십승궁을획득 수종백토주청림 서기동래

仙運바더 滿七加三避亂處로 鷄龍白石傳했으나 先後到着秘文法이
선운 만칠가삼피란처 계룡백석전 선후도착비문법

隱頭藏尾混難하야 迭序判端不覺故로 日去月諸不顧로다 泛濫者
은두장미혼란 질서판단불각고 일거월제불고 범람자

는 無味하고 深索者는 有味故로 天藏地秘文秘法이 日月量解되고
무미 심색자 유미고 천장지비문비법 일월양해

보니 靈坮中에 有十勝을 捨近就遠하엿구나.
영대중 유십승 사근취원

龍馬河圖先天儒와 金龜洛書後天佛이 神仙世界도라오니 相克陰陽
용마하도선천유 금귀낙서후천불 신선세계 상극음양

猜忌疾妬 天鷄聲에 除去하고 相生之理無爲化로 奇事異跡出現하
시기질투 천계성 제거 상생지리무위화 기사이적출현

니 日光東方光明世라 발가온다 발가온다 鷄龍無時未久開東 仙運
일광동방광명세 계룡무시미구개동 선운

日月摧捉하니 槿花江山발가온다 비쳐오네 비쳐오네 昏衢長夜朝
일월최촉 근화강산 혼구장야조

鮮땅에 人增壽와 福滿家로 仙國瑞光비쳐온다 萬邦父母權花江山
선 인증수 복만가 선국서광 만방부모근화강산

擇名조타 無窮者라.
택명 무궁자

可憐하다 百姓들아 八鄭七李蜂起時에 預日皆聖出名將에 誰知烏
가련 백성 팔정칠이봉기시 예왈개성출명장 수지오

之雌雄으로 千鷄之中有一鳳에 어느 聖이 眞聖인고 眞聖一人알라
지자웅 천계지중유일봉 성 진성 진성일인

거든 牛聲入中차자들소 陷之死地嘲笑中의 是非만흔 眞人일세 三
우성입중 함지사지조소중 시비 진인 삼

人一夕雙弓十勝 人口有土안잣서라 鷄龍白石勝武器로 山魔海鬼隱
인일석쌍궁십승 인구유토 계룡백석승무기 산마해귀은

藏일세 一心修道眞正者는 海印仙藥바더살소 無所不能海印化로
장 일심수도진정자 해인선약 무소불능해인화

利出渡海變天地를 先後中天海印仙法 長男長女마튼故로 震巽兩木
이출도해변천지 선후중천해인선법 장남장녀 고 진손양목

末世聖이 風雷益卦鷄龍으로 利涉大川木道乃行 天道仙法出現하니
말세성 풍뢰익괘계룡 이섭대천목도내행 천도선법출현

女上男下地天泰로 兩白三豊傳햇다네.
여상남하지천태 양백삼풍전

辰巳聖君正道令이 金剛山精運氣바다 北海道에 孕胎하야 東海島
진사성군정도령 금강산정운기 북해도 잉태 동해도

에 暫沈터니 日出東方鷄鳴聲에 南海島로 건너와서 天授大命指揮
잠침 일출동방계명성 남해도 천수대명지휘

故로 紫霞島에 定座하사 盡心竭力修道中에 寅卯時에 心轉하야
고 자하도 정좌 진심갈력수도중 인묘시 심전

日月山上높이올라 焚香再拜一心으로 天井水에 祝福하고 聖神劒
일월산상 분향재배일심 천정수 축복 성신검

을 獲得守之 丹書用法天符經에 無窮造化 出現하니 天井名은 生
획득수지 단서용법천부경 무궁조화 출현 천정명 생

命水요 天符經은 眞經也며 聖神劒名掃腥塵에 無戰爭이 天下和라
명수 천부경 진경야 성신검명소성진 무전쟁 천하화

在家無日手苦로서 諄諄教化가라치니 天下萬方撓動하야 是是非非
재가무일수고 순순교화 천하만방요동 시시비비

相爭論에 訪道君子先入者들 曰可曰否顧後로다 十年義兵天受大命
상쟁론 방도군자선입자 왈가왈부고후 십년의병천수대명

逆天者는 亡하나니 是是非非모르거든 衆口鉗制有福者라.
역천자 망 시시비비 중구겸제유복자

55

勝運論
승운론

兵事起는 申酉當運 無兵接戰兵事起요 人多死之戌亥當運 魂魄多死
병사기 신유당운 무병접전병사기 인다사지술해당운 혼백다사

人多死 猶未定은 子丑當運 世人不覺猶未定이요 事可知는 寅卯當
인다사 유미정 자축당운 세인불각유미정 사가지 인묘당

運 四海覺知事可知요 聖人出은 辰巳當運 似人不人聖人出이요 樂
운 사해각지사가지 성인출 진사당운 사인불인성인출 낙

堂堂은 午未當運 十人皆勝樂堂堂이요 白虎當亂六年起로 朴活將運
당당 오미당운 십인개승낙당당 백호당란육년기 박활장운

出世하야 死之權勢破碎코자 天下是非일어나니 克己又世忍耐勝은
출세 사지권세파쇄 천하시비 극기우세인내승

永遠無窮大福일세 皇城錦城王宮城에 四十里로 退保定에 塗炭百姓
영원무궁대복 황성금성왕궁성 사십리 퇴보정 도탄백성

拯濟코자 血流落地手苦로다 龍山三月震天罡에 超道士의 獨覺士로
증제 혈류낙지수고 용산삼월진천강 초도사 독각사

須從白兎西白金運 成于東方青林일세 欲識青林道士어든 鷄有四角
수종백토서백금운 성우동방청림 욕식청림도사 계유사각

邦無手라 西中有一鷄一首요 無手邦이 都邑하니 世人苦待救世眞主
방무수 서중유일계일수 무수방 도읍 세인고대구세진주

鄭氏出現不知린가 一鮮成胎四角虧에 三八運氣眞人으로 辰巳午生
정씨출현부지 일선성태사각휴 삼팔운기진인 진사오생

三運바더 三聖一人神明化의 四夷屈服萬邦和요 撫萬邦의帝業昌을
삼운 삼성일인신명화 사이굴복만방화 무만방 제업창

生而學而不知故로 困而知之仙運일세 儒佛道通難得커든 儒佛仙合
생이학이부지고 곤이지지선운 유불도통난득 유불선합

三運通을 有無知者莫論하고 不勞自得될가보냐 四月天의오는聖君
삼운통 유무지자막론 불로자득 사월천 성군

春末夏初分明하다 罪惡打破是非中의 紅桃花를苦待하네 海島眞人
춘말하초분명 죄악타파시비중 홍도화 고대 해도진인

鄭道仁과 紫霞眞主鄭紅桃는 金木合運東西로서 地上仙國創建이라
정도인 자하진주정홍도 금목합운동서 지상선국창건

先出其人後降主로 無事彈琴千年歲라 紅鸞赤霞紫雲江과 武陵仙台
선출기인후강주 무사탄금천년세 홍란적하자운강 무릉선대

桃源境을 八卦六十四爻數로 易理出現紅桃花요 易經靈化變易妙理
도원경 팔괘육십사효수 역리출현홍도화 역경영화변역묘리

鄭道仁을알을세라 天上姓名隱秘之文 人之行路正道也요 五帝中의
정도인 천상성명은비지문 인지행로정도야 오제중

首上仁을 易理속의秘藏文句 不勞自得彼此之間 無知者가알게되면
수상인 역리 비장문구 불로자득피차지간 무지자

勝己厭之此世上에 眞人出世못한다네.
승기염지차세상 진인출세

是故古訣預言論에 隱頭藏尾着亂하야 上下迭序紊亂키로 有智者게
시고고결예언론 은두장미착란 상하질서문란 유지자

傳햇으니 無智者는愼之하라 識者憂患되오리라 天生有姓人間無名
전 무지자 신지 식자우환 천생유성인간무명

鄭氏로만볼수있나 鄭本天上雲中王 再來春日鄭氏王을 無後裔之子
정씨 정본천상운중왕 재래춘일정씨왕 무후예지자

孫으로 血流島中天朝하네 天縱之聖鄭道令은 孑孑單身無配偶라.
손 혈류도중천조 천종지성정도령 혈혈단신무배우

何姓不知天生子로 無父之子傳했으니 鄭氏道令알라거든 馬枋兒只
하성부지천생자 무부지자전 정씨도령 마방아지

問姓하소 鷄龍都邑海島千年 上帝之子無疑하네 雙弓雙乙矢口者生
문성 계룡도읍해도천년 상제지자무의 쌍궁쌍을시구자생

訪道君子不知人가 弓弓之間背弓理로 亞亞倧佛傳했으니 薨怱佳氣
방도군자부지인 궁궁지간배궁리 불아종불전 홍총가기

背占數에 項占出現彌勒化라 落淚血流四海和로 死之征服解寃世라.
배점수 항점출현미륵화 낙루혈류사해화 사지정복해원세

56

桃符神人
도부신인

十勝道靈出世하니 天下是非紛紛이라 克己魔로 十勝變이 不俱者
십승도령출세 천하시비분분 극기마 십승변 불구자

年赤猴로다 松柏之化一人으로 列位萬邦玉無瑕를 世上罪惡擔當코
년적후 송백지화일인 열위만방옥무하 세상죄악담당

자 雙犬言中空城人이 晝夜跪坐望問天의 一心祈禱血淚和라 寃讐
쌍견언중공성인 주야궤좌망문천 일심기도혈루화 원수

惡讐救援코저 粉骨碎身忍耐中의 一天下之登兄弟로 一統和가 되
악수구원 분골쇄신인내중 일천하지등형제 일통화

단말가 末世死運 當한者들 疑心말고 修道하소 乾牛坤馬雙弓理로
말세사운 당 자 의심 수도 건우곤마쌍궁리

地上天使出現하니 見而不識誰可知오 弓弓隱法十勝和라 非山非野
지상천사출현 견이불식수가지 궁궁은법십승화 비산비야

不利水에 天神加護吉星照로 東西運行往來하니 大白金星曉星照라
불리수 천신가호길성조 동서운행왕래 대백금성효성조

伽倻靈室桃源境은 地上仙國稱號로서 最好兩弓木人으로 十八卜術
가야영실도원경 지상선국칭호 최호양궁목인 십팔복술

誕生하니 三聖水源三人之水 羊一口의 又八일세.
탄생 삼성수원삼인지수 양일구 우팔

修道先出容天朴을 世人不知모르거든 天崩地坼素砂立을 十勝人게
수도선출용천박 세인부지 천붕지탁소사립 십승인

問疑하소 萬邦之中避亂處를 萬歲先定하여두고 白面天使黑鼻公子
문의 만방지중피란처 만세선정 백면천사흑비공자

嶺上出人大將으로 三聖一合神人動作으로 任意出入一天下에 石白
영상출인대장 삼성일합신인동작 임의출입일천하 석백

海印天權으로 天下消蕩降魔世를 世人嘲笑譏弄이나 最後勝利弓弓
해인천권 천하소탕강마세 세인조소기롱 최후승리궁궁

일세.

彌勒世尊無量之意 宇宙之尊彌天이요 着金冠의 馬首丹粧飛龍馬의
미륵세존무량지의 우주지존미천 착금관 마수단장비룡마

勒馬로써 儒佛仙運三合一의 天降神馬彌勒일세 馬姓鄭氏天馬오니
늑마 유불선운삼합일 천강신마미륵 마성정씨천마

彌勒世尊稱號로다 天縱大聖鷄龍으로 蓮花世界鄭氏王을 平和相徵
미륵세존칭호 천종대성계룡 연화세계정씨왕 평화상징

橄柿字로 柿謀者生傳했다네 暮春三月龍山으로 四時不變長春世라
감시자 시모자생전 모춘삼월용산 사시불변장춘세

鄭氏國都何處地가 鷄鳴龍叫新都處오 李末之後鄭都地는 清水山下
정씨국도하처지 계명용규신도처 이말지후정도지 청수산하

千年都라 物欲交蔽訪道君子 井中之蛙智識으로 天鷄龍은 不覺하
천년도 물욕교폐방도군자 정중지와지식 천계룡 불각

고 地鷄龍만 찾단말가.
지계룡

弓弓乙乙修道人이 運去運來循還也니 天鷄龍을 先覺後에 地鷄龍
궁궁을을수도인 운거운래순환야 천계룡 선각후 지계룡

은 再尋處라 天十勝을 先覺後에 地十勝은 再尋地, 天兩白을 先
재심처 천십승 선각후 지십승 재심지 천양백 선

覺後에 地兩白은 後尋處, 天三豊을 先覺後에 地三豊은 後尋處,
각후 지양백 후심처 천삼풍 선각후 지삼풍 후심처

天弓弓을 先覺後에 地弓弓은 後尋處, 天理田田 先覺後에 地田田
천궁궁 선각후 지궁궁 후심처 천리전전 선각후 지전전

은 後尋處, 天石井을 先覺後에 地石井은 後尋處, 天耕農을 先作
후심처 천석정 선각후 지석정 후심처 천경농 선작

後에 地耕農은 後作하라, 天農穀은 不飢穀이요 地農穀은 餓死穀
후 지경농 후작 천농곡 불기곡 지농곡 아사곡

을 天陽地陰丁寧커늘 鬼神陰陽不判할가.
천양지음정녕 귀신음양불판

天金剛과 地金剛이 陰陽兩端갈라있고 山金剛과 海金剛이 鬼神兩
천금강 지금강 음양양단 산금강 해금강 귀신양

端갈라거든 一心修道弓弓人들 十字陰陽判端하소 天神地鬼分明하
단 일심수도궁궁인 십자음양판단 천신지귀분명

고 男尊女卑分明커든 天地理氣엇지하여 反覆稱號뜻을아노 神鬼
남존여비분명 천지이기 반복칭호 신귀

라고 아니하고 鬼神이라 稱號이요 外內라고 아니하고 內外라고
귀신 칭호 외내 내외

엇지하노.

天地相爭混沌時에 天神負이 地鬼勝을 此然由로 因하야서 勝利者
천지상쟁혼돈시 천신부 지귀승 차연유 인 승리자

의 노름으로 天地反覆할일업서 地上權을 일엇다네 鬼神世上되
천지반복 지상권 귀신세상

었으니 神鬼라고 할수업고 男陽女陰分明치만 陰鬼發動 此世故로
신귀 남양여음분명 음귀발동 차세고

男負女勝奪權으로 鬼勝神負할일없어 陽陰이라 못하고서 陰陽으
남부여승탈권 귀승신부 양음 음양

로 되었으며 男外女內分明치만 內外라고 稱號로세 陰盛陽衰되옴
남외여내분명 내외 칭호 음성양쇠

으로 掀天魔勢死之權을 이러므로 因하야서 先奪十字鬼勢오니 先
혼천마세사지권 인 선탈십자귀세 선

入者는 陰氣바다 從鬼者가 될것이요 中入者는 陽氣바다 從神者
입자 음기 종귀자 중입자 양기 종신자

가 될것이니 八陰先動愼之하고 三陽中動찾아들소.
팔음선동신지 삼양중동

三陽神은 三神이요 八陰鬼는 八魔라 先動修道陰十字요 中動修道
삼양신 삼신 팔음귀 팔마 선동수도음십자 중동수도

陽十勝을 陰鬼十은 黑十字요 陽神十은 白十勝을 陰陽分解모르고
양십승 음귀십 흑십자 양신십 백십승 음양분해

서 十勝仙道찾을소냐 淸水名山蓮花台의 十二穴脈蓮穴로써 十二
십승선도 청수명산연화대 십이혈맥연혈 십이

神人先定後에 各率一萬二千數를 七寶之中玉蓮發이 大聖君子二尊
신인선정후 각솔일만이천수 칠보지중옥련발 대성군자이존

士로 靑雲東風久盡悲에 兩木合一靑林일세 奇岩怪石雲消峯에 峯
사 청운동풍구진비 양목합일청림 기암괴석운소봉 봉

峯에 燈燭달고 昏衢長夜밝혀주니 日月無光不夜城에 十二神人蓮
봉 등촉 혼구장야 일월무광불야성 십이신인연

花台上 空中樓閣寶玉殿에 雲霧屛風靈理化의 雲梯乘天白玉樓를
화대상 공중누각보옥전 운무병풍영리화 운제승천백옥루

倒山移海海印用事 任意用之往來하며 無爲理化自然으로 白髮老嫗
도산이해해인용사 임의용지왕래 무위이화자연 백발노구

無用者가 仙風道骨更少年에 二八青春妙한態度 不老不衰永春化로
무용자 선풍도골갱소년 이팔청춘묘 태도 불로불쇠영춘화

極樂長春一夢인가 病入骨髓不具者가 北邙山川閑臥人도 死者回春
극락장춘일몽 병입골수불구자 북망산천한와인 사자회춘

甦生하니 不可思議海印일세.
소생 불가사의해인

六年修道通理說로 來世分明傳했으니 極樂論에 琉璃世界 蓮花台
육년수도통리설 내세분명전 극락론 유리세계 연화대

上일렀으니 三百修道通理說로 克己死亡傳했으니 逆天逆理脫劫重
상 삼백수도통리설 극기사망전 역천역리탈겁중

生 永生論을 傳했으나 上古先知預言論을 어느누가 信任했노 中
생 영생론 전 상고선지예언론 신임 중

興國의 大和門은 始自子丑至戌亥로 十二玉門大開하고 十二帝國
흥국 대화문 시자자축지술해 십이옥문대개 십이제국

朝貢일세 華城漢陽松京까지 寶物倉庫쌓였으니 造築金剛石彫城은
조공 화성한양송경 보물창고 조축금강석조성

夜光珠로 端粧하니 鷄龍金城燦爛하야 日無光이 無晝夜를 城内中
야광주 단장 계룡금성찬란 일무광 무주야 성내중

央大十勝에 四維十勝列位하니 利在田田秘文으로 田之又田田田일
앙대십승 사유십승열위 이재전전비문 전지우전전전

세 一百四十四時高城 忠信義士入金城에 彈琴聲이 藉藉하니 不知
일백사십사시고성 충신의사입금성 탄금성 자자 부지

歲月何甲子고 東西金木相合之運 地上仙國福地로서 開闢以後初有
세월하갑자 동서금목상합지운 지상선국복지 개벽이후초유

之時 前無後之長春世라.
지시 전무후지장춘세

天上玉京弩弓火를 橄樹油에 불을켜서 弓乙仙人相逢하야 不死消
천상옥경노궁화 감수유 궁을선인상봉 불사소

息다시듯고 風浪波濤빠진百姓 生命線路건질적에 紛骨碎身될지라
식 풍랑파도 백성 생명선로 분골쇄신

도 不遠千里멀다마소 亞宮裏를 先察하야 仙源宮을 急히차자 三
불원천리 아궁리 선찰 선원궁 급 삼

峯山下半月船을 銘心不忘 急히타소.
봉산하반월선 명심불망 급

57

聖運論
성운론

때되었네 仙運와서 天上諸仙出世하니 三之諸葛八韓信이 三八青
선운 천상제선출세 삼지제갈팔한신 삼팔청

林運氣바더 十勝大王 우리聖主 兩白聖人나오시고 彌勒世尊三神
림운기 십승대왕 성주 양백성인 미륵세존삼신

大王 三豊道師出現하고 西氣東來白虎運에 青林道士나오시고 木
대왕 삼풍도사출현 서기동래백호운 청림도사 목

兎再生鄭姓으로 血流道中 우리聖師 鷄龍三月震天罡에 三碧眞人
토재생정성 혈류도중 성사 계룡삼월진천강 삼벽진인

나오시고 金鳩木兎雙弓理로 三八之木仙運바다 四綠徵破四月天의
금구목토쌍궁리 삼팔지목선운 사록징파사월천

東方一人出世하고 小木多積萬姓處에 市場木이 得運하야 白面天
동방일인출세 소목다적만성처 시장목 득운 백면천

使黑鼻將軍 執衡按察人心和로 心中善惡判端하니 毫釐不差隱諱할
사흑비장군 집형안찰인심화 심중선악판단 호리불차은휘

가 甘露如雨寶惠大師 正道靈이 飛出하야 雷聲霹靂電閃迅에 一次
감로여우보혜대사 정도령 비출 뇌성벽력전섬신 일차

二次再三次로 紫霞黃霧火燃中에 救世主가 降臨하니 三八數定諸
이차재삼차 자하황무화연중 구세주 강림 삼팔수정제

神明이 各率神兵摠合하야 儒道更正仙儒佛로 天下文明始於艮에
신명 각솔신병총합 유도갱정선유불 천하문명시어간

禮義東方湖南으로 人王四維全羅道를 道通天地無形外라 三人一夕
예의동방호남 인왕사유전라도 도통천지무형외 삼인일석

脫劫일세 天文術數從何處고 黃房杜禹出沒時라 一心和合是非眞人
탈겁 천문술수종하처 황방두우출몰시 일심화합시비진인

末復合一眞人일세 訪道君子修道人아 地鷄龍만 찾단말가 寒心하
말복합일진인 방도군자수도인 지계룡 한심

다 世上事여 死末生初此時로다 陽來陰退仙運에는 白寶座의 神判
세상사 사말생초차시 양래음퇴선운 백보좌 신판

이라 非禮勿視非禮勿聽 行住坐臥端正하소 先聖預言明示하라 逆
비례물시비례물청 행주좌와단정 선성예언명시 역

天者는 亡하리라 陰陽木田鷄水邊의 脫退冠家二十日草 愛好者는
천자 망 음양목전계수변 탈퇴관가이십일초 애호자

亡하나니 末世君子銘心하소 無勿不食過去事요 食不食의 來運事
망 말세군자명심 무물불식과거사 식불식 내운사

라 從鬼者는 負戌水火 眞逆者는 禾千里라 送旧迎新此時代에 天
종귀자 부술수화 진역자 화천리 송구영신차시대 천

下萬物忽變化로 天增歲月人增壽요 春滿乾坤福滿家에 願得三山不
하만물홀변화 천증세월인증수 춘만건곤복만가 원득삼산불

老草와 拜獻高堂鶴髮親에 堂上父母千年壽요 膝下子孫萬歲榮을
로초 배헌고당학발친 당상부모천년수 슬하자손만세영

立春大吉傳했으나 建陽多慶모르리라 惡化爲善 되는日에 天受大
입춘대길전 건양다경 악화위선 일 천수대

命立春일세 老少男女上下階級 有無識을 莫論하고 生命路에 喜消
명입춘 노소남녀상하계급 유무식 막론 생명로 희소

息을 不遠千里傳하올제 自一傳十十傳百과 百傳千에 千傳萬을 天
식 불원천리전 자일전십십전백 백전천 천전만 천

下人民 다傳하면 永遠無窮榮光일세 肇乙矢口十方勝地 擧手頭足
하인민 전 영원무궁영광 조을시구십방승지 거수두족

天呼萬歲.
천호만세

58

末初歌
말초가

隆四七月李花落에 白狗身이 蟬鳴時요 尺山度地三角天에 分州合
융사칠월이화락 백구신 선명시 척산도지삼각천 분주합

郡處處로다 非僧非俗哀此物이 無君無父何處生고 燭坮바지短衫으
군처처 비승비속애차물 무군무부하처생 촉대 단삼

로 似人不人볼수업네 頹敗倫常하고보니 旧學撤蔽新樹立을 無面
사인불인 퇴패윤상 구학철폐신수립 무면

相語萬國語는 金絲千里人言來요 東北千里鐵馬行은 三層畫閣人坐
상어만국어 금사천리인언래 동북천리철마행 삼층화각인좌

去라 空中行船風雲睫은 赤旗如雨白鶴飛라 三十六年無主民이 皆
거 공중행선풍운첩 적기여우백학비 삼십육년무주민 개

爲僧孫不知佛을 日本東出西山沒에 日中之變及於世界 午未生光
위승손부지불 일본동출서산몰 일중지변급어세계 오미생광

申酉移로 日色發光日暮昏을 青鷄一聲半田落이 委人歸根落望故로
신유이 일색발광일모혼 청계일성반전락 위인귀근낙망고

兩人相對河橋泣에 牽牛織女相別일세 女人戴禾猴兎歸로 六六運去
양인상대하교읍 견우직녀상별 여인대화후토귀 육육운거

乾坤定에 乙矢口나 槿花江山留支함이 天運일세 朝鮮民族生日로
건곤정 을시구 근화강산유지 천운 조선민족생일

서 天呼萬歲處處起세 正當之事人道연만 人人相伴暗殺陰謀 上下
천호만세처처기 정당지사인도 인인상반암살음모 상하

反覆不法盛에 足反居上非運으로 智將勇退登畔閣에 富不謀身沒貨
반복불법성 족반거상비운 지장용퇴등반각 부불모신몰화

泉을 當世欲知生話計댄 速圖二十八分前을 白虎三望世混沌에 三
천 당세욕지생화계 속도이십팔분전 백호삼망세혼돈 삼

月三時何知人고 八金山下安心地는 虎患不犯傳했다네 人心洶洶患
월삼시하지인 팔금산하안심지 호환불범전 인심흉흉환

亂中에 米穀大豊여기저기 驚惶人心安定하소 虛榮心에 精神가면
란중 미곡대풍 경황인심안정 허영심 정신

日去月諸길을수록 本心찾기 어렵도다 百梳猶留餘生虱에 莫作群
일거월제 본심 백소유류여생슬 막작군

中最大名을 白狗六六青鷄喜聲 鷄三三後黑蛇運에 朝輝光을 모르
중최대명 백구육육청계희성 계삼삼후흑사운 조휘광

거든 日月明을 알을세라 白羊依水未越卯止 子商孫讀運이왔네.
일월명 백양의수미월묘지 자상손독운

青鷄一聲喜消息에 南渡困龍無政治事 新增李氏十二年에 流水聲中
청계일성희소식 남도곤룡무정치사 신증이씨십이년 유수성중

人何生가 天地運數定理法이 暫時暫間循環故로 分列三方朝得暮失
인하생 천지운수정리법 잠시잠간순환고 분열삼방조득모실

貪祿旧臣從幾人고 可憐今日王孫子는 困龍之後代續으로 花開二十
탐록구신종기인 가련금일왕손자 곤룡지후대속 화개이십

又二春을 法모르고 解得할고 二十二春모르거든 卄二眞人覺知하
우이춘 법 해득 이십이춘 공이진인각지

소 老鼠爭龍木子退로 隱然自出牛尾入을 張趙二姓自中亂에 庚辰
노서쟁룡목자퇴 은연자출우미입 장조이성자중란 경진

辛巳傳했으니 此後之事逆獄蔓延 慶全蹶起先發되어 馬山風雨自南
신사전 차후지사역옥만연 경전궐기선발 마산풍우자남

來로 熊澤魚龍從此去라 坊坊曲曲能坊曲이요 是是非非足是非라
래 웅택어룡종차거 방방곡곡능방곡 시시비비족시비

合해보세 天干地支 四九子丑아니던가 四九辰巳革新으로 三軍熢
합 천간지지 사구자축 사구진사혁신 삼군봉

火城遇賊을 軍政錯難衆口鉗制 口是禍門滅身斧라 善法이면 好運
화성우적 군정착란중구겸제 구시화문멸신부 선법 호운

時요 不法이면 惡運時라 末世出人攝政君들 當當正正일치마소 阿
시 불법 악운시 말세출인섭정군 당당정정 아

差한번 失法하면 自身滅亡敗家로서 全世大亂飛相火로 天下人民
차 실법 자신멸망패가 전세대란비상화 천하인민

滅亡일세.
멸망

59

末中運
말중운

欲識推算末世事댄 兩人相爭長弓射요 二十九日疾走者는 仰天痛哭
욕식추산말세사 양인상쟁장궁사 이십구일질주자 앙천통곡

怨無心을 失路彷徨人民들아 趙張났다 絶斷일세 訪道君子修道人
원무심 실로방황인민 조장 절단 방도군자수도인

들 高張났네 避亂가자 不知時勢蒼生들아 時運不幸疾亂일세 處處
고장 피란 부지시세창생 시운불행질란 처처

蜂起假鄭들아 節不知而發動이라 白面天使不覺故로 所不如意絶望
봉기가정 절부지이발동 백면천사불각고 소불여의절망

일세 黑鼻將軍扶李事로 刈棘反復開運이라 伐李之斧天運으로 逆
흑비장군부이사 예극반복개운 벌리지부천운 역

天者는 갈길없다 死人失衣暗暗理로 怨無心을 所望이요 惡善者亡
천자 사인실의암암리 원무심 소망 오선자망

憎聖者滅 害聖者는 不生이라 長弓勝敗白金鼠牛 中入正當되오리
증성자멸 해성자 불생 장궁승패백금서우 중입정당

니 失路彷徨不去하고 不失中動차자들소 辛臘壬三退却하면 幸之
실로방황불거 불실중동 신랍임삼퇴각 행지

幸運僥倖일세 呼來逐出眞人用法 海印造化任意라네.
행운요행 호래축출진인용법 해인조화임의

先天秘訣篤信마소 鄭僉知는 虛僉只라 從風已去사라지고 天下諸
선천비결독신 정첨지 허첨지 종풍이거 천하제

聖靈神合에 蓮花台上神明世界 正道靈이 오신다네 都是天運不避
성영신합 연화대상신명세계 정도령 도시천운불피

오니 生命路를 찾을세라 鄭堪預言元文中에 利在田田弓弓乙乙 落
생명로 정감예언원문중 이재전전궁궁을을 낙

盤四乳알었던가 可解하니 十勝道靈 畫牛顧溪 道下止를 奄宅曲阜
반사유 가해 십승도령 화우고계 도하지 엄택곡부

傳했지만 自古前來儒士들이 可解者가 幾人인고 道下知를 解文하
전 자고전래유사 가해자 기인 도하지 해문

니 覺者들은 銘心하소.
각자 명심

先知人惠無心村에 有十人이 全消하고 次知丁目雙頭角에 三人卜
선지인혜무심촌 유십인 전소 차지정목쌍두각 삼인복

術知識으로 三知人間千人口로 以着冠을 自覺하면 弓乙田田道下
술지식 삼지인간천인구 이착관 자각 궁을전전도하

知가 分明無疑十勝일세 吉星所照入居生活 終爲公卿子孫으로 無
지 분명무의십승 길성소조입거생활 종위공경자손 무

病長壽安心處를 아니찾고 어디갈고 無誠無知難得處로 百無一人
병장수안심처 무성무지난득처 백무일인

保生者라 非山非野仁富之間 弓弓吉地傳했지만 小木多積萬姓處를
보생자 비산비야인부지간 궁궁길지전 소목다적만성처

無德之人獲得하랴 天路一坼天鼓再鳴 呼甲聲이들려온다 時運時運
무덕지인획득 천로일탁천고재명 호갑성 시운시운

時運이라 中入時末分明쿠나 黑虎以前中入之運 訪道者게 傳했으
시운 중입시말분명 흑호이전중입지운 방도자 전

나 不散其財富饒人과 不退其地高貴들이 時勢不覺不入으로 下愚
불산기재부요인 불퇴기지고귀 시세불각불입 하우

不已後從하니 氓虫人民殺我者는 富饒貴權아니든가 富貴財産掀天
불이후종 맹충인민살아자 부요귀권 부귀재산흔천

勢로 活人積德못하고서 自己自欺不覺하야 人命殺害네로구나 來
세 활인적덕 자기자기불각 인명살해 내

日모레두고봐라 天地反覆運來하면 善惡兩端되는날에 何意謀로
일 천지반복운래 선악양단 하의모

堪當할고 天神下降終末日에 岩隙彷徨네로구나 張氏唱義北先變에
감당 천신하강종말일 암극방황 장씨창의북선변

白眉作亂三國鼎峙 五卯一乞末版運에 卯辰之年運發하리 漢陽之末
백미작란삼국정치 오묘일걸말판운 묘진지년운발 한양지말

張氏亂後 金水火之三姓國을 太白山下三姓後에 鄭氏奪合鷄龍일세
장씨난후 금수화지삼성국 태백산하삼성후 정씨탈합계룡

青龍黃道大開年이 王氣浮來太乙船을 靑槐滿庭之月이요 白楊無芽
청룡황도대개년 왕기부래태을선 청괴만정지월 백양무아

之日이라 青龍之歲利在弓弓 白馬之月利在乙乙 黑虎證河圖立이면
지일 청룡지세이재궁궁 백마지월이재을을 흑호증하도립

青龍濟和元年이라 無窮辰巳好運으로 三日兵火萬國統合 四十五宮
청룡제화원년 무궁진사호운 삼일병화만국통합 사십오궁

春秋壽는 億萬年之經過로서 死之征服永生者는 脫劫重生修道者라
춘추수 억만년지경과 사지정복영생자 탈겁중생수도자

忠信義士入金城에 眞珠門이 玲瓏일세 蓬萊水溢吉地라고 長沙之
충신의사입금성 진주문 영롱 봉래수일길지 장사지

谷淸水山下 蓮花坮上千年歲에 穀種三豊알리로다 好運이면 適合
곡청수산하 연화대상천년세 곡종삼풍 호운 적합

이요 非運이면 不幸이라 隨時多變되오리니 絶對預定될수없네 兩
비운 불행 수시다변 절대예정 양

虎三八大開之運 清兵三萬再入亂에 黑雲滿天呼哭聲中 自相踐踏可
호삼팔대개지운 청병삼만재입란 흑운만천호곡성중 자상천답가

憐하다 先渡洛東初入之亂 八金山下避亂地로 無渡錦江再入之亂
련 선도낙동초입지란 팔금산하피란지 무도금강재입지란

人口有土安心處요 無渡漢水三入之亂 十勝之地避亂處로 三數論을
인구유토안심처 무도한수삼입지란 십승지지피란처 삼수론

磨鍊하니 好運所謂이름이라 非運이면 狼狽오니 修道先入天民들
마련 호운소위 비운 낭패 수도선입천민

아 不撤晝夜哀痛하며 一心祈禱退却하소 肇判以後初有大亂 無古
불철주야애통 일심기도퇴각 조판이후초유대란 무고

今의 大天災나 擇善者를 위하여서 大患亂이 減除되지 好運受人
금 대천재 택선자 대환란 감제 호운수인

人心和면 百祖一孫退去로써 鼠女隱日隱藏하니 三床後臥사라지고
인심화 백조일손퇴거 서여은일은장 삼상후와

修道天民一心和면 三豊之穀豊滿故로 辛臘壬三虛事되니 百祖三孫
수도천민일심화 삼풍지곡풍만고 신랍임삼허사 백조삼손

虛送하고 壬臘癸三運이오면 百祖十孫好運으로 見不牛이 奄麻牛聲
허송 임랍계삼운 백조십손호운 견불우 엄마우성

天下萬方遍滿하야 勝利凱歌雲霄高에 오는風波十日之亂 一天下之
천하만방편만 승리개가운소고 풍파십일지란 일천하지

天心和로 十日之亂不俱로서 世上征服하고보니 青龍白馬三日亂에
천심화 십일지란불구 세상정복 청룡백마삼일란

龍蛇交爭好運으로 十祖一孫되올것을 彼此之間不利로써 聖壽何短
용사교쟁호운 십조일손 피차지간불리 성수하단

不幸으로 天火飛落燒人間에 十里一人難覓이라 十室之內無一人에
불행 천화비락소인간 십리일인난멱 십실지내무일인

一境之内亦無一人 二尊士로 得運하니 鄭氏再生알리로다 白馬公
일경지내역무일인 이존사 득운 정씨재생 백마공

子得運으로 白馬場이 이름인고 白馬乘人後從者는 仙官仙女天軍
자득운 백마장 백마승인후종자 선관선녀천군

이라 鐵馬三千自天來는 鳥衣鳥冠走東西를 六角千山鳥飛絶에 八
철마삼천자천래 조의조관주동서 육각천산조비절 팔

人萬逕人跡滅을 嗟呼萬山一男이요 哀哉千山九女로다 小頭無足
인만경인적멸 차호만산일남 애재천산구녀 소두무족

飛火落에 千祖一孫極悲運을 怪氣陰毒重病死로 哭聲相接末世로다
비화락 천조일손극비운 괴기음독중병사 곡성상접말세

無名急疾天降灾에 水昇火降모르오니 積尸如山毒疾死로 塡於溝壑
무명급질천강재 수승화강 적시여산독질사 전어구학

無道理에 努鼓喊聲混沌中에 修道者도할일업서 五運六氣虛事되니
무도리 노고함성혼돈중 수도자 오운육기허사

平生修道所望없네 水昇火降不覺者는 修道者가 아니로세 多誦眞
평생수도소망 수승화강불각자 수도자 다송진

經念佛하며 水昇火降알아보소 無所不通水昇火降 兵凶疾에 다通
경염불 수승화강 무소불통수승화강 병흉질 통

하니 石井嵬를 모르므로 靈泉水를 不尋이요 心泉顧溪모르므로
석정외 영천수 불심 심천고계

地上顧溪찾단말가 水昇火降不覺하니 石井坤을 엇지알며 石井嵬
지상고계 수승화강불각 석정곤 석정외

를 不覺하니 寺畓七斗엇지알며 寺畓七斗不覺하니 一馬上下엇지
불각 사답칠두 사답칠두불각 일마상하

알며 馬上下路不覺하니 弓弓乙乙엇지알며 弓弓乙乙不覺하니 白
마상하로불각 궁궁을을 궁궁을을불각 백

十勝을 엇지알며 白十勝을 不覺하니 弫亞倧佛엇지알며 弫亞倧佛
십승 백십승 불각 불아종불 불아종불

不覺하니 鷄龍鄭氏엇지알며 鷄龍鄭氏不覺하니 白石妙理엇지알며
불각 계룡정씨 계룡정씨불각 백석묘리

白石妙理不覺하니 穀種三豊엇지알며 穀種三豊不覺하니 兩白聖人
백석묘리불각 곡종삼풍 곡종삼풍불각 양백성인

엇지알며 兩白聖人不覺하니 儒佛仙合엇지알며 儒佛仙合不覺하
양백성인불각 유불선합 유불선합불각

니 脫劫重生엇지알며 脫劫重生不覺이면 鄭道令을 알었으랴.
탈겁중생 탈겁중생불각 정도령

非鄭爲鄭非犯氏요 非趙爲趙非王氏라 鄭趙犯王易理王을 易數推算
비정위정비범씨 비조위조비왕씨 정조범왕역리왕 역수추산

알아보소 河洛圖書九宮加一 仙源十勝아오리라 一心正道修身하면
하락도서구궁가일 선원십승 일심정도수신

水昇火降四覽四覽 耳目口鼻身手淨에 毫釐不差無欠으로 天賊之姓
수승화강사람사람 이목구비신수정 호리불차무흠 천적지성

好生之德 多誦眞經活人說에 博愛萬物慈悲之心 愛憐如己내몸같이
호생지덕 다송진경활인설 박애만물자비지심 애련여기

天眞스런 婦女子가 너도나도 되자구나.
천진 부녀자

60

甲乙歌
갑을가

伽倻伽倻趙氏伽倻 鷄龍伽倻聖室伽倻 靈室伽倻困困立에 困而知之
가야가야조씨가야 계룡가야성실가야 영실가야곤곤립 곤이지지

女子運을 女子女子非女子 男子男子非男子라 弓矢弓矢竹矢來 九
여자운 여자여자비여자 남자남자비남자 궁시궁시죽시래 구

死一生女子佛 何年何月何日運 是非風波處處時 避亂之方何意謀
사일생여자불 하년하월하일운 시비풍파처처시 피란지방하의모

默默不答不休事 甲乙相隔龍蛇爭 雲中茅屋雲 高霄時乎時乎不再來
묵묵부답불휴사 갑을상격용사쟁 운중모옥운 고소시호시호부재래

忍耐忍耐又忍耐 甲乙龍蛇已過後 時乎時乎男子時 百祖一孫男子運
인내인내우인내 갑을용사이과후 시호시호남자시 백조일손남자운

百祖十孫女子運 天崩地坼白沙立 靈室伽倻女子時 不然不然非女子
백조십손여자운 천붕지탁백사립 영실가야여자시 불연불연비여자

女子中出男子運 女子出世矢口知 女子運數鳥乙矢口 當運出世謀謀
여자중출남자운 여자출세시구지 여자운수조을시구 당운출세모모

人 運數時來善事業 甲乙已過前事業 不然以後狼狽時 一字縱橫十
인 운수시래선사업 갑을이과전사업 불연이후낭패시 일자종횡십

勝運 鷄龍出世伽倻知 一字縱橫六一出 自身滿滿不成事.
승운 계룡출세가야지 일자종횡육일출 자신만만불성사

衆人寶金一脫世 非善事業可憐好 暗暗成事大事業 時至不知無所望
중인보금일탈세 비선사업가련호 암암성사대사업 시지부지무소망

風風雨雨紛紛雪 甲乙當運勝敗時 八陰先動失情心 三陽中動還本心
풍풍우우분분설 갑을당운승패시 팔음선동실정심 삼양중동환본심

好事多魔同僚輩 遲速爭鬪是是非 速人謀事非女子 遲人謀事非男子
호사다마동료배 지속쟁투시시비 속인모사비여자 지인모사비남자

彼此之間聖事業 遲速關係各意思 遲謀者生百祖十孫 速謀者生百祖
피차지간성사업 지속관계각의사 지모자생백조십손 속모자생백조

一孫 遲謀事業鷄龍閣 速謀事業旬山屋 一字縱橫鷄龍殿 鷄龍山上
일손 지모사업계룡각 속모사업순산옥 일자종횡계룡전 계룡산상

伽倻閣 甲乙當運矢口知 旬山牛腹此後論 俗離山上旬山城 龍蛇當
가야각 갑을당운시구지 순산우복차후론 속리산상순산성 용사당

運不失時 智異靑鶴誰可知 俗離牛腹不失時 遲速兩端生死判 遲速
운불실시 지리청학수가지 속리우복불실시 지속양단생사판 지속

生死時不知 欲速不達男子運 遲遲徐行女子運 女子受運多人和 男
생사시부지 욕속부달남자운 지지서행여자운 여자수운다인화 남

子受運小人和 遲人成事鷄龍立 速人成事旬山仆 鷄龍建立非紫霞
자수운소인화 지인성사계룡립 속인성사순산부 계룡건립비자하

俗離建立紫霞島 平沙鷄龍再建屋 夜泊千艘仁富間 三都幷立積倉庫
속리건립자하도 평사계룡재건옥 야박천소인부간 삼도병립적창고

世世人人得生運 靈魂革命再建朴 漢水灘露三處朴 森林出世天數朴
세세인인득생운 영혼혁명재건박 한수탄로삼처박 삼림출세천수박

三處朴運誰可知 柿從者生次出朴 天子乃嘉鷄龍朴 世人不知鄭變朴
삼처박운수가지 시종자생차출박 천자내가계룡박 세인부지정변박

鄭道令之降島山 迅速降出俗離山 先入者死速降運 遲速徐行降鄭山
정도령지강도산 신속강출속리산 선입자사속강운 지속서행강정산

先中末運三生運 好事多魔忍不耐 三生得運誰可知 孼離矢口節矢口
선중말운삼생운 호사다마인불내 삼생득운수가지 얼리시구절시구

孼蛇登登迺思嶺 先入十勝行事權 勢不得已墮落者 先入者反男子運
얼사등등내사령 선입십승행사권 세부득이타락자 선입자반남자운

中入者生女子運 先入者還混亂時 後入者死分明知 中入者生忍耐勝
중입자생여자운 선입자환혼란시 후입자사분명지 중입자생인내승

先入者落耐忍勝 矢矢不顧忍耐勝 衆口不答克己世 甲乙當運回來時
선입자락내인승 시시불고인내승 중구부답극기세 갑을당운회래시

先入脫權墮落生 有口無言人人啞 先動者反中入運 時至不知無知者
선입탈권타락생 유구무언인인아 선동자반중입운 시지부지무지자

後悔莫及可憐生 節不知而先入者 世界萬民殺害者 殺害人生先入者
후회막급가련생 절부지이선입자 세계만민살해자 살해인생선입자

所望斷望何望入 物欲交敝目死者 非先入者可憐誰.
소망단망하망입 물욕교폐목사자 비선입자가련수

庚子閣蔽甲乙立 亞裡嶺有停車場 苦待苦待多情任 亞亞裡嶺何何嶺
경자각폐갑을립 아리령유정거장 고대고대다정임 아아리령하하령

極難極難去難嶺 亞裡亞裡亞裡嶺 亞裡嶺閣停車場 鷄龍山上甲乙閣
극난극난거난령 아리아리아리령 아리령각정거장 계룡산상갑을각

俗離山上鷄龍閣 乙矢口耶 所望所望 人間生死甲乙耶 生死結定龍
속리산상계룡각 을시구야 소망소망 인간생사갑을야 생사결정용

蛇知 甲乙當運出世人 敍者亡而屈者生 自己嬌慢滅身斧 危險千萬
사지 갑을당운출세인 서자망이굴자생 자기교만멸신부 위험천만

十字立 人人敍敍自身亡 去嬌慢心揚立身 屈之屈之人人屈 名振四
십자립 인인서서자신망 거교만심양입신 굴지굴지인인굴 명진사

海十字立 甲乙當運不失時 愼之愼之又愼之 再建再建又再建 四海
해십자립 갑을당운불실시 신지신지우신지 재건재건우재건 사해

八方人人活 十字立而重大事 衆人寶金相議成 暗暗謀事再建人 十
팔방인인활 십자립이중대사 중인보금상의성 암암모사재건인 십

八卜術立耶傳 兩人謀事勝敗知 四九金風庚辛運 三八木人甲乙起
팔복술입야전 양인모사승패지 사구금풍경신운 삼팔목인갑을기

時乎時乎不再來 時來甲乙出世者 銘心不忘愼愼事 高山漸白甲乙運
시호시호부재래 시래갑을출세자 명심불망신신사 고산점백갑을운

寅卯始形計劃一 死者廻生此事業 無碍是非先進耶 刈莿刈莿忍耐中
인묘시형계획일 사자회생차사업 무애시비선진야 예자예자인내중

右爾事業完成就.
우이사업완성취

世事熊熊思 我心蜂蜂戰 修道先入墮落者 國家興亡如草芥 倒一正
세사웅웅사 아심봉봉전 수도선입타락자 국가흥망여초개 도일정

一六一數 易數不通我不知 世上事業有先後 先覺虛榮虛榮歸 足前
일육일수 역수불통아부지 세상사업유선후 선각허영허영귀 족전

之火甲乙運 寸陰是競邁流世 一思狼狽三深思 意先覺事甲乙閣 暗
지화갑을운 촌음시경매류세 일사낭패삼심사 의선각사갑을각 암

暗謀事思數年 人人成事養成立 哲學科學研究者 一朝一夕退去日
암모사사수년 인인성사양성립 철학과학연구자 일조일석퇴거일

疑問解決落心思 如狂如醉虛榮心 世上萬事細細察 眞虛夢事去無跡
의문해결낙심사 여광여취허영심 세상만사세세찰 진허몽사거무적

高坮廣室前玉畓 空手來世空手去 人生一死不歸客 一坯黃土歸可憐
고대광실전옥답 공수래세공수거 인생일사불귀객 일배황토귀가련

此事彼事亡世事 前進前進新建屋 心欲花花守 言何草草爲 鷄龍山
차사피사망세사 전진전진신건옥 심욕화화수 언하초초위 계룡산

上甲乙閣 重大責任六十一 六十一歲三五運 名振四海誰可知 鷄龍
상갑을각 중대책임육십일 육십일세삼오운 명진사해수가지 계룡

山上甲乙閣 紫霞貫日火虹天 六十一歲始作立 走肖杜牛自癸來 左
산상갑을각 자하관일화홍천 육십일세시작립 주초두우자계래 좌

衝右突輔眞主 所向無敵東西伐 沙中紛賊今安在 落落天賜劍頭風
충우돌보진주 소향무적동서벌 사중분적금안재 낙락천사검두풍

天門開戶進奠邑 地闢草出退李亡 人皆弓弓去 我亦矢矢來 先天次
천문개호진전읍 지벽초출퇴이망 인개궁궁거 아역시시래 선천차

覺甲乙閣 時乎時乎不再來 木子論榮三聖安 走肖伏劍四禍收 非衣
각갑을각 시호시호부재래 목자론영삼성안 주초복검사화수 비의

元功配太廟 人王孤忠哀後世 非上非下亦非外 依仁依智莫依勢 先
원공배태묘 인왕고충애후세 비상비하역비외 의인의지막의세 선

進有淚後進歌 白榜馬角紅榜牛 坐三立三玉璽移 去一來一金佛頭
진유루후진가 백방마각홍방우 좌삼입삼옥새이 거일내일금불두

俗離安坐有像人 德裕喚起無鬚賊 山北應被古月患 山南必有人委變
속리안좌유상인 덕유환기무수적 산북응피고월환 산남필유인위변

誰知江南第一人 潛伏山頭震世間 其竹其竹去前路 前路前路松松開
수지강남제일인 잠복산두진세간 기죽기죽거전로 전로전로송송개

名振四海六十一歲 立身揚名亦後臥 非三五運雲霄閣 六十一歲無前
명진사해육십일세 입신양명역후와 비삼오운운소각 육십일세무전

程 可憐可憐六十一歲 反目木人可笑可笑 六十一歲成功時 大廈千
정 가련가련육십일세 반목목인가소가소 육십일세성공시 대하천

間建立匠 自子至亥具成時 原子化變爲食物.
간건립장 자자지해구성시 원자화변위식물

甲申閏四月丙申 瑞山郡地谷面 桃星里
갑신윤사월병신 서산군지곡면 도성리

全城后人 李桃隱 複寫.
전성후인 이도은 복사

참고문헌

본 서를 해역하는데 있어서 대체적으로 다음과 같은 문헌을 참고하였다.

격암유록을 해석한 선배 역자 가운데 유경환 선생의 〈韓國豫言文學의 神話的 解釋〉은 다른 어떤 해설서보다 뛰어난 것으로 생각된다.

1. 구성모 역해, 格菴遺錄의 現代的 照明, 미래문화사, 1992
2. 금홍수 저, 三豊, 한림서원, 1990
3. 김영선 편저, 뜻으로 본 周易, 선일문화사, 1991
4. 김은수 역해, 符都誌, 가나출판사, 1987
5. 김은태 편저, 正道令, 도서출판 해인, 1988
6. 다물민족연구소, 요해 한민족의 秘書, 도서출판 다물, 1993
7. 박순용 저, 종말로부터의 구원, 도서출판, 한文化, 1993
8. 신유승 해독, 격암유록, 세종출판공사, 1987
9. 유경환 저, 韓國豫言文學의 神話的 解釋, 대한출판공사, 1986
10. 이세권 편저, 東學經典, 정민사, 1986
11. 이용의 저, 三易大經, 시천교성리수양원, 소화 10년
12. 임승국 번역, 한단고기, 정신세계사, 1986
13. 전광홍 · 김신호 번역, 格菴先生逸稿譯, 격암사업추진위원회, 1993
14. 정다운 글, 정감록원본해설, 도서출판 밀알, 1986
15. 주제별 관주성경 편찬위원회, 아가페 주제별 관주성경, 아가페출판사, 1985
16. 최석기 저, 河洛演義, 여강출판사, 1993

17. 태극도 편찬위원회, 眞經, 태극도출판부, 1989
18. 한용주 저, 奉命書, 동학종단협의회중앙총부, 포덕 122년
19. 황우연 저, 天符의 脈, 우리출판사, 1988

한글 세대도 쉽게 볼 수 있는

격 암 유 록

2014년 1월 30일 발행

지은이 | 남사고

해　역 | 강덕영

펴낸이 | 박준기

펴낸곳 | 도서출판 맑은소리

주　소 | 서울시 금천구 가산동 550-1 롯데 IT 캐슬 2동 1105호

전　화 | 02) 857-1488

팩　스 | 02) 867-1484

등　록 | 제 10-618호(1991.9.18.)

ISBN 978-89-7952-172-6 03140